11 276

Günter Rohrmoser

Kampf um die Mitte

Günter Rohrmoser

Kampf um die Mitte

Der Moderne Konservativismus nach dem Scheitern der Ideologien

OLZOG

Die Deutsche Bibliothek - CIP-Einheitsaufnahme

Rohrmoser, Günter :
Kampf um die Mitte : der Moderne Konservativismus nach dem Scheitern
der Ideologien / Günter Rohrmoser. -
München : Olzog, 1999
ISBN 3-7892-8023-2

Die Herausgebe dieses Bandes wurde gefördert durch die
informedia-Stiftung
Gemeinnützige Stiftung für Gesellschaftswissenschaften
und Publizistik, Köln

Internet: http://www.olzog.de

ISBN 3-7892-8023-2
© 1999 Olzog Verlag GmbH, München

Umschlagentwurf: Gruber & König, Augsburg
Druck- und Bindearbeiten: Himmer, Augsburg
Printed in Germany

Inhalt

Vorwort

Wahlen in Deutschland werden in der Mitte gewonnen - so sagt man. Die Parteien haben das begriffen. Es gibt keine der größeren Parteien, die nicht inzwischen für sich die Mitte beansprucht. Die CDU ist die alte konventionelle Mitte, die FDP nennt sich gar die „Protestpartei der Mitte"; und die SPD hat die Wahlen mit dem Slogan gewonnen, sie sei die „Neue Mitte". Diese zentrale Bedeutung, die der Mitte-Begriff für die deutsche Demokratie und das Wählerverhalten hat, steht aber im Widerspruch zu der völligen Unbestimmtheit, was denn eigentlich die Mitte ausmacht. Der ehemalige Bundeskanzler sagte: „Wo ich bin, ist die Mitte". Der neue Bundeskanzler macht es ihm nach. Es genügt offenbar, zu sagen, er sei die Mitte, und die Bürger glauben es.

Der Begriff der Mitte ist also mit einer Boje auf stürmischer See zu vergleichen, die von den trüben Winden des Zeitgeistes ruhelos hin- und hergeworfen wird. Der Grundschaden besteht darin, daß nicht die Mitte die Extreme bestimmt, sondern die Extreme bestimmen, was jeweilig die Mitte ist. Wenn das aber sich so verhält, dann ist die Mitte etwas anders und darum woanders zu suchen.

Die Mitte darf nicht nebelverhangen in der Trübe des öffentlichen Meinungskampfes versinken, sondern sie muß der Fels sein, an dem die Wogen des politischen Geschehens sich brechen.

Die Absicht der vorliegenden Untersuchung ist es daher, zu klären, was es mit der Mitte auf sich hat, und wodurch sich diese Mitte von dem unterscheidet, was man heute nur so nennt. Es geht uns um die Entwicklung von Perspektiven, die der Demokratie und dem Rechtsstaat in Deutschland eine Zukunft verbürgen können. Insofern schließt der „Moderne Konservativismus" an die Analysen und Interpretationen des Buches „Der Ernstfall - die Krise unserer liberalen Republik" unmittelbar an. Auch dieses neue Buch ist aus der politischen Tätigkeit des Verfassers hervorgegangen, der sich bei wiederholten Referaten und Vorträgen in allen Schichten der Bevölkerung um eine Aufklärung über die wahre geschichtlich-gesellschaftliche Lage bemüht hat.

Dieses Buch wendet sich an ein breiteres Publikum, weil die Philosophie heute genötigt ist, auch als populär erachtete Aufklärungsbedürfnisse zu befriedigen. Dieses Buch wäre aber nicht möglich gewesen ohne die außerordentliche Leistung meines wissenschaftlichen Mitarbeiters Dr. Michael Grimminger, der redaktionell die Bearbeitung übernommen und das Buch so komponiert hat, daß daraus ein in sich kohärenter und homogener Text geworden ist. Aber nach Dr. Michael Grimminger habe ich - wie immer - meiner Frau zu danken, ohne deren unendliche Geduld, deren Toleranz und auch deren - wenn nötigen - Zuspruch der Verfasser sich längst auf das verdiente Altenteil zurückgezogen hätte.

Stuttgart im Juli 1999

GÜNTER ROHRMOSER

1. Wiederkehr des Konservativismus?

Was man einmal angefangen hat, das soll man auch zu Ende führen. Die Rede ist von dem politischen Prozeß in der Bundesrepublik Deutschland im Gefolge der Kulturrevolution von 1968, von der Entwicklung, die die CDU in den letzten 16 Jahren eingeschlagen hat und von den Folgen von beidem, die sich am Horizont abzeichnen.

Die politische Grundströmung in Deutschland, in Europa und weit darüber hinaus weist - entgegen dem äußeren Anschein - nach rechts. Das ist vor allem nach 1989 offenbar geworden. In Deutschland setzte seit den Anschlägen von Rostock und Solingen eine fieberhafte Suche nach den Ursachen rechter politischer Gewalt ein. Seitdem zeichnet sich die Tendenz ab, alle Stimmen, die nicht liberal waren und die nicht wärmstens eine multikulturelle Zukunft propagierten, direkt oder indirekt für diese Gewaltexzesse verantwortlich zu machen.

Ähnliches erlebten wir schon einmal, wenn auch mit umgekehrtem Vorzeichen, als die Ursachen des Linksterrorismus bei den Kritikern der Marktwirtschaft gesucht wurden. Konnte sich der Linksterrorismus, wenn nicht der Sympathie, so doch eines gewissen Verständnisses bei Intellektuellen erfreuen, so ist es dieses Mal anders. Ein wachsender Teil des Volkes denkt zwar nicht rechts, aber konservativ. Mit den Mordbuben will sich dagegen niemand identifizieren. Die Ausbrüche nazistischer Gewaltmentalität sind nicht die Ursache des Übels, sondern nur Symptom für eine weit zurückreichende Entwicklung, die unter dem Druck akuter Probleme und einer veränderten geschichtlichen Lage zu eskalieren beginnt.

Es darf als paradox bezeichnet werden, daß es in dieser Situation keine Form eines politisch organisierten, modernen und auch über sich selbst aufgeklärten Konservativismus gibt. Vielleicht merkt man jetzt, was man an Franz Josef Strauß gehabt hat, der jahrzehntelang die deutsche Rechte erfolgreich in die parlamentarische Demokratie integriert hat. Die fatale Folge des Ausfalls der Konservativen bedeutet den Zwang für alle, die mit den etablierten Parteien nicht einverstanden sind, entweder gar nicht oder rechtsradikale oder gar rechtsextreme Parteien zu wählen. Auch die vorübergehende Entschärfung des Asylantenproblems hat daran nichts Wesentliches geändert.

Die Bewegung nach rechts, die wir überall beobachten können, ist nun nicht nur durch einige noch ungelöste Probleme provoziert, sondern Ausdruck einer epochalen Wende, die weltgeschichtlich genannt zu werden verdient. Die Gründe dafür sind hier in diesem Buch zu erörtern. Wenn es dabei bleibt, daß die demokratischen Parteien nur noch liberales, libertäres oder sozialdemokratisches Denken als demokratisch legitim anerkennen und immer stärkere Teile der Wählerschaft sich politisch nicht mehr zu Hause fühlen, dann besteht die Gefahr, daß sie einst - und sei es aus schierer Verzweiflung - rechts oder gar rechtsradikal wählen, weil es keine vernünftige konservative Alternative gibt. Es ist dieses Empfinden, das sogenannte Konservative in der CDU und der CSU wohl bewogen hat, sich zu Zirkeln zusammenzuschließen, um den offensichtlichen Gefahren einer weiteren Erosion entgegenzutreten. Eine Rückkehr zu Ludwig Erhard und der Appell an die „Werte" sollte die Rettung bringen. Damit ist eine bestimmte Form des Liberalismus gemeint, die mit Konservativismus allerdings wenig zu tun hat.

Der Konservativismus, welcher Schattierung auch immer, wird heute selbst in der CDU als veraltet, zeitgeistfremd, wenn nicht gar als präfaschistisch angesehen. Den Kampfgeist, den die Partei hier erkennen läßt, hätte man sich früher bei der Verteidigung ihrer klassischen Positionen gewünscht. Aber man täusche sich nicht: Die Kluft zwischen der Partei und ihrer konservativen Wählerschaft wird zunehmen. Es ist für eine Demokratie auf die Dauer unerträglich, wenn jeder, der die herrschende linksliberale Sprachregelung verläßt, mittlerweile selbst von Vertretern konservativ-liberaler Parteien unter den Verdacht potentieller oder faktischer Verfassungsfeindlichkeit gestellt, des Faschismus geziehen und als Ausdruck bösen Willens gebrandmarkt wird, dem die Teilhabe an der demokratischen Gemeinsamkeit entzogen werden müsse. Ein Verhalten dieser Art ist geeignet, das Gegenteil von dem zu bewirken, was man will. Es kann den Rückfall in Vergangenes nur fördern.

Gründliches, auch philosophisches Nachdenken, müßte allen Bemühungen um die Erneuerung der Union vorausgehen. Im Kern geht es um die Frage, ob die Existenz einer demokratischen Rechten endlich wieder als legitim empfunden wird oder nicht. Man kann, ja, man soll sie politisch bekämpfen wie jeden anderen politischen Gegner auch. Aber man müßte auch zwischen Konservativen und Rechten differenzieren, so wie man auch zwischen linksradikal, linksextrem und linksliberal unterscheidet. Und vor allem müßte man sich mit ihren Argumenten, wenn sie welche vortragen, auseinandersetzen.

Der geistig-politische Konflikt, der tief in der Lage der Bundesrepublik begründet ist, kann jedenfalls nicht mit staatsanwaltlichen Methoden, die einer Verbrecherjagd angemessen sein mögen, ausgetragen werden. Alle Demuts- und Unterwürfigkeitsgesten nützten den Konservativen, wie man sehen kann, bisher gar nichts. Wo immer sie stehen, so werden sie für Leute wie Peter Glotz und Jürgen Habermas dort stehen, wo rechts ist.

Nein, wer eine Stabilisierung unserer Demokratie will, muß eine rechte Mitte wollen, die über die Kraft verfügt, sich nicht nur politisch, sondern auch geistig-kulturell sowohl von einem libertären Liberalismus wie von einer Rechten abzugrenzen, die glaubt, durch einen Rückgriff auf Ideen und Theorien der konservativen Revolution der 20er Jahre unsere Probleme lösen zu können. Es geht heute mehr denn je um einen selbstkritischen, modernitätstüchtigen, sich auch philosophisch erneuernden Konservativismus, der der neuen Lage gewachsen ist, die in der Geschichte ohne Beispiel ist.

Es hat keinen Sinn, das Entstehen einer jungen rechten Intelligenz zu beklagen, wenn man der Krise des Liberalismus nichts anderes entgegensetzen kann als weitere Schritte auf dem Weg, den Nietzsche prognostiziert hat. Nietzsche sah die Zukunft der bürgerlichen Gesellschaft in der Heraufkunft einer „atomistischen Revolution". Atomistische Revolution meint den aus einer exzessiven Pluralisierung und Individualisierung resultierenden Prozeß einer inneren Auflösung. Die inneren Bindekräfte zerfallen, die integrativen Muster lösen sich auf, und der Rückfall in den Hobbesschen Naturzustand des „bellum omnium contra omnes" droht.

Das ist kein Horrorgemälde, sondern dafür gibt es in unseren Großstädten viele Symptome. Da der Sozialismus als rettende Alternative nicht mehr zur Verfügung steht, ist es fast unvermeidbar, daß eine Entwicklung eintritt, die in der gegenwärtigen Lage die Bestätigung mancher Theorien von Carl Schmitt bedeutet. Niemand, der lesen kann, wird bestreiten können, daß Carl Schmitt in seiner Kritik eines relativistischen, den Werten der Verfassung gegenüber sich neutral verhaltenden Liberalismus, der auf der Kippe eines Umschlags in den Nihilismus stand, und dem die Weimarer Demokratie schließlich zum Opfer fiel, einige der Gründe genannt hat, die zum Untergang der Weimarer Republik entscheidend beigetragen haben.

Unsere Situation ist sicherlich nicht mit der von Weimar zu vergleichen. Daher können auch die Theorien der 20er Jahre nicht auf die Gegenwart angewandt werden. Wenn jedoch die Krise unseres Liberalismus den Punkt eines drohenden anarchischen Zerfalls erreichen sollte, dann stellt sich dennoch die Frage nach einer Alternative.

Die radikalen rechten und linken Antworten heute unterscheiden sich nun leider nicht von denen, die damals gegeben wurden. Es ist, als hätten sie wirklich nichts aus der Geschichte gelernt. Die einen plädieren für eine konsequente Fortführung des Demokratisierungs- und Pluralisierungsprozesses unter dem Namen einer „zivilen Gesellschaft" sie möchten den demokratischen Sozialismus wiederbeleben und den Intentionen von Karl Marx zu ihrer wahren Erfüllung verhelfen, die anderen sehen den Ausweg in einem mehr autoritären Staat auf einer homogenen, nationalistischen und heidnischen Basis. Alle diese Lösungen sind nicht überzeugend, so daß es nahe liegt, den gordischen Knoten zu zerschlagen.

Die etablierte Politik zieht daraus bisher nur den Schluß, Deutschland mit seinen wirtschaftlichen und politischen Problemen nach Europa zu transformieren und nur noch einige kulturelle Restbestände mit Naturschutzfunktion zu bewahren. Diesem Weg kann man eine gewisse Konsequenz nicht absprechen, aber er geht dennoch an dem Charakter der geschichtlichen Herausforderungen vorbei. Mit den aus dem Geist des konstruktiven Rationalismus entwickelten, zentralistisch bürokratischen Methoden wird es kein einiges Europa geben. Mit diesen Methoden kann, wie wir spätestens seit dem Zusammenbruch des Sozialismus wissen, überhaupt kein geschichtliches Problem gelöst werden.

Konservativ ist, wer nicht ideologisch, sondern geschichtlich denkt. Wer geschichtlich denkt, der muß aber ein Organ für Realitäten, auch für katastrophenträchtige Entwicklungen, die auch der Sozialismus und der Liberalismus hervorbringen können, entwickeln. Es ist doch nicht zu leugnen, daß die großen konservativen Denker bereits im 19. Jahrhundert in ihrer Einschätzung der Ergebnisse einer einseitig progressiv ausgerichteten Moderne richtiger geurteilt haben als die, die das Paradies bereits heraufdämmern sahen. Das schließt nicht aus, daß diese Konservativen selber von einer gewissen Blindheit hinsichtlich der Anerkennung tatsächlich erreichten Fortschritts betroffen waren.

Die von Marx aufgestellte Prognose „Sozialismus oder Barbarei" erwies sich als Irrtum nur hinsichtlich der Behauptung, daß der Sozialismus die Alternative zur Barbarei sei. In Rußland hat man diesen Irrtum mittlerweile erkannt. Es liegt in der Natur des zusammengebrochenen Sozialismus selber begründet, daß Rußland heute im Angesicht des

Zerfalls der Gesellschaft seine Zukunft nicht mehr in der sozialistischen Utopie, sondern in der Erneuerung seines geschichtlichen, kulturellen und konservativen Erbes sieht. Am realen Sozialismus und seinen Folgen kann man sehr genau die Folgen studieren, die eintreten, wenn man konservatives Denken mit Stumpf und Stiel auszurotten versucht. Das größte Problem, das der atheistische Staatskommunismus hinterlassen hat, ist der Zusammenbruch des Ethos` und - als dessen Resultat - eine astronomisch gestiegene Zahl der Verbrechen. Die organisierte Kriminalität ist dabei, in Rußland die Herrschaft zu übernehmen. Die Saat zerstörter Sittlichkeit geht zwar nicht erst auf, seitdem die totalitäre Fesselung der Gesellschaft gelöst wurde, aber sie wird deutlicher sichtbar.

Die heute häufig zu hörende Botschaft, nach dem Zusammenbruch des Sozialismus und der Niederlage des Faschismus sei die Herrschaft der Ideologien gebrochen, das Links- und Rechtsschema habe seine Bedeutung verloren, es gehe nur noch um die moderne Lösung von Sachproblemen, ist ein zwieschneidiges Phänomen. Sicher kann man die Frage stellen, ob das, was heute links oder rechts genannt wird, überhaupt rechts oder links ist. Statt links oder rechts will man heute modern sein. Aber wer weiß schon, was modern ist? Gestern noch hielt ein großer Teil unserer Intellektuellen den egalitären Sozialismus für modern, heute hält er ihn, wie den Nationalsozialismus auch, für einen Betriebsunfall auf dem Weg einer sich ihrer Vollendung nähernden liberalen Moderne.

Neuerdings hält man in Deutschland den individualistischen Liberalismus mit dem Ziel der Errichtung einer Menschheitsrepublik für das einzige Ziel, das der Logik der Moderne noch entspricht. Selbstverständlich ist dann der Konservativismus, der noch an den Partikularitäten wie etwa den Nationen festhält, der letzte Feind, den es zu beseitigen gilt. Dieser Liberalismus meint, jeder Argumentation enthoben zu sein, wenn er jeden Konservativismus kurzerhand mit dem Faschismus gleichsetzt oder behauptet, daß er ihm zumindest nahestünde und daher alle „wahren" Demokraten in einem antifaschistischen Bündnis sich gegen ihn zusammenschließen müßten.

Die Kräfte der 68er haben so in Deutschland dafür gesorgt, daß uns das Bewußtsein dafür abhanden kam, daß in einem Rechtsstaat niemand wegen seiner Gesinnung verfolgt werden darf. Dabei dürfen in einem freiheitlichen Rechtsstaat doch nur Handlungen bestraft werden, die gegen geltende Gesetze verstoßen. Eine vom Verfassungsgericht nicht verbotene Partei oder Organisation muß daher die gleiche faire Chance haben, wie jede andere auch. In der frühen Phase der Bundesrepublik Deutschland, also vor 1968, herrschte in dieser Hinsicht jedenfalls mehr Toleranz und Rechtsstaatsbewußtsein als heute. Deutschland war in dieser Zeit der sogenannten „Restauration" ein Land, das den westlichen „Werten" mehr verbunden war als dies heute der Fall ist.

Das Erscheinen einer Neuen Rechten mag ein beklagenswerter und bekämpfenswürdiger Tatbestand sein, ihr darf dennoch nur mit demokratischen und rechtsstaatlichen Mitteln begegnet werden, solange sie die Verfassung und die geltende Rechtsordnung respektiert. Es wäre schlimm, wenn die liberalen Prinzipien verraten würden, um diejenigen besser bekämpfen zu können, die andere Vorstellungen haben als man selbst. Eine liberale Demokratie, die sich nur noch mit Gesinnungsterror verteidigen zu können glaubt, hebt sich auf die Dauer selbst auf. Es kann in der Demokratie keine Einheitsgesinnung geben, auf die alle verpflichtet werden könnten oder gar mit Androhung von Mitteln der Gewalt verpflichtet werden müßten.

Linksliberale wollen nicht einsehen, daß in Wirklichkeit der Konservativismus selber ein Produkt der Moderne ist. Wer das aber leugnet, der hat einen einseitigen, ideologisch verkürzten Begriff von der Moderne. Ein solcher Begriff der Moderne hält der tatsächlichen geschichtlichen Wirklichkeit und Komplexität in keiner Weise stand. Es wird beispielsweise nicht wahrgenommen, daß der Wille zur Bewahrung ethnisch kultureller Lebensformen, etwa regionaler und nationaler Partikularitäten, nicht reaktionär, sondern selber ein Ergebnis der fortschreitenden Moderne ist. Der Begriff der Homogenität, der heute vorschnell als ein faschistischer Begriff verdächtigt und stigmatisiert wird, ist seit Rousseau eine selbstverständliche kulturelle und geistige Bedingung, unter der allein eine Demokratie denkbar, möglich und funktionsfähig ist.

Nicht zuletzt sollte uns die Ökologiekrise veranlassen, die Debatte über das Verhältnis von konservativ und progressiv neu zu führen. Die Ökologiekrise wird weltweit zu einer Renaissance konservativen Empfindens und Denkens führen. Das Vordringen konservativer Bewahrungs- und Erhaltungsimperative bedeutet nun nicht das Ende der Notwendigkeit, die Welt zu verändern.

Moderner Konservativismus bedeutet nicht das Vermeiden oder Verhindern von notwendiger Veränderung, sondern die unideologische, kompetente Verwirklichung der Veränderungen, die geschichtlich fällig und notwendig sind. Jede Veränderung muß sich aber heute am Imperativ der Bewahrung messen lassen, sie muß sich von dem Willen zur Erhaltung begrenzen lassen. Der Fortschritt wird nicht mehr die Priorität haben, so daß man erst später, nach den erfolgten Veränderungen, die Frage stellt, wieviel Erhaltung noch möglich und notwendig ist. Sondern die Frage wird genau umgekehrt gestellt: „Was können wir uns angesichts der notwendigen Erhaltung noch an Änderungen leisten". Das ist eine völlige Umkehr der seit der Französischen Revolution für das Verhältnis von konservativ und progressiv typischen Konstellation.

Vor dem Hintergrund der Erfahrung mit der Ökologiekrise gewinnen die Traditionen des Konservativismus also eine völlig neue Bedeutung. Es gehört zu den Merkwürdigkeiten unserer Gesellschaft, daß diese Einsicht partei- und ideologieübergreifend mittlerweile weitgehend geteilt wird, soweit es um unser Verhältnis zur Natur geht. Eine konservative Haltung gegenüber unserer Kultur wird dagegen (noch) nicht akzeptiert. Woran liegt das? Dies ist eine der verhängnisvollen Folgen der neomarxistischen Kulturrevolution.

Diese Kulturrevolution hat den Deutschen den Blick für die geschichtliche Lage verstellt. Die neomarxistische Bewegung hat nicht nur die historischen, für die deutsche Geschichte charakteristischen Manifestationen des Konservativismus bekämpft, sondern auch den Konservativismus, den alle zivilisierten Völker als eine elementare Voraussetzung und Grundlage menschlich zivilisierten Zusammenlebens bejahen. Es wird häufig übersehen, daß die neomarxistische Kulturrevolution - bei Beibehaltung der Terminologie der Kapitalismus-, der Systemkritik - diesen elementaren Konservativismus als ihren primären Feind ansah und bis heute ansieht. Darum dürfen die gemäßigten Konservativen in diesem Land vorerst nicht mehr erwarten als den Status einer geduldeten Minderheit, von der man hofft, daß ihr Ende aus biologischen Gründen absehbar sei.

Wer in der Krise des Liberalismus keine rechte oder linke Lösung will, der muß für einen sich erneuernden, selbstkritischen und der Lage gewachsenen Konservativismus plädieren. Selbstkritisch heißt, daß der Moderne Konservativismus die Prinzipien des klassischen Liberalismus bejahen muß, ohne die eine Gesellschaft in der Moderne gar nicht denkbar ist. Ohne dieses liberale Moment würde sich die moderne Gesellschaft der Fähigkeit berauben, aus ihren Erfahrungen zu lernen und sich zu korrigieren.

Dieser Moderne Konservativismus muß aber auch sein funktionales Verhältnis zur Religion und vor allem zum Christentum revidieren. Die

Renaissance der Weltreligionen ist doch kein Zufall. Es ist der Katastrophencharakter der Geschichte, der die Fragen der Religion wieder aufwirft. Eine spätmoderne Gesellschaft, die nur noch zwischen Hysterie und Apathie schwankt, ist einer solchen Herausforderung nicht gewachsen. Früher hätte man gesagt, eine solche Gesellschaft sei dekadent. Unsere Gesellschaft bedarf einer inneren Stabilität, einer inneren Verblüffungsfestigkeit, die aus dem Anblick, den unsere Welt bietet, nicht abzuleiten ist. Eine solche innere Stabilität kann nur aus dem Begreifen der Wahrheit einer Religion kommen. Wir müssen daher endlich aufhören, diejenigen als fundamentalistisch abzutun, die nicht nur eine Wahrheit behaupten, sondern die überhaupt noch eine Überzeugung haben.

Selbst unsere Verfassung ruht auf einem geistigen und kulturellen Fundament. Ohne deren Verankerung im Bewußtsein der Bürger ist die Verfassung nicht mehr wert als ein Stück Papier. Wer unsere verfassungsmäßige Ordnung also verteidigen will, der muß ebenfalls ein Fundamentalist sein. In diesem Sinne muß die rechte Mitte und die Position eines Modernen Konservativismus daher eine klassische Verfassungspartei sein.

2. Auf die rechte Mitte kommt es an

Es ist nur noch eine Frage der Zeit, bis die Menschen merken, daß es keine linke Alternative mehr gibt. Es ist daher eine geistige und politische Überlebensfrage der modernen Gesellschaft, ob der Konservativismus in der Lage ist, sich auf den Stand der gegenwärtigen geschichtlichen Herausforderungen zu bringen, die wirklichen Probleme und Realitäten in den Blick zu nehmen und darauf zu antworten. Wir brauchen nicht die Frage zu stellen, wer sich dessen sonst annehmen wird.

Die größte Gefahr der aus dieser Bundestagswahl hervorgegangenen rot-grünen Bundesregierung besteht darin, daß es sich um das erste wirkliche restaurative Politikmodell in Deutschland handelt. Es ist nicht konservativ, es ist nicht progressiv, sondern es steht für reine Restauration. Sowohl das Festhalten am sozialdemokratischen Wohlfahrtsstaat, wie am libertären gesellschaftspolitischen Programm der Grünen, sind Vorstellungen, über die die Geschichte längst hinweggegangen ist. Wir bäumen uns zwar noch gegen die Logik und die Forderungen der Geschichte auf, aber die Geschichte ist darüber hinweggegangen. Je länger wir brauchen, das zu bemerken, um so höher wird der Preis sein, den wir zahlen müssen.

Der Wahlkampf 1998 war der vorläufige Höhepunkt einer Reihe von Wahlkämpfen, die in der totalen Entpolitisierung geendet haben. Im letzten Bundestagswahlkampf sind alle Lebens- geschweige denn Überlebensfragen der Nation ausgeklammert worden. Der Wahlkampf war die große Manifestation der Tatsache, daß Politik in Deutschland in der Tat nur noch Sozialpolitik ist. Es ging nur noch um die Verteilung der finanziellen Ressourcen. Dabei sind die Probleme so kompliziert geworden, daß kein Bürger die Vor- und Nachteile der einzelnen Steuermodelle noch abschätzen kann. Immer ging es um die Frage: Wer bekommt was von wem? Wen belastet man auf Kosten von wem? Wer darf von wem wieviel erwarten? Und die Bürger haben so reagiert, wie die Parteien sie angesprochen haben. Sie haben sich das ausgerechnet und dann diejenigen gewählt, von denen sie hoffen konnten, vielleicht ein paar Mark mehr zu bekommen.

Die Parteien werden natürlich behaupten, daß sie sich dem entpolitisierten Bewußtsein der Bürger anpassen mußten. Sie übersehen dabei aber, daß sie selber die Entpolitisierung produziert, gefördert und forciert haben. Der Wahlkampf 1998 war - bei Lichte besehen - eine Niederlage der deutschen Demokratie. Im Sinne eines formalen Begriffs von Demokratie handelte es sicherlich um eine demokratische Wahl. Es sind die wüsten Schlammschlachten ausgeblieben, und man ist relativ fair miteinander umgegangen. Dennoch: Zur Demokratie gehören nicht nur mehrere Parteien, sondern auch mindestens zwei alternative Politikkonzepte. Aber hatten die Menschen wirklich zwei Politikkonzepte zur Auswahl?

Demokratie heißt, daß die Menschen die Gelegenheit bekommen, politisch an ihrem eigenen Schicksal mitzubestimmen. Die Parteien erklären den Wählern die großen anstehenden Entscheidungen und bieten daraufhin zwei Antworten an. Es muß also zu einer Antwort der Regierenden eine alternative Antwort der Opposition geben, damit die Bürger auch wählen können. Das Schauspiel, das 1998 zu beobachten war, bestand darin, daß die Parteien nicht mehr in der Lage waren, den Bürgern eine wählbare Alternative anzubieten. Die Alternative, ein paar Mark mehr in der Tasche zu behalten, wenn man die eine oder andere Partei wählt, war ja im Ernst keine politische Alternative, die den Namen verdient. Die Bürger verlangten Auskunft über die Ziele und Zwecke, welche die Nation im Rahmen des Geschichtsprozesses verfolgt. Eine solche Auskunft wurde ihnen vorenthalten.

Der Wahlkampf von 1998 war ein Ausdruck des inneren Zustandes der Parteien und der gesamten Gesellschaft, in der die Überlebensfragen bewußt unter den Teppich gekehrt und ausgeklammert werden. Dazu zwei Beispiele:

Die CDU hat sich in den letzten Jahren immer selber als die große Europapartei angepriesen. Sie hat darum in einer enormen Propagandaschlacht Millionen DM investiert, um die Bürger von den Segnungen des Euro zu überzeugen. Nun kommt der Euro, und man sollte meinen, daß diese Partei sich auf den Euro bezieht. Aber was geschah? Die CDU - wie übrigens auch die anderen Parteien - wußte, daß die Bürger mehrheitlich den Euro ablehnen. Und darum war vom Euro im Wahlkampf mit beinahe keinem Wort die Rede.

Auch die Frage der multikulturellen Gesellschaft wurde vor der Wahl mit keinem Wort erwähnt. Die neue rotgrüne Koalition wird vieles von dem, was sie eigentlich verwirklichen will, nicht machen können, weil kein Geld vorhanden ist. Aber was kein Geld kostet, das werden sie machen. So haben sie bereits, wenn auch mit Hilfe der FDP, das Staatsbürgerschaftsrecht geändert und Millionen von Ausländern in

Deutschland die doppelte Staatsbürgerschaft zugebilligt. Niemand hat vor der Wahl den Bürgern klar gemacht, was diese Veränderung des Staatsbürgerschaftsrechts bedeutet: Wenn man allen eine bestimmte Anzahl an Jahren hier weilenden oder hier geborenen Ausländern die Staatsbürgerschaft gibt, dann werden diese Menschen mit ihrem ganzen Anhang das politische Lager unterstützen, das für einen kontinuierlichen Ausbau der Rechte der Ausländer in Deutschland eintritt. Damit kommt das Projekt der multikulturellen Gesellschaft sozusagen auf dem Gesetzesweg in Gang. Die Deutschen wissen gar nicht, daß sie durch die Wahl dieser beiden Parteien tendenziell ihrer Selbstabschaffung ein Stück näher gekommen sind. Gerhard Schröder wird die doppelte Staatsbürgerschaft einführen, weil er den Grünen wenigstens ein fundamentales Zugeständnis machen muß, und zwar eines, das zunächst nichts kostet. Und darum werden die Deutschen dies auch widerstandslos hinnehmen, denn es kostet ja nichts.

Der Wahlkampf 1998 ist allen wirklichen Überlebensfragen der deutschen Nation ausgewichen: Es war weder vom Euro die Rede gewesen noch von Maastricht noch von der multikulturellen Gesellschaft. Im übrigen standen gar keine Alternativen zur Wahl. Alle im Bundestag vertretenen Parteien sprachen sich für den Euro aus, obwohl bekanntermaßen das Volk in der überwiegenden Mehrheit gegen die Abschaffung der DM war. Wer gegen den Euro votieren wollte, mußte außerhalb des etablierten Parteienspektrums Ausschau halten und eine „rechtsradikale" Partei wählen. Konservative und rechte Parteien hatten im Wahlkampf keinerlei Chance, sich überhaupt Gehör zu verschaffen. Während die PDS in sämtlichen Fernsehkanälen ihre Parolen ausgeben konnte, hatten die Bürger nicht einmal die Gelegenheit, Vertreter der nationalkonservativen „Republikaner" oder auch nur des nationalliberalen „Bund freier Bürger" überhaupt zu Gesicht zu bekommen. Dabei vertrat der „Bund freier Bürger" mit dem Nationalliberalismus ein durchaus seriöses, sich voll in die Geschichte und in die Verfassung der Bundesrepublik integrierendes Konzept. Nach dem deprimierenden Ergebnis von lediglich 0,2% der Stimmen muß sich der BfB wie alle anderen rechten und konservativen Parteien fragen, ob es in Deutschland überhaupt noch eine Kraft der rechten demokratischen Mitte geben kann, die den Bürgern vermittelbar ist ohne gleich als rechtsradikal abgestempelt zu werden. Ich war immer der Meinung, daß diese Chance - außerhalb der Union - kraft der Machtverhältnisse und kraft der Sprachregelungen in Deutschland vorerst nicht existiert. Die Deutschen haben es zutiefst verinnerlicht, daß zwar auch die Kommunisten Übles gemacht haben, aber sie wollten wenigstens das Gute. Dagegen wird das absolut Böse bei den sogenannten Rechten und Konservativen angesiedelt. Wer daher mit Begriffen und Zielen agiert, die in der rechten Ecke angesiedelt werden können, kann von den Regierenden wie von der Opposition mühelos beiseite geschoben werden.

Das bedeutet aber noch nicht, daß die Konservativen und die Rechten damit erledigt sind. Wenn Deutschland in eine echte soziale Krise hineinschlittern sollte, kann es sehr wohl passieren, daß es zu einem weiteren Rechtsruck kommt. Hinweise dazu gibt es ja bereits aus den neuen Bundesländern. Dieser Rechtsruck geht dann aber im wesentlichen von der jungen Generation aus, und er wird sich eher rechtsextremistisch bis offen faschistisch und nicht mehr bürgerlich-konservativ artikulieren. Die Alternative einer rechten Mitte könnte dann aber verspielt sein. Im Falle einer solchen Krise geht die Geschichte über den Ansatz der bürgerlichen Konservativen ebenso hinweg wie über die Ansätze der Grünen und Sozialdemokraten mit ihrem Sozialstaats- bzw. Freiheitsbegriff. Dann gibt es eben nur noch die knallharte Polarisierung zwischen Sozialisten auf der einen Seite und extremen Nationalisten bis Faschisten auf der anderen Seite. Wir bekämen dann die für den Untergang von Weimar typische Konstellation, also genau die Konstellation, die ich immer als die Schlimmste bezeichnet habe. Was uns von dieser Konstellation trennt, sind eigentlich nur noch die Wirtschaftskraft unserer Unternehmen und die daraus hervorgehenden Sozialleistungen. Noch sind die Kassen relativ voll. Erst wenn die Kassen leer sind, werden die Deutschen der Welt zeigen, daß sie aus der Erfahrung von Weimar womöglich nicht viel gelernt haben. Sollte die rotgrüne Koalition das Staatsbürgerschaftsrecht tatsächlich ändern, wird dies die Renationalisierung Deutschlands wie die der Ausländer in Deutschland massiv vorantreiben und beschleunigen. Denn es gibt in der Politik keine Aktion, die nicht eine entsprechende Reaktion hat.

Die Konservativen müssen sich daher überlegen, was zu tun ist. Parteigründungen sind unter den genannten Bedingungen in Deutschland derzeit zum Scheitern verurteilt. Auch der Versuch, alle konservativen und gemäßigt rechten Gruppierungen zu einer einzigen großen Partei zusammenzufassen, ist vorerst zum Scheitern verurteilt. Zu glauben, daß diejenigen, die jetzt in den einzelnen Parteiformationen Posten haben, bereit sind, diese zugunsten einer größeren Einheit zur Disposition zu stellen, ist allein schon völlig abwegig. Nein, wer an eine

Vereinigung der rechten Mitte denkt, der wird immer wieder auf denselben Kern zurückgeführt. Die rechte Mitte muß zuerst eine neue, letztlich philosophisch begründete Grundlage anbieten können, welche die Realität unter völlig neuen Kategorien erschließt. Die rechte Mitte muß eine neue Wirklichkeitsdeutung anbieten, in der alle realen Probleme zur Sprache kommen und in einem neuen Lichte erscheinen. Wenn die rechte Mitte nicht glaubwürdig machen kann, daß sie auch in Zukunft auf einer tragfähigen geistigen Grundlage steht, fehlen alle Voraussetzungen für eine Vereinigung konservativer Gruppierungen.

Eine Vereinigung der Konservativen kann es nur geben, wenn die Union wie die konservativen Splitterparteien erkennen, daß sie in Wirklichkeit an der Realität vorbeioperieren und daß sie - unter Einbeziehung der geschichtlichen Dimension - tiefer und umfassender ansetzen müssen. Sicherlich gibt es bis in die Republikaner hinein Leute, die im wesentlichen nicht anders denken als die Konservativen in der CDU. Es gibt darum gar keinen inhaltlichen Grund, daran zu zweifeln, daß diese Gruppen nicht aus ihrer geistigen und psychischen Isolierung herausgeführt werden könnten.

Polarisierte sich als Resultat der sozial-liberalen Ära die linke Mitte mit Ausläufern eines linken Terrorismus, so zersetzt sich nach 16 Jahren christlich-liberaler Regierung die rechte Mitte und schafft damit ein Vakuum, das sich für die Stabilität der Demokratie als noch viel gefährlicher erweisen könnte als die Erosion der linken Mitte. Es ist nämlich ein Unterschied, ob Studenten, Lehrer und Freizeitberufe nach links abwandern oder ob der staatstragende Mittelstand, die Handwerker und Facharbeiter sich orientierungslos ins politische Niemandsland verirren, sich ihrer Stimme enthalten oder aus Frustration und Protest rechts zu wählen beginnen. Zwischen den rechten und linken Rändern herrscht heute schon eine Art latenter Bürgerkrieg, der jederzeit übergreifen und eskalieren kann. Die Parole „Nie wieder Deutschland" und die Parole „Deutschland zuerst" sind nicht kompromißfähig.

Dem Parteiensystem, das die Geschicke Deutschlands seit 50 Jahren mehr in Glanz als in Elend bestimmt hat, droht damit die Grundlage entzogen zu werden. Mehr noch als die SPD, die ihre Abspaltung in die Grünen bereits hinter sich hat und in der PDS eine weitere Gruppierung neben sich hat, betrifft diese Einsicht vor allem die CDU. Es war nur der breite Rücken von Helmut Kohl, hinter dem die unübersehbaren Gegensätze zwischen Ordoliberalen, christlich Sozialen und Nationalkonservativen verschwunden sind. Diese Flügel werden wohl auf die

Dauer nicht beisammen bleiben können. Die Auseinandersetzung ist unvermeidlich und die Spaltung der CDU eine drohende Möglichkeit.

Die rot-grüne Koalition wird die Kräfte wachsen lassen, die man die Rechten nennt. Der Schatten Weimars wird dichter werden, die Polarisierung wird zunehmen. Es werden aber nur wenige die Wahl zwischen CDU und SPD noch länger als Alternative empfinden können. In der Sozial-, Wirtschafts- und Sicherheitspolitik nähert sich die SPD seit langem den Positionen der CDU, und die CDU ihrerseits hat sich viel zu sehr dem Prozeß der Sozialdemokratisierung ausgesetzt. Profilbildung ist da kaum möglich.

Die CDU/CSU, die noch eine Zukunft haben will, muß daher die Entscheidung in der rechten Mitte suchen. Sollte die SPD gar in diese Presche springen, könnte das für die Union verheerende Folgen haben. Beide Parteien müssen, ob sie wollen oder nicht, Positionen besetzen, die sie längst verlassen haben, die aber als Ausdruck normaler konservativer Gesinnung ebenso legitim waren wie der Kampf für die soziale Demokratie. Bisher wird die „konservative Erneuerung", von der sogar der frühere Generalsekretär der CDU, Hintze, sprach, noch nicht als eine Wiedergewinnung konservativer Normalität interpretiert und gewürdigt. Wichtige Lautsprecher der Partei warnen vielmehr vor einem Rechtsruck der Partei. Die CDU könnte in die von ihr selbst gestellte Falle laufen, wenn sie den politischen Semantikern folgte, für die konservativ gleich rechts, rechts gleich reaktionär und reaktionär gleich faschistisch, ja nazistisch ist. Bleibt es bei diesen falschen, ja betrügerischen Gleichsetzungen, so brauchen wir uns nicht zu wundern, wenn die CDU weiter abbaut und das entstandene Vakuum in der Mitte von anderen Kräften ausgefüllt wird, die dann tatsächlich einen Rechtsruck durchsetzen und das Koordinatensystem unwiderruflich verändern könnten.

Um dies zu verhindern, braucht es jedoch zunächst ein theoretisches Angebot, das eine parteiübergreifende Zusammenarbeit aller Konservativen ermöglicht. Es gibt in der Bundesrepublik nach wie vor drei konservative Säulen, die wieder zusammengeführt werden müssen:

1. Die sogenannten Nationalkonservativen. Da die Lösung der sozialen Frage im Angesicht der Globalisierung an die nationale Frage gebunden ist, kann es sehr wohl geschehen, daß nicht die traditionell europäisch und rheinisch orientierte CDU, sondern die SPD das nationale Thema entdecken wird. Erste Hinweise in diese Richtung gibt es bereits: Das Schicksal der Bundesrepublik hängt davon ab, ob der Sozialstaat

den veränderten Finanzierungsmöglichkeiten angepaßt wird oder nicht. Die Grundorientierung der Politik ist vorerst nur auf eine Erhaltung der Besitzstände gerichtet. Wenn das nicht erreicht wird, wird jede politische Formation – wie immer sie auch heißen mag - politisch scheitern. Die Rettung des Sozialstaates ist aber nur auf der Basis eines nationalen Bewußtseins möglich. Warum konnten denn in den Niederlanden die Menschen zu Einbußen in ihren sozialen Besitzständen bewegt werden? Das konnte nur gelingen, weil die Niederländer sich als eine Nation verstehen und an die Opferbereitschaft der Solidargemeinschaft Nation appellieren konnten.

Nationales Bewußtsein ist heute also nicht mehr eine Frage der Ideologie, sondern eine reale Überlebensbedingung fortgeschrittener Industrieländer. Erst wenn die Deutschen begreifen, daß sie ein gemeinsames Schicksal haben und daß ein Sozialstaat, der nicht durch ein nationales Bewußtsein getragen ist, morgen ruiniert sein wird, erst dann ist die Voraussetzung gegeben, daß die Menschen nicht mehr nur ihren eigenen individuellen Vorteil suchen. Heute noch will jeder so viel behalten wie er kann, jeder will sowenig geben wie nur irgend möglich, und jeder will so viel dazu bekommen wie er kann. Diesen Teufelskreis kann nur ein solidarisches Bewußtsein durchbrechen, das nicht gleich auf die ganze Menschheit, sondern auf die eigene Nation und den eigenen Staat gerichtet ist.

Die CDU stand unter Helmut Kohl, wie Horst Mahler jetzt schreiben konnte, in innerer Übereinstimmung mit denen, die 1989 „Nie wieder Deutschland" geschrien haben. Dies wird durch Kohls nur als fanatisch zu bezeichnende Europapolitik und sein Versagen bei der Herstellung der inneren Einheit Deutschlands bezeugt. Deutschland wird diesen Europa-Kurs so nicht weiter fortsetzen können. Das Verhältnis zu Europa muß pragmatischer, realistischer werden, und vor allem muß darüber nachgedacht werden, was denn die „Berliner Republik" bedeutet. Der Gedanke, daß dort das positive Erbe der westdeutschen Demokratie mit den Errungenschaften der friedlichen Revolution der Ostdeutschen zusammengeführt werden soll, ist ein nationalkonservativer Gedanke.

2. Es gibt die Ordoliberalen, die im Wege der Aufarbeitung der Erfahrungen mit den totalitären Systemen und mit dem exzessiven Liberalismus ordnungspolitische Konsequenzen gezogen haben. Das erfolgreichste Resultat des Ordoliberalismus ist sicherlich die Soziale Marktwirt-

schaft. Ob diese Soziale Marktwirtschaft auch in Zukunft tragfähig sein wird, wird man abwarten müssen. Möglicherweise muß man - provoziert durch die Globalisierung - zu dem bisherigen Theoriekonzept der Sozialen Marktwirtschaft eine dritte, bisher noch umstrittene Größe hinzufügen, nämlich die Größe des Staates. Wir können jedenfalls nicht mehr über die Soziale Marktwirtschaft diskutieren, ohne die Frage zu stellen, was unter den Bedingungen der Globalisierung ein Staat ist. Auch die Soziale Marktwirtschaft wird sich nicht mehr ohne einen solchen Staat behaupten können. Manche Ordoliberale geben bereits zu, daß es eine Selbstbehauptung einer Gesellschaft, geschweige einer Nation, ohne einen starken Staat nicht geben kann.

3. Die dritte Säule der Konservativen bilden die sogenannten konservativen Christen.

Wenn man alle diese Gruppen zusammennimmt, dann stellen sie durchaus ein Kräftepotential dar, das zweifellos diese Republik verändern oder - besser gesagt - vor dem Schlimmsten bewahren könnte. In der programmatischen Ausrichtung der rechten Mitte sind daher alle drei Größen ins Auge zu fassen. Drei - theoretisch anspruchsvolle - Aufgaben sind anzugehen und zu lösen.

1. Die geistige Rekonstruktion der Nation
2. Die Auseinandersetzung mit dem Projekt der Moderne und
3. Die Reaktualisierung einer der Geschichtslage der Nation angemessenen Interpretation des Christentums.

Das sind die geistigen Voraussetzungen, die die Rechte sich erarbeiten muß. Ohne diese intellektuelle Vorarbeit braucht eine rechte Mitte erst gar nicht anzutreten.

Wir wollen dieses Konzept „Moderner Konservativismus" nennen. Wir brauchen heute keine „neue" Mitte oder eine alte Mitte, sondern eine radikale Mitte. Ich hatte diesen Begriff der radikalen Mitte in der ersten Schrift verwandt, die ich überhaupt veröffentlicht habe. In der Schrift „Ist unser Schicksal die Revolution"?[1] habe ich das bürgerliche Lager aufgerufen, durch die Formierung einer radikalen Mitte auf die Kulturrevolution von 1968 zu antworten. 1998 ist nun das eingetreten, was ich damals prognostiziert habe. Nach der Eroberung der geistig-kulturellen Hegemonie hat der Linksliberalismus nun erneut die politische Macht erobert. Das bürgerliche Lager dagegen hat nicht nur die strukturelle Mehrheit, sondern auch den Glauben an sich selber verloren. Darum ist nun die Stunde gekommen, an das Konzept der radikalen Mitte zu erinnern.

Radikale Mitte bedeutet, daß - über die sogenannte strukturelle, sozioökonomische Problembewältigung hinaus - die geistigen, ideellen Tiefendimensionen in die Politik miteinzubeziehen sind. Das Konzept der radikalen Mitte versucht, eine Antwort zu geben auf den Anarchismus, Sozialismus und Nihilismus, die sich als Folge der Kulturrevolution von 1968 durchgesetzt haben. Es besteht gar kein Zweifel, daß die Ansprechbarkeit dafür heute weit über alle formierten politischen Lager hinausgeht.

Es geht in diesem Buch darum, auf drängende Notwendigkeiten und auf die Gefahr von Fehlentwicklungen hinzuweisen, die im Gefolge der Kulturrevolution von 1968 und des Versagens der Bürgertums in dieser Zeit eingetreten sind.

Vor allem geht es darum, den Begriff eines Modernen Konservativismus herauszuarbeiten, der der geschichtlichen Lage angemessen ist und der die eingefahrenen ideologischen Fronten hinter sich läßt.

3. Das Elend der Christdemokraten

Lenin sagte einmal, die Geschichte sei klüger, als die Vorstellungen, die wir uns von ihr machen. Es stellt sich nun die Frage, ob die Geschichte bei der Bundestagswahl einen Fehler begangen hat? Nein, wenn wir uns den Ausgang der Wahl vergegenwärtigen, wird der Glaube, daß die Geschichte einer gewissen Logik folgt, eher bestätigt. Das CDU-Debakel war vorhersehbar.

Ich hatte bereits 1985 diese Entwicklung mit folgender These prognostiziert: Wenn die CDU nicht eine eigene geistig-politische Substanz repräsentiert und ein unverwechselbares politisches Profil bekommt, wenn sie nicht in der Lage ist, auch die jüngeren intellektuellen Kräfte unserer Gesellschaft für sich zu begeistern, werde sie eines nicht sehr fernen Tages beginnen, sich den Folgen der anarchistischen Kulturrevolution anzupassen und zu unterwerfen. Wenn die CDU nicht einen über die Sozial- und Wirtschaftspolitik hinausgehenden Kristallisationspunkt zur Identifikation mit ihr anzubieten hat, werde sie eines Tages nicht mehr in der Lage sein, einen erfolgreichen Wahlkampf zu führen. Dann werde es die unvermeidliche Folge sein, daß die CDU die strukturelle Mehrheitsfähigkeit und damit die Rolle einer mitbestimmenden politischen Kraft in der Entwicklung unserer Gesellschaft einbüßt.

Genau dies ist nun eingetreten. Die SPD hat einen überwältigenden Sieg errungen, und sie kann sich den Koalitionspartner aussuchen, während die CDU allein dasteht und um Anerkennung bei den Grünen lechzt. Die CSU dagegen hat es richtig gemacht, aber die CDU ist ihr nicht gefolgt. Die CSU ist von allen Parteien in Deutschland die konservativste, sie ist die erfolgreichste und hat immerhin auch noch mit 47 % bald 20% mehr Stimmen bekommen als die CDU im übrigen Deutschland. Die Wahlerfolge der CSU sind der beste Beweis, daß man als Konservative in Deutschland durchaus Wahlen gewinnen und sogar - im europäischen Maßstab - einmalige politische Erfolge erringen kann.

Die CDU hat dagegen die vitalsten Lebensinteressen und Lebensprobleme der Bürger nicht angesprochen. Statt dessen hat sie sich mit der SPD in endlose Streitigkeiten verwickeln lassen, wer bei welcher Steuerreform etwas mehr oder etwas weniger belastet wird. Und der neue Vorsitzende der CDU, Wolfgang Schäuble, hat sich als ein ausgezeichneter Oberfinanzdirektor in diesen Diskussionen ausgewiesen, indem er nun wirklich eine Kenntnis der Steuertechnik an den Tag gelegt hat, daß man seine helle Freude daran haben konnte. Aus diesen ganzen Steuerdiskussionen haben die Leute nur herausgehört, daß sie bei der SPD ein bißchen mehr zu erwarten haben als bei der CDU/FDP-Koalition, die doch für die „Besserverdienenden" eintreten. Die logische Folge davon war, daß 1,6 Millionen Wähler der CDU direkt zur SPD übergelaufen sind. Das ist die konkreteste Zahl, durch die man beweisen kann, wie völlig ausgelaugt, entleert, entpolitisiert, pseudozialdemokratisiert die CDU ist, eine Partei, die nach der Sprachregelung der Linken eine konservative Partei sein soll.

Wenn konservativ heißen soll, daß eine Politik im Namen der nationalen Interessen gemacht wird, dann ist die CDU keine konservative Partei mehr. Die CDU versteht sich seit jeher, aber nun verstärkt, als die klassische Europa-Partei. Sie behauptet, daß Helmut Kohl, indem er den Deutschen die DM weggenommen hat, einen besonders großartigen Erfolg in seiner Europa-Politik errungen hätte. Nun hätte man annehmen können, daß der Wahlkampf der CDU im Zeichen der inspirierenden Perspektive stehen würde, die sich mit der Europa-Politik des Bundeskanzlers verbinden läßt. Das Gegenteil ist der Fall gewesen. Von Europa war mit beinahe keinem Wort die Rede. Man sprach vorsichtshalber weder von der Abschaffung der DM noch davon, was den Deutschen Europa denn in Zukunft noch kosten wird, konkret, wieviele Milliarden sie in Zukunft nach Europa zahlen werden. Die Franzosen zahlen netto 1 Milliarde DM, wir zahlen bald 30 Milliarden. Dieses Verhältnis hielt Altbundeskanzler Helmut Kohl offenbar für völlig vertretbar, denn als er gefragt wurde, was er denn noch nach einem Wahlsieg zustandebringen wolle, erklärte er, sein wichtigstes Ziel sei die EU-Osterweiterung. Für die Wähler wäre es interressant gewesen, auch zu erfahren, wie teuer uns denn die Osterweiterung kommen wird. Aber davon war in diesem Zusammenhang ebensowenig die Rede wie von dem von den Grünen mit Energie vorangetriebenen Ziel, Deutschland in eine multikulturelle Gesellschaft zu verwandeln.

Nun hört man von Überlegungen, was die CDU denn machen müsse, um aus diesem Tal der Tränen so schnell wie möglich wieder herauszukommen. Vorerst setzt sie darauf, daß das Scheitern der rot-grünen Koalition ohne eigene weitere Anstrengungen und Veränderungen die CDU wieder an die Macht zurückführen wird. Das könnte sich als ein weiterer großer Irrtum erweisen. Denn der Sieg der rotgrünen Koalition hat viel tiefer liegende Gründe. Die 1968er-Generation ist in der Regierung angekommen. Die Straßenkämpfer, die einst mit Molotov-Cocktails die deutsche Polizei bekämpft haben, stellen heute den Außenminister. Sicherlich haben sich im Verlauf der 30 Jahre nicht nur die Zeiten geändert, sondern auch die damals pubertierenden Kulturrevolutionäre, aber einige der wichtigsten Ziele sind unverrückbar geblieben.

Die CDU hätte nicht bloß vor Rot-Grün warnen, sondern die inhaltliche Auseinandersetzung in Fragen der Ausländerpolitik, der Drogenpolitik, der Vergangenheitsbewältigung und der Familienpolitik suchen müssen. Die ständigen Warnungen der CDU vor Rot-Grün, das war zuvor schon absehbar, konnten nicht mehr fruchten.

Es genügt nicht, vor diesen Gefahren zu warnen, sondern man muß auch begründen, worin konkret diese Gefahren bestehen und welche Konsequenzen eine rotgrüne Politik für unser Land haben wird. Schon heute ist erkennbar, daß die Grünen nicht die Rolle spielen, die ihnen Gerhard Schröder zugedacht hat, als er erklärte, er sei der Koch und sie sind die Kellner. Die Grünen werden sich nicht als Kellner begnügen, sondern sie wollen mitkochen. Der Vorstandssprecher der Grünen, Jürgen Trittin, hat noch am Wahlabend erklärt, daß die Verleihung der deutschen Staatsbürgerschaft an die in Deutschland geborenen Ausländer zu den unverrückbaren Forderungen der Grünen gehöre. Dadurch werden morgen unsere ausländischen Mitbürger, die im übrigen die Mehrheit der rotgrünen Regierung künftig absichern werden, darüber entscheiden, was in Deutschland politisch geschieht und was nicht geschieht. Die Verleihung der doppelten Staatsbürgerschaft ist der entscheidende Durchbruch zu einer dann auch über die Gesetzgebungsverfahren zur verwirklichenden multikulturellen Gesellschaft. Am Ende dieser Entwicklung stünde die Gleichstellung aller nichtdeutschen Bewohner auf dem Territorium der Bundesrepublik Deutschland mit den Deutschen. Die Deutschen sind dann nur noch eine - wenn auch große - Minderheit unter anderen Minderheiten, und sie wären ihrer originären Rechte im eigenen Land beraubt. In diesem Falle würde sich die Frage nach den Zukunftschancen einer konservativ-bürgerlichen Partei, für die ja die CDU immer noch gehalten wird, von selber erledigen.

Die CDU hat über diese Gefahr weder aufgeklärt noch sich - aus Angst wegen des ihr entgegengebrachten Konservativismus- oder gar Faschismusverdachts - überhaupt um Argumente bemüht. Eine CDU, wie sie sich inzwischen entwickelt hat, ist wohl gar nicht mehr in der

Lage, dem grün-roten „Reformprojekt" ein eigenes alternatives entgegenzustellen.

Mit der ewig wiederholten Feststellung, daß die PDS die Nachfolgepartei der alten Kommunisten ist, war überhaupt nichts gewonnen. Warum wählte denn jeder fünfte Bürger der neuen Bundesländer die PDS? Die Ostdeutschen hatten mit Recht das Gefühl, daß die PDS ihnen die innere Geborgenheit und Anerkennung vermittelt, die ihnen die westlichen, kalten Wirtschaftsparteien schuldig geblieben sind. Wenn man einmal von den alten Seilschaften der SED absieht, so kann man sagen, daß die PDS auf einer emotionalen, geschichtlich begründeten Identifikation eines großen Teils der Bürger in den neuen Bundesländern gründet. Dieser emotionalen und geistigen Zuordung haben die westlichen Parteien und vor allem die CDU bis heute nichts entgegenzusetzen.

Wenn etwa die Frage der Gewaltkriminalität und des Rechtsrucks der Jugendlichen in den neuen Bundesländern zur Sprache kommt, dann haben die etablierten Parteien einschließlich der Grünen nichts anderes dazu sagen, als daß eben mehr Ausbildungsplätze zur Verfügung gestellt werden müßten. Dann erledige sich dieses Problem von selbst. Das ist ein ganz großer Irrtum. Zu glauben, daß ein großer Teil der ostdeutschen Jugend anders denkt, wenn sie einen Ausbildungsplatz bekommt, ist eine vulgärmarxistsiche Vorstellung.

Nein, die Probleme lassen sich nicht durch die Bereitstellung von Ausbildungsplätzen lösen. In den 40 Jahren DDR ist eine schwer zu fassende psychologische und geistige Realität entstanden, auf die man eine ganz andere, nämlich patriotische und nicht vulgärmarxistische Antwort geben muß. Darum hat die CDU die Wahlen in Ostdeutschland verloren. Zweimal ist Kohl Bundeskanzler geblieben, weil die Menschen in den neuen Bundesländer die CDU gewählt haben. Sie glaubten an die nationale Einheit und daran, daß die CDU mit ihrer „Allianz für Deutschland" diese Einheit repräsentiert. Diesmal haben die Bürger in den neuen Bundesländern sich anders entschieden, weil sie gemerkt haben, daß die Union die Ostdeutschen zwar mit Geldtransfers unterstützt, aber sich nicht wirklich mit ihnen identifiziert hat.

Im Westen wird es nun nicht wenige Menschen geben, die die Frage stellen werden, ob es denn einen Sinn gehabt hat, über eine Billion DM in die neuen Bundesländer zu transferieren. Denn zum Dank haben die Ostdeutschen eine ganze Kompanie von Kommunisten in den Bundestag gewählt, heißt es. Das kann man sicherlich nicht in dieser Weise interpretieren, aber nicht nur die Union kann aus solchen Äußerungen die Lehre ziehen, daß mit Geld nicht alles, vielleicht gar noch nichts, getan ist. Hätte man nur einen Bruchteil der Gelder in die geistige Aufklärung und die geistige Bewußtseinsbildung und Überzeugungsarbeit in Ostdeutschland, aber auch in Westdeutschland investiert, dann stünde es heute besser um die innere Einheit Deutschlands und um ein konservativ-liberales Selbstverständnis.

So aber stehen wir vor der Frage, ob der englische Premierminister Tony Blair mit seiner These Recht hat, daß durch den Sieg der Sozialdemokraten in Deutschland nunmehr eine neue Ära in Europa angebrochen sei, da drei sozialdemokratische Parteien in England, Frankreich und in Deutschland an der Macht seien. Das totgeglaubte sozialdemokratische Jahrhundert sei auf dem Wege, in ganz Europa wieder zurückzukehren.

Hier muß man doch sehr genau unterscheiden. Die Labour-Partei in England hat wenig gemeinsam mit der französischen Linken und auch nicht mit der deutschen. Und auch die französische Linke ist eine andere als die in Deutschland. Die französischen Sozialisten sind z.B. patriotisch und national bis auf die Knochen. Hinsichtlich des nationalen Bewußtseins gibt es zwischen den Konservativen und den Sozialisten in Frankreich keinen Unterschied, während weder die Sozialdemokraten noch die Christdemokraten überhaupt noch von der „Nation" sprechen. Sie sprechen viel lieber von den „Menschen draußen im Land". Da gibt es also erhebliche Unterschiede.

Auch die Methoden und Modelle, denen die linken Parteien in Europa folgen, unterscheiden sich erheblich. Das ist aber nicht entscheidend. Man muß sich vielmehr die Frage stellen, warum es die auf den ersten Blick vergleichbare, gemeinsame Stärkung der Linken in Großbritannien, in Frankreich und in Deutschland gibt? Die Antwort liegt auf der Hand: Der Wandel in den Prozessen der Modernisierung, man spricht auch von Globalisierung, ruft solche Ängste hervor, daß die Menschen zum Teil berechtigt um ihre soziale Sicherheit fürchten. Aus Gründen der Sorge um die soziale Sicherung der Besitzstände folgen die Bürger den Parteien, die eine solche Sicherung noch am ehesten versprechen.

Hier sind wir an einem Kern der Fragestellung, die uns in den nächsten Jahren beschäftigen wird. Wir müssen fragen, was unter den neuen Bedingungen der Globalisierung sozial ist.[2] Ist es sozial, Besitzstände zu erhalten und weitere Zuwächse in Aussicht zu stellen, wenn die Bezahlbarkeit des Sozialstaates nicht mehr gewährleistet wird? Nein, sozial ist heute nicht derjenige, der die soziale Gesinnung am lautesten zum Ausdruck bringt, sondern derjenige, der das Risiko einer Investition auf sich nimmt und der Arbeitsplätze schafft. Diejenigen, die die soziale Gesinnung zum Kriterium ihres politischen Urteils machen, müssen endlich eines Besseren belehrt werden: Jeder Unternehmer, der auch nur einen einzigen sicheren Arbeitsplatz schafft, ist sozialer als alle Parteien und Gewerkschaften, die die embryonalen Ansätze einer Entlastung der Wirtschaft zurückdrehen und die dabei unter dem gewaltigen Jubel jugendlicher Anhänger noch glauben, sie hätten ein neues, soziales Zeitalter eingeleitet. Mit der rotgrünen Regierung ist noch kein neues Zeitalter eingeläutet worden. Rotgrün ist eher ein Spätausläufer einer vergangenen Epoche und - im besten Falle - der Übergang zu einer neuen Epoche.

Von einer neuen, den ökonomischen, sozialen und kulturellen Realitäten gewachsenen politischen Antwort kann in der deutschen Demokratie vorerst überhaupt keine Rede sein. Die Politiker haben z.T. wider bessere Einsicht nicht mehr den Mut, auszusprechen, was ist, und was die Deutschen tatsächlich erwartet. Je länger sie mit den notwendigen Antworten warten - man denke nur an die multikulturell organisierten Schulen oder an die fälligen Kürzungen der Renten - umso größer wird der Preis sein, den kommende Generationen für diese Versäumnisse zu zahlen haben. Man muß dem früheren Kanzler Helmut Kohl den ernsthaften Vorwurf machen, daß er zur Aufklärung dieser Gefahren nur wenig beigetragen hat. Er hat den Deutschen im Wahlkampf nur die Botschaft vermittelt, wenn sie optimistisch seien, würden sie schon die Zukunft gewinnen.

Der Tiefstand der Popularität von Helmut Kohl war bereits 1989 erreicht worden. Ohne den deutschen Einigungsprozeß hätte das Ergebnis der Bundestagswahlen 1990 diesem Erscheinungsbild entsprochen und zu einem Abschied für die CDU aus der Regierung geführt. Diese Einschätzung wurde offensichtlich von maßgeblichen Repräsentanten der CDU, von Biedenkopf, Späth, Geißler, Süßmuth geteilt, sonst hätten sie den berüchtigten Aufstand gegen Helmut Kohl nicht zu planen brauchen. Sie trauten ihm bereits 1989 einen Wahlsieg nicht mehr zu. Es ist nicht nur eine Übertreibung, wenn Theo Waigel immer wieder behauptet, daß die CSU und er selber durch seinen Entschluß, als Finanzminister in die Regierung Kohl einzutreten, ihn gerettet hätten. Von den Ursachen dieses Niedergangs der CDU unter der Führung von Helmut Kohl wird in dem Buch noch viel die Rede sein.

Die Erinnerung an diesen Verfall soll hier nur als Folie dienen, auf der sich der wundersame Aufstieg des Helmut Kohl nach 1990 um so strahlender abhebt. Nur so ist es zu verstehen, daß bis vor kurzem ernsthaft darüber diskutiert wurde, ob Helmut Kohl nicht ein Staatsmann von der geschichtlichen Größe und Bedeutung eines Bismarck sei, ob er nicht längst über Adenauer hinausgewachsen sei, ob wir es bei dem viel Gescholtenen nicht mit einem Politiker von epochaler geschichtlicher Bedeutung zu tun hätten.

Doch wer ist ein Staatsmann von geschichtlicher Größe und Bedeutung? Die Frage läßt sich ziemlich leicht beantworten: Ein Staatsmann von geschichtlichem Rang ist einer, bei dem die Geschichte ohne sein Eingreifen grundsätzlich anders verlaufen wäre. Staatsmann ist derjenige, der die Geschichte so verändert hat, daß keiner seiner Nachfolger in der Lage ist, rückgängig zu machen, was durch ihn eine irreversible Gestalt angenommen hat. Niemand kann auslöschen, was durch Bismarck bewirkt wurde, sei es im Guten oder sei es im Schlechten, niemand kann die Veränderung Großbritanniens durch Margret Thatcher ignorieren, und niemand kann bezweifeln, daß das Wirken von Gorbatschow weltgeschichtliche Folgen hatte, die ohne sein Erscheinen auf der weltpolitischen Bühne nicht eingetreten wären. Wenn Helmut Kohl ein Kanzler der deutschen Einheit in diesem Sinne wäre, daß man sagen müßte, daß es sie ohne ihn nicht gegeben oder doch auf unabsehbar lange Zeiträume nicht gegeben hätte, dann wäre es völlig berechtigt, ihn in einem Atemzug mit den Größen der politischen Staatskunst zu nennen. Es geht nicht darum, seine Verdienste um die deutsche Einheit zu schmälern. Er hat richtige, weitreichende Entscheidungen getroffen, die den weiteren Gang der Ereignisse beeinflussen, er hat eine bemerkenswerte Durchsetzungskraft und Standvermögen bewiesen. Aber die deutsche Einheit hätte es auch ohne ihn, wenn auch vielleicht später und mit größeren Schwierigkeiten und Hindernissen gegeben. Er hat, wie Theo Sommer es formulierte, einen ihm zugespielten Ball in ein Tor verwandelt. Das allein schon ist eine bedeutende Leistung, und kein anderer deutscher Politiker, dem man die Führung der Regierungsgeschäfte zutrauen kann, hätte das so brillant geschafft. Man stelle sich nur vor, was geschehen wäre, wenn ein Oskar Lafontaine mit der Möglichkeit der deutschen Einheit konfrontiert worden wäre. Wir kennen ja nun die Kommentare, mit denen der Saarländer den deutschen Einigungsprozeß begleitet hat. Sicher, Willy Brandt hätte es auch vollbracht, aber mit einer Partei, die nicht annähernd so geschlossen hinter ihm gestanden hätte, wie die CDU hinter Helmut Kohl.

Die Geschichte hat also Helmut Kohl 1989 aus der Nähe des politischen Abgrundes weggerissen. Aber die Chancen, die die Geschichte bereithält, nutzen nichts, wenn sie nicht ergriffen werden. Wer aber war und ist in diesem Falle die Geschichte? Schlicht: Es war das deutsche Volk. Die eigentlich erstaunlichste Tatsache des letzten Jahres ist die unübersehbare Entdeckung, daß es noch gibt, was viele unter unseren Intellektuellen bereits weginterpretiert haben: Es gibt tatsächlich noch immer das Volk der Deutschen. Die eindeutige Mehrheit der Deutschen, in Ost und West, hat die Wiedervereinigung, als sie möglich wurde, gewollt. Die Deutschen haben die Einheit begrüßt, sie haben sich gefreut und sie waren auch ohne Zweifel bereit, die Opfer zu bringen, die notwendig sind, um sie auch zu verwirklichen. Helmut Kohl war wie kein anderer Politiker dazu prädestiniert, diesen Willen politisch zu vollstrecken, weil er im Grunde seines Wesens diese Grundemotion weiter Kreise des Volkes geteilt hat. Er tat das ohne Schwanken, er hat gehandelt, wie es eigentlich für jeden Patrioten selbstverständlich ist. Bundeskanzler Kohl war kein Nationalist, er dachte zu stark in europäischen Prioritäten. Die westliche Welt hat es ihm abgenommen, daß er nie zögern wird, die deutschen nationalen Interessen denen Europas unterzuordnen. Die Verdächtigung, daß die Deutschen im Begriffe seien, einem neuen Nationalismus anheimzufallen, ist ein Ausdruck der Hysterie derjenigen, die nun auf die Propaganda für ihre sozialen Utopien verzichten müssen.

Was Helmut Kohl zu seinem Glück noch gefehlt hatte, dafür hatte 1990 sein Gegner Oskar Lafontaine gesorgt. Die Sozialdemokraten haben Helmut Kohl die Auswertung des nationalen Themas sehr erleichtert. Als es zum ersten Mal wieder möglich war, einen wirklich politischen Wahlkampf zu führen, in dem es um die Gestalt des wiedervereinigten Deutschlands, um seine Identität und seine Rolle in der Welt und um seine geschichtliche Verantwortung ging, hat die SPD auf einen Kandidaten gesetzt, dem nur Negatives zur deutschen Einheit einfiel, der glaubte, gegen Verstaubtes sein modernes Lebensgefühl in die Waagschale werfen zu müssen. Was war aber dieses angeblich moderne Lebensgefühl? Individualismus und Hedonismus, eine lustbetonte und spielerische Einstellung, für die das Vaterland eine überholte Floskel ist und das Leben soviel wert ist, wie es lustvolle Selbstdarstellung und Selbstverwirklichung verspricht. Weil die SPD sich nicht eines Besseren besann, erfüllte sich die Prognose Herbert Wehners, der 1982 sagte, daß die SPD sich darauf einstellen müsse, 15 Jahre in der Opposition zu bleiben.

Aber die Siege Helmut Kohls seit 1990 haben sich als klassische Pyrrhussiege erwiesen. Der Offenbarungseid, den die Union wegen ihrer Anpassung an die Kulturrevolution von 1968 zu leisten hatte, ist nur um einige Jahre hinausgeschoben worden. Wenn man sich die Alterszusammensetzung der noch verbliebenen CDU-Wähler ansieht, ist davon auszugehen, daß Deutschland für eine längere Zeit von einem linksliberalen Bündnis regiert werden wird.

Es ist paradox, aber wahr: Der Progressismus ist mit dem Sozialismus in der Sowjetunion zusammengebrochen, er hat ein weltgeschichtliches Debakel erfahren, und dennoch erzielte in Deutschland die PDS an der früheren Mauer in Berlin 40 % der Stimmen und eine rotgrüne Regierung löst eine christlich-liberale Regierung ab, die sich voreilig als Sieger der Geschichte mißverstanden hat. Mit Prosperitätspolitik allein ist eben keine Politik mehr zu machen, vor allem nicht in Zeiten hoher Arbeitslosigkeit und um sich greifender sozialer Mißstände.

Die Unwilligkeit und vielleicht auch Unfähigkeit des sonst so außerordentlich professionellen Kanzlers, auch geistig zu führen, hat sich als eine schwere Hypothek herausgestellt. Innenpolitisch und parteipolitisch hat Helmut Kohl keine lobenswerten Spuren hinterlassen. Die strukturelle Mehrheitsfähigkeit der CDU ist dahin. Mehr noch: Die CDU hat das Problem, daß sie keinen wirklichen Koalitionspartner mehr hat. Dabei hat sie sich alle Mühe gegeben, für andere Parteien koalitionsfähig zu werden. Die CDU stellt nämlich seit einiger Zeit nur noch eine wechselnde Gemengelage von Liberalismus und Sozialismus dar, in der mal die sozialdemokratischen mal die liberalen Elemente überwiegen.

Vielleicht ist es hier nützlich, das Schicksal der Christdemokraten in Italien und Österreich vergleichend zu analysieren. Denn es könnte nach der verheerenden Wahlniederlage von 1998 doch sein, daß die Christdemokraten, wenn man auch die Unterschiede zwischen Deutschland und Italien bzw. Österreich nicht unterschätzen darf, zukünftig auch in der Bundesrepublik das Versinken in die politische Bedeutungslosigkeit zu erwarten haben.

In Italien ist die einst so stolze Democrazia Christiana, die unangefochten bald 50 Jahre Italien regierte, auf 10 % zusammengeschmolzen. Dieser Rest lieferte sich erbitterte Kämpfe und spaltete sich in eine links- und in eine rechtsliberale Fraktion. Es war das konsequente Ende einer christdemokratischen Partei, die immer weiter nach links rückte, die sich dem Prozeß der Entchristlichung fatalistisch anheimgab und sich mit dem jeweilig herrschenden Zeitgeist verheiratete, bis sie als Witwe allein zurückblieb und nun nicht einmal fähig war, zu entscheiden, mit welchem Freier sie denn nun ins Bett gehen soll, mit Berlusconis rechten Liberalen oder mit einem Bündnis, an dem die geläuterten Kommunisten beteiligt sind.

Nicht viel anders ist die Situation der ÖVP in Österreich, die auch als Folge eines konsequenten Schwenks zu den Linken große Teile ihrer Stammwählerschaft verloren hat. Die ÖVP wurde in den vergangenen Jahren vom sozialdemokratischen Koalitionspartner erdrückt und von der FPÖ Haiders beerbt. Die ÖVP darf, wie unsere FDP, nur noch den Mehrheitsbeschaffer spielen. Auch in der ÖVP ist der Kampf um den zukünftigen Kurs durch eine Auseinandersetzung bestimmt, in der die Linksliberalen nach links und die mehr konservativ Gesonnenen nach rechts streben.

Die Democrazia Christiana und die ÖVP gingen oder gehen zugrunde an dem, was man Profillosigkeit, Identitätsverlust nennt. Sie sind beide Opfer ihres sogenannten Pragmatismus, sie sind geistig verödet und politisch ausgelaugt. Reif, begraben zu werden oder ihnen wenigstens für ihre unbezweifelbar großen Verdienste in der Vergangenheit ein geruhsames Plätzchen im Altenheim der Geschichte zu gönnen. Die Geschichte droht, über sie hinwegzugehen. Das kann auch der CDU so ergehen, wenn auch auf anderem Wege. Man kann sich auch zu Tode siegen, nämlich dann, wenn man taktisch stets gewinnt, aber die entscheidende strategische Schlacht verliert.

Eine solche strategische Entscheidung ist, nachdem sie 1990 und 1994 durch die Wiedervereinigung und die Orientierungsschwierigkeiten der SPD hinausgeschoben wurde, 1998 gefallen. Die CDU wurde von einer linksliberalen Mehrheit abgelöst und findet sich ohne Koalitionspartner in der Opposition wieder. Die Geschichte offenbart nun, daß sich in der CDU längst zwei Parteien gebildet haben: eine der rechten und eine der linken Mitte. Diese Parteien wurden nur durch die Gratifikationen zusammengehalten, die mit der Beteiligung an der Regierungsmacht verbunden waren. Sollte die CDU tatsächlich ein schwarz-grünes Reform- und Zukunftsmodell anvisieren, kann man bereits heute prognostizieren, daß dieses Modell nur geeignet ist, den Marsch auf dem Weg zu beschleunigen, dessen Endstation die Schwesterparteien in Italien und Österreich bereits erreicht haben oder doch, was die ÖVP angeht, bedenklich nähern. Ein wesentlicher Teil der traditionellen Wählerschichten der CDU wird diesen Weg nicht oder nur eine kurze Strecke mitgehen.

Die dann fällige Scheidung der Geister und Stimmen braucht für die Republik jedoch kein Nachteil zu sein. Sie könnte dadurch ihre Reform-, ihre Politik- und ihre Zukunftsfähigkeit wieder zurückgewinnen. Die parteipolitische Landschaft würde dann die Wirklichkeit wieder angemessener widerspiegeln. Die fiktiv gewordene Mitte würde den Blick nicht länger verstellen. Es gäbe eine linke und es gäbe eine rechte Mitte, und das wäre gut so, denn es wäre in jedem Falle die Mitte, die sich politisch revitalisieren würde. Dann aber gibt es noch das Problem, daß die Grünen mit 10 bis 12 % den Platz einnehmen, den die FDP bisher innehatte.

Ohne eine nationalliberal ausgerichte FDP oder eine andere Partei dieser Art sind die Grünen diejenigen, die entscheiden können, wer und wie Deutschland regiert wird. Die CDU leistet gegenwärtig Beachtliches, die Grünen als eine normale radikalliberale Partei erscheinen zu lassen, und sie ist, nach den Avancen, die der Parteivorsitzende, Wolfgang Schäuble, den Grünen zukommen ließ, kaum noch in der Lage, sich mit ihr wirklich fundamental und kritisch auseinanderzusetzen. Wer will das auch noch tun, nachdem manche „jungen Wilde", aber auch Heiner Geißler, die Grünen nicht nur als koalitionäre Nothelfer empfehlen, sondern geradezu als die Erfüllung der Träume und Sehnsüchte preisen, mit denen die CDU endlich den dritten Weg jenseits von Sozialismus und Liberalismus verwirklichen könne, den zu beschreiten sie bisher durch den falschen Koalitionspartner gehindert wurde. Die Versöhnung von christlichem Menschenbild und dem Versprechen der Französischen Revolution von Freiheit, Gleichheit und Brüderlichkeit sollte dann endlich die Erfüllung zuteil werden. Deutschland sollte Muster und Vorbild für eine weltweit ausstrahlende multikulturelle Gesellschaft werden, für eine durch pazifistische und feministische Werte geeinte Menschheit - das ist die schwarzgrüne Vision. Von der Dialektik der Aufklärung und der epochalen Diskussion um Sinn und Unsinn einer sich progressiv verstehenden Moderne haben diese Leute nichts gehört.

Schwarz-Grün - keine Utopie, sondern eine reale Perspektive. So hören wir es aus dem Munde des Fraktionsvorsitzenden der CDU im saarländischen Landtag. In der Tat: Es ist keine Perspektive für eine fernere Zukunft. Nein, das schwarz-grüne-Projekt ist auf dem Wege, etabliert zu werden. Wolfgang Schäuble rehabilitierte die Grünen im

Bundestag als eine normale demokratische Partei, die koalitionsfähig und kompromißfähig sei, Heiner Geißler preist sie als Partner einer Traumkoalition mit der CDU. Koalitionen in den Kommunen sind normal, und auf Landesebene werden sie vorbereitet. Im Bund stehen sie nach der Ära Kohl auf der Tagesordnung. Die Grünen sind also nicht nur hoffähig, sie werden von beiden Volksparteien umworben. Und sie können wählen, welchem der beiden Bewerber sie geneigt sind, den Zuschlag zur Mehrheit zu geben. Sie übernehmen damit die Rolle der FDP als Zünglein an der Waage und werden morgen bestimmen, wer und wie Deutschland regiert wird. Wer kann in Deutschland schon etwas ausrichten gegen eine Kraft, von der man sagt, daß sie chic, daß sie bunt, modern und damit „in" ist.

Die CDU kann den Kampf gegen die Grünen nicht mehr prinzipiell führen, weil sie bereits den verlockenden Möglichkeiten eines grün-schwarzen Reformmodells erlegen ist. In erstaunlich kurzer Zeit haben sich die Grünen für die CDU von einer tödlichen Gefahr, die das System der Bundesrepublik gefährdet, zu einer Befreiungskraft aus erstarrten und überholten Strukturen entwickelt. Dies alles wird mit dem Argument begründet, die Grünen hätten sich eben geändert. Sie seien nicht mehr die, die sie gestern waren. Sie seien heute pragmatisch, kompromißbereit, eben eine Gestalt des Modernen Wertkonservativismus. Nun haben die Grünen in der Tat ihren Stil, ihr Erscheinungsbild und die Schwerpunkte ihrer öffentlichen Darstellung geändert. Wer will denn im Ernst bestreiten, daß wir eine soziale und ökologische Umsteuerung der Industriegesellschaft brauchen? Wer will ihnen bestreiten, daß sie mehr als jeder andere zur Bildung eines ökologischen Bewußtseins beigetragen haben. Das ist ihre Stärke.

Das ökologische Thema ist auch das Grundanliegen eines jeden authentischen neuen Konservativismus. Leider ziehen die Grünen aus diesem konservativen Ansatz keine, oder besser die falschen Konsequenzen. Sie werden vielmehr die letzten Reste des gewachsenen und uns auch durch die neue Weltlage aufgenötigten Konservativismus mit Stumpf und Stiel ausrotten. Die Grünen an der Macht: Das bedeutet nun Endzeit für die deutschen Konservativen und für alle Liberalen, die sich noch den Traditionen des klassischen Liberalismus verpflichtet fühlen. Es bedeutet, daß wir zum ersten Mal in der deutsche Geschichte eine libertäre, spätsozialistische Politik bekommen werden. Sollte die CDU diesen Weg mitgehen, würde sie ihren Schwesterparteien in Italien und

Österreich in den Niedergang und in die politische Bedeutungslosigkeit folgen.

Nein, die Grünen haben ihre Methoden, aber nicht ihre Ziele geändert. Die Grünen sind eine libertär-emanzipatorische, multikulturelle, antietatistische, pazifistische und feministisch ausgerichtete Partei. Sie sind links von der SPD, wie Wolfgang Schäuble in einem lichten Moment erkannte. Und hinter der gefällig und sympathisch anmutenden Fassade verbirgt sich eine linke und libertäre dogmatische Mehrheit. Aber wer sind die Grünen in Wirklichkeit? Eine schöne philosophische Frage, mit der sich schon Platon in seiner Auseinandersetzung mit den Sophisten befaßt hat. In gewisser Weise sind sie alles und von allem das Gegenteil: sie sind auch konservativ, auch anarchistisch, typisch deutsch und radikal antinational. Sie sind demokratisch, aber auch potentiell fundamentalistisch. Mit einen Wort: Sie sind wahrhaft postmodern.

Die Parteien müssen begreifen, daß sie sich mit den Grünen nicht in dem Stil und mit den Methoden auseinandersetzen können, wie sie es bisher gewohnt waren. Über die Vorschläge der Grünen zur Verkehrs-, Wirtschafts-, Technologie- und Sozialpolitik läßt sich trefflich streiten. Hier gibt es von ihnen durchaus Vernünftiges zu vernehmen. Tatsächlich aber geht es in der Auseinandersetzung mit den Grünen um einen Konflikt der Mentalitäten, um einen Kulturkonflikt, der die Gesellschaft zu spalten droht. Die Grünen sind die logische Folge der bundesrepublikanischen Entwicklung, sie sind ein Spätprodukt der Kulturrevolution der 60er Jahre. Die Kolonnen, die damals zum Marsch gegen die Institutionen aufbrachen, sind jetzt angekommen. Sie spiegeln getreu die Schizophrenie einer Gesellschaft wider, welche die Bäume und Gräser schützt, aber den Paragraphen 218 abschafft, welcher das Schicksal der Minderheiten und Asylanten der Welt am Herzen liegt, der aber das Schicksal der Deutschen und ihrer Kultur ziemlich gleichgültig ist. Die Grünen werden hier viel zustande bringen. Aber Staat ist mit ihnen nicht zu machen. Die Sehnsucht nach der alten Bundesrepublik ist es, die die Wähler die SPD und die Grünen wählen ließ. Es ist die Geschichte, die ihr Votum korrigieren wird. Und diese Geschichte verlangt eine Wendung hin zum Konservativen. Auch wer morgen noch liberal sein will, muß auch konservativ sein wollen.

Die Frage, was konservativ ist, gehört zu den alten Fragen, über die Samuel Beckett gesagt hat, daß über sie „nichts hinüber geht". Es gibt keine formulierte Theorie oder Philosophie des Konservativismus. Konservativismus hat zu verschiedenen Zeiten immer ganz Verschiedenes bis Unterschiedliches bedeutet. Man hat sich darauf geeinigt, daß konservativ im wesentlichen eine Einstellung ist. Und diese Einstellung hat ihren Niederschlag in bestimmten Begriffen und bestimmten Topoi gefunden. Jeder denkt, wenn von konservativ die Rede ist, natürlich an die Begriffe „Tradition" und „Autorität". Man denkt vielleicht auch an „Hierarchie" und an den Begriff, der für alle Formen des Konservativismus vielleicht doch die durchgängigste Tradition hat, nämlich der Begriff der „Ordnung". „Hierarchie" gilt uns heute als unvereinbar mit den Arbeits- und Funktionsbedingungen einer modernen, sich ständig wandelnden Industriegesellschaft.

Wird aber von diesen traditionellen Begriffen abgesehen, dann ist augenscheinlich, daß es mit dem Konservativismus nicht mehr weit her ist. So wenig die Linken eine Utopie haben, so wenig haben die Konservativen heute noch eine Tradition. Alle Autoritäten sind durch die Kulturrevolution der letzten 30 Jahre aufgelöst und zertrümmert worden. In diesem Sinne haben sich konservative Grundmotive heute weitgehend verflüchtigt. Es überrascht daher, daß im Zusammenhang der politischen - nur noch leicht ideologisch eingefärbten - Auseinandersetzungen immer wieder noch von „konservativ" gesprochen wird.

Vor allem Joschka Fischer und der ehemalige Finanzminister Oskar Lafontaine sprechen immer wieder von einer zu bekämpfenden „konservativen Politik" und davon, daß die alte Regierung gescheitert sei. Beide sagen das natürlich nicht ohne Hintersinn. Man kann dann nämlich eines Tages behaupten, daß die Konservativen die Neigung haben, Deutschland immer wieder in den Niedergang oder in Katastrophen zu führen. So gesehen ist es durchaus von großem Interesse, ob CDU und CSU überhaupt konservative Parteien sind, ob Helmut Kohl ein konservativer Politiker war und ob die Politik, die er während seiner 16-jährigen Regierungszeit gemacht hat, den Namen konservativ verdient.

Hier muß man sicher differenzieren: Im Verhältnis zu bestimmten programmatischen Forderungen der Grünen ist natürlich die CDU - von der CSU ganz zu schweigen - bis heute eindeutig eine konservative Partei. Die CDU würde nicht die Beseitigung des Verfassungsschutzes, nicht die Auflösung der Bundeswehr, nicht die Gleichstellung gleichgeschlechtlicher Beziehungen mit der Ehe, nicht die totale Trennung von Staat und Kirche und nicht einen weiteren Schwung in der antiautoritären Erziehung, und schon gar nicht die staatlich finanzierte Freigabe von harten Drogen fordern. Dafür aber treten die Grünen ein, und hier zeigt sich, daß sie eine Nachgeburt der studentischen Kulturrevolution sind. Im Verhältnis dazu ist natürlich die CDU eine beinahe noch erzkonservative Partei. Daran kann es keinen Zweifel geben.

Wenn man einmal genauer hinsieht und die Geschichte der CDU seit 1945 auf das Ganze hin betrachtet, dann wird man dennoch zwei Abschnitte unterscheiden können: Die Zeit der CDU bis zur Studentenrevolte und die Zeit der CDU nach der Studentenrevolte. Am Anfang - vor allen Dingen geprägt durch Adenauer - war die CDU zwar keine theoretisch konzeptionsfreudige, aber, hinsichtlich ihrer Haltung und ihrer Politik, dennoch eine eindeutig konservative Partei. Eine konservative Partei zu sein, war damals auch nicht schwer, denn es galt, politisch die Aufgaben zu lösen, die durch den Zusammenbruch und die Zerstörung Deutschlands evident waren. Man mußte das Land wieder aufbauen. Und zu diesem materiellen, kulturellen und zum Teil auch geistigen Wiederaufbau Deutschlands hat man nicht auf die Generation und ihre Kräfte verzichten können, die noch weitgehend in der Tradition der deutschen Geschichte, der preußischen Geschichte und übrigens auch der Jugendbewegung gestanden hat. Es hat mich immer tief beeindruckt, wenn man unter diesen Protagonisten des Wiederaufbaus immer wieder Figuren begegnete, die ihre entscheidende Prägung durch die Jugendbewegung der 20er Jahre erfahren haben. Sie waren opfer- und einsatzfreudig, und sie waren diszipliniert. Autorität war für sie selbstverständlich. Die deutschen Tugenden waren zwar durch die Nationalsozialisten pervertiert, mißbraucht und zum Teil auch zerstört worden, aber daß man ohne diese Tugenden Deutschland nicht wieder aufbauen konnte, das war dieser Generation durchaus noch evident.

Die Szene änderte sich dann grundlegend durch die studentische Bewegung und durch die Ära, die dann vor allem durch Heiner Geißler, später dann auch durch Rita Süssmuth ihre Repräsentation fand. Die CDU meinte nun, sie sei bisher eine etwas archaisch zurückgebliebene Partei gewesen und sie müßte sich nun dem zuwenden, was damals unter dem Begriff der Modernisierung angeboten wurde. Sie hielten das, was die Studenten forderten und was sich zum Teil auch kulturrevolutionär anbahnte, für modern. Und nun wollte auch die CDU modern sein und sie hat sich dann in einem nicht allzulangen Prozeß wesentliche Forderungen und auch Mentalitäten dieser neuen Bewegung zu eigen gemacht. Nicht umsonst hat Jürgen Habermas später gesagt: Der größte Erfolg der kulturrevolutionären Bewegung sei Rita Süssmuth gewesen. Und ich erinnere mich, daß Heiner Geißler, den ich einmal gefragt habe, was der denn glaube, wo die Konservativen blieben, wenn er diesen „Modernisierungskurs" weiter forcieren würde, zynisch geantwortet hat, das sei nur ein biologisches Problem. Die Geschichte formuliert dann manchmal bittere und ironische Kommentare zu solchen Aussagen und Handlungen, denn es war fast ein Akt höherer Gerechtigkeit, als die Wiederwahl Helmut Kohls im September 1998 scheiterte, weil nicht wenige Konservative sich diesmal weigerten, die CDU zu wählen.

Wenn man einmal die gesellschaftspolitischen Themen in den Blick nimmt, dann erkennt man, daß seit den siebziger Jahren der Prozeß eingeleitet worden ist, den man die Sozialdemokratisierung der CDU nennen kann. Es gibt heute gesellschafts- und sozialpolitisch zwischen der CDU und der SPD de facto kaum noch Differenzen. Die einen legen etwas mehr Wert auf die Marktwirtschaft, die anderen auf den Ausbau des Sozialstaates, aber das sind nur geringfügige Akzentverschiebungen. Denken wir daran, daß auch in Kohls Regierungszeit hunderttausende Unternehmen des Mittelstandes schwer um ihre Existenz ringen mußten, weil sie offenbar in dem seit langem herrschenden sozialdemokratischen Konzept von Gesellschafts- und Sozialpolitik nicht mehr vorgesehen sind.

Nicht besser steht es um die Familienpolitik der Union. Denken wir daran, daß ausgerechnet Joschka Fischer den damaligen Bundeskanzler Kohl fragte, was er denn davon halte, daß heute eine Familie mit drei Kindern nicht mehr überlebensfähig sei. Das sind doch die Früchte einer eindeutig progressiven Richtung in der Union selber. Es gibt kaum eine Tagung, an der Rita Süssmuth nicht die Frauen dazu aufgefordert hat, ihre Befreiung als einen Machtkampf zu begreifen. Sie sollten endlich nicht nur um die Macht in den Parteien, sondern auch die im eigenen Haushalt kämpfen. Von einer Rehabilitation der Tugenden der Väter und Mütter, wie überhaupt von der Familie, war dagegen wenig die Rede. Familienpolitik reduziert sich auch hier auf Geldtransfers.

Selbst die letzte historische Chance, durch welche die CDU sich hätte erneuern und reformieren können - die deutsche Wiedervereinigung -, ist vertan worden. Dort hätte die CDU das Verhältnis nicht nur zu sich selbst, sondern zur ganzen Nation normalisieren können. Statt dessen ist die innere Einheit Deutschlands in einem unendlichen Geschwätz um Geldtransfers und um technisches Know-How zuschanden geworden. Wie überhaupt sich alles nur noch um Geld dreht. Wenn man heute die CDU über die Universität reden hört, dann bekommt man den Eindruck als handele es sich hierbei um ein Unternehmen, in dem Autos produziert werden. Wenn man natürlich alles nach der Logik des Wettbewerbs und der Effizienz betrachtet, dann kann von dem, was man einmal eine Universität genannt hat, nicht mehr viel übrig bleiben.

Diese Wandlungen haben ihren Niederschlag nun darin gefunden, daß in den Wahlen kontinuierlich der Zuspruch zur CDU zurückgegangen ist. Die Anpassung an den Linksliberalismus hat der CDU nichts eingebracht. Die CSU ist diesen Weg so nicht mitgegangen und darum steht sie weitaus besser da als die CDU. Auf Grund dieses Linksrucks der CDU im übrigen Deutschland erleben wir seit einigen Jahren eine Neubelebung der Debatte um eine "Neue Rechte". Was immer sich hinter der zum Teil surrealistisch-chimärischen Debatte verbergen mag, die „Neue Rechte" ist jedenfalls eine typische Reaktion von Leuten, die über die Entwicklung der CDU verzweifelt sind und die eine neue Partei oder eine neue politische Heimat suchen. Denn die CDU der Adenauer-Ära gibt es nicht mehr. Auch damals wollte die CDU aus guten Gründen keine keimfreie konservative Partei sein. Sie war immer eine christliche, liberale und soziale Partei und unter anderem war sie auch eine konservative Partei. Das große Problem der Union, das sich immer wieder neu stellt und das nicht leicht zu lösen ist, lautet seit jeher: Wie kann man diese unterschiedlichen Komponenten so miteinander austarieren, daß der Anspruch, eine Volkspartei zu sein, aufrechterhalten werden kann. Dieses Austarieren ist das Entscheidende.

Die Entwicklung in den anderen europäischen Demokratien zeigt, daß wir, ausgelöst durch den Zusammenbruch des sowjetischen Kommunismus, in eine ganz neue Epoche eingetreten sind, die auch nach ganz anderen politischen Präferenzen, Optionen und Gesetzen verläuft als die alte Epoche. Aber die Aufgabe, die sich in dieser neuen Epoche stellt, ist an Konservative gerichtet, denn sie sind prädestiniert, die Frage zu beantworten, wie in der künftigen Industriegesellschaft die Vermittlung von technologischem Fortschritt und konservativem Bewahrungsinteresse ausehen könnte. Diese Vermittlung wird zwar immer schwieriger, aber sie wird auch immer unausweichlicher. Die sogenannte geistige Führung und geistig-moralische Wende wollten hier eine Antwort geben. Sie ist der Maßstab, an dem die CDU selber gemessen werden wollte.

4. Die ausgebliebene geistige Wende

Wo ist die geistige Wende geblieben? Ich erinnere daran, daß die Probleme der gegenwärtigen Situation uns schon einmal, und zwar sehr nachhaltig vor der Wahl 1982 beschäftigt haben. Helmut Kohl versprach 1982 für den Fall der Machtübernahme, daß die CDU in Deutschland eine „geistige Wende" herbeiführen werde, wenn die CDU an die Regierung käme. Helmut Kohl verkündete bei jeder sich bietenden Gelegenheit, daß die damaligen Probleme der deutschen Politik eigentlich nur gelöst werden könnten, wenn die politische Führung auch die Dimension einer geistigen Führung in sich einschließen würde. Er konkretisierte das, was er meinte, mit dem Programm einer „geistig ethischen Erneuerung". Heute nun stellt sich die Frage: Was ist aus diesem Programm geworden? Hat es diese geistige Erneuerung gegeben? Gibt es in Deutschland eine Erneuerung? Gibt es überhaupt eine Kraft, der man diese Erneuerung zutrauen könnte?

Einen Hinweis darauf, daß sich an der Notwendigkeit einer geistigen Wende nichts geändert hat, ja, daß sie heute noch dringlicher wäre als das zum damaligen Zeitpunkt der Fall war, kann man dem Papier entnehmen, das der Fraktionsvorsitzende der CDU im Schweriner Landtag, Rehberg, über die kritische Lage der CDU im Osten veröffentlicht hat. In diesem Papier gibt es vieles, das man auch kontrovers diskutieren kann. Nachdem er die konkreten Probleme beschrieben hat, sagt er in einem zentralen Satz: „Deutschland braucht eine 'innere Revolution' als Voraussetzung für die nötige Durchsetzung der Strukturveränderung". Wenn man dem genauer nachgeht, was Rehberg unter der „inneren Revolution" versteht, dann meint er natürlich der Sache nach nicht weniger als das, was man eine Kulturrevolution nennt. Wir brauchen eine innere, geistige, moralische, die Menschen selbst in ihrem Fühlen und Denken ergreifende und verändernde Revolution. Das meint Rehberg mit der Voraussetzung und der Grundlage, damit wir die unübersehbaren großen strukturellen Probleme, vor denen wir stehen, überhaupt lösen können.

Man kann es vielleicht auf einen knappen Nenner bringen: 1982 konnte noch der Eindruck entstehen, als sei die Forderung nach einer geistigen Wende - wie die Marxisten sagen würden - eine Art Überbau gewesen. Damals meinte man: Wenn die Kasse stimmt und die Wirtschaft stetig wächst, ist im Grunde genommen alles in Ordnung. Das Versprechen einer geistigen Erneuerung wurde eher als eine Ergänzung und als Rhetorik verstanden. Was damals vielleicht als eine rhetorische Formel des Überbaues verstanden wurde, ist heute ein Imperativ für das Überleben der Bundesrepublik Deutschland geworden. Die Forderung nach geistiger Erneuerung ist längst keine Nebensache mehr, sondern sie ist der Grund der Ermöglichung einer auch an den mittel- und langfristigen Notwendigkeiten unseres Landes orientierten Politik.

Wenn wir uns der damaligen Diskussion erinnern, die wir vor über 16 Jahren, also ehe die sich christlich nennende Partei die Regierung stellte, erkennen wir, daß bereits damals von allem die Rede war, was heute wieder diskutiert wird. Denn was waren die zentralen Forderungen einer geistigen Wende, einer geistigen Erneuerung? Die alles übergreifende Maxime lautete, daß Deutschland nach einem kulturrevolutionären Exzeß nun wieder zur Nüchternheit, d.h. zur Normalität zurückkehren müsse. Mit „geistiger Wende" war also kein großer weltgeschichtlicher Aufbruch gemeint, sondern bloß eine gewisse Renormalisierung der Bundesrepublik. Man wollte nicht neue, nie gekannte Werte setzen und durchsetzen, sondern alten Werten und vor allem alten Tugenden, die sich in langer geschichtlicher Erfahrung bewährt hatten, sollte nun ein größeres Maß an Anerkennung zuteil werden, als das auf dem Höhepunkt der kulturrevolutionären Prozesse am Ende der 70er Jahre der Fall war.

Das Programm einer „geistig-moralischen Erneuerung" wurde aus durchsichtigen Gründen sofort von liberalen und linken Kräften als Ausdruck eines reaktionären roll back dargestellt. Aus der geistigen Führung wie aus der geistig-moralischen Wende konnte allein darum nichts werden, weil eine Strategie von Altkonservativen dahinter vermutet wurde. Hier ist der Zusammenhang zwischen geistig-moralischer Wende und Konservativismus aber nicht richtig erkannt worden. Denn die geistig-moralische Wende wollte eigentlich nichts anderes sein, als - nach den Turbulenzen der kulturrevolutionären Bewegung - wieder ein Stück Normalität zurückzugewinnen.

Die ganze deutsche Geschichte sollte nicht mehr auf diese zwölf Jahre reduziert werden. Bewährte Werte sollten wieder in der Gesellschaft rehabilitiert werden. Es ging darum, die Familie wieder zum Kern der Gesellschaftspolitik zu machen, den Mittelstand zu fördern, den Staat zu verschlanken, die Deregulierungsprozesse einzuleiten. Auch sollte die Verschuldung des Staates zurückgeführt und die Sanierung der Staatsfinanzen erreicht werden. Beabsichtigt war nichts Großes, sondern eine gewisse Rückkehr zur Normalität. Wenn alles dies unter der CDU geschehen wäre, dann stünden wir heute unvergleichlich besser da, als wir das tatsächlich tun. Denn heute kehren die gleichen Forderungen, die vor 16 Jahren gestellt wurden, unverändert wieder. Das geht bis hin zu der Versicherung, die wir seit 20 Jahren pausenlos zu hören bekommen: Leistung muß sich wieder lohnen. Diese Forderungen waren nicht aus einem ideologisch inspirierten Willen entsprungen, sondern sie stellten den Versuch dar, gewissen Realitäten zu entsprechen, um mit ihnen besser fertig werden zu können. Alle diese Forderungen kehren heute wieder.

Im Mittelpunkt der Gesellschaftspolitik stand damals der Schutz und die Förderung der Familie. Die sich christlich nennende Partei hatte damals versprochen, die Familienpolitik ins Zentrum der Gesellschaftspolitik zu stellen. Die Gründe hierfür waren völlig klar und einleuchtend, denn die Auflösung und das Zerbrechen der Familie bedeutet nicht weniger als die innere Auflösung und das Zerbrechen des Staates und der ganzen Gesellschaft. Man kann sich auf dem Boden einer in Auflösung befindlichen Familienstruktur keine realistische Zukunftsperspektive für ein Volk mehr denken. Heute entdecken wir das demographische Problem. Das war also sehr wohl durchdacht und sehr wohl begründet.

Die zweite wichtige Forderung, die damals erhoben wurde, galt dem Programm einer Entbürokratisierung der Gesellschaft. Ziel war ein gewisses Zurückdrängen eines bürokratischen Verwaltungsstaates, der bis dahin die Neigung hatte, alle Lebenstatbestände in unserem Land zu kontrollieren, zu verrechtlichen. Der bürokratische Apparat hatte sich bereits damals lähmend auf die Initiativkräfte, die in den Menschen dieses Landes stecken, ausgewirkt.

Drittens wurde bereits damals schon an eine Reform des Sozialstaates gedacht. Es war daran gedacht, daß der Sozialstaat aus einer hypertrophen, überbordenden Gestalt wieder zu seinen, ihn ursprünglich begründenden Prinzipien zurückgeführt oder doch wenigstens angenähert werden sollte.

Viertens war eine steuerliche Entlastung und eine Förderung des deutschen Mittelstandes vorgesehen. Immerhin gilt der Mittelstand bis heute als der eigentliche Motor der Marktwirtschaft, des Fortschrittes und jeder auf die Sicherung und Vermehrung von Arbeitsplätzen gerichteten

Politik. Arbeitsplätze schaffen nicht die großen Konzerne, sondern die kleinen und mittleren Unternehmen des Mittelstandes.

Zuletzt war noch daran gedacht, eine Reform unseres Bildungs- und Erziehungssystems einzuleiten. Man zeigte sich entschlossen, wenigstens die ausufernden Fehlentwicklungen der progressiven Bildungspolitik wieder in Richtung auf das Normale zu korrigieren.

Die Bürger haben damals nicht zuletzt deshalb die CDU gewählt, weil sie geglaubt haben, daß eine solche geistige Wende, wenn auch in kleiner Münze und nur allmählich, umgesetzt würde. Wenn die Regierung unter der Führung der CDU dieses Programm realisiert hätte, befände sich Deutschland heute in einer anderen Situation, als es sich tatsächlich befindet.

Warum ist denn diese geistige Wende nicht realisiert worden? Warum hat es denn in Deutschland keine Politik gegeben, die mit dem Konzept der „geistig-ethischen Erneuerung" beabsichtigt war? Und was hat es statt dessen gegeben?

Hier muß man genau differenzieren. Der erste und entscheidende Punkt ist, daß in der Koalition mit der damaligen FDP ein solches, auf die geistig-ethische Erneuerung gerichtetes Programm gar nicht machbar war. Die erste Erklärung, die der damalige FDP-Außenminister Hans-Dietrich Genscher nach der Regierungsbildung abgab, lautete damals: Die FDP sieht ihre wichtigste Aufgabe darin, eine „konservative Gegenreformation" zu verhindern. Er setzte das Konzept der „geistig-ethischen Erneuerung" also gleich mit einer „konservativen Gegenreformation". Genscher sah das wichtigste Ziel seiner Partei darin, genau dies zu verhindern. Die FDP hat heute allen Grund, darüber nachzudenken, ob sie durch diese Obstruktionspolitik nicht entscheidend dazu beigetragen hat, daß sie selber in den letzten Atemzügen liegt. Sie hat damit die Rückkehr und Stärkung eines Bürgertums verhindert, von dem sie selber bis heute lebt. Gibt es als Folge der ausgebliebenen „geistig-ethischen Erneuerung" dieses Bürgertum nicht mehr, so ist die FDP sehr leicht durch die Grünen ersetzbar.

Nun ist das geistige Klima in Deutschland heute nicht mehr zu vergleichen mit dem von 1982. Um das richtig zu würdigen, müssen wir uns frei machen von den Diskursen der veröffentlichten Meinung und dem, was in den Medien verkündet und angepriesen wird. Es gibt einen Unterschied zwischen der veröffentlichten Meinung und den tatsächlichen Überzeugungen und Einstellungen breiter Kreise unseres Volkes. Nebenbei bemerkt: „Volk", das ist ja ein demokratischer und kein fa-

46

schistischer Begriff. Unsere Politiker haben alle einen Eid darauf abgelegt, dem Wohle des Deutschen Volkes zu dienen. Vielleicht ist es allein aus diesem Grunde einmal ganz gut, das Wort „Volk" wieder in die Debatte einzuführen. Die Politiker sollen wissen, wem sie eigentlich ihr Amt verdanken und wem sie zu dienen haben.

Die Meinungen und Grundeinstellungen im Volk haben sich im Vergleich zu 1982 zweifellos ganz erheblich verändert. Das Erste und Entscheidende ist, daß jede Art von utopischer Euphorie, von überschwänglicher Erwartung in eine neue Politik einem ganz anderen Gefühl gewichen ist, nämlich dem Grundgefühl der Sorge, ja vielleicht sogar der Angst. Viele sind sogar der Überzeugung, daß die Zukunft eher im Lichte einer apokalyptischen Katastrophe als in der Erfüllung von Utopien zu sehen ist.

Es kann kein Zweifel darüber bestehen, daß die vielgeschmähten alten Tugenden, also zum Beispiel die Tugend des Fleißes, die Tugend der Verläßlichkeit, die Tugend der Treue, die Tugend des Gesetzesgehorsams, auch so etwas wie ein soziales Ethos, eine Renaissance erleben. Alle diese alten, für konservativ, überholt und von der Geschichte für abgetan erklärten Dinge werden heute wieder in einem anderen Licht gesehen. Man ist im Begriffe, zu entdecken, daß sie erhaltungsdienlich sind und daß ein Staat nicht funktionieren kann, wenn es diese Grundhaltungen nicht gibt.

Man nehme nur die Ereignisse der letzten Jahre: Die Straßenblockaden der Kurden, die exorbitante Ausländerkriminalität und der Fall „Mehmet" sind ein erstes Flackern einer Realität, die mit den Vorstellungen von einer friedlichen multikulturellen Gesellschaft nichts mehr zu tun haben. Diese Ereignisse lassen die multikulturellen Träume spätestens dann zerplatzen und zu einer grotesken Satire gerinnen, wenn die in unserem Lande weilenden ausländischen Mitbürger die ungelösten Probleme der Türkei in Deutschland auszutragen beginnen. Der Krieg der Kurden gegen die Türken wird dann auf deutschen Straßen und Plätzen ausgetragen.

Und wenn man sich überlegt, daß inzwischen das Ausmaß der Kriminalität die Höhe von mehr als sieben Millionen Delikten erreicht hat, dann hat die Kriminalität ein Ausmaß erreicht, das schlechterdings von keinem Staat mehr zu steuern ist. Inzwischen sind zweihundertfünfzigtausend Menschen in Deutschland in einem privat finanzierten Sicherheitsdienst tätig. Das ist nur denkbar geworden, weil man längst daran zweifelt, ob der Staat seine wichtigste Aufgabe, den Schutz von Leib und Leben zu gewährleisten, überhaupt noch nachkommen kann. Erinnern wir uns auch der Warnungen des ausgeschiedenen Präsidenten des Bundeskriminalamtes, der sagt: Das größte Problem unserer Zeit wird morgen unübersehbar das organisierte Verbrechen sein.

Wenn man ganz zufällig und beiläufig diese und ähnliche Fakten zusammenzählt, dann wird man verstehen, warum eine gewisse Rückbesinnung auf erfahrungsgesättigte Werte und Tugenden bei den Menschen erfolgt, die noch einen gesunden Menschenverstand haben. Diese Menschen lassen sich durch die öffentlichen Medien und Journalisten nicht mehr manipulieren. Wenn man diese Realitäten zur Kenntnis nimmt, dann ist es ja ganz verständlich, daß das, was in der Kulturrevolution fundamental kritisiert und in Frage gestellt wurde, sich wieder einer gewissen Anerkennung erfreut: Staat, Familie, Tugenden.

Es ist auch ebenso deutlich, daß trotz der offiziellen Staatsdoktrin der Bundesrepublik Deutschland, wonach Deutschland eine besondere Verantwortung für die Durchsetzung der Menschenrechte in der ganzen Welt übernehmen muß, auch die Sehnsucht nach der Wiederherstellung der Nation wiederkehrt. Das hat nichts mit wachsendem Nationalismus zu tun. Die Menschen spüren aber, was ihnen damit verlorengegangen ist, seit sie kein Vaterland und keinen Patriotismus mehr haben dürfen. Sie spüren, daß jedes Wort eines auf der ganzen Welt als normal empfundenen Patriotismus hierzulande als faschistisch, nazistisch und nationalistisch verunglimpft wird, und daß der, der eine solche Sprache spricht, aus dem öffentlichen Verkehr gezogen wird. Insofern ist es unbezweifelbar, daß bestimmte geistige Prozesse in diesen sechzehn Jahren in der Bundesrepublik Deutschland durchaus zu einer Einstellungsveränderung geführt haben, die allerdings nicht auf der Linie dessen liegen, was vor sechzehn Jahren mit einer „geistig-ethischen Erneuerung" anvisiert wurde.

Aber wir müssen sofort hinzufügen, daß es die politische Verwirklichung dieses Programmes der geistig-ethischen Erneuerung überhaupt nicht gegeben hat. Rückblickend kann man sagen, daß das Versprechen einer geistig-ethischen Erneuerung bereits kurz nach der Bildung der damaligen Regierung wie eine heiße Kartoffel fallen gelassen wurde. Auch rhetorisch ist dieser Begriff sehr schnell in der Versenkung verschwunden. Es gibt keinen maßgebenden repräsentativen Vertreter des politisch organisierten Christentums, der heute noch die entscheidenden Begriffe, die damals im Wahlkampf 1982 eine entscheidende Rolle gespielt haben, auch nur in den Mund nehmen würde. Die CDU - von ihr muß die Rede sein, weil sie sich ja zum Subjekt dieses Versprechens einer geistig-ethischen Erneuerung gemacht hat -, ist einen anderen Weg gegangen. Ich kann diesen Weg im einzelnen nicht nachzeichnen.

Dennoch wollen wir einige, sicherlich extreme Stimmen, die sich in dieser Partei öffentliches Gehör verschaffen konnten, vergegenwärtigen. Etwa die von Friedbert Pflüger, der immerhin jahrelang Referent des früheren Bundespräsidenten v. Weizsäcker gewesen ist, der in einem Interview gesagt hat, daß die CDU sich die Errungenschaften der Kulturrevolution der 68er zu eigen machen müsse, um sich an die Spitze dieser Bewegung stellen zu können. Es gibt keinen Grund, sich über diese Äußerungen zu empören. Dieser Satz bedeutet vielmehr nicht weniger, als das Eingeständnis der eigenen geistigen Ohnmacht und Kapitulation vor dem Gegner.

Dies ist keine Einzelstimme. Immerhin gibt es seit langem einige Fraktionsvorsitzende der CDU in den Landtagen, die eine Koalition mit den Grünen in der Zukunft für sehr wohl möglich halten. Sicherlich hat schwarzgrün vorerst noch keine Realisierungschance, aber solche Überlegungen sind doch ein außerordentlich aufschlußreiches Symptom dafür, wie man in der CDU über die Zukunft denkt. In der Sache sprechen ja in der Tat viele Gründe für eine solche schwarzgrüne Koalition. Denn die Grünen sind im Grunde genommen keine proletarische, sondern eine mittelständische, bürgerliche Bewegung. Sie kommen aus soliden Verhältnissen des materiell begünstigten oder durch Beamtenanstellung anderweitig gesicherten deutschen Bürgertums. Überdies vertreten die Grünen - wie die CDU - einen gewissen Umbau des Sozialstaates, sie bevorzugen eine Dezentralisierung der staatlichen Organisationsformen, und sie sind für den Umweltschutz, den sie im Rahmen einer ökologischen Reform der Industriegesellschaft verwirklichen wollen. Man kann also nicht übersehen, daß es durchaus programmatische Schnittmengen zwischen der CDU und den Grünen gibt. Aber die Grünen sind auch diejenige Partei, die unverändert für die totale Freigabe der Abtreibung eintritt. Sie sind die Partei, die alle der Sicherheit und der Verteidigung dienenden Institutionen abbauen, wenn nicht gar abschaffen will. Die Grünen treten überdies für die Freigabe von weichen und die staatlich kontrollierte Ausgabe von harten Drogen ein, und sie kämpfen für die totale Gleichberechtigung von homosexuellen, unehelichen oder halbehelichen Verhältnissen mit den ehelichen Verhältnissen. So könnte man noch lange fortfahren.

Die zweite Veränderung, die zwischen dem Jahr 1982 und 1999 eingetreten ist, stellt eine noch viel tiefergehende Zäsur dar als die Heraufkunft der Grünen.

Ich meine die Ereignisse, die mit dem Jahre 1989 verbunden sind. Wenn wir uns die Diskussion noch einmal vergegenwärtigen, die in Deutschland vor dem Zusammenbruch des Sozialismus geführt wurde, dann erkennen wir, daß keiner es für vorstellbar gehalten hat, daß der Sozialismus zusammenbrechen könnte. Selbst der damalige Bundespräsident, Richard v. Weizsäcker, war der Meinung, daß es noch 100 Jahre benötigen würde, bis die Frage der deutschen Wiedervereinigung wieder von der Geschichte auf die Tagesordnung gesetzt werden könnte. Und der damalige Bundeskanzler Kohl sagte, die Frage der Deutschen Einheit sei eine Frage der Geschichte. Wir müßten uns in Geduld üben und abwarten.

Und wenn man sich die Diskussionen vergegenwärtigt, die an den deutschen Universitäten oder gar in der evangelischen Kirche geführt worden sind, sieht man, daß nicht wenige geradezu in Rauschzustände gerieten, wenn sie sich der Errungenschaften des existierenden Sozialismus inne wurden. Viele brachten ihre Entschlossenheit zum Ausdruck, uns endlich auch in den Genuß der Segnungen und Beglückungen des Sozialismus zu bringen. Im Grunde sollte man - wenigstens im Augenblick - über diese Geschichte schamvoll den Deckel des Vergessens breiten. Denn die politische Wissenschaft wie die evangelische Kirche waren der Meinung, daß die beiden Systeme in Ost und West sich in einem langen historischen Prozeß aufeinander zubewegen würden, daß es dann zu einer Koexistenz käme, und daß sich beide Systeme so korrigieren würden, daß sie sich eines Tages in der Mitte treffen würden.

Wenn man damals die „Zeit", also das Blatt der deutschen Intelligenz, las, dann bekam man von dem Chefredakteur Theo Sommer, der gerade von einer Besuchsreise aus der damaligen DDR zurückkam, zu hören, wie harmlos die DDR doch sei. Er versicherte uns, daß dies doch ein ganz normales Land sei, daß Honecker ein beliebter und um sein Land und das Wohlergehen seiner Bürger besorgter Landesvater sei, daß die Menschen in erträglichen Verhältnissen lebten, und daß es dort sogar mehr an Humanität gäbe als im kapitalistischen Westen. Die Menschen lebten in enger Verbundenheit in ihren Nischen und es entwickelte sich alles so, daß Theo Sommer damals meinte, in 20 Jahren sei auch dort ein solcher Grad an Freiheit erreicht, daß der Systemkonflikt verschwinden würde. Es ist heute doch interessant, im Lichte der geschichtlichen Erfahrung einmal zu prüfen, was unsere Intellektuellen und die politischen Vordenker damals zur Einschätzung der Situation gesagt, und welche Vorstellungen sie vom Ablauf der Dinge gehabt haben.

Wir wissen, es kam alles anders. Der Sozialismus ist nicht revolutionär umgestürzt worden, er ist implodiert, er ist nach innen zusammengefallen. Wenn wir von Ronald Reagan und Papst Johannes Paul absehen, dann hat der Westen und vor allem Deutschland wenig zu seinem Zusammenbruch beigetragen. Gorbatschow hat, nachdem er Präsident der Sowjetunion geworden war, eine Antwort auf die Frage gegeben, welche tieferen Gründe denn für das Scheitern und den inneren Zusammenbruch des Sozialismus verantwortlich waren. Und er nannte als den entscheidenden Grund den moralischen Verfall in der sowjetischen Gesellschaft. Unter „moralischem Verfall" verstand er eine Entwicklung, in der die Arbeitsdisziplin verfiel, in der der Alkoholismus sich wie eine Seuche in der Gesellschaft ausbreitete, und in der die Entscheidungsträger der sowjetischen Gesellschaft nicht mehr bereit waren, Verantwortung zu übernehmen. „Moralischer Verfall" als die tiefste Wurzel des Zusammenbruchs des Sozialismus, das sagt nicht irgendein zurückgebliebener Konservativer, sondern das sagte der in Deutschland allseits bewunderte Michail Gorbatschow.

Wenn man sich heute die sich neu formierenden geistigen Kräfte in Rußland ansieht und analysiert, dann wird man sehr bald zu hören bekommen, daß ohne eine gewisse Renaissance des Christentums Rußland gar keine Zukunft mehr haben kann. Das geistige, das moralische Vakuum und der zynische Nihilismus, der heute durch organisierte Verbrechen ausgedrückt wird, kann nur überwunden werden durch eine Wiederherstellung des Christentums und seiner Stellung, die es in der großen russischen Geschichte immer inne gehabt hat. Nach dem Zusammenbruch der sowjetischen kommunistischen Utopie ist die einzige Quelle, aus der Rußland auch geistig, moralisch und kulturell schöpfen kann, nicht mehr eine vage, in eine ferne Zukunft weisende Utopie, sondern die Geschichte.

Die Besinnung auf das geschichtlich Erbe, das Hereinholen der besten Traditionen der Geschichte in die eigene Gegenwart, darauf kommt es an - nicht nur in Rußland. Dazu gehört auch die Wiederbelebung der nationalen Identität der Russen. Die Nation ist die Klammer, die die auseinanderfallende Gesellschaft - wenn auch notdürftig - zusammenhalten kann. Entscheidend ist, daß die Erneuerung Rußlands aus dem Geist der Geschichte, des Christentums und der Nation erfolgen wird oder eben nicht gelingen wird. Für die Linksliberalen ist der Vorgang, daß in Rußland an die Stelle des kommunistischen Endreiches nunmehr die Beschwörung dieser konservativen Topoi steht, ein Ärgernis. Aber die Erneuerung der russischen Gesellschaft aus dem Nichts verlangt von den Russen, sich von der ganzen progressiven Ideologie und Utopie der letzten 200 Jahre zu verabschieden und sich auf tiefere und weiter zurückliegende Traditionen des geschichtlichen Erbes zu besinnen, um daraus die Kraft zur Erneuerung zu finden.

Sicherlich braucht Rußland auch den Liberalismus, vor allem den Rechtsstaat und eine Soziale Marktwirtschaft, die diesen Namen verdient. Aber es braucht auch das, was man in marxistischen Begriffen eine „konservative Gegenrevolution" nennen würde. Was Hans-Dietrich Genscher nach 1982 eine Gegenreformation genannt und mit der FDP verhindern wollte, ist nun das, worauf Rußland seine ganze Hoffnung gründet.

Aber das Jahr 1989 steht nicht nur für den Zusammenbruch des realen Sozialismus. Dieses Datum steht auch für ein Ereignis, das wir bis heute eigentlich noch nicht begriffen haben - die deutsche Wiedervereinigung. Im November 1989 riefen Hunderttausende in Leipzig auf den Straßen zuerst: „Wir sind das Volk". Und einige Tage später riefen sie: „Wir sind ein Volk". Das war ein revolutionärer Vorgang in der Nachkriegsgeschichte Deutschlands! Denn das Volk, als das Subjekt einer demokratischen Bewegung, ist selbst auf die Straße gegangen und hat das vollbracht, was es in der deutschen Geschichte überhaupt noch nicht gegeben hat: nämlich eine wirkliche Revolution.

Die Deutschen der ehemaligen DDR haben uns Westdeutsche mit unserem Selbstverständnis konfrontiert, wonach es kein „deutsches Volk", keine „deutsche Nation" mehr gibt und geben darf. Wir erachteten die Spaltung Deutschlands für die logische und gerechte Konsequenz unserer nationalsozialistischen Vergangenheit und waren insgeheim bereit, uns von der Einheit der Nation zu verabschieden, um statt dessen in größeren internationalen und zwischenstaatlichen Bündnissen aufzugehen. Das ist sicher ein weltgeschichtliches Gebot der Stunde, aber kein Engländer und kein Franzose würde im Traum daran denken, seine nationale Identität einem europäischen Markt oder Staat zu opfern. Diese Länder wären niemals bereit, für eine Währung, und sei sie noch so stabil, ihre Identität, ihren geistigen Charakter zu opfern. Es wäre in Amerika, England, Polen, Rußland oder wo auch immer, unvorstellbar, die eigene geschichtliche und nationale Identität für einen möglichen Währungsvorteil zur Disposition zu stellen.

In Deutschland ist das anders. Die Deutschen haben kein Vaterland mehr. Wir sollten uns daran erinnern, was bei den Griechen die „polis" und bei den Römern die „patria" gewesen ist. Und wir sollten uns an Luther erinnern: Luther hat nie einen Zweifel darüber gelassen, daß er seine Botschaft an die Deutschen richtete. Er wollte nicht primär die ganze Welt mit seiner Reformation beglücken, sondern er fühlte sich gesandt zu seinen Deutschen. Und die deutsche Kultur und die deutsche Identität ist in der Tat ohne dieses Werk Luthers völlig unvorstellbar. Es heißt immer wieder, die Deutschen hätten in ihrer Geschichte keine Revolution zustande gebracht. Das ist richtig, aber sie haben eine Reformation zustande gebracht. Und diese Reformation hat das Gesicht der Welt und den Lauf der Weltgeschichte tiefer verändert als alle Revolutionen einschließlich derer, die im 20. Jahrhundert stattgefunden haben.

Damit bin ich beim letzten Punkt: Wenn es etwas gibt, was zu noch tieferer Sorge Anlaß gibt, als alles, was man heute über die politische, ökonomische, soziale, und vielleicht auch kulturelle Entwicklung in Deutschland diskutieren kann, dann ist das der grassierende Prozeß der Entchristlichung. Die tiefste Dimension, durch die wir herausgefordert sind, ist etwas, was man 1945 für unvorstellbar gehalten hätte. Als die Deutschen nach dem fürchterlichen Inferno 1945 wieder zur Besinnung kamen und sich die Frage stellten, welches denn der tiefere Grund für diese größte moralische, materielle und physische Katastrophe der Deutschen seit dem 30-jährigen Krieg war, dann waren doch fast alle davon überzeugt, daß die Entchristlichung, die seit der Mitte des 19. Jahrhunderts unübersehbar war, eine zentrale Ursache war.

Der geistige Vater und Erfinder der Sozialen Marktwirtschaft, Alfred Müller-Armack, hat damals ein Buch geschrieben mit dem Titel: „Jahrhundert ohne Gott". Der Gründer der Sozialen Marktwirtschaft hat in dieser religionsgeschichtlichen und religionssoziologischen Studie begründet, daß die grauenhaftesten Verbrechen des 20. Jahrhunderts ihre tiefste Wurzel, wie er es genannt hat, „in der Abwendung von Gott" hatten. Vielleicht war das deutsche Volk hinsichtlich der Besinnung auf seine christlichen Wurzeln seit der Zeit der Reformation zu keinem anderen Zeitpunkt so einig wie nach der Katastrophe von 1945.

Wenn wir nun nach über 50 Jahren zurückblicken, dann sehen wir, daß der von den totalitären, atheistischen Mächten des 20. Jahrhunderts entfesselte Kampf gegen das Christentum in unserer freiheitlichen und pluralen Gesellschaft weitergeführt oder doch zumindest geduldet wird. Der Entchristlichungsprozeß vollzieht sich vor unseren Augen mit ständig beschleunigtem Tempo. Wenn ich an meinen Religionsunterricht selbst während des Dritten Reiches denke, dann könnten wir alle nur dankbar sein, wenn es heute noch einen solchen Religionsunterricht gäbe. Die Nationalsozialisten waren noch nicht auf die Idee gekommen, den christlichen Religionsunterricht zu eliminieren und einen agnostizistischen Unterricht über die „Weltanschauungen aller Religionen" an die Stelle zu setzen.

Die faktische Freigabe und Straflosigkeit der Tötung ungeborenen Lebens ist ein Menetekel. Die sittliche Basis des Rechtsstaates beruht darauf, daß jeder - und vor allen Dingen der ohnmächtige und schwache Mensch - in seinem Leben geschützt wird. Und gibt es etwas Schwächeres und Ohnmächtigeres als ein ungeborenes Kind? Es sind im Laufe der Jahre Millionen ungeborener Kinder von unserem Rechtsstaat nicht geschützt worden. Dieser Vorgang sollte nicht nur Christen empören, die sich einer christlichen Ethik verpflichtet fühlen. Nein, dieser Vorgang betrifft die sittliche Substanz des Rechtsstaates im ganzen. Kann man einen Rechtsstaat noch Rechtsstaat nennen, der an diesem Punkt versagt?

Wenn man sich in Erinnerung ruft, mit welch einer Kühle und Distanz die Vertreter der evangelischen Kirche sich mit der Fristenlösung abgefunden haben, dann drängt sich doch der Verdacht auf, daß die Vorgänge der Entchristlichung gar nicht primär in der Gesellschaft, sondern möglicherweise in der Theologie und in den Kirchen ablaufen. Eine Kirche, die angesichts des geistigen und seelischen Elends in diesem reichen Land nur noch um die Frage kreist, ob Homosexuelle gesegnet werden sollen, und ob ein Homosexuellenpaar in den Pfarrhäusern leben darf oder nicht, hat sich jedenfalls weit von den Problemen der Menschen entfernt. Was ist aus dieser evangelischen, protestantischen Kirche, die einen so großen Anteil an dem kulturellen und geistigen Reichtum unserer Geschichte hat, geworden? Wie soll man von der Politik eine geistige Wende oder gar eine geistig-ethische Erneuerung fordern oder erwarten können, wenn die Gleichstellung von Schwulen und Lesben in dieser Kirche die erste Sorge ihrer Hirten ist. Dann wird die Forderung nach geistiger Wende zur Groteske.

Der hier beschriebene geistig-moralische Zustand unseres Landes ist letztlich nur mit theologischen Kategorien zu erfassen. Paulus hat gesagt: „Und Gott hat sie dahingegeben ihrem eigenen Sinn". Das ist von Paulus als eine Form des Gerichtes Gottes verstanden worden. „Dahingegeben ihrem eigenen Sinn" - versteht Paulus nicht als Abwesenheit Gottes, sondern als Gerichtsvollzug. An den theologischen Fakultäten wurde vergessen, wenn man das auf eine ganz einfache Formel bringen will, daß Gott derjenige ist, der das Verlorene sucht. Gott ist derjenige, der vergibt, er ist - wie Luther sagte - ein Brunnen von quellender Liebe. Aber dieser Gott ist auch ein Gott, der seinen Willen und sein Gesetz unbedingt durchsetzt. Die Menschen, die Völker und die Kulturen zerbrechen daran, wenn sie diesem Gesetz ungehorsam sind. Dieser Gott macht also nicht nur lebendig, sondern er tötet auch. Er vergibt nicht nur, sondern er richtet auch. Die ständige Beschwörung der unendlichen Liebe Gottes ist richtig, aber sie wird falsch, wenn die Notwendigkeit von Segenshandlungen für schwule Paare oder gar die selbstbestimmte Abtreibung ungeborenen Lebens mit der unendlichen Liebe Gottes begründet wird. Da muß man doch aufhorchen, da kann doch etwas nicht stimmen. Wenn dies alles durch die Liebe Gottes gedeckt sein soll, dann haben wir eine Kirche und eine Christenheit, die zu nichts mehr nein sagen kann. Dann kann diese Kirche - die Liebe Gottes mit bürgerlicher Sentimentalität verwechselnd - der Selbstzerstörung der modernen Gesellschaft nur noch willenlos und ohnmächtig zusehen.

Nein, die Predigt des Evangeliums ohne die Predigt des Gesetzes ist eine halbierte Verkündigung. Und manchmal ist die halbe Wahrheit schlimmer als die ganze Lüge. Dies haben die Menschen unter den damals herrschenden Bedingungen des Sozialismus zu spüren bekommen. Von Franz Kafka stammt das Wort, daß im Sozialismus die Lüge zum Gesetz einer Weltordnung gemacht wurde. War dies nur für den verblichenen Sozialismus richtig, oder richten auch wir uns im Reich der Lüge ein? Ist nicht die tiefste Quelle all unserer Probleme und Sorgen diese Erblindung des Geistes? Ist uns nicht die Fähigkeit zur Unterscheidung der Geister abhanden gekommen? Paulus sagt: „Die Gabe des Heiligen Geistes ist die Fähigkeit zur Unterscheidung der Geister. Der Christ ist derjenige, der alle erkennt und der von niemandem erkannt wird". Wenn der Geist schal geworden ist und die Flasche leer ist, das hat Nietzsche bereits vor über hundert Jahren gesehen, dann steht die heraufkommende Epoche unter Nietzsches Wort: „Die Wüste wächst. Weh dem, der Wüsten birgt!" Im Grunde genommen erweist sich in der heutigen Realität das als richtig, was auch der Ausgangspunkt von Luthers Reformation war: „Tut Buße, kehrt um!"

Unterhalb der organisierten öffentlichen Meinung gibt es in unserem Volk immerhin erste Anzeichen der Umkehr. Vielleicht ist diese Entwicklung schon weiter fortgeschritten, als man es zugeben will. Es gibt also noch keinen Grund zum Pessimismus. Meine Äußerungen sollten nicht als pessimistisch mißverstanden werden. Wenn das pessimistisch sein sollte, dann sind alle Reden der großen Propheten und Theologen in zweitausend Jahren Geschichte des Christentums pessimistisch gewesen. Denn im Kern haben sie genau so geredet, sie haben nämlich konkret geredet. Sie haben eine geschichtliche Situation erschlossen und haben sie unter die beiden zentral bestimmenden Faktoren des Evangeliums, aber auch des Gesetzes, gestellt. Das ist christliche Theologie. Das hat mit Pessimismus und Optimismus überhaupt nichts zu tun. Und darum berufe ich mich als Philosoph auf Luthers Diktum: „Kehret um, ändert Euren Sinn!"

Eine darauf beruhende „innere Revolution", wie sie Luther initiiert hat, war der Ausgangspunkt der großartigsten Entwicklungen des Geistes und des Menschentums der letzten dreihundert Jahre. Es kann also gar nichts Optimistischeres und Zuversicht Spendendes geben, als einen solchen Ausspruch.

Dennoch bleibt manches unbegreiflich. Während die Geschichte in eine ganz andere Richtung läuft, erleben wir einen geistigen Erschöpfungsprozeß in dem Teil der Gesellschaft, der einen maßgeblichen Anteil am Aufbau Deutschlands nach 1945 hatte. Das Bürgertum krallt sich an den Besitzständen fest und liefert sich geistig den kulturrevolutionären Anliegen der Studentenbewegung aus. Es herrscht ein Geist der Defensive, ein Geist der Resignation. Diese Gesellschaft ist (noch) nicht veränderungswillig und (noch) nicht veränderungsfähig.

Das Problem, vor dem wir durch das Ausbleiben der geistigen Wende und durch die Unterwerfung und die Kapitulation vor den kulturrevolutionären Herausforderungen der studentischen Generation stehen, liegt auf der Hand. Wir leben in einem um sich selbst kreisenden, der Veränderung sich entziehenden und dem inneren Verfall unterworfenen Land. Manchmal kann man daran zweifeln, ob dieses Land noch den Willen und die Kraft zu einer Erneuerung aufbringen wird.

Wir sorgen uns nur noch um den Erhalt des Sozialstaates. Dabei haben wir nur viel zu lange mit der Reform des Sozialstaates gewartet. Wenn die Politiker den Umbau des Sozialstaates rechtzeitig vorgenommen hätten, wäre heute dessen Abbau sicherlich nicht nötig. Die Dimension des Abbaus hält sich, das muß man aber auch sagen, durchaus in Grenzen. Bei 1,3 Billionen DM Sozialausgaben sollte eine Reduktion um fünfzig Milliarden zumutbar sein. Das sind drei Prozent des Sozialbudgets. 95 Prozent aller Menschen, die gegenwärtig auf der Welt leben, würden die Verhältnisse, die wir auch nach der Kürzung um diese drei Prozent vorfinden, weiterhin als paradiesisch empfinden. Wenn wir einen Blick hinaus in die Welt und die dortigen Lebensverhältnisse werfen würden, würden wir nicht eine solch minimale Kürzung zum Anlaß nehmen, einen neuen Klassenkampf auszurufen und unser System der Sozialen Marktwirtschaft als Herrschaft des „Kapitalismus pur" denunzieren. Solche Interpretationen sind eher geeignet, dem Wirtschaftsstandort Deutschland den Rest zu geben.

Nein, nicht die Frage nach dem ökonomischen Standort, auch nicht die Probleme der Erhaltung des Sozialstaats sind die entscheidenden Probleme, sondern die bleierne Stimmung, die geistige Ermüdung in unserem Land. Es ist der Geist - die Christen sollten das wissen -, der lebendig macht. Und wo der Geist wie aus der Flasche gewichen ist, dann ist eben kein Leben mehr da. Und dann existiert auch keine Fähigkeit zur Erneuerung mehr. Natürlich befinden wir uns ökonomisch in einer schwierigen Situation.

Aber wir sollten uns einmal an die Situation von 1945 erinnern. Damals gab es Probleme von einer ganz anderen Dimension, und dennoch sind die Deutschen damit fertig geworden. Wenn wir nur noch etwas von dem Geist und auch der Lebenskraft hätten, die die Menschen nach diesem fürchterlichen Regime und dem sechsjährigen Weltkrieg gehabt haben, um damals das zustande zu bringen, was die Welt heute noch als das große deutsche Wirtschaftswunder bewundert, dann bräuchte es uns nicht bange sein. Der verstorbene französische Staatspräsident Mitterrand hat in seiner Autobiographie geschrieben: „Der Wiederaufbau Deutschlands nach 1945 war kein Wunder, sondern es war die Frucht des Fleißes, der Tüchtigkeit und des Einsatzes des deutschen Volkes, eines Volkes mit einer genialen Begabung." Man erschauert geradezu, wenn man ausgerechnet von dem Sozialisten Mitterrand daran erinnert wird, welchen Eigenschaften es die Deutschen zu verdanken hatten, daß sie nach 1945 ihr Land in dieser Weise wieder aufbauen konnten.

Heute kann niemand auf die christlich inspirierte Rede von der „geistig-moralischen Wende" zurückgreifen, weil inzwischen die Glaubwürdigkeit der deutschen Politiker einen solch dramatischen Schwund erlitten hat, daß die Politiker heute die letzten wären, die es wagen könnten, dem Volke eine geistig-moralische Wende abzuverlangen. Die CDU trägt zwar noch das Christliche in ihrem Namen. Und wenn man die CDU dazu befragt, was sie denn darunter versteht, dann wird immer wieder wiederholt: Wir bekennen uns zum christlichen Menschenbild. Aber die CDU sagt nicht genauer, was sie denn darunter versteht. Ein christliches Menschenbild ist beliebig interpretierbar. Man kann damit auch den Sozialismus wieder einführen. Entscheidend ist, daß die Union dem unaufhörlich sich fortsetzenden Prozeß der Entchristlichung nichts entgegenzusetzen vermochte. Sie war - vor allem wenn man an die jüngere Politikergeneration denkt - vielmehr bereit, sich weitgehend dieser Entwicklung anzupassen.

Eine geistige Erneuerung - vielleicht sogar eine christliche Erneuerung - kommt nicht mehr aus der Politik, sie kommt auch nicht mehr aus den Leitungsgremien der Kirchen, sondern - und das ist die große Testprobe für unsere Demokratie - sie kommt aus dem Volk oder sie kommt gar nicht mehr. Es stellt sich die Frage, ob das Volk selber noch über einen Willen verfügt, der - über die materielle Sicherung hinaus - auch die geistig moralische Kraft findet, die Dekadenzerscheinungen abzuschütteln, die mittlerweile unübersehbar sind.

Ich werde immer wieder gefragt, welche Therapie, welche Empfehlungen ich der deutschen Politik geben will, um doch noch eine geistig-moralische Wende herbeizuführen. Aber diese Frage ist völlig falsch gestellt. Eine geistige Veränderung kann man nicht machen. Diese kann man auch nicht durch Manifeste und Verkündigungen herbeiführen. Das entscheidende Element der Veränderung ist die Erfahrung und die Geschichte selbst. Wenn man sich etwa das Schicksal Rußlands im Übergang von der Sowjetunion zu dem geistigen Zustand, in dem es sich heute befindet, ansieht, dann wird man zumindest hier Lenin recht geben müssen, wenn er sagte: „Die Geschichte ist klüger, als die Vorstellung, die wir uns von ihr machen."

Wir Deutschen brauchen noch bestimmte Erfahrungen, wie zum Beispiel die mit der rot-grünen Koalition, ehe eine geistige Wende möglich wird. Wir brauchen weitere Erfahrungen im Umgang etwa mit dem Problem der multikulturellen Gesellschaft und ähnliches. Erst dann wird es sich zeigen, ob in unserem Volk noch so viel geistige Vitalität vorhanden ist, daß es versteht, was mit einer auch aus christlichem Ursprung inspirierten geistig moralischen Wende gemeint ist. Und da bin ich guten Mutes. Wenn man sich Deutschland einmal unterhalb der veröffentlichten Meinung ansieht, dann tut sich doch Gewaltiges. Es gibt eine unübersehbare Vielzahl von einzelnen Gruppen in der Kirche und in den Parteien, aber auch außerhalb der Kirche und der Parteien, denen der Begriff der „geistig-moralischen Wende" ein vertrauter Begriff ist und der darum die Funktion einer Art Initialzündung haben kann. Man kann nur hoffen, daß uns die Geschichte für diesen Lernprozeß noch genügend Zeit gibt. Wer das dann formuliert, an welchem Ort und in welcher Phase, ist heute sehr schwer zu sagen, aber ich glaube nicht, daß die Deutschen bereits so resigniert sind und so abgedankt haben, wie es manchmal erscheint. Wenn die nationale Pathologie und Selbstgeißelung weiter fortschreitet, ist die Gegenreaktion unausweichlich.

Wenn ein vernünftiger Konservativismus, eine rechte Mitte, ausgeschaltet und verhindert wird, bleibt den verzweifelten Deutschen nichts anderes übrig, als zu einer neuen Art von Rechtsradikalismus Zuflucht zu suchen. Niemand soll sich dann darüber wundern, denn auch das deutsche Volk hat ein Recht auf seine Selbsterhaltung und es wird sich dieses Recht nicht nehmen lassen. Auch die Erfahrung mit der Globalisierung ändert daran nichts. Wenn die fatalen Konsequenzen der Globalisierung, wie etwa die Auslagerung der Produktion ins Ausland, so bleiben sollten, wie sie sich gegenwärtig zeigen, dann wird dies nicht nur in Deutschland zu einer neuen Art Synthese des Sozialen mit dem Nationalen führen können. Renationalisierung und Globalisierung sind, wie immer deutlicher erkennbar ist, eben keine Gegensätze. Beides fordert sich gegenseitig.

Das Motiv, wonach die CDU das geringere Übel ist, hat viele Konservative lange Zeit bei der Stange gehalten, und Helmut Kohl mehrere Wahlsiege beschert. Jetzt aber scheint der Kredit aufgebraucht zu sein. Die Prophezeiungen aus meinem Buch „Debakel"[3] erfüllen sich vor unseren Augen: Der Grundkonflikt, der die CDU, ihr Erscheinungsbild und ihre innere Lage bestimmt, und in dem sich die Mitte-Links-und die Mitte-Rechts-Kräfte immer mehr auseinanderbewegen, ist nach der Wahlniederlage von 1998 ungeschlichtet und ungelöst. Nur die Pragmatik des Interesses am reinen Machterhalt hatte offenbar die auseinanderstrebenden Tendenzen über lange Zeit zusammengehalten. Die Stärke Kohls spiegelte nur die Schwäche seiner Partei wider. Die CDU hat die Chance, das Programm einer geistig-ethischen, ja einer umfassenden nationalen und gesellschaftspolitischen Erneuerung, mit dem sie 1982 angetreten war, verspielt. Diese Chance wird wohl so bald nicht wiederkehren.

Die Diffusion der Identität und die Dominanz des Zeitgeistes in den Parteien und ihre daraus resultierende Orientierung an demoskopischen Daten hat ein Vakuum geschaffen, das zwangsläufig das Entstehen einer sogenannten neuen deutschen Rechten begünstigen wird, die keineswegs mit den heutigen Parteien rechts von der CDU identisch sein muß. Die Konsequenzen des in den Zustand der Erosion übergegangenen Sozialismus haben weltweit zur Bildung und Verstärkung nationaler und konservativer Kräfte und Bewegungen geführt und die Bundesrepublik wird von diesem weltweit zu beobachtenden Trend nicht die große Ausnahme bleiben können.

Die traditionelle Mitte-Rechtsposition ist inzwischen geräumt worden, und um ihre Besetzung geht es. Die parteipolitischen Gruppierungen, die sich rechts von der CDU/CSU formiert haben, sind bisher nicht geeignet, die Funktion einer Mitte-Rechts-Partei zu erfüllen. Sie sind populistische Reaktionen des Unmuts und des Protestes ohne theoretische Artikulationskraft und ohne eine geistige Durchdringung der geschichtlichen Lage.

5. Konservativ denken heißt, geschichtlich denken

Der geniale Ansatz der Kulturrevolution von 1968 bestand darin, daß diese revolutionäre Veränderung nur für möglich gehalten wurde, wenn die ursprünglich vom Marxismus ins Auge gefaßten Ziele beibehalten, aber die Methode fundamental geändert würde. Der Marxismus mußte in eine kulturrevolutionäre Strategie verwandelt werden. Die Schlacht um die Systemveränderung sollte nicht in den Industriebetrieben oder in der Politik geschlagen werden, sondern an all den Orten der Gesellschaft und in all den Institutionen, in denen nicht die Realität hergestellt und verändert, sondern in denen primär Wirklichkeit interpretiert wird. Seitdem haben die linken und linksliberalen Intellektuellen als *die* deutende Klasse unserer Gesellschaft de facto die geistige und nun auch die politische Führung übernommen - mit den nunmehr einschlägig bekannten Folgen.

Zu großen Teilen ist die Kulturrevolution der 68er ein Kampf um die Schule gewesen. Es ging dabei kaum um eine Umfunktionierung der Erziehung, sondern um deren vollständige Abschaffung im Namen der Emanzipation. Dieses Programm schloß die Liquidation von Erziehung in sich ein. Es proklamierte das Ende des Gedankens, daß an der Schule noch erzogen werden soll. Emanzipation war demnach nicht weniger als ein Programm der revolutionären Veränderung der Gesellschaft durch die Instrumentalisierung der Schule.

Der zweite entscheidende Ort der kulturrevolutionären Transformation der Gesellschaft im Ganzen war die Familie. Die Zielsetzung war auf die Liquidation und die Zerschlagung der bürgerlichen Familie gerichtet. Alles war in einem solchen Soziologendeutsch verfaßt, daß der hehre Charakter dieses Programmes im Familienbericht der sozialliberalen Regierung nicht jedem erkennbar wurde, aber es lief auf die Zerstörung der Familie hinaus.

Sehen wir uns die Realität der Schulen und der Familien heute an. Wenn etwas aus dem kulturrevolutionären Programm dieser 68er-Bewegung Erfolg hatte, mit Konsequenzen und Folgen, die unabsehbar sind, war dies die Abschaffung der Erziehung. Wir haben in der Tat die Idee und Praxis der Erziehung in unserer Gesellschaft weitestgehend abgeschafft. Heute beginnt das Rätselraten, woher denn der Vandalismus an den Schulen kommt, warum sich dort die Gewaltbereitschaft so ausbreitet, warum die Lehrer selbst zittern, wenn sie in die Schule gehen, weil sie tätigen Angriffen oder dem Terror der Klassen ohnmächtig gegenüberstehen. Dabei ist die Sache doch völlig klar. Jeder, der noch einen halbwegs gesunden Menschenverstand hat, weiß, daß aus einer so programmierten Liquidation der Erziehung nichts anderes herauskommen konnte.

Daß darüber hinaus diese Erziehungsschwäche von Tendenzen der Auflösung der Familie begleitet wurde, wissen wir heute auch. In einer Stadt wie Stuttgart leben in 50 % der Haushalte nur noch Singles. In Frankfurt oder anderen Großstädten wird es nicht wesentlich anders sein. Das bedeutet, daß es endlich gelungen ist, die bürgerliche Familie als den Hort und die Brutstätte der Eingewöhnung in reaktionäre Verhaltensmuster, wie es in dieser Terminologie heißt, zu zerstören. Dieser Prozeß der inneren Erosion und Auflösung wird begleitet von der Familienpolitik der Parteien in Bonn und von den Prozessen, die der modernen Industriegesellschaft selber immanent sind.

Wenn man die Tendenz, die auch in ihren weiteren Phasen ahnbare Tendenz, aller dieser durch die kulturrevolutionäre Transformation der bundesrepublikanischen, pluralistischen, rechtsstaatlich verfaßten Gesellschaft ins Auge faßt, kommt man zu dem Schluß, daß sie alle auf die innere Auflösung der Gesellschaft als Gesellschaft hinauslaufen. Es ist nicht nur ein Bereich der Gesellschaft betroffen, sondern wir sind dabei, die Gesellschaftsfähigkeit der Menschen selber zu versehren und potentiell zu vernichten. Was wir erleben, ist nicht die marxistische Revolution, sondern die „atomistische Revolution" (Nietzsche). Die Gesellschaft löst sich gegenwärtig in ihre Grundelemente oder in ihre kleinsten Einheiten auf. Dieser Prozeß der Individuation, dieser hypertrophe Kult des Individuums ist unübersehbar. Alle übergeordneten, größeren, am Allgemeinen orientierten Institutionen sehen diesem Prozeß nur noch ohnmächtig und kraftlos zu.

Es ist völlig klar, daß eine solche kulturrevolutionäre Strategie und Politik nicht ohne Reaktion bleibt. Die wichtigste Reaktion war, daß die mit der Frankfurter Theorie verbundene Herausforderung in der Gestalt der Bildung des Phänomens eines Neokonservativismus eine theoretische Antwort fand. Seit Mitte der siebziger Jahre gab es plötzlich neokonservative Intellektuelle, Professoren, überhaupt Geisteswissenschaftler, die allerdings in ihrer geistigen Substanz keine Konservativen, sondern Liberale waren. Es ist gefährlich, weil verwirrend, diese philosophisch-theoretische Antwort als konservativ zu bezeichnen. Sie waren klassische Liberale, die nur darum Konservative genannt werden, weil der klassische Liberalismus dank der interpretatorischen Macht der Linksliberalen in Deutschland inzwischen als konservativ gilt. Durch die Verschiebung des Gesamtspektrums wirken heute ganz normale klassische Positionen des Liberalismus als konservativ, ja sie werden sogar als reaktionär verdächtigt und bekämpft. Das, was diese neokonservative Intelligenz leistete, war im Grunde genommen nie mehr, und es war auch nicht anders gemeint, als eine Apologie des Bestehenden. Apologie war auch das Kernwort von Odo Marquard als dem vielleicht Wichtigsten und Intelligentesten unter den Neokonservativen in Deutschland. Er bezeichnet sich selbst als einen Modernitätstraditionalisten.

Aber das war keine angemessene Reaktion auf die kulturrevolutionäre Herausforderung. Die Modernitätstraditionalisten haben das liberale Freiheitsverständnis gegen das sozialistische Freiheitsverständnis verteidigt, ohne zu bemerken, daß der Sozialismus der 1968 im Kern ein anarchistisches Konzept war, dem die neokonservativen Liberalen mit ihrer Apologie des Polytheismus im Grunde selber dienten. Die Konservativen haben daher den Interpretationskampf um die „Werte" verloren, weil sie ihn im Grunde genommen gar nicht geführt haben.

Anfang der 70er Jahre habe ich mir erlaubt, in dem Buch „Das Elend der kritischen Theorie"[4] eine Prognose zu wagen: Wenn diese Philosophie, die negative Dialektik Adornos, mit ihren anarchistischen Konsequenzen, wenn auch in primitivisierter und vulgarisierter Form, die breiten Massen erreichen sollte, wird nicht der Sieg dieser Theorie in Deutschland zu erwarten sein, sondern die Heraufkunft eines neuen Faschismus. Wenn alle kulturellen Institutionen liquidiert, alle sinn- und interpretationsvermittelnden Instanzen dieser Gesellschaft ideologiekritisch aufgelöst, wenn damit jede über die bloße Funktionserfüllung hinaus legitimierte Autorität abgeschafft werden sollte, schlägt dieser Anarchismus in einen neuen Faschismus um. Denn die Deutschen können auf die Dauer alles ertragen, nur nicht die Anarchie. Wenn dieses Volk nicht geführt, wenn die Hilflosigkeit, die Ratlosigkeit und Kompetenzlosigkeit der zur Lösung dieser Aufgaben berufenen Politiker überdeutlich wird, und wenn gleichzeitig die Probleme weiter eskalieren, werden die Deutschen vor die Wahl gestellt, einen neuen Faschismus als Antwort auf den anarchistischen Zerfall der Gesellschaft zu produzieren. Nicht die Konservativen, die an hergebrachten Ideen festgehalten haben, haben dann die Gesellschaft in Richtung des Faschismus getrieben, sondern diejenigen, die das Radikalprinzip der Kritik für jeden im Verhältnis zu allen bestehenden Institutionen zum Ausweis demokratischer Reife und aufgeklärter Progressivität gemacht haben. Auf dem Boden des Prinzips Radikalkritik kann man zwar kritisieren, aber mit diesem Prinzip kann man keinen Staat machen, keine Gesellschaft zusammenhalten. Dies gibt es in der Geschichte nicht, dies hat es nie gegeben und wird es auch nie geben.

Die Alternative zu dieser Dialektik von Anarchismus und Faschismus liegt in dem, was ich den Modernen Konservativismus nenne. Dieser Moderne Konservativismus geht aus der kritischen Analyse der Realität und der dahinter stehenden progressiven Gesellschaftstheorie, sowie aus der selbstkritischen Besinnung des deutschen Konservativismus hervor. Dieser Moderne Konservativismus ist das Wichtigste, was wir in der Gegenwart brauchen. Es gibt diesen intelligenten und innovationsträchtigen Konservativismus bisher noch nicht, aber wir erleben bereits eine Wiederkehr konservativer Topoi.

Das gilt zum Beispiel für die Wiederkehr des geschichtlichen Bewußtseins: Seit der Aufklärung ist man der Überzeugung, daß die eigentliche Welt des entfremdungslosen, befreiten Menschen erst beginnen wird, wenn die Geschichte aufgehoben und überwunden ist. Sozialismus war nichts weniger als der ungeheure Versuch, die Geschichte in ihrer ganzen Rätselhaftigkeit, in ihrer ganzen Schicksalhaftigkeit, in ihrer ganzen Kontingenz aufzuheben und einen paradiesähnlichen Endzustand herzustellen. Über diesen Endzustand sagte Ernst Bloch: „Und dort wird Heimat sein. Dann werden wir in der Heimat sein, in etwas, wo nie ein Mensch gewesen ist".

Wir müssen sehen, daß heute nicht nur im Einzugsbereich des einstigen Sozialismus, sondern tendenziell weltweit an die Stelle des Sterns „Utopie" die „Geschichte" getreten ist. Nicht neue Utopien sind es, die die Völker in ihren Bann ziehen, sondern ihre Geschichte. In der Geschichte finden sie den Ort, in dem sie die Rettung und die Wiederfindung ihrer Identität vermuten. In der Geschichte begegnen uns die Kräfte der Menschlichkeit und des Geistes, die in unseren öden Zeiten nicht mehr sprudeln. Die deutsche Geschichte geht eben nicht in zwölf Jahren Nazi-Diktatur auf. Und die deutsche Geschichte hat auch nicht mit innerer Zwangsläufigkeit nach Auschwitz geführt. Diese Einsicht hat bisher nicht in der Politik ihren Niederschlag gefunden. Die gesamte deutsche Politik hat sich in den letzten 20 Jahren so verhalten, als sei die Geschichte der Deutschen in Auschwitz endgültig zu Ende gegangen. Nein, Geschichte ist nichts anderes als lebendige Erinnerung, Geschichte ist das Gedächtnis eines Volkes und einer Nation. Wenn ein Volk oder eine Nation ihr Gedächtnis verliert, verhält es sich bald wie ein Amokläufer und ein Wahnsinniger. Auch der einzelne Mensch verhält sich so, wenn er kein Gedächtnis mehr hat. Genauso ist es auch bei Völkern.

Konservativ denken, heißt, geschichtlich denken, heißt, sich an den Erfahrungen der Geschichte ausrichten. Das erste ist also die Rückbesinnung auf die Geschichte, auf die Entdeckung, daß ein geschichtsloses Volk dem Nihilismus so alternativlos anheimfällt, daß morgen jeder Demagoge das Volk dahin führen kann, wo er es hinführen will.

Zweitens ist es unvermeidbar, daß es zur Klärung der Frage kommt, ob die Deutschen noch eine Nation bleiben wollen. Alles, was wir politisch und ideologisch erleben, ist vordergründig gegenüber dieser entscheidenden Grundfrage. Die Deutschen, vor allem ihre Parteien und Politiker, werden hierzu eine klare Antwort geben müssen. Wenn wir nochmals den Blick in die Länder richten, in denen sich der Sozialismus verabschiedet hat, so beobachten wir, daß die durch den Kommunismus unterdrückten und ausgebeuteten Völker zu ihrer Identität zurückzufinden versuchen, indem sie sich ihrer nationalen Identität versichern. Wir erleben dort die Wiederkehr des Nationalen.

Der Moderne Konservativismus bekennt sich nicht zu einem dumpfen Nationalismus, sondern zu einem aufgeklärten Patriotismus. Das Nationale muß dazu neu überdacht und auch neu definiert werden. Immer wieder hat sich ein übersteigertes Nationalbewußtsein in der Geschichte als eine destruktive Kraft erwiesen - vor allem im zwanzigsten Jahrhundert. Es wäre albern, dies zu leugnen. Der aggressive und zerstörerische Nationalismus war aber immer eine Folge der Verleugnung, der Verdrängung und der Unterdrückung der Realität der Nation. Warum erleben wir denn heute diese grauenhafte Explosion des Nationalismus auf dem Balkan und in der ehemaligen Sowjetunion? Das sind doch die Spätfolgen einer Politik, die vor siebzig Jahren nach ideologischen Prämissen wider alle geschichtliche Erfahrung ein Kunstgebilde geschaffen hat. Nur solange der Terror dieses Kunstgebilde zusammengehalten hat, ging es gut. Und als der Terror wich, explodierte der unterdrückte Nationalismus in Jugoslawien wie in der ehemaligen Sowjetunion.

Es gibt keine Renaissance des Nationalismus in Deutschland. Das gibt es nur in den Wahnvorstellungen von einigen Linken, die gerne möchten, daß es ihn gebe, damit sie damit ihre eigene, ihnen von der Geschichte entzogene Existenzberechtigung nachweisen können. Darum sind sie daran interessiert, uns ständig den Nationalismus nachzuweisen. Nein, wenn wir ein geläutertes Verhältnis zu uns als Nation hätten, dann würden wir auch mit Würde und Anstand, und unter Einhaltung aller Regeln des Zusammenlebens von kultivierten und zivilisierten Nationen, mit den Fremden in unserem Land zusammenleben können. Die Voraussetzung für die Herstellung eines humanen Verhältnisses auch zu Ausländern ist die, daß wir selber national normal werden. Viel mehr ist ja nicht verlangt.

Wir erleben die Wiederkehr des Nationalen - und das weltweit. Glauben wir nur nicht, daß das bei unseren westlichen Freunden, bei den Franzosen, bei den Engländern und bei den Amerikanern, anders wäre. Alle diese großen westlichen Demokratien gehen aus von der Einheit von Nation und Demokratie. Die Amerikaner, die ganz zweifellos das weltweit erfolgreichste Modell von Demokratie entwickelt haben, fühlen sich als Nation verpflichtet, der universalen Idee der Demokratie zu dienen. Und wenn es keine Nationen gibt, also konkrete, partikulare, geschichtliche Individuen oder kollektive Einheiten, die universale Ideen sich zu eigen machen, dann wird es auf dieser Welt auch keine Verwirklichung universaler Ideen geben! Auch die Rede von der „Neuen Weltordnung" bleibt eitel, wenn die Amerikaner nicht bereit sind, sich mit ihrem nationalen Bewußtsein und Selbstverständnis in den Dienst der Verwirklichung einer weltweiten neuen Ordnung zu stellen. Daß wir dabei die Europäer vorerst vergessen müssen, das haben wir ja nun in hinreichender Deutlichkeit anläßlich der Behandlung des Bosnien-Konfliktes erlebt. Die Europäer haben damals eher noch die Amerikaner dabei gehindert, das Minimum an Einsatz aufzubringen, das erforderlich gewesen wäre, den zweiten Völkermord in Europa nach 1945 zu verhindern. Und auch im Kosovo-Konflikt waren es eindeutig die USA, die die Hauptlast der Auseinandersetzungen getragen haben.

Wir stehen in Deutschland vor der großen Aufgabe, endlich die Einheit von Demokratie und Nation herzustellen. Wenn man länger Nation und Demokratie auseinanderdividiert, dann wird es morgen Bürgerkriegsparteien geben, die im Namen der Ethnien oder eines liberalen Universalismus aufeinander losgehen werden. Die einen werden im Namen abstrakter universaler Prinzipien kämpfen, die anderen werden dann unter Berufung auf die Interessen ihrer (z.B. türkischen, kurdischen oder deutschen) Nation kämpfen. Dann allerdings wird der Nationalismus eine „dumpfe" Gestalt annehmen, dann wird er aggressiv und gefährlich. Dabei darf man nicht vergessen, daß die abstrakten Universalisten nicht weniger gewalttätig sein können als die dumpfesten Nationalisten. Die Autonomen, die die Parole „Nie wieder Deutschland" skandieren, beweisen das immer wieder.

Dies wird aber noch nicht ausreichen. Zu einer Neubesinnung aus dem Geist des Konservativismus gehört noch mehr. Der Zusammenbruch des existierenden Sozialismus verlangt eine weitergehende Antwort. Vielleicht dauert es noch eine Weile, bis wir erkennen werden, daß nur ein religiös inspirierter Konservativismus, und nicht bloß ein auf die Prinzipien der Marktwirtschaft und des Rechtsstaats gegründeter Liberalismus, die Antwort auf das politische, geistige und ethische Vakuum sein kann, das der Sozialismus hinterlassen hat. Deutschland braucht auch eine Besinnung auf sein religiöses christliches Erbe.

Der Kern des Sozialismus war der Atheismus. Karl Marx hat an den Anfang seiner „Kritik der Hegelschen Staatsphilosophie" den Satz gestellt: „Am Anfang steht die Kritik der Religion und dann kommt die Kritik der Politik". Und der erste Satz entscheidet doch immer auch über den letzten.

Es gibt viele Gründe, die die Desintegration unserer Gesellschaft erklären können. Aber ich glaube, daß sich in nicht allzu ferner Zukunft der rasante Prozeß der Entchristlichung als der wichtigste herausstellen wird. Der Grad der Entchristlichung, auch der Feindschaft und des Kampfes gegen unsere geschichtliche Herkunftsreligion, hat ein Ausmaß erreicht, das über alles, was ich über das 20. Jahrhundert bisher erfahren konnte, hinauszugehen scheint. Auch der Aufbau der neuen Bundesländer wird letzten Endes nur erfolgreich sein, wenn die Besinnung auf die Gründe des zusammengebrochenen Sozialismus in der ehemaligen DDR so radikal und tief geht, daß man die Wurzel seiner Verhältnisse und seines Endes in dem dort offiziell verordneten Atheismus erkennt.

Der Moderne Konservativismus steht auch hier vor der Notwendigkeit, eine substantielle Antwort auf die nihilistische Kulturrevolution der 68er zu geben. Bisher meinten wir, wegen des Wohlstands von der Notwendigkeit enthoben zu sein, eine solche Alternative zu formulieren. Wir haben unsere gesamte gesellschaftliche Existenz programmatisch auf die progressive Vermehrung unseres Wohlstands ausgerichtet. Auf dem Boden der Wohlstandsgesellschaft und des Sozialstaats war jeder um seine eigene und des anderen Emanzipation bemüht. Dies ist nun vorbei. Wir können diese Politik nur bei Strafe unseres Untergangs fortsetzen. Wir müssen heute unter erschwerten Bedingungen das nachholen, was die Union nach 1982 versäumt hat.

Die CDU hat vor 1982 für den Fall ihrer Rückkehr in die Regierung eine „geistige Wende" versprochen. Der Bundeskanzler hat geistige Führung verheißen, und er hat damals die „geistig-moralische Erneuerung" zum wesentlichen Programm erhoben. Die Parteiführung hatte damals offenbar begriffen, daß sie auf die neomarxistische Kulturrevolution eine Antwort geben muß. Sie mußte die anarchisierenden Tendenzen, die von ihr ausgingen, stoppen und überwinden, wenn Deutschland und die CDU überleben wollten. Ich hatte damals für den Fall, daß diese geistigen Wende nicht vollzogen würde, die Prognose aufgestellt, daß die CDU zu einer unbedeutenden Kraft zurücksinken werde, die die Politik in Deutschland nicht mehr entscheidend bestimmen wird. Genau dies zeichnet sich nach der verheerenden Wahlniederlage von 1998 ab. Die CDU hat diese geistige Wende nicht eingeleitet, sie hat es nicht einmal versucht. Die geistige Wende wurde damals von der CDU als eine Sache des Überbaus verstanden. Man vertraute im wesentlichen auf die wirtschaftliche Gesundung des Landes. Der Rest würde dann schon von allein kommen. Diese Sicht der Dinge stellt sich spätestens heute als ein Irrtum heraus. Heute ist die geistige Wende - selbst für die Wirtschaft - zu einem Überlebensimperativ geworden. Wir sind also dazu verurteilt, uns an diesem Wendepunkt der Geschichte aufs Denken einzulassen. Die Philosophie, zumal die politische Philosophie, ist einmal mehr gefordert.

Die Wende besteht darin, daß wir die Kraft finden müssen, den ungeheuerlichen geschichtlichen Wandel zu verstehen. „Wendepunkt" heißt, daß wir uns nicht mehr festklammern an das, was nicht mehr zu halten ist. Wir müssen begreifen, daß die politische, soziale und kulturelle Zukunft unseres Landes davon abhängt, daß es zu dem kommt, was die CDU 1982 versprochen hat, was sie aber - Gott sei es geklagt - bis heute schuldig geblieben ist: Eine geistig-ethische Erneuerung unseres Volkes aus dem Geist eines Modernen Konservativismus.

6. Zeitenwende: Eine neue politische Lage braucht eine neue politische Theorie

Wir leben in einer Epoche des Übergangs. Das Vergangene gilt nicht mehr, das Neue ist noch nicht gefunden. Die Zeitgenossen am Ende des 2. Jahrtausends starren gebannt auf den Jahrtausendwechsel. Wie es nicht selten in der Geschichte zu sein pflegt, so fällt auch diese Jahrhundert- und Jahrtausendwende mit einem epochalen Umbruch zusammen. Epochaler Umbruch heißt, daß auch große und bewährte Traditionen der Vergangenheit unwiderruflich zu Ende gehen, und daß die gegenwärtige Generation suchend und tastend beginnt, sich in einem neuen Abschnitt der Geschichte zu orientieren. Gegenwärtig ist niemand im Stande, sichere Prognosen über den zukünftigen Ablauf der Geschichte zu stellen. Diesen Zeitwendencharakter der Gegenwart können wir in den täglichen Nachrichten der Medien und der Zeitungen verfolgen.

Worin zeigt sich der Epochenumbruch? Es ist eine Tatsache, die vor 15 Jahren noch niemand zu träumen gewagt hat, daß Europa derzeit in einen neuen Abschnitt seiner Geschichte eintritt. Die Völker Europas ringen um eine Einheit Europas, die ihnen die Selbstbehauptung in dem sich weltweit veränderten Machtgefüge erlauben soll. Europa soll instand gesetzt werden, als ein politisches Subjekt Entscheidungen zu fällen und umzusetzen. Die ökonomische Einheit Europas ist dabei wichtig, aber sie ist nicht von der gleichen essentiellen Bedeutung wie die politische und die militärische Einheit Europas. Und die ökonomische Einheit kann auch nur gemäß dem Stande vorangetrieben werden, den die nationalen Ökonomien in ihrer Entwicklung erreicht haben.

Das zweite große Grunddatum der neuen Epoche ist, daß die jahrhundertelange Vorherrschaft Europas auf dem Planeten durch das Hervortreten neuer Mächte abgelöst wird. Nicht umsonst schauen wir gespannt und teils mit Sorge auf das Riesenreich China und auf die sogenannten Tigerstaaten, von denen durchaus anzunehmen ist, daß sie in Zukunft eine entscheidende Rolle nicht nur in der Weltwirtschaft, sondern auch in der Weltpolitik spielen werden.

Das dritte Moment, das gegenüber diesen welthistorischen Veränderungen droht, vergessen zu werden, ist der Zusammenbruch des Kommunismus in der ehemaligen Sowjetunion, das Zusammenfallen eines

Imperiums. Niemand hatte vorausgesehen, daß diese neben Amerika größte Weltmacht in einer solch kurzen Zeit in sich zusammenfallen und auf einen Stand seiner Entwicklung zurückgeworfen würde, der fast hundert Jahre zurückreicht.

Die Folgen, die dieser Zusammenbruch des Sozialismus auch für den sozialistischen Gedanken in Europa und in der Welt haben wird, sind im Augenblick noch schwer absehbar. Fest steht, daß hier nicht nur ein falsch organisiertes ökonomisches System zusammengebrochen ist. Mit dem Ende der Herrschaft des Kommunismus in der Sowjetunion und im Ostblock ist auch ein ganzes Weltbild zusammengebrochen, das auch im Westen dominiert hat. In den westlichen Staaten hat es zwar den terroristisch etatistischen Sozialismus nicht gegeben. Alle sozialistischen Experimente in der westlichen Welt waren vielmehr getragen von dem Ziel, eine Versöhnung zwischen Sozialismus, Demokratie und rechtsstaatlich gesicherter Freiheit des einzelnen zu finden.

Es darf aber trotz dieser nicht unwichtigen Abweichung von der etatistischen Form des Staatskommunismus nicht übersehen werden, daß auch die westlichen Wege zum Sozialismus ihre zukunftverheißende Kraft verloren haben, ja sogar in Mißkredit geraten sind. Das hängt aufs engste mit dem vierten Phänomen zusammen, das sämtliche sozialistischen Verheißungen und Hoffnungen ohnehin zerschellen ließ: das Phänomen der Globalisierung.

Nun ist die Globalisierung der Wirtschaft keineswegs so neu, wie es häufig dargestellt wird. Die Entwicklung zu einer Vereinheitlichung und Verflechtung der nationalen Ökonomien zu einer einzigen Weltwirtschaft ist seit vielen Jahrzehnten, wenn wir genauer hinsehen, seit Jahrhunderten im Gange. Dennoch hat diese sogenannte Globalisierung heute eine neue Qualität erreicht. Nun befinden sich nicht nur Handel und Verkehr in einem weltweiten Austausch, sondern auch das Kapital kann kraft der neuen Informationstechnologien in Windeseile über die ganze Welt transferiert werden. Ebenso können in sehr kurzer Zeit Produktionsstätten verlagert werden, so daß auch die Arbeitsplätze in den Strom dieser globalen Bewegungen mit einbezogen werden.

Welches sind die Gefahren dieser Globalisierung? Im Zusammenhang der ökonomischen Verflechtung der Welt werden die Grenzen zwischen der ersten und zweiten, aber auch der dritten Welt immer durchlässiger. Es kann also passieren, daß die überkommene politische Gestalt der westlichen Demokratie durch zu erwartende interkulturelle Konflikte ins Wanken gerät. Außerdem droht die Globalisierung - vor allen Dingen der Ökonomie -, der Entwicklung der westlichen Demokratien hin zu einem Sozial- und Wohlfahrtsstaat die Existenzgrundlage zu entziehen. Nicht ohne Grund wurde die Epoche, auf die wir jetzt als eine vergangene zurückschauen, als ein sozialdemokratisches Zeitalter charakterisiert.

Was hat man unter einem sozialdemokratischen Zeitalter verstanden? Die alles übergreifende, beherrschende und bestimmende Epochenthematik des sozialdemokratischen Zeitalters läßt sich unter dem Begriff des Ausbaues des Sozialstaates zusammenfassen. Dem Bekenntnis zur freien Marktwirtschaft folgte sogleich die Forderung nach sozialem Ausgleich. Gemäß der Definition des sozialdemokratischen Programmes bedeutete das: Soviel Marktwirtschaft wie nötig und soviel (Sozial-)Staat wie möglich. Zu diesem sozialdemokratischen Zeitalter gehörte aber auch die volle und uneingeschränkte Beibehaltung der Regeln der parlamentarischen Demokratie und - als das wichtigste Moment - die Anerkennung des Rechtsstaates. Dies sind die bestimmenden Grundlagen des sogenannten demokratischen Sozialismus nach dem Zweiten Weltkrieg gewesen.

Wir kennen nun die Diskussionen, die nach dem Zusammenbruch des Kommunismus in den Jahren 1989 und 1990 um das „Ende der Geschichte" geführt wurden. Der Politologe Francis Fukuyama hat diese Diskussion mit der These angestoßen, daß nach dem Zusammenbruch des Sozialismus nunmehr das liberale, privatkapitalistische Gesellschaftsmodell als Sieger aus der geschichtlichen Auseinandersetzung mit dem Sozialismus hervorgegangen ist. In der Tat: Diese Epoche, die im Westen weniger vom Sozialismus als vom sozialdemokratischen Modell geprägt war, ist nun zu Ende.

Diese Einsicht steht letztlich auch hinter dem Schröder-Blair-Papier vom Frühjahr 1999. Das heißt aber nicht, daß dies das Ende sozialistischer oder sozialdemokratischer, am Wohlfahrtsstaat orientierter Parteien bedeutet. Ganz im Gegenteil: Es ist kein Zufall, daß sich nach dem Fortfall des Systemkonfliktes zwischen Ost und West auf der ganzen Welt eine enorme Verselbständigung und Entfesselung der Wirtschaft vollzieht. Die Menschen befürchten nun aus guten Gründen, daß die sozialen Fortschritte und Errungenschaften des sozialdemokratischen Zeitalters dadurch verlorengehen könnten. Es ist verständlich, daß die Menschen, die auf diese epochale Zäsur wenig vorbereitet sind, mit Unverständnis und Schrecken reagieren. Sie glauben, daß ihre erreichten oder noch ins Auge gefaßten sozialen Besitzstände nunmehr gegen den

Markt – und das heißt in der ideologische Sprache, gegen einen entfes-
selten - häufig Turbokapitalismus genannten - Neokapitalismus verteidigt werden müssen.

Wir beobachten daher, daß auch in Ländern, die bisher von sogenannten konservativen und liberalen Regierungen geführt wurden, eine
Renaissance sozialistischer oder sozialdemokratischer Parteien neuen
Stils zu beobachten ist. Auch in Deutschland hat die Sozialdemokratie
ihre führende Rolle wieder zurückgewinnen können. Dennoch muß man
realistischerweise davon ausgehen, daß wir es hier mit einer Art Nachgeburt des sozialdemokratischen Zeitalters zu tun haben. Denn wenn
der Staat die sozialen Sicherungssysteme, die jährlich Unsummen verschlingen, nicht mehr bezahlen kann, dann stehen die sozialdemokratischen Forderungen auf tönernen Füßen. Sozialdemokraten werden dann
nur gewählt, weil sie den Eindruck vermitteln, als könnte ihre Partei
dem unhaltbar gewordenen Bedürfnis vieler Menschen Rechnung tragen, das sozialdemokratische Zeitalter doch noch zu verlängern. Die
Politik wird offenbar erst dann die notwendigen, auch wirtschaftspolitischen Konsequenzen zu ziehen bereit sein, wenn die Menschen die er-
nüchternde Erfahrung gemacht haben, daß sich die Realitäten dieser
Welt nunmehr so fundamental geändert haben, daß das sozialdemokratische Modell seinen Anhalt in der Wirklichkeit verloren hat.

Besser wäre es, so schnell wie möglich zu begreifen, daß dieser Abschnitt der Geschichte vorüber ist und daß manche politischen Instrumente und Modelle, die gestern noch wirksam waren, die heute notwendigen Innovationen behindern oder ihnen sogar entgegenwirken. Erst
wenn das erkannt ist, wird der Blick und der Weg frei sein für die Entwicklung von neuen Modellen, die der veränderten Lage der Welt entsprechen.

Die demokratischen Parteien sind herausgefordert, im Kampf um
die besseren Ideen und um den bestmöglichen praktischen Weg, Deutschland in eine noch weitgehend unbekannte Zukunft zu führen. Die hier
formulierte Position eines Modernen Konservativismus ist daher nicht
primär an parteipolitischer Polemik oder an Abgrenzung von bestimmten Parteien interessiert, sondern sie versteht sich als eine Einladung an
konkurrierende Parteien, ihre Idee einer zukünftigen Politik zu präsen-
tieren. Wenn man sich an die alten Zuordnungs- und Sprachregelungen
hält, so wird man nicht übersehen können, daß unsere Perspektive sich
sowohl an konservativen als auch an liberalen Elementen orientiert. Beide
Begriffe müssen freilich, wie das gesamte ideologische politische Ko-

ordinatensystem, neu definiert und neu geordnet zu werden. 'Eine neue Welt braucht eine neue Wissenschaft', so hat es Alexis de Tocqueville in seiner Auseinandersetzung mit der Demokratie in Amerika vor 150 Jahren gesagt.[5]

Man kann auch sagen: Eine neue Lage braucht eine neue Theorie. Angesichts der neuen politischen, ökonomischen, aber auch kulturellen Lage müssen alte Begriffe überprüft und neu definiert werden. In Zukunft wird es um die Neukonstitution des Typus einer modernen sozialstaatlich abgesicherten Demokratie gehen. Diese Neukonstitution hängt davon ab, ob wir nicht nur mit den ökonomischen und sozialen Herausforderungen, sondern auch mit den geistigen Herausforderungen fertig werden, die mit der neuen Epoche verbunden sind. Unsere geistige Vitalität und intellektuelle Kraft werden darüber entscheiden, ob die westliche liberale Demokratie überleben wird. Der Moderne Konservativismus versucht zu begründen, daß dies nur gelingen kann, wenn das große religiöse und kulturelle Erbe der Geschichte eben nicht dem Vergessen anheimgestellt wird, sondern - wenn auch unter veränderten Bedingungen - als die entscheidende Quelle erkannt wird, um die Humanität, die in einer zweitausendjährigen Anstrengung erreicht wurde, zu bewahren.

Mit den weltgeschichtlichen Prozessen, deren Zeugen wir am Ende unseres Jahrtausends sind, ist eine in ihrer Tiefenwirkung bisher unterschätzte Erosion aller derjenigen Ideologien verbunden, die auf dem Boden der Aufklärung gewachsen sind. Die Parteien und die Ideologien, die sich in den letzten 50 Jahren mit unterschiedlichen Akzenten in Europa durchgesetzt haben, sind entweder der Liberalismus oder der Sozialismus, meist aber ein Mischungsverhältnis von beidem. Die großen Schwierigkeiten, mit denen ein Moderner Konservativismus zu kämpfen hat, hängen mit der Herrschaft oder Hegemonie dieser sozialliberalen Politik des nunmehr vergangenen Zeitalters zusammen.

Natürlich gehört der an den Liberalismus gebundene Anspruch der Freiheit wie der mit dem Sozialismus verbundene Anspruch der Gerechtigkeit auch nach der Auflösung ihrer ideologischen Begründung nicht einfach der Vergangenheit an. Keine künftige, sich in der europäischen Tradition verstehende Gesellschaft wird auf Freiheit und Gerechtigkeit je verzichten können und wollen. Insofern bleibt auch ein neuer Konservativismus diesen beiden Grundwerten grundsätzlich verpflichtet. Was aber in Zukunft Freiheit heißen wird, wie Freiheit und ihre institutionelle Sicherung möglich sein wird, und wie auf der anderen

73

Seite der Gedanke der sozialen Gerechtigkeit eine neue Gestalt gewinnen kann, das muß neu bestimmt werden. Die Gestaltungsfähigkeit einer konservativen Partei im modernen Sinne wird von der Antwort abhängen, die sie auf diese Herausforderung finden wird.

7. Das Scheitern der Ideologien und die Wiederkehr der Kulturfrage

Die bisherigen politischen Auseinandersetzungen waren und sind immer noch ideologisch durch die Zuordnungen bestimmter Positionen nach links und rechts bestimmt. Natürlich wird man nicht leugnen können, daß es auch heute noch gesellschaftlich, politisch und sozial Positionen gibt, die man traditionell der Linken zuordnet und andere, die man konservativ oder sogar rechts nennt. Das wird noch bei Einzelfragen deutlich. Wenn es etwa um Fragen der Sicherheit geht, werden die Konservativen immer mehr für Sicherheit sein, während die Linken für sozialtherapeutische Maßnahmen plädieren. Wenn es ökonomisch um die Frage der Rentabilität von Unternehmen geht, werden Konservative immer geneigt sein, den eisernen Gesetzen des Marktes Rechnung zu tragen und auch schwere Entscheidungen um der Existenzfähigkeit des Unternehmens willen in Kauf zu nehmen, während Linke in der Regel dafür eintreten werden, daß der soziale Anspruch der Menschen in der Mitte der Wirtschaft stehen sollte und die Beachtung ökonomischer Gesetzmäßigkeiten dahinter zurücktreten müßten. Und wenn es um die Frage der Verteidigung geht, werden die Konservativen immer auch den Eventualfall einer militärischen Auseinandersetzung im Auge behalten, und sie werden daher für ein Minimum an Verteidigungsfähigkeit eintreten, während die Linken immer wieder dafür plädieren werden, daß alle Konflikte durch Politik, das heißt, in Gesprächen gelöst werden sollten, da, wie die Erfahrung zeige, durch Krieg kein Konflikt gelöst werden kann. Wenn es um die Frage der Nation geht, dann werden die Konservativen und Rechten immer daran festhalten, daß nationale Identitäten nicht leichtfertig verspielt und aufgegeben werden dürfen, während die Linken sich an universalen Ideen orientieren, die einmal sozialistisch ein anderes Mal liberalistisch begründet werden.

So könnte man den ganzen Katalog politischer Konfliktfragen durchgehen. Man würde in Einzelfällen nicht darauf verzichten können, auch von der traditionellen Zuordnung von links und rechts Gebrauch zu machen. Diese Einsicht sollte und darf uns gleichwohl nicht daran hindern, zu erkennen, daß die großen Entscheidungen, die einmal um links und rechts geführt worden sind, der Vergangenheit angehören und daß tatsächlich die traditionellen Positionen sowohl der Linken wie der Konservativen ihre Substanz eingebüßt haben. Es gibt hierfür ein ganz deutliches Anzeichen. Es kann sich heute keine Partei mehr leisten, nur rechts oder nur links zu sein. Alle Parteien, soweit sie Volksparteien sein wollen, werden in sich immer eine Gemengelage aus liberal, sozial und konservativ vereinigen. Einmal wird die linke Komponente überwiegen, dann wird es die rechte Komponente sein. Die Parteien bewegen sich in derselben Weise, in der sich das gesamte Koordinatensystem, das solche Zuordnungen erst ermöglicht, durch den Wandel der Zeit und des Zeitgeistes verschiebt.

Und über diesen Wandel, dem auch die Auslegung der einzelnen Ideologien unterliegt, entscheiden längst nicht mehr die Parteien, sondern diejenigen, die über die Instrumente der öffentlichen Meinungsbildung verfügen. Dies sind nicht demokratisch gewählte, geschweige denn demokratisch legitimierte, manchmal nicht einmal durch professionelle Qualität auf ihren Posten geratene Journalisten, die in Funk, Fernsehen und Zeitschriften an der ständigen Veränderung und Verschiebung des ideologischen Gesamtfeldes arbeiten, denen sich dann die Parteien unterordnen müssen. Manchmal versuchen sie sogar, in Akten des antizipierenden, vorauseilenden Gehorsams, einen Schritt voraus zu sein.

Das heißt mit einem Wort, daß die klassischen, auf dem Boden der Aufklärung gewachsenen Großideologien der bürgerlichen Neuzeit ihre Glaubwürdigkeit verloren haben. In der Neuzeit haben wir sowohl Experimente mit dem Liberalismus wie mit dem Sozialismus und einem ideologischen Nationalismus erlebt. Alles dies wurde ausprobiert. Die Menschen wissen heute, daß diese Ideologien nicht gehalten haben, was sie versprochen haben. Diese Ideologien sind - bei nicht zu bestreitenden Teilerfolgen - die Einlösung ihrer Programme und Versprechungen schuldig geblieben. Wir haben es folglich mit einer extremen Glaubwürdigkeitskrise der Ideologien der Aufklärung zu tun. Dieser Tatbestand ist in der Nachkriegszeit nur durch die Periode des prosperierenden Wohlstands überdeckt gewesen. Wenn wir die Probleme ins Auge fassen, mit denen wir in der Gegenwart und in der absehbaren Zukunft konfrontiert werden, so wird man sehr bald erkennen, daß diese Ideologien uns nicht einmal befähigen, die neue Problemlage zu erfassen, geschweige denn, daß sie uns dabei hilfreich sein könnten, diese Probleme zu lösen.

Was ist denn an die Stelle der in ihrer Substanz zerronnenen ideologischen Formationen getreten? Es ist ein weitverbreiteter zynischer Nihilismus, eine mehr zu Depression und Apathie neigende Resignation, eine allgemeine Gleichgültigkeit. Diese allgemeine Indifferenz raubt dem Politischen weitgehend den Ernst und würdigt die Politik zu einer Abteilung der Unterhaltungsindustrie mit sinkendem Unterhaltungswert herab.

Es gibt aber keine Politik, der nicht eine bestimmte geistige Ausrichtung und geistige Grundlage korrespondiert. Der Gegensatz zwischen Geist und Macht ist ein bei apolitischen Bürgern und bei den Intellektuellen gern diskutierter, aber dennoch künstlicher Gegensatz. Die Gegenwart beweist, daß die geistige Erschöpfung auch das Ende der Politik bedeuten kann. Bei noch genauerem Hinsehen entdecken wir, daß die ideologischen Kämpfe von einst nicht einfach überwunden sind, sondern durch ganz neue Gesetze, nach denen sich die politischen Fronten innerhalb der Gesellschaft formieren, ersetzt werden.

Diese neue Kraft, die an die Stelle der verblichenen und ausgehöhlten ideologischen Positionen tritt, ist das, was man die Kultur und Lebensform nennt. Wir haben es heute de facto nicht mehr mit ideologischen Kämpfen, sondern mit Kulturkämpfen zu tun. Gemeint ist nicht *ein* großer Kulturkampf, wie etwa in Preußen zwischen Bismarck und der Katholischen Kirche, sondern die Gesellschaft insgesamt wird in Kulturkämpfen zerrissen. Diese Kulturkämpfe sind eine Folge davon, daß die bürgerliche Gesellschaft die totalitäre und die sozialliberale Epoche des 20. Jahrhunderts nicht überdauert hat. Wir sind nunmehr eingetreten in das finale Zeitalter der bürgerlichen Kultur. Während in den Staaten, in denen der totalitäre Sozialismus praktiziert wurde, die bürgerlichen Traditionen häufig eine Renaissance erleben, hat sich in den Ländern, die sich dem liberalen Freiheitskult hingegeben haben und die auch die Ziele des Sozialismus in weitem Umfang verwirklicht haben, die bürgerliche Gesellschaft in ihrer ursprünglichen Gestalt weitgehend verflüchtigt. In den liberalen Staaten des Westens haben sich die bürgerlichen Traditionen weitgehend aufgelöst. Darüber hinaus sind - wie wir bereits gezeigt haben - alle überkommenen Autoritäten erschüttert. Nicht nur der Staat, sondern sämtliche hergebrachten Institutionen, vor allem Familie, Kirche und Schule, sind in einem Prozeß der Desorientierung begriffen.

Die bürgerliche Kultur und die bürgerliche Gesellschaft, welche die gesamte Neuzeit getragen und geprägt haben, befinden sich heute im Prozeß der inneren Aufhebung und des Übergangs. Und die große Frage ist natürlich, was an die Stelle dieser bürgerlichen Gesellschaft getreten ist bzw. treten könnte. Auf diese Frage gibt es bisher keine klare Antwort. Die aus dem Niedergang der bürgerlichen Kultur hervorgehende Orientierungs- und Ratlosigkeit konfrontiert uns zwar täglich und mit elementarer Gewalt mit den grundlegenden Kulturfragen der menschlichen Existenz, aber es hat sich daraus noch keine Kulturform entwickkelt, die die geringste Chance hätte, allgemein akzeptiert und angenommen zu werden.

Sicherlich gibt es noch Regionen, in denen es noch starke Kräfte gewachsener und überkommener Kultur gibt. Dazu gehören zweifellos Landstriche, die nicht im üblichen Ausmaß von der modernen Kultursituation betroffen sind, wie das vor allem in städtischen Gegenden der Fall ist. Hierin liegt für einen Modernen Konservativismus weiterhin eine große Chance. Die Chance besteht darin, nicht dem Worte Nietzsches zu folgen und das, was schwach ist, auch noch zu stoßen, sondern diese gewachsene, historisch verankerte Kultur zu erhalten und zu bewahren, soweit sie überhaupt noch bewahrt werden kann. Die Ergreifung dieser Chance machte bisher die eigentliche Kraft der CSU in Bayern aus. Zweifellos hat diese Partei mehr als jede andere die Verbindung zu den überkommenen und gewachsenen kulturellen Beständen gewahrt. Die CSU hat auch erkannt, daß man diese Traditionen nicht einfach der bewußtlosen Naturwüchsigkeit von geschichtlichen Abläufen überlassen darf, sondern daß man ihre Bewahrung zu einem ausdrücklichen und bewußt ins Auge gefaßten Ziel nicht nur der Kulturpolitik, sondern des politischen Gesamtverständnisses machen muß.

Von der Erhaltung dessen, was an kulturellen Beständen noch vorhanden ist, hängt aus Gründen, die noch darzulegen sind, die Integrations- und damit die Politikfähigkeit unseres Landes ab. Denn die Deutschen werden die neuen schweren Herausforderungen der Zukunft nur gemeinsam beantworten oder sie werden sie gar nicht beantworten. Diese Gemeinsamkeit ist jedoch nicht eine, die durch dramatische Appelle und Beschwörungen oder gar durch Zwang oder Manipulation hergestellt werden kann, sondern sie muß eine gewachsene, eine eingelebte Form von Gemeinsamkeit sein, die sich auf Fragen erstreckt, die über das unmittelbar Politische hinausgehen. Genau das versteht man unter Kultur: Kultur ist der Inbegriff gemeinsam geteilter Lebensformen und sich daraus ergebender Lebenswerte. Diese gemeinsam geteilten Lebensformen und -werte müssen die nicht gewollten, nicht gesetzten, sondern von uns bloß anerkannten Fundamente der auch politischen Gemeinsamkeit sein. Nur wenn es den Parteien des Modernen Konservativismus gelingt, deutlich zu machen, daß sie diese Gemeinsamkeit zur Sprache bringen und für sie eintreten, werden sie auch morgen noch in Deutschland eine Chance haben.

Der Moderne Konservativismus muß sich aber, über die Bewahrung der tradierten Lebensformen hinaus, auch den durch die Krise der Moderne erzeugten Kulturproblemen stellen. Es wird neuerdings ständig und überall von Kultur geredet. Inzwischen gibt es kaum noch einen sozialen oder politischen Sachverhalt, der nicht auch mit dem Begriff Kultur verbunden wird. Man spricht von der Unternehmenskultur, von der politischen Kultur, von der sozialen Kultur. Der Kulturbegriff ist über den ursprünglichen Gebrauch im 19. Jahrhundert ein universaler, auf alles bezogener und beziehbarer Begriff geworden. Dies zeigt ebenfalls, daß wir es heute mit dem Übergang der bürgerlichen Kultur in eine andere Kultur zu tun haben, ohne daß wir sagen könnten, welche Kultur denn imstande oder geeignet wäre, die alte abzulösen.

Für diese, mit dem Übergangscharakter verbundenen grundlegenden Fragen muß sich der Moderne Konservativismus vital interessieren. Er muß sich auch kritisch damit auseinandersetzen. Immerhin stellten zuvor schon sowohl der Nationalsozialismus wie der Sozialismus den Versuch dar, die bürgerliche Kultur abzulösen. Nationalsozialismus wie Sozialismus sind beide im Kern Kulturrevolutionen gewesen. Sie haben beide den Versuch gemacht, die Stelle der zum Absterben verurteilten bürgerlichen Kultur mit einem neuen Inhalt und einer neuen Form zu versehen. Selbst heute noch halten es in Deutschland, aber auch in vielen Ländern Europas, nicht wenige für möglich und anstrebenswert, an Stelle der bürgerlichen eine Art sozialistische Kultur zu errichten. Der Begriff und das Verständnis für die bürgerliche Freiheit ist dabei fast vollständig verlorengegangen. Die Menschen erwarten sich infolgedessen die gesamte Regelung und Ordnung ihres Lebens ganz selbstverständlich vom Staat. Das bürgerlich-liberale Freiheitsverständnis ist - selbst in ehemals bürgerlichen Kreisen - einem sozialistischen Freiheitsverständnis gewichen. Und das kann gar nicht anders sein, solange der Sozialismus nicht auch kulturell und geistig überwunden worden ist. Die Überwindung dieses mentalen Sozialismus ist mittlerweile sogar die Voraussetzung für die Sicherung des Wohlstands.

Wenn man aber diese Einstellung überwinden will, dann kann das nur durch eine veränderte Einstellung zu den Lebenssachverhalten und Befindlichkeiten des Menschen in der modernen Welt geschehen. Eine rein ideologische Information über die Fehler und Schwächen des Sozialismus reicht jedenfalls nicht aus. Genau dies ist aber die Vorstellung, die bei den Bürgerlichen sehr verbreitet ist. Sie glauben, man bräuchte nur die Wirtschaft anders zu organisieren, um den Sozialismus zu überwinden. Dieser Glaube erweist sich heute als ein großer Irrtum. Nicht aus einer veränderten Organisation, sondern nur aus einem veränderten Kulturbewußtsein und -verständnis heraus sind die gesellschafts-politischen und strukturellen Veränderungen möglich, die heute als Anpassung an die Bedingungen der Globalisierung notwendig sind.

Die Kulturkämpfe, die die traditionellen ideologischen Auseinandersetzungen abgelöst haben, kreisen heute alle um die Frage: „Wie wollen wir leben?" Die völlig neue Herausforderung für die Politik liegt darin, daß sie bei der Antwort auf die Frage „wie soll ich leben?" mitwirken muß. Das hat es so in der Tradition Europas, auch in den großen Weltanschauungskämpfen des 19. Jahrhunderts, nicht gegeben. Denn solange das Christentum noch für die Menschen eine kulturelle Kraft und Macht war, wäre niemand auf die Idee gekommen, eine solche Frage an die Politik zu stellen. Und solange die Ideologien noch glaubwürdig waren, war dies eine Frage, die allenfalls die soziale Stellung des einzelnen in der Gesellschaft berührte, aber die Frage „wie soll ich leben?" gehörte als eine beantwortete Frage zum Grundverständnis der bürgerlichen Gesellschaft. Es ist ein Indikator für den Grad der inneren Auflösung der bürgerlichen Gesellschaft, daß nunmehr auch von der Politik eine Antwort erwartet wird auf die Frage „wie sollen wir leben?" Darin eingeschlossen ist natürlich die Frage „welche Zukunft wollen wir eigentlich?" Wir brauchen nicht nur eine Antwort auf die Frage „wie soll die jetzige Generation leben?", sondern wie sollen unsere Kinder und unsere Enkel morgen leben?"

Das sind Fragen, die typisch sind für kulturumstürzende Wendpunkte im Ablauf der Geschichte. Ein Moderner Konservativismus kann sich diesen Fragen nicht entziehen. Wenn man sich für einen Moment an die traditionellen Zuordnungen von konservativ und progressiv erinnert, so beantworteten die Progressiven diese Fragen mit dem Verweis auf zum Teil faszinierende Utopien und die Konservativen selbstverständlich mit dem Verweis auf die Traditionen. Dieser Konflikt zwischen den Konservativen und Progressiven ging durch die ganz europäische Geschichte hindurch. Das Signum der Epoche, in die wir nun eintreten, besteht darin, daß es beide Antworten nicht mehr geben kann. Es gibt keine Utopie mehr und es gibt auch keine Tradition mehr, die man als selbstverständlich voraussetzen könnte. Wir leben in der Phase der sogenannten Postmoderne. Postmoderne meint, daß die Menschen sich und ihr Leben ständig selbst erfinden müssen. Indem sie das versuchen, müssen sie mit sich selbst experimentieren. Experimentieren heißt: Die Menschen glauben, daß sie nicht nur eine Möglichkeit, sondern - im Prinzip - unbegrenzt viele Möglichkeiten der Lebensführung haben. Jede persönliche Bindung, die die Menschen eingehen, steht unter dem Vorbehalt einer Veränderung der Option, falls sich die gewählte Möglichkeit nicht als die erweist, die man erhofft und angestrebt hat. Diese Lebensweise mag für den einzelnen durchaus ein interessantes Erleben ermöglichen, und die Protagonisten der Postmoderne sind darum auch ganz beglückt, daß sie nun, von allen Traditionen freigelassen, alles ausprobieren können, was es überhaupt nur gibt. Diese Lebensweise ist aber für eine Kultur oder gar für eine Nationalkultur absolut tödlich.

Damit kommen wir auf die Kehrseite der neuen Lage zu sprechen. Denn mit dem Dahinschwinden des Christentums und mit dem Absterben der christlichen Kultur sind wir die Fragen der Religion und die durch die Religion zu beantwortende Kulturfrage nicht losgeworden. Wenn die sozialliberal geprägte Kultur sich zu den überkommenen Beständen seiner christlichen Religion nicht mehr bekennen kann und will, und wenn gleichzeitig die anarchischen Auflösungsprozesse weiter andauern und den Menschen nichts anderes als Ökonomismus, Utilitarismus und monetäre Umverteilung angeboten wird, dann wird das dadurch entstandene kulturelle Vakuum nicht leer bleiben, sondern es wird durch andere Kulturen und andere Religionen besetzt und ausgefüllt werden.

Bereits heute führt die Immigration von Ausländern dazu, daß wir direkt mit anderen Kulturen, Religionen und eben auch Lebensformen konfrontiert werden. Die europäischen Länder sind zwar unterschiedlich von dieser Immigration betroffen, aber es wird ein durchgehender Zug der europäischen Zukunft sein, daß die Menschen nicht nur aus anderen geographischen Zonen der Welt zu uns kommen, sondern daß sie einen anderen Glauben und andere Religionen mitbringen. Mittlerweile sind Tausende von Moscheen in Europa gebaut worden. Christliche Kirchen werden geschlossen und daneben erstehen Moscheen. Diese Immigration ist also eine kulturelle Herausforderung ersten Ranges, eine Herausforderung, wie sie Europa in seiner mehrtausendjährigen Geschichte noch nicht gekannt hat.

Die Herausforderungen der Immigranten bestehen darin, daß sie uns fragen, wer wir sind und wer wir sein wollen. Unsere ausländischen

Mitbürger sind sich jedenfalls ihres religiösen Glaubens und ihrer kulturellen Identität gewiß. Sie werden weder von Zweifeln getrieben noch wird ihr Kulturverständnis von Prozessen der Selbstproblematisierung in den Medien heimgesucht, wie das in der postmodernen Kultur der Fall ist. Es gehört keine große prophetische Gabe dazu, zu ahnen, wie dieser Kulturkampf ausgehen wird, wenn wir nicht unsere eigene kulturelle Herkunft und kulturelle Identität mit ins Spiel bringen und in die Waagschale werfen. Ein bißchen Ökonomie, ein bißchen Zynismus, ein bißchen Nihilismus und ein bißchen Moralismus werden sicher nicht ausreichen, um diese kulturelle Herausforderung, die aus uns selbst heraus wie auch von außen auf uns zukommt, zu beantworten. Goethe wußte noch, daß das geheime Thema der Weltgeschichte der Kampf zwischen Glauben und Unglauben ist und daß alle Zeiten des Unglaubens Zeiten des Niedergangs und alle Zeiten des Glaubens Zeiten des Fortschritts und der Produktivität sind.

Wenn es richtig ist, daß die Kulturfrage weder durch die progressive Utopie noch durch altkonservative Tradition zu beantworten ist, dann muß man sich auf den langen, mühseligen Weg machen, das Vergessene, Verschollene wiederzuentdecken und neu zu bestimmen. Am Ende der „Dialektik der Aufklärung" haben wir nichts anderes als unsere Geschichte und das verlorene, vergessene, zum Teil verschüttete Erbe. Darum ist die letzte Kraft, die uns noch befähigen könnte, diesen kulturellen Herausforderungen und den mit unserer eigenen Entwicklung verbundenen Verfallsprozessen zu begegnen, die Geschichte und die Kraft der Erinnerung. Sie sollen uns befähigen, das Beste in der Geschichte zu vergegenwärtigen und gegenwärtig zu halten. Dazu gehört auch, das Verhältnis von nationaler Kultur und universalem Gedanken zu klären.

8. Für einen Ausgleich von Universalismus und Partikularismus

Das Kernproblem der neuen Epoche besteht in dem Spannungsfeld von Universalismus und Partikularismus. Man kann auch vom Spannungsfeld zwischen Welteinheit und Nationalismus sprechen. Wird die nationale Kultur in einer liberalen one world untergehen? Werden die nationalen Kulturen in multikulturelle Gesellschaften transformiert, in denen die nationale und religiöse Kultur zur unpolitischen Folklore herabsinkt, damit der Rechts- und Verfassungsstaat seine Klammerfunktion erfüllen kann? Oder wird sich das geschichtlich Konkrete der nationalen und religiösen Kultur auch in Zukunft noch behaupten können? Die politischen Diskussionen um das Maastricht-Europa und die Erweiterung der Europäischen Union etwa bis zur Türkei sind genau genommen auf diese Frage hin zu überprüfen. Diese Frage nach dem Verhältnis von Universalismus und Partikularismus wird *die* neue kulturpolitische Grundfrage der heranbrechenden Epoche überhaupt sein. Mit der gegenwärtigen Tendenz der Globalisierung und Internationalisierung ist ohne Zweifel die Bedrohung verbunden, daß alle nationalen Kulturen, alle Völker und ihre Kulturen in dem anonymen, planetarischen Prozeß der Ökonomisierung aufzulösen und zu verschwinden drohen.

Dem Modernen Konservativismus geht es darum, einen ganz neuen Ausgleich zwischen der Anerkennung der universalen Prinzipien, etwa der Menschenrechte, und damit letzten Endes des Liberalismus, auf der einen Seite und dem Recht der Selbstbehauptung der Völker und ihrer nationalen Kultur auf der anderen Seite, zu erreichen. Diese Sichtweise muß sich in der konkreten Frage nach dem Verhältnis von nationalem und europäischem Gedanken bewähren.

Die Idee Europa war ursprünglich gedacht als ein politisches, nicht primär ökonomisches Projekt. Die unselige Tradition des aggressiven Nationalismus sollte endgültig überwunden werden. Außerdem sollte Europa, um sich im Geflecht der Weltmächte auch in Zukunft behaupten zu können, befähigt werden, eine gemeinsame Verteidigungs- und Außenpolitik durchzuführen. Beiden Zielen sollte auch die ökonomische Einheit dienen. In diesem Sinne war die politische Einheit Europas auch als Voraussetzung einer Währungsunion gedacht. Die Währungsunion sollte eine europaweite Koordination der Wirtschafts- und Finanzpolitik ermöglichen. Nach dem heute erreichten Stand der europäischen Einigung wird nun aber immer deutlicher, daß die Einheit Europas das Schicksal der alten Nationen Europas zur Disposition stellen könnte. Die großen Probleme hängen allesamt davon ab, ob und wie die Staaten zu einer neuen Bestimmung des Verhältnisses eines sich vereinigenden Europas auf der einen Seite und der Selbständigkeit der Nationen auf der anderen Seite kommen.

Und hier wird es gestattet sein, einige kritische Bemerkungen zu dem bisherigen Verlauf der Europadebatte zu machen. Die Diskussion über das Maastricht-Europa, die erst spät, vielleicht zu spät in Gang gekommen ist, läßt erkennen, daß die einzelnen Staaten in der Einschätzung der Konsequenzen doch zu grundlegend unterschiedlichen Schlüssen kommen.

Die einen sind der Meinung, daß die europäische Einheitswährung wirtschaftliches Wachstum, Arbeitsplätze, und einen damit verbundenen kontinuierlichen Ausbau des europäischen Sozialstaates bringen werde. Maastricht-Europa werde ein Zusammenwachsen der Völker Europas und damit Frieden und Freiheit zur Folge haben. Der frühere Bundeskanzler Kohl konnte darum sagen, daß die Frage von Maastricht-Europa eine Frage von Krieg und Frieden ist. Das ist die Einschätzung der Befürworter eines engen Zusammenschlusses von Europa.

Die anderen dagegen kommen zu ganz gegenteiligen Schlüssen. Sie sind der Meinung, daß das Maastricht-Europa mit seiner Einheitswährung nicht die segensreichen Folgen haben werde, die den Völkern verkündet werden, sondern daß genau das Gegenteil der Fall sein wird. Sie glauben, daß dieses Experiment, das ohne Vorbild und Beispiel in der Geschichte ist, nicht gelingen wird und nicht gelingen kann, weil die unterschiedlichen Politiken und Mentalitäten der Länder sich spaltend auswirken werden. In der Finanz- und Wirtschaftspolitik werde es zwischen den Nationen Spannungen geben. Am Ende würden die nationalen Interessen nicht konvergieren, sondern divergieren. Die Erreichung des Zieles einer Annäherung des Lebensstandards in den europäischen Staaten würde so gewaltige Transferleistungen erforderlich machen, daß die kritische ökonomische Situation und die Erschöpfung der Finanzmittel in den reicheren Nationalstaaten die Transfers in dem erforderlichen Ausmaß nicht ermöglichen würden. Die Menschen in diesen reichen Staaten würden im übrigen auch gar nicht zu solchen Transferleistungen bereit sein. Allerdings sei zu befürchten, daß die europäischen Völker bis dahin keine Möglichkeit mehr haben werden, ihrem politischen Willen Ausdruck zu verleihen. Denn die Herstellung der Einheitswährung bedeute, daß die Nationalstaaten im klassischen Sinne nicht nur einen Teil, sondern den Kern ihrer Souveränität verlieren werden.

Diese skeptische Sichtweise fragt besorgt, was in einem monetär geeinigten, zentralbürokratisch geleiteten Europa, das von wenigen Politikern und zum Teil gegen den Willen der Menschen beschlossen wurde, aus der Demokratie werden wird. Diese Frage ist berechtigt. Man spricht etwas euphemistisch immer nur von einem Demokratiedefizit in Europa. Es handelt sich jedoch nicht bloß um ein Defizit im engeren Sinn. Vielmehr fehlen in Europa grundsätzlich die Voraussetzungen, an die das Zustandekommen und Funktionieren einer Demokratie gebunden sind. Und diese Voraussetzungen werden auch in absehbarer Zukunft nicht gegeben sein: Es gibt keine gemeinsame pluralistische Öffentlichkeit, es gibt keine gemeinsame europäische Sprache, es gibt kein wirklich legitimes, demokratisches Mandat der Bevölkerung. Es kann überdies auch keine wirkliche Repräsentation des europäischen Volkes geben, weil es dieses europäische Volk überhaupt nicht gibt.

Es handelt sich also bei dem Maastricht-Europa nicht nur um ein Demokratiedefizit. Wir müssen vielmehr bei dem anvisierten Maastricht-Europa um die Demokratie überhaupt fürchten. Es ist eine der erstaunlichsten Erfahrungen, daß die linksliberalen Protagonisten, die aus der Demokratie eine Art Religionsersatz gemacht haben, merkwürdig schweigsam und gleichgültig an diesen entscheidenden Mängeln des bisher geplanten Europa vorbeigehen.

Aber das Problem geht noch tiefer. Denn es gibt in diesem vereinten Europa nicht nur keine gemeinsame Sprache, sondern es gibt auch das nicht, was eine gemeinsame Politik überhaupt konstituieren könnte, nämlich eine gemeinsame Kultur. Die Kulturen der einzelnen europäischen Länder und Völker sind sehr unterschiedlich, und dementsprechend sind auch die Mentalitäten und die Lebensweisen grundverschieden. Wenn diese Mentalitäten, provoziert durch divergierende ökonomische Interessen, sich artikulieren, dann werden sie das nicht in Richtung auf mehr Gemeinsamkeit, sondern in Richtung auf mehr Abkapselung tun. Wir erleben bereits heute in einigen Regionen Europas, daß Teile gewachsener Nationen seit 20, 30 Jahren um das Recht ihrer eigenständigen Sonderkultur erbittert kämpfen und dabei auch auf militärische und terroristische Methoden zurückgreifen.

Der Grundmangel des bisher geplanten Europa beinhaltet zwei entscheidende Phänomene: Erstens findet über die politische Gestalt Europas keine Debatte statt. Es liegt kein Konzept vor, zu dem die Völker Stellung nehmen könnten. Dazu gehört, daß die Verfassungsfrage völlig ungeklärt ist. Es gibt gar keine Antwort darauf, ob Europa nun ein Bundesstaat oder - wie de Gaulle sich ausgedrückt hat- ein „Europa der Vaterländer" sein soll. Es ist noch vollkommen unklar, ob Europa ein lockerer Staatenbund oder ein Bundesstaat sein soll. Das sind alles nicht nur offene, sondern - wie der Umgang mit Großbritannien zeigt -, tabuisierte Fragestellungen. Dies ist umso merkwürdiger, als vor allem in Deutschland nicht selten die Hoffnung gehegt wird, man könne über den Weg der ökonomischen Vereinigung das Ziel einer politischen Einheit Europas erreichen. Die Deutschen konnten zu dieser Vorstellung nur kommen, weil sie die eigenen weltbürgerlichen, letztlich unpolitischen Vorstellungen einfach auf die heutigen Verhältnisse in Europa übertrugen. Es ist jedoch schwer vorstellbar, daß Länder wie England und Frankreich, um nur die beiden wichtigsten zu nennen, bereit sein könnten, auf ihre Souveränität in der Außen- und in der Verteidigungspolitik zugunsten einer vagen, zur Vertretung der Gesamtinteressen in Europa berechtigten Instanz zu verzichten.

Der wesentliche Grund für die Unklarheit hinsichtlich der politischen Gestalt des zukünftigen Europa liegt natürlich darin, daß die Frage völlig ungeklärt ist, wie sich denn in dem neuen Europa Nation und Europa zueinander verhalten werden. Vor einigen Jahren glaubten viele noch, daß man auf die Nation überhaupt verzichten könnte und sich zur Wahrung der Interessen, die früher einmal durch den Nationalstaat wahrgenommen wurden, auf die Regionen zurückziehen könnte. Man plädierte einerseits für ein zentralisiertes, andererseits regionalisiertes Europa. Alle Aufgaben, die für den traditionellen Nationalstaat zu groß geworden sind, sollten an Europa delegiert, die anderen Aufgaben den Regionen überantwortet werden. Diese Vorstellung ist einseitig und wird offensichtlich nicht von allen Mitgliedern der Europäischen Union geteilt. Wenn diese Vorstellung überhaupt in einem Lande verbreitet ist, dann in dem nationvergessenen Deutschland, während sich vor allen Dingen die westlichen europäischen Staaten etwa durch die monetäre Einheit eher eine Stärkung ihrer nationalen und staatlichen Souveränität versprechen. Diese und andere Staaten sind nicht bereit, zugunsten Europas und der Regionen auf die Nationalstaatlichkeit zu verzichten.

Der Moderne Konservativismus verliert sich nicht in vage und abstrakte polittheoretische Konstruktionen, sondern er geht von der Erfahrung und Beobachtung aus, daß das innerste Bauprinzip der politischen Welt - nicht nur in Europa, sondern weltweit - unverändert der Nationalstaat ist. Der nationale Gedanke ist darum auch weiterhin unverzichtbar. Paradoxerweise erfährt der nationale Gedanke gerade im Blick auf die Globalisierung eine neue Aktualität und Dringlichkeit.

Das Problem besteht nun darin, wie man bei unveränderter Beibehaltung, ja Festigung der nationalen Zugehörigkeiten und Identitäten zugleich die Bildung einer gesamteuropäischen Identität für alle Bürger der Europäischen Gemeinschaft entwickeln kann. Es muß in Zukunft einen Ausgleich, eine Form der Koexistenz von nationaler und europäischer Identität geben. Dieses europäische Bewußtsein, dieses Wissen um die gemeinsame Zugehörigkeit zu Europa ist eine unabdingbare Voraussetzung, wenn auch die Nationalstaaten noch eine Chance auf Selbsterhaltung in einer sich verändernden Welt haben wollen. Die Bildung eines solchen europäisches Bewußtseins der Nationen kann aber nicht aus der Ökonomie, sondern nur aus der gemeinsamen Kultur erwachsen. Selbst eine Wirtschafts- und Währungseinheit kann auf die Dauer nur funktionieren, wenn die Bürger der einzelnen Länder sich in ihrem Handeln und in ihrem Denken von einem europäischen Zugehörigkeitsgefühl und europäischen Gesamtbewußtsein getragen wissen. Dieses europäische Gesamtbewußtsein kann freilich, wenn es nicht durch Ideologien künstlich ausgefüllt werden soll, nur kulturell entstehen und wachsen. Darum wird die Neuentdeckung, die Wiederbelebung und die Aneignung des großen europäischen Erbes - auf längere Sicht gesehen - die entscheidende Bedingung sein, die Europa ein gemeinsames Handeln ermöglichen wird.

Es muß ein dringliches Anliegen des Modernen Konservativismus sein, neben der Kultivierung des nationalen Bewußtseins auch an der Bildung eines solchen europäischen Bewußtseins mitzuwirken. Kaum ein anderes Land bringt dafür so gute, in der Geschichte begründete Voraussetzungen mit wie Deutschland, das in seiner 1000-jährigen Geschichte mindestens so europäisch wie national ausgerichtet war. Besinnung auf das europäische Erbe bedeutet natürlich den Rückgang auf die Wurzeln, aus denen dieses Erbe entstanden ist. Und diese Wurzeln sind keine anderen als das Christentum und die Antike. So unterschiedlich die Auslegungstraditionen des antiken Beitrages zur europäischen Kultur sein mögen, so unumstritten ist, daß das einzige Europa gemeinsam vereinigende Band das Christentum ist. Europa wird daher christlich sein, oder es wird gar nichts sein. Jede konservative Partei wird es daher als eine Aufgabe von höchstem Rang ansehen, dies nicht nur auf Sonntagsreden zu verkünden, sondern sich intensiv um dieses europäische Erbe und seine Aneignung zu bemühen.

Kein geringerer als Jean Monnet, einer der geistigen und politischen Väter Europas, soll am Ende seines Lebens gesagt haben: „Wenn ich noch einmal mit der Einigung Europas beginnen könnte, würde ich mit der Kultur und nicht mit der Wirtschaft beginnen.„ Diese Einsicht wächst uns nicht nur aus der bisherigen Erfahrung in der Europapolitik zu, sondern sie entspricht auch der - leider weitgehend vergessenen - Tatsache, daß die Wirtschaft auch nur ein Teil der Kultur ist. Die Wirtschaft ist selber eine kulturelle Veranstaltung. Wenn die kulturellen, ja religiösen Wurzeln der Marktwirtschaft verlorengehen, helfen auch keine Reformbeschwörungen mehr. Auch die Forderung nach einem sozialen Ausgleich der ökonomischen Ungleichheiten, die zwangsläufig in einer Marktwirtschaft entstehen, ist begründet in einer kulturellen Tradition, die im 19. und im 20. Jahrhundert eine ideologische und parteipolitische Prägung angenommen hat, die aber dem Kern nach aus dem Christentum entstammt.

Die Erfahrungen der letzten Jahre, die die schwerwiegenden Hypotheken des sozialliberalen Modells haben sichtbar werden lassen, führen heute zu der Einsicht, daß die nötigen „strukturellen" Reformen ohne eine „geistige Wende" nicht möglich sein werden. Wenn die liberalen und sozialdemokratischen „Werte" nicht mehr tragen, weil entweder der Gemeinsinn, sei es durch den hypertrophen Wohlfahrtsstaat, sei es durch einen sozialdarwinistischen Kapitalismus untergraben wird, dann ist die Frage unumgänglich: Was tritt an die Stelle des Sozialdemokratismus und des kapitalistischen Liberalismus? Diese Frage wird letztlich nicht ideologisch, sondern durch die Geschichte beantwortet werden. Hier sind wir neuerdings Zeugen einer gewissen Hinwendung zu konservativen Empfindungen. Im Kontext der Neuordnung des Ideen- und Wertehaushaltes gewinnt ein Begriff wieder an Bedeutung, der zum ältesten Bestand der konservativen Terminologie gehört: der Begriff der Heimat. Nachdem vorgestern noch von der Weltgesellschaft und gestern noch von der multikulturellen Gesellschaft gesprochen wurde und viele das Verschwinden der historischen Traditionen für eine ausgemachte Sache hielten, fragen die Menschen heute wieder nach der Heimat.

Was bedeutet dieses, teils sentimental geäußerte Bedürfnis nach Heimat angesichts der sich vollziehenden Prozesse der Globalisierung? Viele Intellektuelle sind geneigt, „Globalisierung" und „Heimat" als einen unausgleichbaren Widerspruch anzusehen. Auf der einen Seite sehen sie die vertraute, aber unhaltbar gewordene Idylle der Heimat und auf der anderen Seite die unaufhaltbare, zukunftsverheißende, weltweite ökonomisch-politische Vernetzung. In Wirklichkeit sind Globalisierung auf der einen Seite und Regionalismus und Patriotismus keine Gegensätze, sondern zwei Seiten einer Medaille. Denn das Bedürfnis nach Heimat ist nichts anderes als die Reaktion auf das Leiden unter dem drohenden Verlust einer vertrauten, noch von Menschen und nicht nur von Konsumenten und Produzenten bewohnten Welt. Die restlose Preisgabe des Heimatgedankens würde aus uns allen weltlose Nomaden machen, die letztlich hilflos den Manipulationen der Medien preisgegeben wären. Der Heimatgedanke wird hiermit zu einer fortschrittlichen Kraft, die uns instandsetzt, den Prozessen des Verschwindens der Lebensformen Widerstand entgegenzusetzen. Die Wiederbelebung des Gedankens der Heimat weist auf eine der wenigen zur Verfügung stehenden humanen Quellen hin, aus der die Kräfte des Widerstands gegen die drohende Inhumanität entstammen können. Heimat ist nicht mehr ein, von konservativen Nostalgikern verteidigter, überholter Begriff, sondern er ist angesichts der allgemeinen Kälte und Unbehaustheit der Menschen in der Spätmoderne ein zutiefst humaner Begriff. Politische Parteien, die diesem Empfinden nach Heimat nicht Rechnung tragen, sind dagegen dem veralteten Fortschrittsbegriff des 19. Jahrhunderts verhaftet geblieben.

Viele sprechen, wenn sie Heimat meinen, häufig auch von Regionen. Sie vertreten die These, daß angesichts der herzustellenden Einheit Europas die Nationen verschwinden können und als ihr komplementäres Gegengewicht nur noch die Regionen übrigbleiben werden. Diese Interpretation geht aber an der Wirklichkeit vorbei, denn natürlich hängen Heimat und Nation so eng miteinander zusammen, daß man sie nicht auseinanderreißen kann. Ein Europa ohne Nationen wäre ebenso wie ein Europa der Regionen bloß eine große Markt-, Konsum- und Produktionsgesellschaft. Ein solches Europa hätte mit der kulturellen und geistigen Gestalt Europas, die diesen Kontinent erst verteidigungswürdig gemacht hat, nichts mehr zu tun.

Wenn wir also die Rechte der Heimat und der gewachsenen Eigenständigkeit der Regionen in einem sich politisch vereinheitlichenden

Europa bewahren wollen, dann ist der Nationalstaat das wichtigste politische Subjekt, das auch die Rechte von Heimat und Region bewahren kann. Wenn dagegen eine im Vergleich zu Gesamteuropa winzige Region, wie etwa Baden-Württemberg oder Sachsen, einer übermächtigen europäischen Zentralbürokratie in Brüssel gegenüberstünde, wäre sie ihr hilflos ausgeliefert. Es ist daher ein falscher Schluß, zu glauben, daß die Rolle und die Funktion des Nationalstaates durch einen Rückzug auf die Heimat und die Region ersetzt werden könnten. Im diesem Fall würde die Heimat nur als eine Nische und falsche Idylle verstanden, in die man sich ohnmächtig zurückzieht. Heimat wäre dann nicht die Substanz, aus der die Menschen leben und aus der die Kräfte des Widerstandes wachsen könnten, um sich gegen die „Furie des Verschwindens" (Hegel) zu schützen, die von den Bürokraten und Technokraten ausgelöst wird.

Natürlich hängt die Betonung des Sinns und der Notwendigkeit von Heimat und Nation in einem sich vereinheitlichenden Europa aufs engste mit der Diskussion zusammen, die um das Modell einer sogenannten multikulturellen Gesellschaft geführt wird. Die multikulturelle Gesellschaft wäre ein sinnvolles Projekt, wenn es eine menschheitsumspannende, kulturell homogene Republik und einen Weltstaat gäbe, der die Rolle übernimmt, die der Rechtsstaat seit der Französischen Revolution in den Nationen Europas gespielt hat. Vor den Gesetzen dieses Weltstaates wären dann alle Menschen gleich und mit den gleichen Rechten ausgestattet. Der Weltstaat müßte die Kraft und Fähigkeit haben, jedes individuelle Glied dieser Menschheitsgesellschaft in seinen Rechten zu schützen und seine Rechte dort, wo sie versehrt werden, durchzusetzen. Solange wir diese liberale Menschheitsrepublik nicht haben, und solange der Gedanke an einen, mit dem legalen Gewaltmonopol ausgestatteten Weltstaat ins Reich der Träume und Utopien gehört, so lange gibt es nur national organisierte Gesellschaften, die auf eine nationale Integration angewiesen bleiben. Diese Nationalstaaten müssen sich von anderen Kulturen und Nationen auch abgrenzen können, damit ihre Völker, was dem demokratischen Gedanken entspricht, Herr im eigenen Hause bleiben können.

Die Bejahung der multikulturellen Gesellschaft mag ein Produkt des materiellen Reichtums und des damit verbundenen Rückgangs sozialer Spannungen in den westlichen Gesellschaft gewesen sein. Aber die Szene ändert sich dramatisch, wenn die autochthonen Bevölkerungen - und unsere Verfassungen sind alles Verfassungen, die für, von und durch ein

Volk gegeben sind - sich wieder auf ihre originären Rechte besinnen würden. Dann würde sich die multikulturelle Gesellschaft mit enormen sozialen Konflikten und Spannungen aufladen. Diese Entwicklung ist durchaus vorstellbar, denn die geschichtliche Erfahrung mit multikulturellen Gesellschaften lehrt, daß sich im Kampf der einzelnen Kulturen auf einem Territorium schließlich und endlich eine Kultur im Verhältnis zu den anderen Kulturen durchsetzen wird. Über kurz oder lang kommt es in allen multikulturellen Gesellschaften zu Kulturkämpfen und zur Vorherrschaft oder hegemonialen Position einer bestimmten Kultur. Man blicke dazu einmal nach Serbien und Albanien. Vorerst werden die Deutschen die Anwesenheit von Menschen anderer Kulturen begrüßen. Sie beweisen jeden Tag aufs Neue, daß sie bereit sind, mit Ausländern friedlich und menschlich zusammenzuleben.

Der Moderne Konservativismus bekennt sich zu dieser Art des Zusammenlebens mit Minderheiten. Für den Fall aber, daß es nicht mehr um die Toleranz einer Mehrheitsgesellschaft gegenüber Minderheiten geht, sondern die Deutschen im Rahmen einer multikulturellen Gesellschaft nur noch eine Gruppe unter vielen sein sollen und ihnen die originären und privilegierten Rechte auf ihrem eigenen Territorium abgesprochen werden, kann es dazu kommen, daß die Deutschen in eine Abwehrreaktion gedrängt werden und in Konfrontation mit anderen Kulturen ihrer eigenen Kultur von neuem bewußt werden. Wer dieser absehbaren Entwicklung Einhalt gebieten will, der muß der Idee der multikulturellen Gesellschaft eine klare Absage erteilen.

9. Der Begriff eines Modernen Konservativismus

Man hat lange darüber diskutiert, was denn der Begriff „konservativ"
eigentlich meint. Leider ist der Begriff des „Konservativismus" als
Kampf- und Streitbegriff in den ideologischen Auseinandersetzungen
sehr in Mitleidenschaft gezogen worden. Wenn nun eine neue konservative Kraft wieder den Mut findet, zu ihrem verlassenen Ursprung zurückzufinden und daraus die Quelle einer neuen Kraft zu machen, dann
gehört dazu auch Mut. Konservativ ist nun aber nicht mehr im Sinne der
ideologischen Engführung zu verstehen, sondern in dem einzig zeitge-
mäßen Begriff des Konservativen, den es heute geben kann, nämlich im
Sinne des realitätsorientierten und zugleich geschichtsbewußten politischen Denkens. Der Moderne Konservativismus ist von der - geschichtlich verifizierbaren - Überzeugung getragen, daß, wie es intelligente
Neokonservative nach dem Zweiten Weltkrieg richtig formuliert haben,
es keine Zukunft ohne Herkunft geben kann. Dieser Konservativismus
versteht sich aber nicht einfach als Bewahrer von zum Untergang verurteilten, geistigen und kulturellen Inhalten und Lebensformen, sondern
er will zeigen, daß sich im Angesicht der Spätmoderne, die in Nihilismus, leerlaufender Freiheit, moralischer Indifferenz und strukturellem
Zynismus endete, der Konservativismus als eine fortschrittliche Position zu erweisen vermag. Wir sind uns dabei durchaus darüber im klaren,
daß der Begriff des Konservativen eine schwere Hypothek zu tragen
hat.

Konservativ werden bis heute alle diejenigen parteipolitischen und
ideologischen Strömungen genannt, die dem bisher vorgezeichneten Weg
des progressiven Fortschritts entweder verzögernd oder mit Widerstand
entgegentraten. Und diese Idee des Fortschritts verband sich bis gestern
- politisch und ideologisch gesehen - mit den Ideen des Liberalismus
und des Sozialismus. Die Progressiven vertrauten darauf, daß durch eine
entsprechende Anwendung der Ergebnisse von Wissenschaft und Technik und durch den Einsatz einer mehr oder weniger regulierten Wirtschaft soviel Wachstum erzielt werden kann, daß in der modernen Gesellschaft die Erwirtschaftung bzw. Umverteilung des gemeinsam erwirtschafteten Wohlstands und Reichtums den Kern der Politik ausmacht.

Als großes Ziel leuchtete diesem Weg ein Zustand voran, indem der umverteilende Staat ein solch dichtes Netz von sozialer Sicherheit geknüpft haben wird, daß jeder vor allen denkbaren Risiken, die mit dem menschlichen Leben verbunden sind, abgesichert ist. Jeder sollte sich dann uneingeschränkt von materiellem Mangel und befreit von direkter politischer Herrschaft seiner eigenen Selbsterfüllung und Selbstverwirklichung widmen können.

Daher ist das große Stichwort, das den Sozialismus und den Liberalismus übergreift, der Begriff der Emanzipation gewesen. Alle Positionen, die diesem progressiven Willen nach sozialer Sicherheit im Verbund mit individueller Emanzipation entgegenstanden, gerieten zwangsläufig in Verdacht, konservativ zu sein. Aufgrund des Anteils, den der Konservativismus als „Konservative Revolution" auch am Zustandekommen der großen Katastrophen unseres Jahrhunderts hatte, war Konservativismus bis gestern ohnehin eine Position, die aus guten Gründen durch die Geschichte als widerlegt und erledigt erachtet werden konnte.

Diese Delegitimierung des geistigen und des politischen Konservativismus hat beispielsweise auf die CDU einen solch tiefen Eindruck gemacht, daß sie den Begriff des Konservativen gemieden hat wie der Teufel das Weihwasser. Aufgrund dieser Abgrenzung vom Konservativismus war die CDU fähig, über eine so lange Zeit und zum Wohle des Landes mit einer sozialdemokratischen bzw. liberalen Partei zusammenzuarbeiten. Die CDU mußte dafür allerdings auch einen Preis zahlen. Aufgrund der durch die Koalition mit den Liberalen bzw. Sozialdemokraten bedingten Einschränkungen des politischen Entfaltungsspielraumes haben die linksliberalen Kräfte immer mehr die gesellschaftspolitischen Themen ideologisch besetzen können, während die CDU wegen ihrer Aversion gegen eine geistige und ideologische Positionierung immer mehr als reine Wirtschaftspartei wahrgenommen und verstanden wurde. Die CDU muß heute den Preis dafür bezahlen, daß sie sich von den eigenen konservativen und christlichen Wurzeln abgekehrt und sich im selben Zuge den primär sozialliberalen Intentionen angepaßt hat.

Es geht nun nicht darum, sich mit den Fehlern und Irrtümern der Vergangenheit auseinanderzusetzen oder gar Schuldzuschreibungen vorzunehmen. Es kommt vielmehr darauf an, den Geist der neuen Epoche zu erkennen und zu versuchen, so entschlossen und vorbehaltlos wie möglich, diesem Geist zu entsprechen. Wenn daher in diesem Traktat von konservativ gesprochen wird, dann hat das nichts mit dem Verständnis von konservativ zu tun, das die progressive Sichtweise bisher vorausgesetzt hat, und im Verhältnis zu der sich der Konservativismus dann nur noch defensiv und abgrenzend definieren konnte.

Mit dem Ende dieses progressiven Weges, der heute unter den Stichworten der Krise der Moderne und der „Dialektik der Aufklärung" weltweit diskutiert wird, hat auch das überkommene Verständnis des Konservativen seinen Sinn und seinen Gehalt verloren. Konservativismus ist nicht eine ideologische oder gar parteipolitische Position, sondern der Moderne Konservativismus, von dem hier die Rede ist, wird von der Geschichte selbst auf die Tagesordnung gesetzt.

Warum wird denn die multikulturelle Gesellschaft heute nicht mehr als Vision, sondern eher als Gefahr angesehen? Weil der Antagonismus der aufeinanderprallenden Kulturen nicht nur die christliche, sondern potentiell auch die aus dem Christentum hervorgegangene liberale und soziale Kultur zu gefährden droht. Wohlstand, Rechts- und Sozialstaat sowie die Idee der Emanzipation und Gleichberechtigung sind nicht vom Himmel gefallen, sondern sie sind in einer Tradition, die von der Antike über das Christentum bis zur Aufklärung reicht, entwickelt worden. Die multikulturelle Gesellschaft bedeutet eben, daß die Errungenschaften dieser in ihrer Einheit zu betrachtenden europäischen Tradition um eines falschen, weil formalen Freiheitsverständnisses willen, das Toleranz mit Indifferenz verwechselt, zur Disposition gestellt werden. Und warum wird denn heute wieder die Notwendigkeit einer Bürgergesellschaft erörtert? Weil man nun die Probleme vor Augen geführt bekommt, die mit der Freisetzung des einzelnen aus allen sozialen Bindungen und sozialen Institutionen verbunden sind. Wenn die Individualisierung so weit fortgeschritten ist, wie das heute der Fall ist, dann ist die Demokratie und das Zusammenleben in einer Gesellschaft von innen bedroht. Die drohende Selbstgefährdung der Demokratie ist eine Folge des extremen Individualismus und der sich ausbreitenden anarchischen Tendenzen, welche die demokratische Gesellschaft an den Rand der Unregierbarkeit geführt haben. Und das in einer Zeit, in der der Handlungs- und Entscheidungsbedarf der Politik immer größer wird. Das also sind die Ansatzpunkte eines Modernen Konservativismus.

Der Moderne Konservativismus nimmt keine überholte ideologische Position ein, sondern er antwortet im Rahmen einer Reflexion der Dialektik der Aufklärung auf die neue geschichtliche Lage, wie sie am Ende der Moderne eingetreten ist. Es geht dabei nicht um Ideologie, sondern um eine Hermeneutik der spätmodernen Realität. Es geht auch nicht um einen intellektuellen Ruf nach Werten, sondern um Antworten, die aus dem Bewußtsein der Realität und der Geschichte heraus entwickelt werden. In der libertären Postmoderne sind die Fundamente des Zusammenlebens einer Gemeinschaft jedenfalls in Frage gestellt. Die Erfahrung lehrt uns, daß die materielle Umverteilung, wie sie die Sozialdemokratie auf ihre Fahnen geschrieben hat, den Zusammenhalt der Gesellschaft allein noch nicht gewährleisten kann. Die großen Ideologien der Aufklärung, Liberalismus und Sozialismus, haben sich aber in ihren politischen Gestaltungskräften erschöpft. Ein allgemeines Mißtrauen, ja eine Abwendung der Menschen von jeder ideologisch gefärbten Politik ist zum Merkmal der Gegenwart geworden. Daher stehen einer Gesellschaft gar keine anderen Kräfte als die konservativ genannten zur Verfügung, um zu dem Maß an Halt und Gemeinsamkeit zu finden, ohne die auch eine liberale und soziale Gesellschaft keine Zukunft mehr haben kann. In diesem und nur in diesem Sinne kann man in Zukunft das Wort „konservativ" mit größerer Unbefangenheit in den Mund nehmen.

Liberaler Konservativismus

Wir müssen aus der Entgegensetzung des konservativen Gedankens zum progressiven den Schluß ziehen, daß die bisherigen Formen des Liberalismus ebenso wie der Sozialismus mit dieser neuen Epoche an einem gewissen Endpunkt angekommen sind. Der Moderne Konservativismus bekennt sich gleichwohl zu der Unverzichtbarkeit zentraler Elemente des klassischen Liberalismus, weil eine moderne Gesellschaft ohne Liberalität überhaupt nicht funktionsfähig ist. Nur eine liberale Gesellschaft ist lernfähig, nur eine liberale Gesellschaft ist innovationsfähig, nur eine liberale Gesellschaft hat die Fähigkeit, auf Fehlentwicklungen zu reagieren und nur sie kann mit guten Gründen an das Engagement und die Kreativität ihrer Bürger appellieren. Von diesem Engagement und von dieser Kreativität des einzelnen wird in Zukunft die Gesellschaft mehr abhängen als von allen Kollektiven und von allen bürokratisch-etatistischen Institutionen. Der Staat wird nämlich von den Funktionen, die ihm im Zeitalter der Wohlfahrtsstaates aufgebürdet wurden, immer weniger erfüllen können. Er wird zwangsläufig vieles von dem, was er den einzelnen und den kleineren Gemeinschaften an Kompetenzen genommen hat, wieder zurückdelegieren müssen. Darum bekennt sich der Moderne Konservativismus auch zu dem Kernprinzip der christlichen Soziallehre, nämlich zum Prinzip der Subsidiarität, welches seinerseits einen liberalen Charakter der Gesellschaft zur Voraussetzung hat.

Man sollte aber - bei allem Bekenntnis zum Liberalismus - nicht vergessen, daß die Katastrophen unseres Jahrhunderts nicht zuletzt aus dem Zusammenbruch einer sich zu einseitig liberal verstehenden Gesellschaft hervorgegangen sind. Daher muß der Liberalismus, wie dies auch für andere Begriffe gilt, neu definiert werden. Das bedeutet in erster Linie, daß der Liberalismus, der die moderne Gesellschaft nicht nur vorangebracht, sondern immer wieder auch in tiefe Krisen gestürzt hat, sein Verhältnis zum Christentum überprüfen muß. Damit verbunden muß der Liberalismus erkennen, daß er auf den Konservativismus als seine eigene Voraussetzung und als eine Art Gegenhalt angewiesen ist. Eine sich nur liberal verstehende Gesellschaft geht an der von ihr selbst erzeugten Leere und Indifferenz zugrunde. Eine Gesellschaft, die nur liberal ist und die nur offen ist, beraubt sich jedes Inhaltes und jedes Sinnes und sie treibt die fragende Jugend in Verzweiflung, Langeweile und Verbrechen. Dem folgt dann die erwachsene Gesellschaft früher oder später nach.

Das schwerste Versagen des Liberalismus des 20. Jahrhunderts und der diesen Liberalismus voraussetzenden Aufklärung besteht in dem Vergessen, daß auch das aufgeklärte liberale Zeitalter eine Phase in der Geschichte des europäisch-abendländischen Christentums ist. Der liberale, heute zum Teil ins Libertäre pervertierte Freiheitsbegriff hat seinerseits das Freiheitsverständis des Christentums zur Voraussetzung. Wer aber die christliche Substanz der Freiheit nicht will, der wird morgen die Freiheit überhaupt verlieren.

Aus diesem Grunde ist die von interessierter Seite gestellte Forderung nach einer Abschaffung des Religionsunterrichtes nichts anderes als ein Angriff auf die Freiheit und den Liberalismus selber. Keine Gesellschaft kann nur liberal sein, keine Gesellschaft kann ohne inneren Zusammenhalt, also auch ohne die Existenz freiwillig anerkannter Autoritäten auf die Dauer bestehen. Das bedeutet freilich, daß auch eine freie Gesellschaft ohne geistig politische Führung nicht überleben kann. Es liegt darum im wohlverstandenen eigenen Interesse des Liberalismus, einen starken, um die Freiheit besorgten Konservativismus komplementär zu seiner Seite zu haben. Es geht nämlich letztlich nicht um Liberalismus oder um Konservativismus, sondern um die Freiheit. Die westliche Kultur braucht heute daher keine neue Liberalismus- oder Konservativismus-Diskussion, sondern eine neue Diskussion um den Begriff der Freiheit. Freiheit impliziert eben nicht nur die Emanzipation von allen Vorgegebenheiten und von allen Bindungen, Freiheit ist auch nicht nur Selbstbestimmung. Sondern Freiheit meint, wie es die großen Philosophen Europas in der Neuzeit übermittelt haben, immer auch die Selbstbindung an ein geistiges Gesetz und höheres Ziel. [6]

In der Verneinung der Bindung oder des Gehorsams gegenüber einem Gesetz schlägt jede Freiheit in Anomie und Anarchie, in die Gesetz- und damit Rechtlosigkeit, um. Die Freiheit produziert dann, wie wir seit Platon wissen können, zuerst die Anarchie, die uns dann alle nach dem starken Mann rufen läßt. Das Schwerste an der Freiheit ist, zu verstehen, was Freiheit eigentlich ist. Es würde einen großen Fortschritt für unsere politische Kultur bedeuten, wenn sich an diesem neuen Dialog um den wahren Begriff von Freiheit alle Parteien beteiligen würden. Immerhin nehmen auch Liberale und Sozialisten die Freiheit für sich in Anspruch. Darüber möchten wir gerne die Diskussion eröffnen und vorantreiben.

Christlicher Konservativismus

Nach der alten Terminologie könnte man also sagen, daß unser Anliegen ein konservativ-liberales ist. Die Hinwendung zu den christlichen Wurzeln ist hierbei ein ganz wesentliches Moment. Es entspricht ja auch dem Ursprung und dem Ziel der christsozialen wie der christdemokratischen Partei, daß sie sich immer wieder dem Christentum in einer besonderen Weise verantwortlich und verbunden gefühlt haben. Der Moderne Konservativismus wendet sich in erster Linie an diejenigen, die sich ihrer christlichen Herkunft bewußt sind oder die sich zumindestens darüber im klaren sind, was auch die aufgeklärt-atheistische Moderne dem Christentum zu verdanken hat. Allerdings muß an dieser Stelle betont werden, daß das Christentum heute nicht mehr gleichbedeutend ist mit den christlichen Kirchen. Institutionalisiertes Christentum und Christentum sind längst nicht mehr identisch. Es gibt in Deutschland vielmehr Christen als Kirchgänger und Kirchengläubige.

Der entscheidende Grund, warum der Moderne Konservativismus sich darum bemüht, das Verhältnis zu den christlichen Wurzeln zu erneuern und zu bekräftigen, entspringt der Überzeugung, daß es in der Spätmoderne keine andere Möglichkeit gibt, dem umsichgreifenden Zynismus, Nihilismus und dem lähmenden Gefühl der Leere und Sinnlosigkeit entgegenzuwirken. Der Kampf gegen das sich ausbreitende Gefühl der Sinnlosigkeit hat längst aufgehört, eine besondere Herausforderung nur für die Kirchen zu sein. Dieser Nihilismus ist mittlerweile das entscheidende Problem, von dessen Lösung die Menschlichkeit unserer Gesellschaft überhaupt abhängt. Auch die sich feindlich gegen das Christentum wendende Moderne hat immer von dem Christentum gelebt und gezehrt, das sie verneinte und bekämpfte. Der Staatsrechtslehrer Ernst Wolfgang Böckenförde hat das auf den schönen Satz gebracht, daß der moderne Freiheits-, Verfassungs- und Rechtsstaat von Voraussetzungen lebt, die er selber nicht garantieren kann.

Keine politische Partei, auch kein Moderner Konservativismus, kann die Lebendigkeit des Christentums garantieren oder Deutschland gar missionieren. Das kann auch nicht die Aufgabe einer politischen Philosophie sein. Eine politische Position muß sich vielmehr der engen Grenzen ihrer Wirk- und Handlungsmöglichkeiten bewußt sein. Die Volksparteien haben ihren Kredit bei den Menschen doch deshalb verspielt, weil sie Versprechen abgaben, denen sie nicht nachkommen konnten. Im Modernen Konservativismus geht es darum nicht zuletzt um das Auffinden der grundsätzlichen Grenzen, die allem Politischen, ja allem von Menschen Machbaren gezogen sind. Wahrscheinlich war der Raum des politisch Machbaren und Durchsetzbaren ohnehin noch nie so eng, wie er aufgrund der bereits genannten globalen und soziokulturellen Entwicklungen heute ist. Was kann eine politische Philosophie und Partei in dieser Situation tun? Sie kann die Instanz benennen, der sie sich letztlich verpflichtet und verantwortlich fühlt. Sie kann das Bewußtsein wecken oder schärfen für die substantiellen geschichtlichen Kräfte, aus denen sie lebt. Sie kann im Sinne einer breit angelegten politischen und geistigen Bildungsarbeit den Menschen aufzeigen, nach welchen Kriterien letztlich Erfolg und Mißerfolg, Fortschritt und Rückschritt, Aufstieg und Untergang beurteilt und gemessen werden können.

Die geschichtliche Erfahrung zeigt, daß die Gesellschaften immer dann vom Untergang bedroht waren, wenn ihnen die Begriffe und die Kategorien abhanden gekommen sind, um die krisenhaften Prozesse überhaupt erfassen und angemessen beschreiben zu können, in welche die Gesellschaft geraten ist.

In der liberalen Gesellschaft wird - mangels politischer Philosophie - diese Leerstelle im Begreifen der Krisenlage durch den Verweis auf die verlorengegangenen „Werte" kompensiert. Allenthalben werden

„Werte" eingefordert und eingeklagt. An solchen Appellen beteiligen sich nicht nur die Kirchen, sondern alle diejenigen, die für den Zustand der öffentlichen Angelegenheiten verantwortlich sind oder sich dafür verantwortlich fühlen.

Viel wichtiger als all die Appelle wäre es, die Frage zu stellen, aus welchen inneren Kräften heraus das Ethos und die Werte erwachsen, die eine Gesellschaft oder eine Nation beseelen sollen. Das Christentum - das ist kein Glaubensbekenntnis, sondern eine historische Feststellung - ist bisher die Quelle gewesen, aus der alles Ethos der abendländisch-europäischen Welt genährt wurde. Und niemand war bisher in der Lage, hierfür einen Ersatz zu benennen. Die Alternativen zum Christentum kennen wir. Daraus sind die totalitären Experimente hervorgegangen, die wir im 20. Jahrhundert erlebt haben: Der Nationalsozialismus mit dem Holocaust und der Kommunismus mit - wie wir heute wissen - 100 Millionen Toten.

Die CDU/CSU – die Partei der Mitte?

Die CDU war nach dem Zweiten Weltkrieg und im Gefolge der Erfahrungen mit dem Totalitarismus um eine Erneuerung der Politik aus christlichem Geiste bemüht. Sie war entschlossen, jedem Rückfall der liberalen Gesellschaft in die Barbarei oder in die totalitäre Sklaverei entgegenzuwirken und zu ihn verhindern.

Die CDU hat darum bei allen schmerzvollen Einbußen und Verlusten, die sie in der Koalition mit der FDP in den letzten 16 Jahren hat hinnehmen müssen, gegenüber den anderen bloß liberalen oder sozialdemokratischen Parteien einen großen Vorzug. Die CDU hat eine große Chance, wenn sie sich aus der Umklammerung durch den Geist der Sozialdemokratie und des einseitigen Liberalismus befreit. Der Weg der CDU darf nicht länger der sein, daß sie letztlich als Mehrheitsbeschaffer für eine sozialdemokratische oder liberale Politik fungiert. Die CDU muß vielmehr in einem neuen, noch zu definierenden Sinn einen mittleren Weg verkörpern. Sie muß die Partei der radikalen Mitte sein, nicht weil das bürgerliche Bewußtsein eine besondere Vorliebe für die Mitte hat, sondern weil die geschichtliche Konstellation geradezu die Erkenntnis aufzwingt, daß diese Fähigkeit zur Mitte - und das heißt konkret zur Vermittlung der Wahrheitsmomente der Extreme - allein geeignet ist, die Zukunftsfähigkeit unseres freiheits- und gerechtigkeitsorientierten Systems zu ermöglichen und zu garantieren.

Beide, sowohl der Liberalismus als auch der Sozialismus, sind gegenüber der nun geforderten neuen Synthese einseitige und damit für ideologische Überhöhungen und Verwerfungen anfällige politische Kräfte. Der Liberalismus, weil er die Freiheit auf die Freiheit des einzelnen Individuums reduziert, gleichzeitig aber in der Anpassung an die sozialistischen Trends der modernen Gesellschaft seinen Freiheitsbegriff so entleert hat, daß die dem einzelnen gewährte Freiheit Gefahr läuft, von der eigenen Leere überwältigt zu werden. Freiheit, als absolute Freiheit des atomaren einzelnen gedacht, droht in der Gegenwart, den inneren Zerfall der Gesellschaft zu beschleunigen und eine Integration unserer Gesellschaft überhaupt unmöglich zu machen. Dieses Freiheitsverständnis, das die gegenwärtigen Parteien des politischen Liberalismus repräsentieren, hat dabei nur noch wenig mit den großen Traditionen des klassischen Liberalismus zu tun.

Auf der anderen Seite neigt der Sozialismus und die Sozialdemokratie immer dazu, die Gesellschaft dem einzelnen und seinen individuellen Bedürfnissen, Interessen und Rechten vor- und überzuordnen. Das System marktwirtschaftlich organisierter moderner Industriegesellschaften wird dadurch gelähmt und einer unheilvollen Bürokratisierung ausgeliefert. Der Solidaritätsbegriff ist überdies ökonomistisch verengt und auf bloße Umverteilung ausgelegt. Im übrigen hat er bloß appellativen Charakter.

Beide Ideologien zusammengenommen haben in eine Aporie, in eine Verlegenheit geführt, in welcher die Gesellschaft der Bundesrepublik Deutschland seit Jahren verharrt. Die allgemeinen Lähmungserscheinungen, verbunden mit einem wachsenden Desinteresse vieler Bürger an der Politik, hängen mit dieser bürokratischen Fesselung einerseits und dem Rückzug in den Privatismus andererseits auf das Engste zusammen.

Die CDU/CSU wäre - wenn sie denn die Kraft zur eigenen inneren Erneuerung und zu einer, den Herausforderungen angemessenen programmatischen Neuorientierung finden würde -, besser geeignet, mit den konkreten Aufgaben fertig zu werden als die beiden politischen Rivalen der Sozialdemokratie und des politischen Liberalismus. Warum? Weil die Enttäuschung über die nicht eingelösten emanzipatorischen und sozialistischen Hoffnungen der jüngeren Vergangenheit dazu geführt hat, daß das längst für überholt gehaltene Topoi des Konservativismus in der westlichen Hemisphäre eine Renaissance erlebt. Ein Blick auf die Länder des ehemaligen Ostblocks wie auch der westlichen Welt zeigt, daß sich trotz der Beibehaltung der überkommenen ideologischen Terminologie eine Bewegung in Richtung auf den Konservativismus zu vollziehen beginnt.

Vielleicht muß die CDU bald eingestehen, daß sie zu schnell den Zeitgeiststörmungen vertraut und allzuschnell die ursprünglich konservative Substanz der Partei preisgegeben hat, als dies förderlich und nützlich gewesen wäre. Wenn es jedoch eine Partei geben sollte, die ihrer eigenen Herkunft und Zielsetzung gemäß diesen neuen konservativen Geboten der Epoche entsprechen könnte, dann ist dies nicht die sozialdemokratische oder liberale Partei, sondern dann kann es nach wie vor nur die aus dem nationalen, liberalen und christlichen Erbe schöpfende CDU sein. Nun hat sich die CDU zwar nie eine konservative Partei genannt, dennoch gehört der konservative Gedanke ebenso wie der christliche Gedanke zu ihrer ureigensten Substanz.

Im Zeitalter des postmodernen Bewußtseins scheint der Gedanke einer religiös, d.h. christlichen Erneuerung zunächst ein fernliegender Gedanke zu sein. Viele mögen ihn angesichts der eingetretenen Entfremdung, ja Abwendung von der eigenen christlichen Herkunft sogar für uneinlösbar halten. Aber auch hier sollten wir uns einen nüchternen Blick für die Realitäten erhalten, die das nahende, neue Jahrtausend erkennen lassen. Weltweit vollzieht sich eine Wiederkehr der Religion auf der Tagesordnung der Geschichte. Das Wort des ehemaligen französischen Kulturministers und Schriftstellers André Malraux, daß im nächsten Jahrhundert nicht mehr die Fragen der politischen Ökonomie, sondern die Fragen der Religion und Theologie das Geschehen dieser Welt bestimmen werden, wird sich möglicherweise zuletzt in Deutschland, aber doch auch hier unter dem Eindruck einer religiösen Renaissance entwickeln, die sich heute weltweit vollzieht. Warum? Weil die Versuche, an die Stelle der Herkunftsreligionen die Ersatzreligionen des Sozialismus und des Liberalismus oder gar neuheidnische Religionen zu setzen, alle gescheitert sind. Die Verdünnung bis Auflösung der Ersatzreligionen moderner Utopien und Ideologien haben - und das dürfte die eigentliche entscheidende Herausforderung der Gegenwart sein - eine innere Leere hinterlassen. Auch die postmoderne Ausflucht in den Ästhetizismus gehört angesichts der Wiederkehr der bedrängenden sozialen wie kulturellen Realität bereits heute der Vergangenheit an. Die libertäre Postmoderne hat aus sich heraus keine Möglichkeit, den Prozessen der Auflösung der kollektiven Moral, des Dahinschwindens der geschichtlichen Gemeinsamkeiten und damit dem kulturellen Verfall entgegenzuwirken. Sie kann nur tatenlos zusehen und auf die Einhaltung liberaler Prinzipien pochen. In dieser Lage kann es, wenn überhaupt, nur eine - Freiheit und soziale Gerechtigkeit bewahrende - Alternative geben: Man muß die intellektuelle, d.h. geistig-geistliche Kraft finden, sich auf den vergessenen christlichen Ursprung und die Quellen zu besinnen, aus denen heraus Europa und auch die meisten Nationalkulturen gelebt haben.

Es wird daher eine wichtige Aufgabe des Modernen Konservativismus sein, nicht nur die christlichen Kirchen dazu aufzurufen, die christliche Verkündigung in der Gesellschaft zu verbreiten, sondern selber Anstrengungen darauf zu verwenden, die Erinnerung an das christliche Erbe und den christlichen Charakter unserer Kultur wachzuhalten bzw. in unsere Gesellschaft wieder hineinzutragen.

Die CDU wird sich entscheiden müssen, ob sie die Charakterisierung als „christlich„ ablegen, oder überzeugend für das eintreten will, was sie für sich einst in Anspruch genommen hat. In den letzten 25 Jahren ist die CDU dieser selbstgestellten programmatischen Verpflichtung jedenfalls nicht immer gerecht geworden. Sie hat sich hier mehr von Zeitgeisteinflüssen abhängig gemacht, als es vertretbar gewesen wäre.

10. Zum Verhältnis von Staat und Kirche: Einheit und Trennung von Religion und Politik

Politik und Parteien haben heute genügend Funktionsmacht. Woran es fehlt, ist die geistige Legitimation der Politik. Der Moderne Konservativismus wird bei aller religiösen Legitimation seiner Politik streng darauf zu achten haben, daß die christliche Ausrichtung der Politik nicht mit einer Klerikalisierung der Politik verwechselt wird. Eines der wichtigsten Prinzipien der modernen Welt, nämlich die institutionelle Scheidung von Religion und Politik, muß unbedingt aufrechterhalten bleiben. Religion und Politik müssen einerseits institutionell unterschieden und gleichzeitig geistig und substantiell verbunden sein.[7] Die Politik muß unter allen Umständen vermeiden, als ein Hilfsorgan der Kirchen zu erscheinen. Die Kirchen haben ihre Aufgaben, und die politischen Parteien haben andere Aufgaben.

Wenn aber eine konservative Partei ihre geistige Legitimation nicht mehr ideologisch, sondern geschichtlich begründet, dann gehört zu den Aufgaben dieser Partei auch das Recht, sich jener Quellen anzunehmen, welchen sich diese Kultur und damit letztlich auch die Partei mit ihren Werten, wie z.B. Freiheit und Gerechtigkeit, verdankt. Wie anders soll denn die soziale Solidarität, die Sorge um den leidenden und in seinen Rechten geschmälerten Nächsten unter uns lebendig bleiben, wenn die christliche Nächstenliebe und die Barmherzigkeit in den Herzen unserer Mitbürger erstirbt? Bestimmt nicht durch wohlfeile Appelle zur Menschlichkeit, wie wir sie allenthalben zu hören bekommen.

Das wird ganz deutlich in der Abtreibungsdebatte: Die Freigabe der Abtreibung ist immer schon ein Zeichen des Untergangs der Völker und der Dekadenz gewesen. Die Abtreibung ist nach der jetzigen Rechtssprechung Unrecht. So steht es im Urteil des Bundesverfassungsgerichts. Gleichzeitig bleibt die Abtreibung aber straffrei, soweit eine ergebnisoffene Beratung erfolgt ist. Die Kirche stand nun vor der Frage, ob sie sich an staatlichen Handlungen beteiligen darf, die einer der führenden Staatsrechtler der Bundesrepublik Deutschland, Prof. Isensee, mit dem Satz zusammengefaßt hat, daß „der Staat tötet". Die Lösung, zu der sich die katholische Kirche im Streit um die Beratungspraxis der Kirche durchgerungen hat, zeigt, daß auch die deutsche Katholische Kirche keine Kraft zu einer klaren Linie mehr hat und sich statt dessen in Formelkompromissen ergeht. Wenn der Staat nicht mehr Anwalt der unveräußerlichen Menschenrechte ist und sich in zweideutige Formulierungen flüchtet, weil er seinen Strafanspruch gesellschaftlich nicht mehr durchsetzen kann und will, stellt sich die Frage nach dem grundsätzlichen Verhältnis von Christentum und Staat.

Die Religion ist der Wahrheit und nicht der Mehrheit verpflichtet. Der der Humanität verpflichtete Staat hat aber vor dem Willen der Mehrheit kapituliert. Er hat insoweit kapituliert, als das Recht auf Lebensschutz nicht mehr durchsetzbar ist. Die Kirche steht nun vor der Frage, ob sie in einer so grundlegenden Frage nach ihrem eigenen humanen Gesetz handelt oder sich den Gesichtspunkten politischer Opportunität anpaßt. Wenn der Geist des Staates und der der Kirche auseinandertreten, wird die Lage kritisch. Wenn die liberale Gesellschaft sich so weiter entwickeln sollte wie bisher, wenn sie also nicht nur gegen die christliche Moral, sondern auch gegen ihre eigenen Rechtsprinzipien verstößt, dann stellt sich für die Kirche die Frage, ob sie mit diesem Staat überhaupt noch zusammenarbeiten kann. Dann ist vielleicht die Kirche in den Katakomben besser aufgehoben als an der Seite des Staates.

Dieses Beispiel soll zeigen, daß das Christentum in einem modernen Staat nicht einfach politisch exekutiert werden kann und soll. Es soll aber auch zeigen, daß das Christentum eine bleibende Bedingung für eine jegliche humane Politik ist und bleibt. Die Kirche hat heute nicht mehr mit dem Staat, sondern mit der Gesellschaft als ihrem Gegenüber zu tun. Der neue Gott, das neue Absolute, vor dem die Menschen auf den Knien liegen, ist die sogenannte demokratische Öffentlichkeit. Die demokratische Öffentlichkeit ist die neue höchste Instanz, die an die Stelle Gottes getreten ist. Dies gilt, wenn wir an die Demokratisierung der Kirche denken, offenbar bald auch für die Kirche. Es ist nicht mehr der Heilige Vater oder Jesus Christus, sondern es ist die demokratische Öffentlichkeit, die das letzte Wort behält.

Der liberale Weg einer auch die Substanz betreffenden Trennung von Staat und Kirche, also die totale Privatisierung der Religion, wird ebenso abgelehnt wie die fundamentalistische Klerikalisierung der Politik oder die sozialistische politische Theologie, welche die Demokratie selber zu einer politischen Religion erhebt. Der Moderne Konservativismus versteht sich in der Tradition der Zwei-Reiche-Lehre. Seitdem Augustin in seinem großen, dem Gottesstaat gewidmeten Werk gelehrt hat, daß die civitas dei (die Kirche) und die civitas terrena (der Staat) aus unterschiedlichen Ursprüngen, auf unterschiedlichen Wegen und mit unterschiedlichen Schicksalen eine jeweils eigene, voneinander unterschiedene Bestimmung haben, gilt für die gesamte abendländisch europäische Geschichte die institutionelle Trennung von Staat und Kirche. Diese Trennung von Staat und Kirche ist nicht nur eine Besonderheit der europäischen Kultur, sondern sie ist auch das Geheimnis, das den ungeheuren, heute die ganze Welt umgreifenden und einbeziehenden Erfolg dieser Kultur, ihre unerschöpfliche Erneuerungskraft, Wandlungsfähigkeit und Dynamik ausmacht. In keiner anderen Kultur ist mit einer solchen Klarheit unterschieden worden zwischen dem Reich zur Linken, später das weltliche Reich genannt, und dem Reich zur Rechten, dem Reich Gottes.

Wenn wir die europäische Geschichte in den Blick nehmen, so sind die einzelnen Epochen gekennzeichnet durch unterschiedliche Formen der Trennung und der Annäherung von Religion und Politik. Bei genauerem Hinsehen zeigt sich, daß immer beide Elemente zusammengewirkt haben, nämlich die Unterscheidung und eine, wenn auch zu verschiedenen Zeiten unterschiedlich begründete essentielle Gemeinsamkeit von Religion und Politik. Der letztere Zug war am ausgeprägtesten im Mittelalter. Ernst Troeltsch spricht hier von einer christlichen Einheitskultur, in der das Imperium und das Sacerdotium als zwei Organe am gleichen Körper verstanden wurden: dem Corpus christianum. Beide hatten ihre klaren geordneten Zuständigkeiten und Kompetenzen. Der Staat war aber letztlich der Kirche und damit dem Heil untergeordnet.

Mit einer völlig neuen Situation haben wir es in der Neuzeit zu tun. Erst jetzt gibt es den religiös neutralen, zum Teil auch den wertneutralen Staat, der im Zusammenhang mit der Bewegung der Aufklärung die Religionsfreiheit gewährt und auch durchsetzt. Maßgebend für diese Entwicklung ist am Beginn der Neuzeit der konfessionelle Bürgerkrieg gewesen, in dem es um die Frage ging, wer berechtigt ist, die christliche Lehre verbindlich zu interpretieren und auszulegen. Wir wissen, daß dieser schreckliche Krieg mit der Entscheidung des Staates endete, sich von der Wahrheit unabhängig und der Wahrheitsfrage gegenüber neutral zu erklären.

Wir haben es also bei dem neuzeitlichen Staat mit einem Staat zu tun, der auf die Entscheidung der Wahrheitsfrage verzichtet und damit die religiöse Orientierung dem Gewissen des einzelnen anheimstellt. Dies ist eine Stärke des neuzeitlichen Staates, es ist aber auch seine Schwäche. Denn in dem Augenblick, in dem an diesen Staat die Wahrheitsfrage gestellt wird, oder im Namen einer für verbindlich erklärten Wahrheit seine Neutralität in Frage gestellt wird, ist er entweder diesem Angriff hilflos ausgeliefert, oder er muß entgegen seiner neuzeitlichen Bestimmung repressiv bis potentiell totalitär werden. Diese mit der Wahrheitsneutralität des neuzeitlich-liberalen Staates gegebene Möglichkeit hat sich über viele Zwischenstationen erst endgültig durchgesetzt in den ideologischen Bürgerkriegen des 20.Jahrhunderts. Die ideologischen Bürgerkriege des 20. Jahrhunderts sind Kriege gewesen, in denen es um die Frage der geistigen Legitimität der politischen und der staatlichen Autorität ging. Die ideologischen Bürgerkriege waren nur möglich geworden, weil der neuzeitliche Staat sich gegenüber der Wahrheit für neutral erklärte. Dies ist die fatale Konsequenz einer Säkularisierung gewesen, an die man ursprünglich nicht gedacht hatte, nämlich eine Konsequenz, die eintrat, als das Christentum aufhörte, wenn nicht auf der staatlichen, so doch auf der gesellschaftlichen Ebene eine konsensermöglichende Macht zu sein.

Die Kernfrage, die im 20. Jahrhundert aufgeworfen, aber nach dem Zwischenspiel der Ideologien noch immer unbeantwortet geblieben ist, ist die Frage der Legitimität der Politik und des Staates. Kann es eine staatliche Legitimität ohne eine religiöse, transzendente Instanz, geben? Solange die Kirche den Staat zum Gegenüber hatte, war eine rationale Verständigung über das Verhältnis von Religion und Politik noch möglich. In dem Augenblick aber, in dem die Religion privatisiert wird und an den Staat die aus seinem neuzeitlichen Verhältnis heraus illegitime Frage nach seiner Wahrheitsfähigkeit gestellt wird, gibt es diese klare, rationale Abgrenzung und Zuordnung von Staat und Kirche nicht mehr. Wir diskutieren heute diesen epochalen Vorgang, der aus der Entwicklung der Neuzeit hervorgegangen ist, unter dem Begriff der pluralistischen Gesellschaft. Aber was bedeutet die pluralistische, moderne Gesellschaft für die Existenz der Kirche und damit der christlichen Religion in unserer Welt? Die Folgen liegen auf der Hand: Mangels einer klaren Abgrenzung von Staat und Kirche, von Religion und Politik füllen wir das entstandene legitimatorische Vakuum durch den Ruf nach neuen „Werten" auf.

Der Pluralismus ist sicherlich eine sinnvolle, notwendige und begrüßenswerte Entwicklung auf dem Wege zu einer freien Gesellschaft.

Pluralismus bedeutet, liberal gesprochen, daß es in der Gesellschaft nicht nur *eine* Meinung, nicht nur *einen* Standpunkt, sondern mehrere Meinungen und mehrere Standpunkte geben muß. Es gibt auch mehrere Philosophien und eine Vielzahl von Ideologien. Es muß sie auch geben, denn sonst könnte die Demokratie nicht funktionieren. Dieser Prozeß ist freilich nur soweit akzeptabel, wie sich die Gesellschaft nicht durch einen hybrid gewordenen Pluralismus selber in ihrer Einheit zerstört und auflöst. Tödlichen Charakter nimmt der Pluralismus dann an, wenn er sich aus jeder Allgemeinwohlorientierung entbindet und die Frage der sogenannten Werte und Normen jedem einzelnen und seiner Willkür überantwortet. Dieses Problem wird dann diskutiert unter der Frage: „Wieviel Homogenität braucht und wieviel Unterschiedenheit erlaubt die liberale Gesellschaft?" Wir können uns in der modernen Gesellschaft nur in dem Maße konfliktträchtige Pluralität und Unterschiedenheit leisten, wie diese Auseinandersetzungen in einem einheitlichen, auch die Integration der Gesellschaft noch ermöglichenden Rahmen verbleiben. Das Allgemeinwohl muß also, wenn auch nicht mehr konstitutiv, so doch wenigstens regulativ für die Gesellschaft bleiben.

Für die Kirche haben alle diese genannten Veränderungen die einschneidende Folge, daß, wenn der Staat nicht mehr das politisch-legitimierte Gegenüber der Kirche ist, diese Rolle die Gesellschaft übernimmt. Und wenn die Kirche es mit der pluralistischen Gesellschaft zu tun hat, wird sie selber zu einer gesellschaftlichen Kraft neben vielen anderen Kräften degradiert. Potentiell ist dann die Religion und das Christentum für das Allgemeine von keiner größeren Bedeutung mehr als ein beliebiger Verein, der sich der Pflege und Kultur von Bienen oder Tauben widmet. Der Kirche ist es daher immer wieder schwergefallen, sich mit der Herausforderung durch die pluralistische Gesellschaft abzufinden. Aber sie muß doch anerkennen, daß alle Versuche einer Rechristianisierung des Staates oder der Gesellschaft im 20. Jahrhundert gescheitert sind. Auch die Nähe der Kirche zu den jeweilig Mächtigen hat ihnen nicht nur nichts genutzt, sondern hat ihnen auf längere Sicht gesehen, nur noch weiter geschadet.

Die neue Fragestellung, die sich aus der Erfahrung der letzten Jahrzehnte ergibt, ist die, ob eine Gesellschaft ohne Religion überhaupt bestehen kann. Wir werden nach diesen Experimenten der neuzeitlichen Trennung und dann der beinahe vollständigen Entfremdung von Politik und Religion auf die Grundfragen der gesellschaftlichen Existenz zurückverwiesen, in denen es darum geht, ob es noch eine Kraft gibt, die über die Befriedigung materieller Interessen und die Einlösung von Emanzipations- und Freiheitsvorstellungen hinaus legitimiert ist, Anwalt einer kulturellen wie politischen Zusammengehörigkeit zu sein.

Die sogenannte Postmoderne, die von den progressiven politischen Parteien antizipiert und bejaht wird, ist der Meinung, daß es der Klärung der Frage nach der Einheit und dem Zusammenhalt der Gesellschaft überhaupt nicht mehr bedarf. Die postmodern-libertäre Position hat nicht begriffen, daß die Vorstellung und der Begriff einer Vielfalt in der Gesellschaft nur denkbar ist, wenn diesem Begriff der Vielfalt und der Mannigfaltigkeit ein Begriff der Einheit korrespondiert.

Dem Modernen Konservativismus geht es nun darum, einen neuen Ausgleich zwischen Pluralität auf der einen Seite und Einheit oder Homogenität auf der anderen Seite zu finden. Gibt es nämlich zuviel Einheit, verliert die moderne Gesellschaft ihre Freiheit und es droht ihr die Gefahr, sei es in etatistischer oder demokratischer Gestalt, totalitär zu werden. Gibt es dagegen nur Vielfalt und Mannigfaltigkeit ohne einen Bezug zur Einheit, droht die Auflösung der Gesellschaft in Anarchie durch eine immer weiter getriebene Pluralisierung und Individualisierung. Als Folge der Trennung vom Christentum müssen wir nun erkennen, daß die moderne Gesellschaft hilflos und letzten Endes ohne Widerstandskräfte sowohl der einen, totalitären, wie der anderen, anarchistischen Gefahr ausgeliefert ist.

Die Phänomene der „political correctness" zeigen auf der politischen Ebene, wie eine vorgeblich liberale Gesellschaft im Namen des Linksliberalismus in neue quasi totalitäre Verhältnisse abdriftet, und die hypertrophe Liberalisierung, Individualisierung und Pluralisierung droht, die Gesellschaft selber aufzulösen. Die eine Tendenz erzwingt dabei jeweils die andere Tendenz. „Political correctness" ist der verzweifelte Versuch des linksliberalen Zauberlehrlings, den von ihm selbst freigesetzten Geist der individuellen Freiheit durch Rekurs auf eine sozialliberale Ideologie zu disziplinieren. Die Begründungsnot, etwa für das Gleichheitsgebot, wird dabei durch manipulative Gewalt kompensiert.

Wir müssen, um diesem Teufelskreis zu entkommen, die Frage nach dem Verhältnis von Politik und Religion oder von Staat und Kirche unter Berücksichtigung der Erfahrungen, die wir in der Geschichte gemacht haben, diskutieren. Die Frage muß so gestellt werden, wie sie sich heute tatsächlich stellt. Für den Modernen Konservativismus bedeutet das, daß er hier wie in den meisten Fragen der politischen, sozialen und kulturellen Existenz des Menschen versuchen muß, einen Weg der radikalen Mitte als dem Weg der Vermittlung zu gehen.

Der Moderne Konservativismus darf sich weder für einen postchristlichen Anarchismus noch für einen neuheidnischen oder sozialistischen Totalitarismus entscheiden. Der Moderne Konservativismus muß, belehrt durch die Erfahrung der Geschichte, auf einer strikten, rigiden Trennung zwischen Politik und Religion, zwischen Staat und Kirche bestehen. Jede Form der direkten Steuerung der Politik durch die Religion und der Abhängigkeit der Politik von der Religion würde auf die Dauer so verderblich sein, wie in der Vergangenheit.

Die Politik muß sich auf der anderen Seite mehr als bisher mit dem Inhalt der Kirche, nämlich der Vergegenwärtigung der Heilsbotschaft des Christentums und der Ausprägung, die diese Heilsbotschaft in den Lebensformen und in der Gestaltung des normativen Gefüges in der Gesellschaft bewirkt, identifizieren. Die Politik des Modernen Konservativismus muß sich also von den institutionellen Ausprägungen der Religion trennen und sich von ihr unterscheiden, aber sie muß gleichzeitig deren Substanz zur geistigen Grundlage und Voraussetzung ihres eigenen politischen Wirkens machen. Wir müssen also einen Weg finden, der sowohl die Identifikation von Staat und Kirche wie auch die völlige Trennung von Staat und Kirche beinhaltet. Beides muß geschehen: Sowohl die institutionelle Trennung wie die Bewahrung der substantiellen Gemeinsamkeit von Staat und Kirche.

Es muß dem Modernen Konservativismus ein Anliegen sein, deutlich zu machen, daß es hier nicht primär darum geht, Aufgaben und Pflichten zu übernehmen, die primär in die Zuständigkeit der Kirche und ihrer Amtsleitungen fallen, sondern daß es hier um die Bewahrung eines freiheitskonformen Begriffs von Politik geht. Denn bei allen wechselvollen Schicksalen im Verhältnis von Staat und Kirche hatte die Gegenüberstellung von Staat und Kirche für die Politik immer die eminente Bedeutung, den Machthabern in der Politik das Bewußtsein ihrer Grenze deutlich zu machen und ihnen zu einem klaren Bewußtsein zu verhelfen, was überhaupt politisch machbar ist, was nicht machbar ist, was politisch gewollt werden darf und was politisch nicht gewollt werden darf.

Das ist der entscheidende Schluß, der aus den Erfahrungen mit den totalitären Zusammenbrüchen in unserem Jahrhundert zu ziehen ist. Wenn dieses Bewußtsein von den Grenzen des Politischen, von der Endlichkeit des politisch Machbaren und das Bewußtsein auch von der

Katastrophenanfälligkeit alles politisch Gemachten und Gewollten verlorengeht, geht nicht nur ein in 2000 Jahren gewachsener Begriff des politisch Humanen verloren, sondern dann ist auch die Existenz nicht nur der Freiheit, sondern der menschlichen Gesellschaft überhaupt gefährdet.

Die Politik muß sich mit den Vertretern der Kirche gemeinsam ständig darum bemühen, herauszufinden, wo in unserer Zeit die Grenze zwischen Religion und Politik, zwischen Staat und Kirche verläuft. Es sollte Einigkeit auf die Frage: „Was ist die Sache der Kirche und was ist die Sache der Politik?" hergestellt werden. Die Kirche ist zwar ihrer Bestimmung und dem Inhalt ihrer Verkündigung nach nicht von dieser Welt, aber die Kirche ist dennoch eine Institution in dieser Welt. Und als eine Institution in dieser Welt unterliegt sie auch den Gesetzen dieser Welt, denen sie sich viel schwerer entziehen kann, als das von vielen Kirchenführern zugegeben und praktiziert wird. Der moderne Staat und die Kirche brauchen sich im rechtverstandenen Sinne gegenseitig. Die institutionelle Trennung schließt die substantielle Gemeinsamkeit nicht aus. Dies gilt um so mehr, als die Erfahrung mit der Aufklärung zeigt, daß sich die Möglichkeiten, aus der Immanenz der säkularen Gesellschaft heraus sittliche Bindekräfte zu entwickeln, offensichtlich erschöpft haben.

Der Moderne Konservativismus folgt also mit seinem Plädoyer für eine Verankerung im Christentum keiner Ideologie, sondern einer nüchternen und realistischen Einschätzung der heutigen Lage und ihren Herausforderungen. Nebenbei bemerkt: Das angestrebte Verhältnis von Trennung und substantieller Gemeinsamkeit von Religion und Politik kann durchaus dazu führen, daß wir den Tag noch erleben werden, an dem die Sache des Christentums in „säkularen" Händen besser aufgehoben ist als in denen der mit dieser Aufgabe betrauten Amtswaltern der Kirche. Wir erleben nämlich derzeit einen Prozeß der Spaltung, der inneren Auflösung, ja der Zerstörung, der aus der Kirche selber hervorgeht.

Offensichtlich hat sich der Verlust des Staates als eines legitimierten, politischen Subjektes und seine Ersetzung durch eine apersonale, anonyme, in der Regel von dämonischen Kräften gesteuerten Öffentlichkeit auch für die Kirche katastrophal ausgewirkt. Man muß damit rechnen, daß wir es morgen mit einer demokratisierten katholischen Kirche zu tun haben, in der die Amtskirche den letzten Rest von Autorität verspielt hat und statt dessen die Öffentlichkeit über Zugehörigkeit und Nichtzugehörigkeit von Christen entscheidet. Diese Entwicklung ist gerade auch unter politischen Gesichtspunkten außerordentlich zu beklagen, da eine politische Instanz nie die Autorität verkörpern kann, die in der Vergangenheit einmal die Kirche als religiöse Instanz innegehabt hat. Das Geschäft des Politischen wird durch diesen beklagenswerten Vorgang, den wir nicht nur in der deutschen katholischen Kirche erleben, außerordentlich erschwert, da auch die Demokratie auf Autorität angewiesen bleibt.

Wenn aber die Religion in der Gesellschaft ihre Autorität verspielt, ist auch Politik auf die Dauer nicht mehr möglich, sondern dann wird potentiell alles zur Disposition stehen. Politische Autorität gibt es auch in einer demokratischen Gesellschaft nur in dem Maße, indem es einen Konsens gibt. Alle politische Autorität bezieht ihre Kraft aus der Zustimmung, aus dem Konsens derjenigen, die sich für sie entschieden haben. Eine Politik braucht die Zustimmung der Gesellschaft, mindestens aber den Konsens über die grundlegenden Ordnungsprinzipien, nach denen diese Gesellschaft politisch gestaltet werden soll.

Es gehört keine prophetische Gabe dazu, vorauszusehen, daß, wie der Blick in die Geschichte beweist, das Schicksal von Staat und Kirche, von Politik und Religion, immer ein gemeinsames sein wird. Wer die Autorität der Religion untergräbt, wird über kurz oder lang auch die Autorität der Politik untergraben. Auch Karl Marx hat darum seine Kritik der Politik mit einer Kritik der Religion eingeleitet. Dem Sturz der Kirche folgt der Sturz der Politik. Als Konsequenz einer solchen Entwicklung bieten sich dann nur noch die gleichermaßen fatalen Alternativen von Anarchismus und Totalitarismus an. Letzterer, der totalitäre Staat, war zwar säkular, aber er war nicht säkularistisch. Wir dürfen nie vergessen, daß die totalitär-säkularen Regime im 20. Jahrhundert ihre inneren Kräfte aus den von der christlichen Kirche freigelassenen und damit freischweifenden amorphen religiösen Impulsen bezogen haben, aus Impulsen, die die christlichen Kirchen nicht mehr auf sich vereinigen und sammeln konnten. Insofern könnte die neuerliche Schwächung der christlichen Religion in ihrer kirchlich ausgeprägten Gestalt und die Reprivatisierung des Christentums die beste Voraussetzung für eine neue Erfahrung mit dem Totalitarismus bedeuten, der in einer liberalen Gesellschaft in anderen Formen möglicherweise genauso effizient organisiert werden kann, wie das in den bekannten Erscheinungen des 20. Jahrhunderts der Fall war. Nochmals sei in diesem Zusammenhang auf das Phänomen der political correctness hingewiesen, das hier als Inkarnation freischwebender Religiosität auftritt und die liberale Trennung von

Religion und Politik, von privat und öffentlich aufzuheben droht. Die Inquisitoren der linksliberalen Doktrin sind dann unentwegt auf der Suche nach Dissidenten des Regimes.

Es wird die Aufgabe des Modernen Konservativismus sein, den überholten Streit, ob jemand der Herkunftsreligion des Christentums noch verhaftet und damit unfrei ist oder ob jemand sich vom Christentum abgewandt hat und damit die Pforte der Freiheit durchschritten hat, hinter sich zu lassen. Dies sind Fragestellungen, wie sie sicherlich in der Spätphase des 19. Jahrhunderts angemessen waren, als die Religion nicht immer mit Freiheit, sondern vielmehr mit Unterdrückung in Verbindung gebracht werden konnte. Wer heute noch so argumentiert, der läßt leider nicht erkennen, daß er auch nur in Ansätzen erkannt hat, mit welch einer Lage wir es heute zu tun haben. Leider gibt es immer noch Leute, die glauben, je weiter man sich von der Kirche entfernt, um so freier wird man. Und je mehr man sich ihr nähert, um so mehr verliert man an Freiheit. Die Lektion des 20. Jahrhunderts ist hier offenbar nicht gelernt worden.

11. Moderner Konservativismus und die Dialektik von Kollektivismus und Individualismus

Der Versuch einer programmatischen Neuorientierung des Modernen Konservativismus ist diktiert von der Einsicht, daß das gesellschaftliche Modell, das wir so erfolgreich in Deutschland etabliert haben, keine Zukunft mehr hat. Dieses Modell ging von der Voraussetzung aus, daß auf die Dauer ein kontinuierliches Wachstum zu erwarten ist. Unsere Gesellschaft ist eine Wirtschaftsgesellschaft, die zur Sicherung ihrer Existenzgrundlage kontinuierliches wirtschaftliches Wachstum in Höhe von 3 bis 6 % braucht. Wenn nun diese Wachstumsraten nicht mehr erzielt werden können, gerät das Ganze des gesellschaftspolitischen Modells ins Wanken. Denn das wirtschaftliche Wachstum war auch die Voraussetzung für den Ausbau des Sozialstaates, der sich in jüngerer Vergangenheit immer mehr zu einem Versorgungsstaat, zu einem Wohlfahrtsstaat entwickelt hat. Das ursprüngliche Programm der sozialen Marktwirtschaft sah vor, daß alle diejenigen, die nicht aus eigener Schuld, sondern aus Zufall und Schicksal nicht imstande waren, die Leistung zu erbringen, die ihnen eine Teilnahme am öffentlichen und gesellschaftlichen Leben ermöglichten, soziale Zuwendungen erhalten sollten. Diese Zuwendungen sollten es auch den sozial Schwachen gestatten, die bürgerlichen Rechte wahrzunehmen.

Es sind paradoxerweise dieselben Strukturen, die dem Land über lange Zeit einen nie dagewesenen Wohlstand verschafft haben, die heute jede Innovation lähmen. Weit über diesen sozialen Ausgleich und die soziale Kompensation hinaus ist der Sozialstaat zu einem Anspruchsstaat auf fast totale soziale Absicherung in allen Lebenslagen ausgeweitet geworden. Dies wäre an sich ein erfreulicher Sachverhalt, wenn er nicht weiterhin ein ständiges wirtschaftliches Wachstum erforderlich machte und wenn er nicht dahin tendierte, den Geist der Freiheit und der verantworteten Initiative zu zerstören. Denn jeder Ausbau des Sozialsystems, vor allen Dingen, wenn er kollektiv organisiert wird, bedeutet auch eine Beschneidung der Freiheit des Bürgers.

Im übrigen ist viel zuwenig bedacht worden, daß die soziale Fürsorge auch zu einer Verminderung der sozialen Würde der Menschen führen kann. Wenn große Teile der Gesellschaft am Tropf der Sozialsysteme und der sie verwaltenden Sozialbürokratie hängen, dann haben wir es jedenfalls nicht mehr mit einer zukunftsfähigen und zur Erneuerung fähigen Gesellschaft zu tun. Besonders kritisch ist die Situation geworden, seitdem zu diesem Kollektivismus einer sich ständig verstärkenden sozialen Sicherheit nun auch noch ein schrankenloser Individualismus hinzugekommen ist. Das Individuum bekam nun die Chance, sozial völlig abgesichert, sich seiner eigenen Selbstverwirklichung zuzuwenden. In völliger Unabhängigkeit vom gesellschaftlichen Ganzen und abgekoppelt vom Interesse am Gedeihen des politischen Gemeinwesens drehte sich alles nur noch um die Befriedigung individueller Bedürfnisse und Ansprüche. Die Freiheitsgewinne der Individualisierung wurden dabei gerne in Anspruch genommen, die sozialen und kulturellen Kosten der Selbstverwirklichung wurden dagegen nicht selten der sozialen Gemeinschaft aufgebürdet. Nebenbei hat diese Tendenz der Individualisierung, die nun immer stärker empfunden wird, über die Vereinzelung zu einer Vereinsamung, zu einer sozialen Isolierung geführt, die den Bestand des Gemeinwesens von innen her bedroht.

Noch bedenklicher - und daran zeigt sich heute die Kehrseite dieser Entwicklung - ist die Frage, welche Zukunftschancen wir der jungen Generation unter diesen Bedingungen noch anzubieten haben. Die Höhe der Verschuldung und die demographische Lücke sind hier weitere krisenhafte Aspekte, die bezeugen, daß wir heute auf Kosten der Zukunft leben und die Positionen der Vergangenheit in den Gräben der Gegenwart verteidigen. Man kann durchaus besorgt sein, ob die junge Generation unter den Bedingungen, die sie bald vorfinden wird, überhaupt noch eine Chance hat, nach ihren eigenen Vorstellungen und eigenen Lebensentwürfen das Gemeinwesen zu gestalten und auf dessen Schicksal Einfluß zu nehmen.

Es soll in diesem Zusammenhang nicht an die durchaus düsteren Prognosen erinnert werden, die große Sozialwissenschaftler des 20. Jahrhunderts, wie etwa Max Weber, für diese Entwicklung gestellt haben. Von Max Weber sei nur seine Warnung vor einem Gehäuse der Hörigkeit erinnert, in das wir hineingebannt werden und in welchem der Geist der personalen Kultur und der Freiheit sterben könnte. Die moderne Entwicklung hat Max Weber zufolge nicht nur eine schwer zu bewältigende soziale Hypothek hinterlassen, sondern sie hat, wie bisher viel zuwenig bedacht wurde, ein eminent geistiges und kulturelles Problem aufgeworfen.

Alexis de Tocqueville hat in seinem der Demokratie in Amerika gewidmeten Buch für die Zukunft eine ähnlich geartete Gesellschaft vorausgesehen wie Max Weber. Er prophezeite eine Gesellschaft, in der apolitische, privatisierte einzelne sich einem sinnlosen, nur auf materielle Genüsse ausgerichteten Leben hingeben und in einer Gesellschaft leben, in der die Menschen, einsam um sich selbst kreisend, nicht mehr fähig sind, den Anteil an Aktivität und Einsatz zu erbringen, ohne den auf die Dauer keine Demokratie überleben kann.

Es sind also nicht nur materielle, sondern auch schwere geistige und demokratische Verwerfungen mit dem Zustand verbunden, den wir mit der Umsetzung des sozialliberalen Modells geschaffen haben. Es gibt Politiker, wie etwa den CDU-Fraktionsvorsitzenden im Bundestag, Wolfgang Schäuble, die darum zu der Meinung gekommen sind, daß wir einer strukturellen Reform von geradezu revolutionärer Qualität bedürfen, um uns die Freiheiten wieder zu erobern, ohne die wir nicht zukunftsfähig sind.

Es wäre sehr wichtig, wenn es in Deutschland zwischen den Parteien eine wirkliche Konkurrenz um die Reformfähigkeit gäbe. Die Parteien sollten nicht um die bessere Reparaturfähigkeit der Schäden der Vergangenheit konkurrieren, sondern darin, wer im Blick auf die Rückgewinnung der Zukunftsfähigkeit unserer Gesellschaft den größten Reformwillen und die größte Reformkraft mitbringt. Es geht dabei nicht primär um die Reform der Organisation der Gesellschaft, sondern um die Reform des Selbstbewußtseins der Gesellschaft. Das gilt auch und vor allem für ihr Staatsverständnis. Der Staat ist zu einem steuernden, versorgenden, zuteilenden Apparat geworden, dem man eigentlich alle Probleme, bis auf die eigenen Lustprobleme, zugeschoben hat. Nur noch für die eigene Lustbefriedigung und Selbstverwirklichung mußten die Menschen selbst sorgen. Jugendpolitik, Erziehung, Bildung, Arbeit, Familie, Alter, Krankheit - für alles war in erster Linie der Staat zuständig. Der Staat sorgte für alles. Aber diese Phase ist nun vorbei. Die gleichlaufende Entwicklung von Kollektivismus und Individualismus ist in einer Sackgasse gelandet. Die zunehmende Kollektivierung hat zu einer gesellschaftlichen Enteignung des einzelnen geführt. Die Person geriet zum Teil in den Zustand völliger Abhängigkeit und Unmündigkeit. Damit verbunden war die expandierende Herrschaft der Bürokratie und der Funktionäre.

Dieser Kollektivierung entsprach die gegenläufige Tendenz der Freisetzung des einzelnen und der Individualisierung. Wir lebten also nicht nur im sozialdemokratischen Zeitalter des Wohlfahrtsstaates, sondern auch im Zeitalter des sich vollendenden Liberalismus, in dem sich die einzelnen im Namen der Emanzipation aus allen sozialen Kontexten und Bindungen befreit haben. Die paradoxe Grundtendenz der letzten Jahrzehnte bestand darin, daß sich der Kollektivismus der Sozialdemokratie und der Individualismus des Liberalismus parallel etabliert haben. Mehr noch: Beide haben sich in der Verschränkung, in der sie organisiert wurden, wechselseitig produziert und vorangetrieben. Dem Mehr an Kollektivierung auf der einen Seite entsprach immer das Mehr an Vereinzelung auf der anderen Seite.

Im Gefolge dieser wechselseitigen Kollektivierung und Vereinzelung müssen wir heute zur Kenntnis nehmen, daß sich damit das Ende der bürgerlichen Gesellschaft ohne Revolution und Terror anonym und beinahe lautlos vollzogen hat. Denn das, was wir heute haben, hat mit der bürgerlichen Gesellschaft nicht einmal mehr den Namen gemeinsam. Das Ende der politischen Gestaltungskraft der Ideologien hängt mit dem Verlust des bürgerlichen kulturellen Substrates, auf das auch der Sozialismus wie der Liberalismus angewiesen waren, zusammen. Und da genau liegt die Chance des Modernen Konservativismus in seiner Auseinandersetzung mit der Sozialdemokratie und dem Liberalismus, weil die einen unverändert auf kollektive etatistische Lösungen setzen und die anderen sich dem Hyper-Liberalismus verschrieben haben. Die einen glauben an den Individualismus, die anderen an den Kollektivismus. Beides ist eben von gestern und beide Strategien sind zum Scheitern verurteilt.

Das große epochale Ziel eines sich liberal, konservativ und christlich neu formierenden Modernen Konservativismus besteht darin, daß er sich in dieser Auseinandersetzung als eine zukunftsverbürgende Kraft erweist. Aber das will natürlich begründet werden. Die Gründe liegen auf der Hand: Die kollektive Lösung ist nicht mehr zu bezahlen, und der liberale Kapitalismus, der alle Last dem „eigenverantwortlichen" einzelnen aufbürdet, überfordert den Menschen. Wer glaubt, daß die Menschen nun alles selbst leisten können, jeder ein kleiner Unternehmer sein kann, die Menschen lebenslang lernen können und dabei noch ständig mobil und flexibel die Arbeitsplätze wechseln, der überfordert die Menschen schon rein anthropologisch. Wenn es nach den Liberalen ginge, sollten die Menschen wie in einer Trommel, in der die Wäsche kreist, ein Leben lang durcheinandergewirbelt werden. Bei jeder Umdrehung müssen sich dann die Leute neu ausbilden, neue Sprachen lernen, den Wohnort und den Freundeskreis wechseln. Aber das hält kein Mensch aus. Dahinter steht das falscheste Menschenbild, das je in der Moderne unterstellt wurde. Neben den vielen falschen Menschenbildern, die die Moderne hervorgebracht hat, ist dies das falscheste von allen. Es geht völlig an der Natur des Menschen vorbei. Den Menschen wird hier keine stabile Lebensform und Kultur mehr zugestanden. Die Menschen sind nur noch der Umschlagplatz von Produktion und Konsumtion, sie hecheln immerfort den neuesten technologischen Fortschritten und den Kapitaltransfers hinterher. Sie sind zuletzt nur noch austauschbare Anhängsel einer Bewegung, die das Kapital regiert. Und die postmodernen, meist verbeamteten Soziologen in Deutschland liefern das dazugehörige Weltbild: Sie schwärmen von den Chancen, die in allen Risiken, ja sogar im Scheitern von individuellen Lebensentwürfen liegen.

Der moderne Konservativismus hält diesen Weg für einen Irrweg. Wir brauchen im Gegenteil eine neue Synthese zwischen Kollektivem und Individuellem. Die Rollen, die Lasten, die Funktionen müssen neu verteilt und zugeordnet werden. Am Anfang dieser Neudefinition muß die Frage nach dem Ziel und den Funktionen des modernen Staates stehen.

12. Der Staatsbegriff des Modernen Konservativismus

Was ist im sozialliberalen Modell aus dem Staat geworden? Bei der Erörterung dieser Frage wird sehr bald deutlich werden, worin sich der Moderne Konservativismus in seinem Staatsverständnis von dem des Liberalismus und der Sozialdemokratie abgrenzt. Denn während die einen (Sozialdemokraten) nicht genug (Sozial-)Staat haben können, können die anderen (Liberalen) nicht wenig genug Staat haben. Dabei kommt es doch einzig auf das richtige Maß an.

Die Kernfrage muß lauten: Was erwarten wir vom Staat? Was kann der Staat noch leisten und was kann er nicht mehr leisten? Der Moderne Konservativismus widerspricht allen Thesen, die besagen, daß der Staat verschwinden oder daß der Staat wie ein Leviathan alles verschlingen wird. Beides sind mythologische Redensarten, wie sie sich im 19. Jahrhundert entwickelt haben. Nein, der Staat wird im Sinne traditioneller Funktionen einerseits an Bedeutung verlieren, aber er wird andererseits für das Gemeinwesen als Ganzes immer wichtiger werden.

Das Zentrum des Staatsproblems ist dabei im Grund genommen das alte geblieben. Auch in Zeiten der Globalisierung geht es um die entscheidende Frage, ob man dem Staat noch die Kompetenz zur Bildung und zur Durchsetzung von Entscheidungen zubilligt, die für die gesamte Gesellschaft verbindlichen Charakter haben. Das Durchsetzen von gesamtverbindlichen Entscheidungen ist im Angesicht der Dominanz der Wirtschaft über die Politik eine soziale und kulturelle Überlebensfrage geworden. Man kann eben das Schicksal der Nation nicht immer davon abhängig machen, ob zufällig agierende Interessengruppen und ihre Vertreter sich zu einem Kompromiß zusammenfinden, den der Staat dann exekutieren soll. Deutschland erlebt einen Reformstau, weil die Parteien und Interessengruppen eben nicht mehr diese Kompromißfähigkeit aufbringen.

Die Konsequenz davon ist, daß dann politisch gar nichts geschieht. Auch aus diesem Grund ist der Weg in die multikulturelle Gesellschaft so gefährlich, weil die Einheitlichkeit der Kultur und Interessen noch weiter ausgehöhlt und damit die Kompromißfähigkeit weiter erschwert und die Durchsetzbarkeit allgemeinverbindlicher Entscheidungen unmöglich gemacht wird. Zuletzt tritt dann Stillstand ein - und zwar mit unabsehbaren Konsequenzen für das Ganze der Gesellschaft.

Wovon hängt nun das rechte Maß der staatlichen Autorität und Kompetenz ab? Das Maß hängt zunächst davon ab, wieviel finanzielle und personelle Mittel dem Staat für seine Leistung zur Verfügung gestellt werden. Bei rückgängiger Leistungskraft der Wirtschaft steht man vor der Entscheidung: Wollen die Bürger so wenig als möglich Steuern zahlen und nehmen dafür auch einen schwachen Staat in Kauf? Oder wären sie um der Funktionsfähigkeit des Staates willen auch bereit, mehr Steuern zu bezahlen? Um diese Frage beantworten zu können, muß bei den Bürgern erst ein neues Bewußtsein von Sinn und Unsinn des Staates geschaffen werden. Die Bürger müssen begreifen, daß der Sachverwalter nicht nur des Ganzen der Gesellschaft, sondern auch der Rechte des einzelnen gegenüber anderen Individuen und anderen Gruppen ausschließlich der Staat ist. Auch die Menschenrechte gibt es nur insoweit, als der Staat bereit und fähig ist, sie zu garantieren und zu gewähren. Die Menschenrechtsfrage ist konkret eine Frage des Staates. Im anderen Fall kann man nur wohlfeil den Verlust von Menschenrechten beklagen. Real sind Menschenrechte nur, wenn der Staat sie durchsetzt und schützt.

Der Moderne Konservativismus muß deutlich machen, daß der Staat kein fernes Monstrum ist, daß der Staat nicht identisch ist mit einer riesigen kafkaesken Bürokratie, sondern daß er der einzige Garant der Freiheiten und der Rechte des einzelnen ist. Die Garantiemacht des Rechtes und der Freiheit des einzelnen kann nur derjenige Staat sein, der gleichzeitig die Kraft und die Kompetenz hat, gesamtgesellschaftliche Entscheidungen durchzusetzen. Das Staatsverständnis muß in dieser Doppelbestimmung aus dem kollektivistischen Ansatz der Sozialdemokratie einerseits und dem individualistischem Verständnis der Liberalen andererseits herausgeholt werden. Das wäre die erste und wichtigste Frage des Staates.

Wie steht es um den Staat heute? Die Tendenz der letzten Jahrzehnte ging nicht dahin, daß der Staat einfach verschwunden ist und durch die Gesellschaft ersetzt wurde. Im Gegenteil: Der sich als selbständiges Handlungssubjekt auflösende Staat wurde vergesellschaftet, und im Gegenzug wurde die Gesellschaft verstaatlicht. Der Staat wurde vergesellschaftet, und die Gesellschaft mit ihren Interessengruppen, Parteien etc. wurde verstaatlicht. Diese Entwicklung, die zur Aufhebung der für die große liberale Tradition konstitutiven Entzweiung von Staat und Gesellschaft geführt hat, ist eines der Grundübel unserer Zeit, an deren Konsequenzen wir noch lange zu leiden haben werden.

Was einst als großer Fortschritt der Partizipation gefeiert wurde, nämlich die Einflußnahme gesellschaftlicher Gruppen auf den Staat, erweist sich nun als die Quelle des Untergangs eines Staates, der noch allgemein-orientierte Entscheidungen im Sinne der ganzen Nation treffen konnte. Die Resignation, ja zum Teil Verzweiflung der Bürger nimmt täglich weiter zu, da keine solchen politischen Entscheidungen mehr zustande kommen. Und wenn doch einmal Entscheidungen zustande kommen, dann sind sie zumeist nur als Ergebnis von notdürftig zusammengebastelten Kompromissen anzusehen.

Der Staat zeigt sich heute unfähig, wenn notwendig auch gegenüber einflußreichen Teilen der Gesellschaft das Allgemeininteresse wahrzunehmen und durchzusetzen. Der Staat dankt zugunsten einer sich immer mehr ausweitenden, in ideologischen Kämpfen und Interessengegensätzen sich verfangenden Gesellschaft ab. Daß dieser Zustand der beste Nährboden für eine radikalisierte Opposition darstellt, braucht dann allerdings niemanden zu wundern. Oppositionelle, meist als „populistisch" apostrophierte und geschmähte Politiker bekämpfen neuerdings wieder das sogenannte „herrschende System" und empfehlen sich als Retter aus der Not. Gerade die neuen rechten Parteien in Deutschland können darum als Indikator für die Krise des Staates interpretiert werden. Der Grad der mehr unterschwelligen als offen artikulierten Zustimmung, die sie erfahren, entspricht proportional dem Verlust der Handlungsfähigkeit des Staates.

So sehr man diesen Zustand des Staates heute beklagen muß, so muß man sich auch daran erinnern, daß diese Vergesellschaftung des Staates im sozialistischen und sozialdemokratischen Politikverständnis geradezu ein anzustrebendes und wünschenswertes Ideal war. Kein geringerer als der Frühsozialist Saint-Simon sprach vom Ende der Politik in der modernen, von Wirtschaft und Technik gesteuerten Gesellschaft. Saint-Simon vertrat die These, daß die Politiker nur unsachliche Argumente störender Art in den sonst ungestörten Ablauf der von Sachgesetzen gesteuerten Gesellschaft hineintragen. Wenn dann - zum allgemeinen gesellschaftlichen Vorteil - die Politik verschwindet, bedarf es nach Saint-Simon keines Subjektes der politischen Entscheidung mehr. Sein Ziel war die Entpolitisierung und Vergesellschaftung des Staates.

Diese von den Frühsozialisten ins Auge gefaßte Entwicklung hat sich vor allen Dingen nach 1945 in unterschiedlichem Maße und in unterschiedlichen Formen in vielen demokratischen Ländern durchgesetzt - vor allem aber in Deutschland, weniger in Frankreich. Deutschland hat sich nach dem Zweiten Weltkrieg im wesentlichen über das Wirtschaftswunder definiert, während Frankreich mehr als jede andere europäische Nation Elemente seiner Staatlichkeit und damit ein entsprechendes Staatsethos bewahrt hat. Insofern verdient Frankreich, wenn das vereinigte Europa zustande kommen sollte, zu Recht die Rolle eines politischen Führers Europas. Die Erfahrung der letzten Jahre, vor allem im Gefolge der Wiedervereinigung Deutschlands, macht aber auch deutlich, daß wir es bei dem gegenwärtigen Stand des Problems nicht belassen können.

Deutschland diskutiert allerdings gegenwärtig das Problem des Staates noch nicht als ein Staatsproblem, sondern als Folgeproblem einer verstaatlichten Gesellschaft. Verstaatlichte Gesellschaft bedeutet auch, daß der Staat bei all seiner Schwäche als Bürokratie in unserer Gesellschaft allgegenwärtig ist, daß er sich immer mehr Kompetenzen und Zuständigkeiten angeeignet hat, daß er auf eine geradezu totale Verrechtlichung aller gesellschaftlichen und sozialen Lebenszusammenhänge und Tatbestände hingewirkt hat, deren Folge eine innerlich gefesselte, gelähmte und zur Immobilität verurteilte Gesellschaft ist. Die liberale Gesellschaft verkündet zwar mit Sir Karl Popper auf der einen Seite die Ideologie der offenen Gesellschaft, sie nimmt aber auf der anderen Seite die Fesselung der Gesellschaft durch immer mehr Gesetze und Verordnungen tatenlos hin. Die zum Sozialismus und zur Sozialdemokratie neigenden Parteien haben diese Entwicklung bis gestern sogar noch als einen Weg in die Freiheit und Gerechtigkeit gefeiert.

Aber auch die Christdemokraten sollten hier Selbstkritik üben, haben sie doch die in dieser Entwicklung die nicht nur für die Freiheit, sondern auch für die Innovationsfähigkeit der Gesellschaft liegenden Gefahren nicht rechtzeitig erkannt und nicht rechtzeitig entgegengesteuert. Die weitere Konsequenz, die in dieser Entwicklung angelegt war, bestand darin, daß sich der Staats- und Verwaltungsapparat immer weiter aufgebläht hat und die Zahl der im Dienste des Staates stehenden Bürger von Jahr zu Jahr zugenommen hat. Heute müssen wir feststellen, daß dieser Staat mit all seinen Beamten, Angestellten und Pensionären schlicht nicht mehr bezahlbar ist. Allein die Kosten für Pensionen und Renten von öffentlich Bediensteten werden so astronomische Aus-

maße annehmen, daß nicht nur der Staatsapparat darunter zusammen-
zubrechen droht.

Der moderne Konservativismus unterstützt darum das Programm
einer Verschlankung des Staates. Der Staat muß Kosten sparen und damit auch die Zahl der Beamten und Angestellten reduzieren. Dabei bleibt
die Frage zu klären, wo denn die Grenzen der Verschlankung liegen?
Welches sind die Kriterien, nach denen man entscheiden kann, welche
Leistungen des Staates verzichtbar und welche unverzichtbar sind?
Welche Leistungen können je nach Lage der Dinge noch befristet beibehalten werden, weil ein sofortiger Ausstieg aus diesen Leistungen
katastrophale Folgen hätte?

Diese Fragen zwingen zu der Beantwortung der grundsätzlichen
Frage: Was ist ein Staat? Was kann man von einem Staat erwarten? Was
soll der Staat leisten, was kann er leisten, was muß er leisten? Wir brauchen also eine grundsätzliche Diskussion über den Staat. Der Umbau
des Staates kann nicht einfach von einer zufällig herrschenden Mehrheit dekretiert werden, sondern diese Transformation des Staates - bis
in seine innersten Prinzipien und Strukturen hinein - kann in einer Demokratie nur gedacht und vorgestellt werden als das Ergebnis einer breiten Diskussion um das Wesen, die Funktion und die Rolle des Staates.

Der Staat geht nicht in der Rolle eines Agenten wechselnder gesellschaftlicher Ansprüche und Bedürfnisse auf. Die Durchdringung von
Staat und Gesellschaft hat dazu geführt, daß die Partikularinteressen
bestens vertreten wurden, aber die Frage nach dem Gesamt- oder
Allgemeinwohlinteresse völlig unbeantwortbar geworden ist. Für dieses Gemeinwohl ist aber der Staat zuständig, und er ist darin unverzichtbar. Dies wird am deutlichsten bei den Fragen des Rechtsstaates.
Mit dem Schwinden der Fähigkeit des Staates, eine für die gesamte
Gesellschaft verbindliche Entscheidung durchzusetzen, gäbe es auch
keine Rechtssicherheit und damit keinen Rechtsstaat mehr. Die Auf-
rechterhaltung einer für alle gültigen Rechtsordnung setzt also die Existenz eines starken Staates voraus. Der Staat ist also nicht nur für die
Gesellschaft da, sondern die innerste Substanz des modernen Staates
besteht darin, Recht zu setzen und zu gewährleisten. Der Staat ist die
Instanz, die allein Recht setzen und durchsetzen kann. Eine weitere
Schwächung des Staates würde zur Zerstörung einer Rechtsordnung und
des Rechtsbewußtseins führen.

Der Moderne Konservativismus tritt darum für die Notwendigkeit
und Unverzichtbarkeit des Rechtsstaates ein. Auch unsere politischen

Gegner treten grundsätzlich für den Rechtsstaat ein. Es ist erfreulich, daß es hier mit den politischen Konkurrenten im Grundsatz eine Gemeinsamkeit gibt. Aber gegen die Liberalen muß man daran erinnern, daß auch der Rechtsstaat erst dann ein Rechtsstaat sein kann, wenn er zuerst Staat ist. Der Glaube des Liberalismus, vor allem in seiner hybrid-libertären Ausprägung, daß das Recht geradezu den Staat ersetzen könnte, frei nach dem Satz: „Es regieren keine Menschen, sondern nur Gesetze", ist kurzsichtig. Gesetze regieren eben nicht, und sie exekutieren sich auch nicht selber. Sondern es sind Menschen, die die Gesetze interpretieren, die sie exekutieren und die sie anwenden. Das Recht gibt es in der Realität der Gesellschaft nur in dem Maße, in dem es einen Staat gibt, der dem Recht auch Geltung verschaffen und es auch durchsetzen kann.

Um ein Beispiel zu nennen: Der ehemalige Polizeipräsident von New York hat die Zahl der Gewaltverbrechen in der Stadt innerhalb von fünf Jahren um 250.000 Verbrechen jährlich gesenkt. Er hat eine Stadt, die der Kriminalität anheimzufallen drohte, wieder zu einer relativ sicheren Stadt gemacht. Und wie hat er das erreicht? Er hat alles mißachtet, was seit 20 Jahren bei uns von Liberalen und Sozialdemokraten gepredigt wird. Er hat die Polizei zum frühestmöglichen Zeitpunkt, also präventiv, eingesetzt und sie rigoros durchgreifen lassen. Jeder, der ohne Fahrschein fuhr, der eine Wand beschmierte, der betrunken in der Öffentlichkeit herumlief, wurde bestraft. Er hat praktisch die Quellen ausgetrocknet, aus denen die Kriminalität entstanden ist.

Und wie wurde in Deutschland dieser Erfolg kommentiert? Ein grüner Spitzenfunktionär hat dieses Verfahren als Polizeistaatsmethode abgekanzelt. Er hat aus ideologischen, falsch verstandenen liberalen Motiven heraus die Methoden der amerikanischen Polizei rundweg abgelehnt. Die 250.000 Menschen, die nun nicht mehr Opfer der Kriminalität geworden sind, waren ihm offensichtlich völlig egal.

Wie kommt es zu solch einer Sichtweise? In radikalliberaler Sicht wird die Wahrnehmung des legalen Gewaltmonopols durch den Staat per se als Polizeistaatsmethode diffamiert. Dieser radikale, weit verbreitete Liberalismus hat nicht verstanden, daß ein Staat ohne Macht auch kein Rechtsstaat sein kann. In einer staatenlosen Gesellschaft verkommt auch das Recht. Auch die Freiheit und die Grundrechte des einzelnen müssen vom Staat geschützt werden. Der Staat kann den einzelnen nur schützen, insofern seine Macht zu dem erforderlichen Schutz ausreicht.

Sicherlich, der einzelne ist auch vor dem Staat zu schützen. Das hat die leidvolle Erfahrung mit dem Totalitarismus des 20. Jahrhunderts gezeigt. Die neue Situation besteht aber doch darin, daß der Bürger in seinen Freiheitsrechten heute weniger durch den Staat als durch die Gesellschaft, durch gesellschaftliche Gewalten bedroht ist. Man braucht hier nicht allein an die organisierte Kriminalität denken. Die Freiheit des einzelnen kann auch durch den sogenannten Zeitgeist bedroht sein, wenn es soweit kommt, daß der Pluralismus durch die Medien untergraben wird und eine bestimmte ideologische Ausrichtung weitestgehend über die Instrumente der öffentlichen Meinungsbildung verfügt. Vor der Gesellschaft und ihren medialen wie ökonomischen Gewalten steht der einzelne dann als einzelner hilflos und ohnmächtig da, wenn ihn nicht auch der Staat vor der Gesellschaft schützt und etwa Meinungsfreiheit gewährt und auch durchsetzt. Die klassische Differenz zwischen Staat und Gesellschaft, die viele für ein archaisches Relikt einer frühliberalen Phase in der Geschichte der bürgerlichen Gesellschaft halten, ist also hinsichtlich Recht und Freiheit nach wie vor von größter Aktualität.

Es geht heute zuallererst um die Aktualisierung des Bewußtseins, daß wir alle der Staat sind. Den Staat kann es nämlich nur geben, wenn er von allen getragen wird. Der Staat hat nur so viele Kompetenzen und Gestaltungskraft, wie sie ihm aus der inneren Bejahung und Zustimmung der Bürger zuwachsen. Nicht die Beamten und die jeweiligen Machthaber sind der Staat, noch weniger die zuteilende und kontrollierende Bürokratie, sondern der Staat sind wir alle. Hier wird der Unterschied sowohl zum liberalen Verständnis, das den Staat auf eine Minimalfunktion reduzieren oder überhaupt in die Gesellschaft aufheben will, wie zu den Sozialisten deutlich, die aus dem Staat eine allgegenwärtige Macht der Fürsorge und der Risikoübernahme machen, was in der Wirklichkeit darauf hinausläuft, daß das Individuum durch die staatliche Fürsorge geradezu entmündigt wird. Der Staat kann nicht die Instanz sein, die für alle zu sorgen hat, so wie der Sozialismus und die Sozialdemokratie sich den Staat als die allbergende, behütende, zuteilende, versorgende Mutter vorstellt, die den einzelnen von der Wiege bis zur Bahre vor jedem Lebensrisiko zu schützen hat.

Demgegenüber wird der Moderne Konservatismus sich für ein anderes Staatsbewußtsein und für ein Staatsethos einsetzen. Zu einem Staatsethos gehört, daß nicht nur die Bürger ethische und soziale Forderungen an den Staat richten dürfen, sondern daß auch dem Staat das Recht eingeräumt wird, ethische Forderungen an die Gesellschaft und an den einzelnen zu stellen. Das Verhältnis von Staat und einzelnen ist kein einseitiges, sondern ein wechselseitiges Verhältnis. Wenn es richtig ist, daß der Staat seine Kraft aus der inneren Zustimmung seiner Bürger bezieht - bei Hegel heißt es: der Staat ist so stark, wie das Vertrauen, daß die Bürger in ihn haben -, dann werden die Bürger sich von dem Gedanken verabschieden müssen, daß der einzelne nur Rechte und der Staat nur zu erfüllende Pflichten hat. Auch von dem sozialistischen Bewußtsein, daß der Staat eine Art Heilsagentur von Zielen ist, die uns den Wiedereintritt in das Paradies ermöglichen soll, wird man sich befreien müssen.

Der Moderne Konservativismus bekennt sich zu dem unauflösbaren und durch keine Ideologie aus der Welt zu schaffenden wechselseitigen Verhältnis von Rechten und Pflichten des Staates wie der Bürger. Der einzelne hat gegenüber dem Staat nicht nur Rechte, sondern er hat auch Pflichten. Der Bürger, der sich den Pflichten entzieht, die seinen Rechten korrespondieren, wird im anderen Fall morgen keinen Staat mehr haben, demgegenüber er überhaupt noch Rechte geltend machen kann.

Dieses konservative Staatsverständnis unterscheidet sich sowohl von der Minimalstaatskonzeption der Liberalen wie von der Wohlfahrtsstaatsillusion der Sozialdemokratie. Genaugenommen ist dieses Staatsverständnis urdemokratisch und zugleich republikanisch. Ein solches Staatsverständnis ist leider aber durch die liberale bzw. sozialdemokratische Überlagerung aus unserem Bewußtsein entschwunden bzw. fälschlicherweise in Mißkredit geraten, obwohl doch dessen Aktualität und Überlegenheit mit Händen zu greifen ist. Es geht heute nicht darum, daß dem Staat weitere Funktionsmacht zugebilligt oder entzogen wird, wie sich das die Liberalen und Sozialdemokraten vorstellen, sondern darum, daß der Staat überhaupt erst wieder eine geistige Legitimation erhält, um auf der Basis dieser Legitimation Rechten und Pflichten von Staat und Bürgern festlegen zu können. Diese Legitimation kann nur erwachsen aus der inneren Identifikation des Bürgers mit dem Staat. Das ist ein ganz wichtiger und zentraler Punkt. Nation und Staat gehören darum im Selbstverständnis der Demokratie, wie sie aus der Französischen Revolution hervorgegangen ist, auf das innerste zusammen.

Der Staat war traditionell die politische Organisation der Nation. Die nationalen Interessen, die nationalen Traditionen wurden durch den Staat gebündelt, zusammengefaßt und in aktuelles Handeln umgesetzt. Erst durch einen solcherart handlungsfähigen Staat wurde die Nation überhaupt geschichtsmächtig. Und mit einem solchen Staat konnte sich der Bürger identifizieren. Die Handlungsfähigkeit eines im Gesamtinteresse der Nation agierenden politischen Subjektes ist darum immer wieder mit dem Verweis auf den Staat beantwortet worden. Wird diese auf dem nationalen Selbstbewußtsein der Bürger ruhende Legitimation des Staates in Frage gestellt, ist die Deformation des demokratischen und republikanischen Staatsverständnisses unaufhaltsam. Denn dann ist die liberale Vorstellung, daß der Staat zurückgedrängt und am besten in die sich selbst organisierende Gesellschaft aufgelöst werden soll, ebenso konsequent wie die sozialdemokratische Position, daß - im Angesicht der Ungerechtigkeit in der antagonistischen, kapitalistischen Gesellschaft - dem Staat als Sozialstaat eine Art Heilsfunktion zugesprochen wird. Beide Staatsvorstellungen sind historisch im Nachtwächterstaat auf der einen Seite und im Wohlfahrtsstaat auf der anderen Seite gescheitert. Sie stellen keine reale Perspektive dar, um den geschichtlich beispiellosen Herausforderungen des neuen Jahrhunderts gerecht zu werden.

13. Erneuerung des Konzepts der Sozialen Marktwirtschaft

Natürlich muß man an dieser Stelle auf die schicksalhafte Rolle eingehen, die im Zusammenhang der staatlichen, öffentlichen, aber auch privaten Existenz die Wirtschaft spielt. Wir machen uns selten klar, wie
die modernen Gesellschaften geradezu existentiell darauf angewiesen
sind, daß die Wirtschaft in einer Größenordnung von 3 bis 6% jährlich
wächst. Mit dem Wirtschaftswunder und dem Aufblühen der freiheitlichen Demokratie nach 1945 schien es, als seien die negativen Erfahrungen mit den Wirtschaftskrisen vor allem der 20er Jahre endgültig über-
standen. Die Wirtschaft hat in wichtigen Ländern der westlichen Hemisphäre, vor allem aber in Deutschland, das Wohlstandsziel nicht nur
erreicht, sondern zum Teil übertroffen. Die Stabilität der Bundesrepublik und die Zustimmung, der sich auch das politische Gemeinwesen
erfreuen konnte, hatten ihre entscheidende Grundlage ohne Zweifel in
dieser Wohlstandsmehrung, die durch den wirtschaftlichen Erfolg ermöglicht wurde. Denn dieser Wohlstand kam auch der Entspannung der
sozialen Konflikte zugute. Die Konflikte erwiesen sich als lösbar, weil
die angemeldeten Wünsche, Bedürfnisse und Ansprüche durch die von
der Wirtschaft zur Verfügung gestellten Finanzmittel erfüllt werden konnten.

Es ist auch gelungen, den einzelnen aus sogenannten strukturellen
Zwängen zu befreien. Die Kulturrevolution von 1968 hatte dazu das
große Programm der Emanzipation ausgerufen. Unser Sozialstaat war
auf dem bestem Wege, sich zu einem Wohlfahrtsstaat zu entwickeln.
Der ökonomische Erfolg ermöglichte die Sicherung des Lebens tendenziell eines jeden. Der Staat befreite die Menschen von allen materiellen
und sozialen Risiken, die in normalen geschichtlichen Verhältnissen den
einzelnen bei der Verfolgung seines Lebensglücks und seiner Lebens-
ziele bedrohen.

Wer aber nun glaubte, daß die emanzipatorischen und sozialen Versprechungen allein durch ein immerwährendes wirtschaftliches Wachstum gesichert werden können, der wird nun seit einigen Jahren eines
Besseren belehrt. Es ist die schmerzliche, tiefgehende Zumutung, die
der gegenwärtige Umbruch an die Menschen stellt, zu begreifen, daß
diese Entwicklung hin zum Wohlfahrtsstaat und zu weitgehender priva-

ter Emanzipation wohl endgültig der Vergangenheit angehört. Bei allen Chancen, die mit der sogenannten Globalisierung verbunden sind, überwiegt doch der düstere Aspekt, daß wir hinfort auf dem Weltmarkt unter viel härteren Bedingungen mit vielen anderen Staaten und Ökonomien konkurrieren müssen.

Wir müssen uns immer deutlich machen, daß wir erst am Anfang dieser Entwicklung stehen. Aber bereits jetzt haben die absehbaren und eingetretenen Konsequenzen zu Erfahrungen geführt, die die modernen Gesellschaften so noch nie gemacht haben. Denn das Kennzeichen dieser gegenwärtigen Phase der Globalisierung besteht nicht so sehr darin, daß die gesamte Welt durch ein Netz von wechselseitigen Handels- und Austauschbeziehungen verbunden ist, sondern darin, daß sich eine weltweite Konkurrenzgesellschaft etabliert, in der letzten Endes nicht nur Ökonomien, sondern die einzelnen Länder mit ihren politischen Systemen und mit ihren nationalen Kulturen konkurrieren. Es werden nicht einfach weltweit Geld, Waren und Dienstleistungen ausgetauscht, sondern Produktionsstätten werden verlagert und Arbeitskräfte über den ganzen Erdball transferiert. Der klassische Staat ist im Begriff, seine Kontrolle über die binnenwirtschaftlichen und auch monetären Prozesse zu verlieren. Wenn man einen realen Grund für das mögliche Ende von Politik im bisherigen, die Entwicklung nach 1945 kennzeichnenden Stile benennen will, dann ist es dieser: Der Staat ist zusehends nicht mehr in der Lage, für die Gesamtwirtschaft verbindliche Rahmenbedingungen zu setzen und durchzusetzen.

Mit der Globalisierung der Ökonomie beginnen aber auch die Quellen, aus denen der Staat seine sozialen Leistungen gespeist und finanziert hat, zu versiegen. Nicht von ungefähr tritt darum die Frage nach den Steuersätzen und der Form des Steuerwesens in das Zentrum der Politik überhaupt. Alle Diskussionen über Steuern wie über die fragil gewordene soziale Sicherheit können nicht darüber hinwegtäuschen, daß a) der Staat nur verteilen kann, was die Wirtschaft zuvor an Finanzmitteln erwirtschaftet hat und b) daß der Staat nur ausgeben kann, was er zuvor vor allem durch Steuereinnahmen erzielt hat. Wenn aber der Strom der Steuern zu einem Rinnsal wird und die entscheidenden Innovationen nicht mehr in Deutschland, sondern in anderen Ländern platziert werden, dann beginnen die Quellen zu versiegen, aus denen der Wohlstand bisher gespeist wurde.

Mit dem Versiegen der Quellen des Wohlstandes kehren jedoch die alten sozialen Verwerfungen und die mit ihnen verbundenen Konflikte zurück. Dann wird sich zeigen, daß nicht die Wirtschaft unser Schicksal ist, wie Rathenau meinte, sondern die Politik, wie Napoleon noch wußte. Denn daß sich die sozioökonomischen Angelegenheiten so negativ entwickelt haben, ist weitgehend auch die Konsequenz von falschen politischen Entscheidungen. Einmal mehr rückt damit die Wirtschaftspolitik in das Zentrum des politischen Interesses.

Grundsätzlich gibt es in dieser Situation zwei Alternativen: Entweder paßt man sich dem verminderten Wohlstandsniveau an, das wir durch den Verlust von Anteilen auf dem Weltmarkt zu akzeptieren haben, oder wir nehmen die Konkurrenzsituation an und bemühen uns, dieser Konkurrenz standzuhalten, um wieder an die Erfolge anknüpfen zu können, die uns in der Vergangenheit vergönnt waren. Die Politik hat sich aus guten Gründen entschlossen, den letzteren Weg zu beschreiten. Darum haben sämtliche Parteien das Wort „Innovation" zu ihrer neuen Zauberformel erkoren. Innovation heißt: Wir müssen neue, bessere und höherqualifizierte Produkte auf den Markt bringen, mit denen dann die Preise erzielt werden, die man braucht, um den sozialen Standard im Land aufrechtzuerhalten.

Ein neuer Begriff des Sozialen

Wer die neuen Herausforderungen konstruktiv und kreativ angehen will, der muß das gängige Verständnis vom „Sozialen" endlich einer Revision unterziehen und erkennen, daß nicht den Politikern und Funktionären das Etikett des Sozialen gebührt, welche die sozialen Leistungen, die die Wirtschaft erarbeitet hat, bloß zuteilen, sondern den Unternehmern. Man muß endlich zu einer Neudefinition des Sozialen kommen. Sozial ist in der neuen Situation derjenige, der Arbeitsplätze schafft. Sozial ist nicht derjenige, der soziale Privilegien aufrechterhält, sondern der innovativ ist und bereit ist, unternehmerisches Risiko auf sich zu nehmen. Joseph Schumpeter hat im Unternehmer den eigentlichen Innovator, ja einen Revolutionär erkannt. Der Unternehmer lebt davon und er bezieht daraus auch seine soziale Legitimation, daß er neue Produktionsstrukturen und neue Produkte schafft, neue Märkte erschließt, Gewinne erzielt. Mit diesen Gewinnen werden dann Arbeitsplätze finanziert und die finanzierten Arbeitsplätze werden zur Quelle für die Steuern, welcher der Staat bedarf, um seinen sozialen Verpflichtungen nachzukommen.

Zu sagen, man sei für eine Soziale Marktwirtschaft, reicht heute nicht mehr aus. Alle Parteien, selbst die Grünen und die PDS, sind heute für die Soziale Marktwirtschaft. Der Unterschied liegt in der Bestimmung des Sozialen.

Für einen Modernen Konservativismismus ist das Entscheidende am Sozialen nicht darin zu sehen, daß ein immer größerer Prozentsatz des gemeinsam Erwirtschafteten über die bürokratische Umverteilung weitergeleitet wird. Die Krise der Sozialen Marktwirtschaft besteht doch gerade darin, daß ein exzessiver Ausbau der sozialen Sicherung mittlerweile diejenige Freiheit untergräbt, ohne die es keine Soziale Marktwirtschaft geben kann. Die diversen bürokratischen Auflagen, wie überhaupt die Verrechtlichung des wirtschaftlichen Lebens, haben die freien ökonomischen Handlungsspielräume und Kräfte derart eingeschnürt, daß der Ausbau des Sozialstaates dessen marktwirtschaftliche Voraussetzungen untergräbt und zerstört.

Nicht nur die Marktwirtschaft, sondern auch die Soziale Marktwirtschaft kann es also nur geben, wenn es einen freien Wettbewerb gibt und die Staats- und Sozialleistungsquote der Wirtschaft erheblich zurückgefahren werden. Die Marktwirtschaft steht und fällt mit dem Wettbewerb. Alles hängt davon ab, inwieweit ein relativ fairer Wettbewerb gewährleistet ist. Ob es diesen fairen Wettbewerb gibt, hängt wiederum ab von der Stärke des rahmensetzenden, kontrollierenden Staates. Die Marktwirtschaft als Wettbewerbswirtschaft braucht einen starken Staat. Das ist eine Frage der Politik. Eine Wettbewerbswirtschaft gibt es nicht allein dadurch, daß die Wirtschaft sich selbst überlassen wird. Es ist vielmehr der Staat, der den Wettbewerb garantiert.

Der Staat muß immer wieder ordnend in den Markt eingreifen, weil der sich selbst überlassene Markt sich sonst selbst abschafft. Das muß den Liberalen ins Stammbuch geschrieben werden. Und den Sozialisten und Sozialdemokraten sei gesagt, daß der Versuch, den Markt an die staatliche Kandare zu nehmen oder gar durch den Staat zu substituieren, nicht zu einer erfolgreichen, sondern zu einer korrupten Wirtschaft führt. Geschichtliche Beispiele, die das belegen, gibt es ja mittlerweile zur Genüge. Die liberale wie die sozialdemokratische Sichtweise sind falsch. Der Wettbewerb ist dem staatlichen Dirigimus vorzuziehen, hier haben die Liberalen Recht. Aber der Markt funktioniert nur, wenn der Staat stark genug ist, ordnend, nicht planend, die Rahmenbedingungen der Marktwirtschaft durchzusetzen.

Aktive Wirtschaftspolitik ist nur dann gerechtfertigt, wenn die öffentlichen Mittel in die Förderung von Unternehmens- und Existenzgründungen verlagert werden. Dazu muß das Unternehmertum wieder attraktiver gestaltet werden. Der Wohlstand des Landes hängt an denen, die das Abenteuer einer Unternehmerexistenz und einer Existenzgründung auf sich nehmen. Es ist besser, eine Million Mark bei der Förderung einer Existenzgründung zu riskieren, als Milliardensubventionen in überholte Industriezweige fließen zu lassen. Alle Subventionen müssen auf den Prüfstand. Wenn man die unterschiedlichsten Subventionen statt dessen in die Neugründung von Unternehmen hineinstecken würde, dann würde man viel eher einen Beitrag zur Zukunft der Gesellschaft und der Marktwirtschaft leisten.

Eine Marktwirtschaft ist am Ende, wenn die Zahl der Unternehmer eine bestimmte Grenze unterschreitet. Wir brauchen also mehr Unternehmer. Wer bereit ist, Unternehmer zu werden, muß finanziell unterstützt werden. Auch die Banken dürfen hier nicht immer nur die Absicherung ihres Kapitals im Blick haben, sie müssen risikofreudiger werden. Die Banken müssen Jungunternehmern auch auf die Gefahr hin eine Chancen geben, daß es auch einmal schief geht. Die ganze Einstellung gegenüber Unternehmern muß gesellschaftlich geändert werden. Die Begründung dazu muß lauten, daß das gesamte Gemeinwesen von dem Ertrag der Wirtschaft abhängt. Ohne diesen Ertrag der Wirtschaft und ohne ein eingegangenes Risiko kann es keinen Wohlstand und auch keinen Sozialstaat geben. Der Moderne Konservativismus fühlt sich daher in besonderer Weise dem Mittelstand verpflichtet.

Keine Freiheit ohne Mittelstand

Wir stehen vor der Notwendigkeit, aus dieser, durch die Globalisierung hervorgehenden Entwicklung eine Neubestimmung der Rolle des Unternehmers zu bewerkstelligen und daraus die wirtschaftspolitischen Konsequenzen zu ziehen. Unser ökonomisches Schicksal und in gewisser Weise auch die Zukunftsfähigkeit unseres freiheitlichen und sozial gesicherten Systems hängen entscheidend von der Existenz des Mittelstands ab. Es sind die kleinen und mittleren Betriebe, die sich den verändernden Bedingungen des Weltmarktes anpassen können, ohne gleich ihre Produktion ins Ausland zu verlagern. Die großen Unternehmen dagegen verlagern immer häufiger ihre Produktionen ins Ausland, um dem Wettbewerbsdruck begegnen zu können.

Die mittleren und kleinen Unternehmen werden damit zum wichtigsten Bestandteil der sozialen Marktwirtschaft. Es ist vor allem der mittlere und kleine Unternehmer, der die Arbeitsplätze schafft, nicht die großen Konzerne, die nicht selten sogar am Subventionstropf des Staates hängen. Es muß darum endlich der Diskriminierung des Unternehmers, wie sie im Anschluß an die Kulturrevolution von 1968 üblich geworden ist, ein Ende bereitet und ein neues Bewußtsein über die Notwendigkeit von Unternehmern geschaffen werden. Hierher gehört auch die eben beschriebene gesellschaftspolitische Offensive der Unterstützung von Existenzgründungen. Die zur Verfügung stehenden finanziellen Mittel des Staates sollten in erster Linie eingesetzt werden, um jungen Leuten, die bereit sind, das Abenteuer des Unternehmers unter den schwierigen Bedingungen unserer Zeit einzugehen, die Unternehmensgründung zu ermöglichen.

Der Moderne Konservativismus stellt den Unternehmer nicht aufgrund einer ideologischen Voreingenommenheit oder aufgrund von Klientelinteressen in den Mittelpunkt der Wirtschaftspolitik, sondern aufgrund der Reflexion der konkreten Lage der Sozialen Marktwirtschaft. Nur darum muß die Sorge um den Mittelstand im Zentrum aller Wirtschaftspolitik stehen. Es geht dabei nicht nur um die Pflege des Mittelstandes, sondern um seinen Ausbau.

Der Mittelstand ist allerdings nicht nur eine ökonomische Kategorie, sondern der Mittelstand setzt eine ganze Kultur voraus. Das bedeutet konkret, daß die vorökonomischen Bedingungen für die Hervorbringung eines Typus von Mensch, der den besonderen Anforderungen eines solchen wirtschaftlichen Systems gewachsen ist, in den Schulen und Bildungssystemen Eingang finden müssen. In der Frage nach dem Mittelstand verknüpft sich die ökonomische und die soziale Frage mit der Bildungsfrage. Man kann soweit gehen und sagen, daß die Lösung der ökonomischen wie der sozialen Frage mehr denn je eine Frage der Erziehung und der Bildung geworden ist. Die Kultur ist damit zur Schlüsselfrage sowohl zur Lösung der ökonomischen wie der sozialen Probleme geworden.

Der Mittelstand ist nicht nur ein Stand, der eine bestimmte soziale Interessenlage vertritt, sondern er ist der Garant der Freiheit schlechthin. Der Mittelstand ist in einer demokratischen Gesellschaft das, was Aristoteles die „Mitte" genannt hat, in der allein die Freiheit gedeihen kann. Aristoteles sagte: Es darf nicht zuviel Reiche, aber es darf auch nicht zuviel Arme geben. Der natürliche Verbündete einer freien Gesellschaft ist darum der Mittelstand. Die Pflege des Mittelstandes muß darum ein wichtiges Anliegen eines jeden Modernen Konservativismus sein.

Der Mittelstand repräsentiert eine Kultur, die seit jeher an sogenannten konservativen „Werten" ausgerichtet ist. Es wird immer wieder gefordert: Im Mittelpunkt der Wirtschaft muß der Mensch stehen. Auch der Moderne Konservativismus bekennt sich zu diesem Grundsatz, wenn auch aus etwas anderer Perspektive. Denn der Moderne Konservativismus hat erkannt, daß eine freiheitliche und soziale Ordnung der Wirtschaft und ein bestimmter Stil des wirtschaftlichen Handelns ganz bestimmte qualitative Anforderungen an die Menschen stellen. Und diese Anforderungen erstrecken sich nicht nur auf fachliche und sachliche Kompetenz, sondern sie sind begründet und eingebettet in eine ganze Lebensform. Es geht, wie Max Weber es genannt hat, um die Zugehörigkeit zu einem ganz bestimmten Typus von Mensch.

Der Menschentypus, der die moderne Wirtschaft und ihre Entwicklung getragen und ermöglicht hat, ist nicht vom Himmel gefallen und auch nicht durch liberale Parteiprogramme produziert worden, sondern er hat sich den kulturellen Traditionen und letztlich der Ethik zu verdanken. Und diese Ethik hat ihrerseits die Herkunftsreligion zu ihrer Grundlage. Ethik impliziert Fähigkeiten und Motive, die nicht einfach durch die Schule und durch andere Bildungsangebote andemonstriert werden können, sondern die immer auch Produkte einer bestimmten religiösen und lebensweltlichen Sozialisation sind. Mit Ethik ist konkret die Fähigkeit der Menschen gemeint, zugunsten des Dienstes an einer Sache - und das wäre in diesem Fall das Allgemeinwohl der Gesellschaft -, bereit zu sein, sich zu entäußern. Einzelne sind bereit und fähig, auf die unmittelbar mögliche Befriedigung von Bedürfnissen zu verzichten und ihr Leben und ihre Handlungen längerfristig und rational in den Dienst der Gemeinschaft zu stellen.

Der Aufbau einer mittelständischen Wirtschaft ist also nicht in erster Linie eine Frage des Geldes, der Förderung durch den Staat oder auch der rechtlichen Erleichterung von Existenzgründungen, sondern eine Frage der Kultur. Dieses Kulturproblem wird immer dringlicher, nachdem die Kulturrevolution von 1968 die Tugenden der bürgerlichen Gesellschaft, die in der Marktwirtschaft seit jeher zum Tragen gekommen sind, in Mißkredit gebracht hat. Der „Typus" von Mensch, um mit

Max Weber zu formulieren, der unter den Bedingungen des Marktes erfolgreich handeln kann, wird durch die heutige Sozialisation nicht mehr gefördert: Arbeit, Leistung, Sparsamkeit, Risikobereitschaft, Zuverlässigkeit, Disziplin sind Tugenden, die längst zugunsten hedonistischer und sozialistischer „Werte" verdrängt wurden.

Unsere Kultur steht nun vor der entscheidenden Aufgabe, wie sie diesen Ausfall der soziokulturellen, präökonomischen Bedingungen eines erfolgreichen Wirtschaftens in Zukunft rückgängig machen will. Mit dieser Frage nach der Kultur der freien und sozialen Wirtschaft sind wir bei der Frage nach der Bildung und der Erziehung angelangt. Was müßte in den Schulen und Familien geschehen, damit wieder ein Typus, ein menschlicher Charakter gebildet wird, der dieser sich verändernden Welt gewachsen ist? Der Moderne Konservativismus erachtet dieses Problem nicht als ein Problem unter anderen, sondern als das Schlüsselproblem für die Wiedergewinnung der Zukunftsfähigkeit unseres Systems schlechthin.

14. Kritik der Kulturrevolution von 1968
Plädoyer für die Rekonstruktion des deutschen und europäischen Kulturerbes

Wie können wir die Leistungskraft der Marktwirtschaft wiedergewinnen und für die Zukunft sichern? Wenn uns die Lösung dieser Aufgabe nicht gelingt, können wir auch kein soziales Problem mehr lösen. Denn man kann nichts mehr verteilen, wo nichts mehr ist. Und wo nichts mehr ist, da hat eben der Kaiser sein Recht verloren. Man muß sich nach 30 Jahren Kulturrevolution und verschiedenen Spielformen des Sozialdemokratismus wieder auf die Frage konzentrieren, wie etwas produziert wird, damit auch etwas verteilt werden kann. Wir müssen uns des Ordnungsmodells der sozialen Marktwirtschaft erinnern, das den Sozialstaat nicht mit der Aufgabe betraut hat, eine Totalbetreuung und Vollversorgung zu gewährleisten. Vielmehr sollten diejenigen, die ohne ihr Verschulden unter den Stand des Lebensniveaus der Gesellschaft zurückfallen und nicht mehr fähig sind, am gesellschaftlichen, politischen Prozeß teilzunehmen, durch ein sozialstaatliches Sicherungssystem dazu befähigt werden.

Jedes andere Verständnis der Sozialen Marktwirtschaft führt zum Mißbrauch des Sozialstaats. Die ganze Gesellschaft wird dann korrumpiert: Die Einen wollen das Geld der anderen verteilen und die anderen machen Ansprüche geltend, die - bei Lichte betrachtet - nicht berechtigt sind. Man kann heute nicht mehr unterschiedslos soziale Wohltaten verteilen, ohne zu fragen, warum und wie der Versorgungsbedürftige in seine Lage geraten ist. Die Kriterien, nach denen die Aufnahme einer Arbeit zugemutet werden kann, müssen den realen Verhältnissen angepaßt werden. Warum sollen nicht Arbeitslose für öffentliche Aufgaben herangezogen werden? Es gibt unendlich viele Felder, in denen es eine Nachfrage nach Arbeit gibt. Der ganze Bereich der Dienstleistungen ist ausbaufähig, ebenso der gesamte Bereich der Pflege und der Erziehung. Dort werden noch viele Menschen gebraucht.

Die Motivation zu erreichen, ist oft nur eine Frage der Sprache und der Begründung. Wenn man den Menschen erklärt, daß jemand, der von der öffentlichen Hand Sozialleistungen bezieht, auch eine gemeinnützige Gegenleistung erbringt, so wird dem ja niemand widersprechen. Es geht hier nicht um Schikane, sondern darum, dem Arbeitslosen zu einem Selbstwertgefühl zu verhelfen. Dieses Selbstwertgefühl bekommt er, wenn er nicht als ein Almosenempfänger, sondern als jemand behandelt wird, der sein Geld auch verdient hat.

Dem Modernen Konservativismus geht es darum, den falschen sozialen Mythos zu brechen. Die Basis des gegenwärtigen Sozialstaats, der mehr als ein Drittel des Bruttosozialprodukts verschlingt, ist nicht eine pragmatisch-rationale soziale Gesinnung, sondern ein Mythos. Umverteilung bedeutet noch lange nicht sozial. Ein auf Verteilung reduzierter Begriff des Sozialen hat vielmehr zu neuen Formen der Privilegierung und Ausbeutung sowie zu der Abhängigkeit von einer neuen Herrschaftsklasse der Funktionäre geführt. Als sozial ist vielmehr derjenige zu würdigen, der am meisten zur Fortentwicklung der freien Gesellschaft beiträgt. Wer etwa Arbeitsplätze und damit erst die Voraussetzungen eines persönlich und verantwortet geführten Lebens schafft, der ist sozial. Wer dagegen als Funktionär oder Partei der Sozialbürokratie das von anderen Leuten erarbeitete Geld an andere verteilt, wobei die Frage der Bedürftigkeit nicht selten fragwürdig ist, den kann man nicht als sozial bezeichnen. Die riesige Sozialbürokratie verschlingt im übrigen selber einen großen Anteil der für das Soziale bereitgestellten Mittel. Sie stellt eine neue Herrschaftsklasse dar, welche davon lebt, daß das soziale Problem bestehen bleibt. Die Sozialbürokratie hat gar kein Interesse daran, daß das soziale Problem gelöst wird, denn sonst müßte sie sich selbst abschaffen.

Wie konnte es zu dieser Fehlentwicklung kommen? Der Kulturrevolution von 1968, dem Neomarxismus, ist es gelungen, aus dem Sozialen eine Religion zu machen. Die christliche Nächstenliebe ist dabei abgestorben und an anonyme Organisationen delegiert worden. Der einzelne fühlt sich entpflichtet, und darum kümmert sich kaum einer noch um das konkrete Wohl des Nächsten. Das Soziale ist ein technisches und monetäres Problem geworden. Es ist völlig außerhalb des Horizontes der sich sozialdemokratisch oder auch christlich nennenden Parteien geraten, daß das Soziale einen personalen Bezug und ein eigenes Ethos voraussetzt und daß sich darin auch ein Teil der christlichen Mildtätigkeit und Nächstenliebe erfüllt. Das Soziale wird nur noch unter dem technokratischen und monetären Blickwinkel der ideologischen Linken gesehen.

Das Problem des Kulturbewußtseins einer freien Wirtschaftsordnung stellt sich nicht nur im Blick auf den Begriff des Sozialen. Wir müssen auch darüber nachdenken, ob sich die Gesellschaft der Zukunft über-

haupt noch im Sinne jenes Verständnisses und Begriffs von Arbeit auslegen läßt, der die moderne Industriegesellschaft bisher getragen hat.
Denn je mehr die Rationalisierung die Produktivität steigen läßt, um so
mehr werden die Menschen aus dem arbeitsteiligen Prozeß ausgeschie-
den. An einem bestimmten Punkt der Entwicklung helfen da auch keine
Gemeinwohlarbeiten und Dienstleistungen weiter. Die Utopie des So-
zialismus war immer von dem Ziel bestimmt, daß die Menschen eines
Tages vom fremdbestimmten Zwang der Arbeit befreit werden sollten.
Die Menschen sollten selber entscheiden können, welchen Rang sie der
Arbeit und der Teilnahme am arbeitsteiligen Prozeß der Gesellschaft
zubilligen wollen. Die Arbeit sollte in ihrem Charakter eine weitgehend
selbstbestimmte Tätigkeit sein. Heute gibt es entsprechende liberale
Entwürfe, die die These vertreten, daß in Zukunft jeder Mensch eine
Art kleiner Unternehmer sein wird. Wie ein Unternehmer einen Pro-
duktionsbetrieb managt, so sollen die Menschen ihr ganzes Leben ma-
nagen.

Diese liberalen Hoffnungen sind sicherlich verstiegen und utopisch,
aber es steckt auch ein Stück Wahrheit darin. In der fortgeschrittenen
Industriegesellschaft werden wir nämlich mit einem doppelten Problem
konfrontiert. Einmal mit der Frage: Was fangen die Menschen mit ihrem Leben an, die nicht mehr damit rechnen können, in einem bestimmten Beruf ihr Leben zu verbringen, um aus dieser Arbeit auch einen
Lebenssinn zu empfangen? Zweitens: Welches werden die Antriebskräfte
sein, die die anderen Menschen veranlassen könnten, die Arbeits- und
Produktionsprozesse, ohne die selbstverständlich auch in Zukunft die
Gesellschaft nicht auskommen kann, selbstbestimmt zu gestalten? Beide Fragen führen uns zu der Erkenntnis, daß nicht die Ideologie von
überständigen Konservativen, sondern die gesellschaftliche Realität
selber uns nötigt, die Bildung neu auszurichten. Die Frage der Bildung
wird zu einer, ja vielleicht zu der entscheidenden Frage unserer Gesellschaft, die auch die Bedeutung des Wirtschaftsstandorts Deutschland
betrifft.

Die entscheidenden Voraussetzungen für die Bewältigung des sozioökonomischen Umbruchs müssen im Bereich der Bildung erfüllt werden. Im Blick auf die konkreten geschichtlichen Herausforderungen
müssen die Bildungsinhalte und -qualifikationen völlig neu gedacht
werden. Wir müssen vom reinen Ausbildungskonzept wieder zu einer
ganzheitlicheren Betrachtung der Bildung zurückkehren. Warum? Weil
ein sogenannter ganzheitlicher Entwurf von Bildung neben der Vermitt-

lung von fachlicher, technischer und wissenschaftlicher Kompetenz auch die Fragen der nationalen wie europäischen Kultur mit einschließt. Der weltweite ökonomische Austausch wird die Begegnung und Konfrontation mit unterschiedlichsten Kulturen und Mentalitäten zur Folge haben. Diesem Umstand muß die Ausbildung der Arbeitnehmer wie auch der ökonomischen Führungskräfte Rechnung tragen. Die Akteure müssen selber erst eine eigene kulturelle Identität ausbilden, damit sie fremde überhaupt verstehen können. Das Verstehen von fremden Kulturen wird künftig eine entscheidende Bedingung auch für den ökonomischen Erfolg sein. Wer sich zwischen unterschiedlichen Kulturen bewegt, muß die Fähigkeit zum Verstehen und Auslegen, also die Fähigkeit zur Hermeneutik mitbringen. Der Unternehmer wird neben seiner ökonomisch-technischen Befähigung eine zweite Kompetenz mitbringen müssen, die man hermeneutische Kompetenz nennen könnte. Wer aber die eigene Kultur nicht kennt, der kann eine fremde Kultur nicht verstehen.

Eine solche Kompetenz kann nur in den Schulen vermittelt werden. Heute ist leider die Fachorientierung in der Bildung übermäßig ausgeprägt. Das ist aber die Folge der Fehleinschätzung des Wesens der Ökonomie. Liberale wie Sozialdemokraten sind dem tragischen Irrtum erlegen, daß die Ökonomie aus sich selbst heraus leben kann, so als sei die Ökonomie eine rein ökonomische Veranstaltung. Nein, die Wirtschaft eines modernen Staates ist eine kulturelle Veranstaltung! Das heißt: Ohne die Integration der Wirtschaft in die Kultur und das Ethos, das diese Kultur trägt und hervorgebracht hat, geht jede freie Wirtschaft auf die Dauer zugrunde. Das muß der Moderne Konservativismus deutlich machen. Noch vor der Politik, vor dem Ökonomischen und vor dem Sozialen ist damit die Kultur und damit die Erziehung im Blick auf die zu erwartenden Veränderungen und Herausforderungen zur Überlebensfrage der modernen Kultur geworden.

Von Erziehung reden, heißt, von der Schule sprechen. Die Schule ist so gut wie ihre Lehrer, das ist eine Binsenweisheit. Es kann nun aber kein Lehrer erfolgreich wirken, der keine Autorität hat. Das Problem besteht darin, daß die Lehrer nach 30 Jahren Kulturrevolution ihre Autorität nicht mehr allein aus ihrer Funktion ableiten können. Die Autorität des Lehrers muß sozial, gesellschaftlich und politisch unterstützt werden, sie muß vor allem gewollt werden.

Wir müssen daher Schluß machen mit dem Experiment der antiautoritären Erziehung. Es hat sich nämlich herausgestellt, daß antiautoritäre Erziehung den Verzicht auf Erziehung überhaupt bedeutet. Der

Lehrer darf nicht frei phantasierend in der Schule agieren. Man muß sich wieder auf einen verbindlichen Bildungskanon einigen. Es muß Standards geben, es muß deutlich werden, was jemand lernen muß, ob er nun will oder nicht.

Was könnte die Basis dieses Bildungskanons darstellen? Im Angesicht des Endes der Ideologien der Aufklärung geht es darum, nicht eine ideologische, sondern eine geschichts- und realitätsbewußte Bildung zu leisten. Die künftige Kultur bezieht die Maximen und Prinzipien ihres Handelns nicht mehr aus ideologischen Prämissen, sondern aus der Erfahrung der Geschichte, und damit aus dem Erbe der Geschichte. Die Rekonstruktion und die Pflege des großen geschichtlichen und kulturellen Erbes Deutschlands und Europas wird darum eine vorrangige Aufgabe sein. Das bedeutet, daß ehe die Schüler den Umgang mit Angehörigen anderer Kulturen erlernen, sie erst einmal ihre eigene Kultur kennenlernen müssen.

Die Kultur ist am Ende der Moderne wieder zur entscheidenden Frage geworden, da eine kulturlose Gesellschaft droht, in die Barbarei abzustürzen. Aber was heißt Kultur? Kultur bedeutet den Inbegriff gemeinsam geteilter Lebensform. Ein anderer Ausdruck dafür ist Ethos. Aber gibt es noch den Inbegriff einer gemeinsam getragenen und bejahten Lebensform? Nein. Die Schickeria, die nach Bayreuth geht, ist die Kehrseite einer Jugendkultur, die vornehmlich bei Mc Donalds und in den Diskotheken zu finden ist. Die einen kultivieren den Schein der bürgerlichen Kultur und sprechen sich eine Bedeutung zu, die sie nicht mehr haben. Und die anderen befreien sich von diesem Schein, indem sie meinen, sich den realen Genüssen des Lebens zuwenden zu können. Beide Gruppen leben dennoch noch von den Resten, von den Endprodukten der bürgerlichen Gesellschaft.

Das schwierigste Problem von allen besteht nun darin, die Neukonstitution der Alltags- und Lebenskultur hervorzubringen. Mit dieser Kultur- und Lebensform ist die Konstitution eines Ethos verbunden, also das, was früher einmal unter dem Begriff der Sitte verstanden wurde. In diesem Zusammenhang stellt sich dann die Frage: Aus welchen Quellen schöpft ein Land oder eine Nation, um Evidenzen zu bilden, die eine solche Verständigung über die Lebensformen erlauben?

Erst in diesem Kontext stellt sich dann die alles entscheidende Frage: Christlich oder nichtchristlich. Denn eine Substanz der Kultur muß es geben. Die bisherige Substanz war seit der Aufklärung der Sozialismus und der Liberalismus bzw. eine Mischung aus beiden. Deren Epoche ist nun vorbei. Der libertäre Sozialismus, den wir heute überall antreffen, ist eine postmoderne Aftergeburt. Dieser libertäre Sozialismus hat nichts mit dem zu tun, was im 19. Jahrhundert unter sozialistischer oder liberaler Kultur verstanden wurde.

Was ist denn das Resultat der nun endenden liberalen und zugleich sozialistischen Epoche? Das ungeklärte Verhältnis zwischen dem Glauben an die Allheilkraft kollektivistischer Lösungen auf der einen Seite und dem Glauben an die Alllösungskraft individualistischer Modelle auf der anderen Seite hat dazu geführt, daß sowohl der Kollektivismus wie der Individualismus gleichzeitig vollzogen wurden und sich beide gegenseitig produziert haben. Die Prozesse der Kollektivierung und damit der sozialen Enteignung der Person auf der einen Seite und die privatistische Freisetzung der Individuen auf der anderen Seite bilden zwei Seiten der gleichen Medaille.

Auf der Basis dieser Erkenntnis kann sich im Unterschied zu den beiden konkurrierenden Parteien, nämlich den nach wie vor an egalitäre und kollektivistische Lösungen glaubenden Sozialdemokraten und den an die Welterlösungskraft des Individualismus glaubenden Liberalen, der moderne Konservativismus neu bilden und als die Kraft der Mitte verstehen.

Der Moderne Konservativismus ist weder links noch rechts, sondern die Position der radikalen Mitte und damit der Zukunft. Ihm geht es im Kern um eine neue Bestimmung des Verhältnisses von Gemeinsinn und Individualismus. Daraus ergeben sich dann die einzelnen Antworten im Verständnis der Sozialen Marktwirtschaft, der Staatsaufgaben und der Nation. Der Moderne Konservativismus muß deutlich machen, daß mit dem Zusammenbruch des realen Sozialismus und der libertären Wendung des westlichen Sozialismus zentrale Inhalte des progressiven Weltbildes der Moderne seit der Aufklärung geschichtlich überholt sind.

In dieser Situation wird die Neukonstitution und die Pflege der hergebrachten Kultur die eigentliche Grundlage unseres Zusammenlebens. Die moderne „Gesellschaft" war zur Konstitution einer sozialen und freiheitlichen Kultur nur solange fähig, wie die christliche Alltagskultur die ethischen Bedingungen der modernen Vertragsgesellschaft bereitgestellt hat. Die Logik des liberalen Utilitarismus führt aber aus sich selber heraus, d.h. ohne christlichen Begleitschutz, nicht zur sozialen und freien Kultur, sondern eher zu einer Kultur, die gekennzeichnet ist durch den „Willen zur Macht" (Nietzsche).

Kultur ist die Gegenkraft gegen den Willen zur Macht und gegen die darauf aufbauende Technik und Ökonomie. Sie ist die Kraft, die erst einen humanen Umgang mit der Technik und der Ökonomie ermöglicht. Denn Kultur ermöglicht die Ausbildung von Urteilskraft. Was hat es denn für einen Sinn, massenhaft Informationen über das Internet zur Verfügung zu bekommen, wenn man mit diesen Informationen nicht umgehen kann, wenn man sie nicht strukturieren und nicht einordnen kann. Man muß eben auch wissen, was wissenswert ist.

Kultur meint darum immer geschichtliche Kultur. Es sind die Mächte der Geschichte, die über das kulturelle Schicksal der Kultur entscheiden. Und wie die Geschichte lehrt, ist die wichtigste Macht einer Kultur die Religion. Für Europa und Deutschland ist dies das Christentum. Darum gibt es aus der Sicht des Modernen Konservativismus zur Erneuerung des Christentums als der unsere Kultur entscheidend formierenden Kraft auf die Dauer nur die Alternative einer drohenden Barbarei. Moderner Konservativismus aus dem Geist des Christentums oder libertärer Sozialismus mit daran anschließendem Sozialdarwinismus - so lautet die Alternative.

Die Wiedererweckung der christlichen Quellen und Ursprünge der kulturellen Grundlage unseres Zusammenlebens ist darum für den Modernen Konservativismus das wichtigste Anliegen. Die Kultur lebt nicht aus sich selbst, sondern sie setzt immer eine Quelle, eine Substanz voraus. Nach dem Ende des realen Sozialismus und in der Krise des libertären Sozialismus müssen wir uns entscheiden, ob die libertäre Kultur weiter ihren anarchisierenden und destruktiven Tendenzen überlassen bleibt, oder ob wir uns auf die Quelle und den Ursprung besinnen, ohne die es weder eine freie noch soziale Kultur gegeben hat und noch weniger in Zukunft geben wird.

Das Christentum ist eine Religion, die nicht, wie viele Leute meinen, gegen die Aufklärung und gegen die Moderne gerichtet ist, sondern die selber die Quelle, die Kraft darstellt, aus der die Aufklärung und die Moderne gelebt haben. Das Urteil, das die sozialistisch bzw. liberal gedeutete Moderne über das Christentum gefällt hat, ist falsch. Das Christentum hat ein viel größeres inneres Verhältnis zur Moderne als etwa der Islam, dem die Moderne ja an sich fremd ist. Das Verhältnis von Christentum und Moderne muß also im Angesicht des Scheiterns des libertären Sozialismus ganz neu gedacht werden. Zwei Sachverhalte sind dabei zu bedenken:

1. Sowohl im Sozialismus wie im Liberalismus hat sich der Freiheitsgedanke erschöpft. Wenn aber die Moderne eine Errungenschaft vorzuweisen hat, um deretwillen es sich lohnt, sie zu verteidigen und zu bewahren, dann ist dies die Freiheit, die sie geschaffen hat. Aber die einzige geistige Kraft, die imstande wäre, diese Freiheit zu bewahren und
auszufüllen, ist das Christentum.

2. Die geschichtliche Erfahrung hat gezeigt, daß sich der christliche
Freiheitsbegriff - anders als im Liberalismus - nicht gegen das Allgemeinwohl und die Gemeinschaft richtet, sondern daß dieser Freiheitsgedanke auch immer den Gedanken des Dienstes, ja in Extremfällen
sogar den Gedanken des Opfers einbezieht. Darum stellt das Christentum den inneren Ausgleich zwischen Freiheit und Gemeinwohl-
verpflichtung dar, an dem der Sozialismus und der Liberalismus immer
gescheitert sind: Der Sozialismus, in dem er die Freiheit vernichtet hat,
und der Liberalismus, in dem er den Gemeinsinn zerstört hat. Aus diesem entscheidenden Grund ist das Christentum nicht nur eine traditionelle Gestalt, aus der heraus auch die moderne Kultur entstanden ist
und bis heute lebt, sondern es ist auch die einzig wirkliche zukunft-
verbürgernde Kraft.

Mit dem Zusammenbruch des Sozialismus ist die Nachkriegszeit
nicht nur wirtschaftlich, sozial und politisch zu Ende gegangen. Auch
die linksliberale geistig-kulturelle Hegemonie wird daher über kurz oder
lang zusammenbrechen. Bisher ist jede Form des Konservativen durch
diese Hegemonie des Gegners in vollständigen Mißkredit geraten. Wer
diesen Zustand überwinden will, muß daher zuerst die Genesis und das
Wesen dieser linksliberalen Hegemonie kritisch rekonstruieren.

15. Der Kampf um die geistig-kulturelle Hegemonie

Wer dieses Thema in den Blick nimmt, der zeigt sich nicht selten beunruhigt, besorgt, ja zum Teil sogar empört über einige Auffälligkeiten unserer politischen Kultur. Solche Auffälligkeiten sind in der Tat kaum zu übersehen und es gibt auch nicht wenige gründliche Analysen, in denen sie nicht aufgeführt werden.

Das erste was auffällt, ist dieses merkwürdige Phänomen, daß unser Land seit vielen Jahren wellenförmig von Kampagnen heimgesucht wird. Die deutsche politische Kultur ist eine kampagnenträchtige und kampagnenfreudige Kultur. Der Gegenstand solcher Kampagnen ist in der Regel irgendeiner, der in unserer Gesellschaft bekannt und renommiert ist, und der durch solche Kampagnen in eine ominöse politische Ecke gestellt wird. Ich will hier nur auf die Gefahren aufmerksam machen, die für unsere Demokratie drohen, wenn wir solche Kampagnen, die in der Regel mit dem Ziel der politischen Ausgrenzung verbunden sind, dulden. Man braucht sich ja nur an diesen in der Tat exemplarischen Vorgang erinnern, der 1993 der Nominierung von Stefan Heitmann zum Kandidaten für das Amt des Bundespräsidenten vorausgegangen ist. Damals haben die Kampagnen in ihrem Stil und in ihrer Sprache einen Höhepunkt an Niedertracht und Gemeinheit erreicht, der schwerlich überboten werden kann. Diese Kampagne ging so weit, daß zwischen der möglichen Einsetzung von Steffen Heitmann als Bundespräsident und einem erneuten Holocaust ein Zusammenhang hergestellt wurde. Diese Kampagne übertraf in ihrer Ungeheuerlichkeit eigentlich alles, was man sich - bei noch so großem Verständnis hinsichtlich der Notwendigkeit von Kampagnen - in der Demokratie vorstellen kann. Wenn man sich die Frage stellt, was denn dieser arme Mann, der zu einer solchen bekämpfenswürdigen Figur gemacht wurde, eigentlich getan hat, dann ist dies ja nicht der Umstand gewesen, daß er ein Konservativer ist.[8]

Aber es sind nicht nur die Kampagnen als solche, die auffällig sind. Es ist vor allem auch der Stil der politischen und ideologischen Auseinandersetzung, der beunruhigend ist. Für den Stil dieser Auseinandersetzungen ist typisch, daß es kaum noch einen Fall gibt, in dem man sich mit Argumenten auseinandersetzt. Man kann in diesem Land sagen, was man will und man kann begründen, wie man will. Die Argumente werden schlicht nicht zur Kenntnis genommen. Vielmehr begnügt man sich damit, den Konservativen und Rechten ein Etikett zu verpassen. Dieses Etikett sagt dann alles über jemanden aus und damit ist dann auch klar, in welche Ecke jemand gehört.

Dieser Stil ist jedoch einer guten Demokratie unwürdig. Denn Demokratie heißt Auseinandersetzung. Unser großer Kommunikationstheoretiker, Jürgen Habermas, hat uns 30 Jahre lang mit nie erlahmendem Elan eingebleut, daß die Demokratie im kommunikativen Austausch von Argumenten besteht und daß die Zuordnung zu irgendeinem Etikett demgegenüber überhaupt nichts aussagt. Wenn heute immer wieder beklagt wird, daß der parteiübergreifende Dialog erlahmt ist, dann hängt dies auch mit diesem Umstand der Etikettierung des politischen Gegners zusammen. Keine Konsensbeschwörung wird uns nützen, wenn wir nicht in unserer Demokratie zu den unerläßlich einzuhaltenden Regeln einer argumentativen Auseinandersetzung zurückfinden.

In diesen Zusammenhang gehört auch das Phänomen der „political correctness". Wenn es dieses Phänomen der political correctness wirklich geben sollte, dann gibt es in unserer Demokratie etwas, das mit den Grundbedingungen einer liberalen Demokratie schlechterdings unvereinbar ist. Denn dann gibt es eine verordnete Sprachregelung. Die Überwachung der Sprachregelung kommt de facto einer Zensur gleich. Da die Trennung von Denken und Sprache gar nicht möglich ist, läuft der Versuch, die Sprache und die Worte zu kontrollieren, auf eine Kontrolle und Zensur der Gedanken hinaus. Wir erfreuen uns in manchen anderen Bereichen durchaus einer großen, manchmal überschüssigen Liberalität, aber wir leben auch in einer Gesellschaft, in der das grundlegende, für jede Liberalität fundamentale Recht eines jeden Menschen, seine Meinung unbeschadet seiner Person öffentlich zu äußern, eingeschränkt wird. Eine solche Gesellschaft verdiente nicht den Namen einer liberalen Demokratie, wenn sie um der Gedanken- und ideologischen Kontrolle willen Methoden anwendet, die im Prinzip von einem totalitären Staat nicht zu unterscheiden sind. Denn die Eigenart des totalitären Staates besteht doch in dem Bestreben, durch Indoktrination die Gedanken, die Meinungen zu kontrollieren.

Wir wollen im folgenden nicht nur verschiedene Symptome der political correctness benennen, sondern wir sollten den Versuch machen, zu verstehen, wie es dazu kommen konnte und was eigentlich dahintersteht.

Meine erste These dazu lautet, daß eine solche Art der politisch-ideologischen Auseinandersetzung und des Kampfes um die Vorherrschaft der Meinungen nur die vordergründige Szene ist, hinter der sich der Kampf um die geistig-kulturelle Hegemonie zunächst in den alten Bundesländern und heute in ganz Deutschland verbirgt. Wenn man einmal darauf aufmerksam geworden ist, daß diese Kampagnen nur sekundäre, vordergründige Symptome eines in der gesellschaftlichen Wirklichkeit sich vollziehenden hegemonialen Kampfes sind, dann erkennen wir das spezifische Faktum, das für das Verständnis der Bundesrepublik und ihrer Politik in letzter Instanz entscheidend ist. In der Bundesrepublik wird sich diejenige politische Kraft - selbst wenn sie nicht in der Regierung ist, sondern nur in der Opposition bleibt -, auf die Dauer durchsetzen, die die Kraft hat, ihre Hegemonieposition geistig-kulturell zu definieren.

Die entscheidenden politischen Schlachten sind immer nur die Konsequenzen von geistigen und semantischen Auseinandersetzungen, die vorausgegangen und an ganz anderen Orten der Gesellschaft geführt worden sind als im eigentlichen Zentrum des politischen Geschehens. Es sind alles Schlachten, die semantisch geführt werden. Bei Nietzsche findet sich der Satz, daß im 20. Jahrhundert die zentrale Frage der Macht nicht mehr dort entschieden wird, woran wir uns aufgrund der historischen Erfahrungen gewöhnt haben, sondern die Macht wird von denjenigen behauptet, die imstande sind, ihren Sprachgebrauch durchzusetzen. Die Sprache, der mit der Sprache verbundene Kampf um die Begriffe und der mit der Interpretation verbundene Kampf um das Bewußtsein, ist der eigentliche Ort des politischen Kampfes. Folglich besteht die Substanz der Politik im 20. Jahrhundert im Kampf der unterschiedlichen Interpretationen. Der harte Kern der Politik in unserem Jahrhundert ist ein Interpretationskampf.

Es gibt bei Nietzsche die außerordentliche These, wonach die Politik in der Zukunft Weltpolitik sein wird und die Politik sich in einen einzigen Geisterkampf auflösen wird. In diesem Kampf würden unterschiedliche Philosophien, d.h. unterschiedliche Interpretationen um die Deutung der Wirklichkeit, um die Prägung und Strukturierung des Bewußtseins gegeneinander stehen. Nun hat aber der Begriff der „geistig-kulturellen Hegemonie" einen bestimmbaren Erfinder: Antonio Gramsci. Wir müssen auf Gramsci zurückgehen, um zu verstehen, wie sich die heutige Lage entwickelt hat.

Antonio Gramsci hat die traditionelle marxistische Staatslehre einst mit der These revidiert, daß der Staat mehr und anderes sei als nur ein Instrument in den Händen der herrschenden Klasse. Der Staat sei vielmehr begründet und verankert in einem vorpolitischen Konsens der Werte, der Begriffe und Prinzipien, an denen alle Bürger, unangesehen ihrer Klassenzugehörigkeit, Anteil hätten. Die Konsequenz, die sich für Gramsci aus dieser Einsicht ergab, war die Überzeugung, daß in sogenannten spätkapitalistischen Gesellschaften der Kern des politischen Kampfes um die Macht im Kampf um die geistig-kulturelle Hegemonie in der Gesellschaft liege. Dieser Kampf um die geistig-kulturelle Hegemonie als dem Zentrum des politischen Kampfes um die politische Veränderung der Gesellschaft zielte bei Gramcsi noch auf die Überwindung des kapitalistischen Systems.

Der Begriff der „geistig-kulturellen Hegemonie" ist also eine Erfindung eines großen marxistischen Theoretikers, der in den dreißiger Jahren von den italienischen Faschisten ins Gefängnis gesperrt worden war und der in vielen Jahren des intensiven Nachdenkens zu der Einsicht kam, daß die traditionellen Methoden des Klassenkampfes und der revolutionären Strategie, wie sie von Marx und Lenin praktiziert wurden, heute nicht mehr erfolgreich sein können. Und warum konnten diese Methoden nicht mehr erfolgreich sein? Weil es der Gesellschaft des reformierten Kapitalismus gelungen ist, das von Marx ins Auge gefaßte revolutionäre Subjekt erfolgreich in die Gesellschaft zu integrieren. Das Proletariat steht nicht mehr abrufbereit als revolutionäres Subjekt zur Verfügung. Es ist vielmehr voll integriert, es ist ein Teil der kapitalistischen Gesellschaft geworden, es teilt die Grundlagen dieser Gesellschaft, es teilt deren Normen und Werte. Damit revidierte Gramcsi die traditionelle marxistische Theorie. Gramcsi kam zu der Überzeugung, daß wir von nun an völlig anders über die Bedeutung und die Rolle des Staates in der modernen Gesellschaft denken müssen. Die These von Karl Marx, daß der Staat nur ein Produkt der Klassengesellschaft ist und der Staat nur ein Instrument ist, dessen sich die jeweils herrschende Klasse bedient, um die Unterdrückten zu unterwerfen, hält Gramcsi für falsch.

Gramcsi hat sich nun folgende Frage gestellt: Wenn der Staat nicht Produkt und Funktion der Klassengesellschaft ist, worin gründet der Staat denn dann? Nach Gramcsi gründet der Staat in einem ethischen, geistig-kulturellen Konsens. Dieser Konsens ist so grundlegend, daß er auch die sozialen Gegensätze, auch die Spannungen der Klassen überspannt. Wer daher den Staat und mit dem Staat das Ganze der kapitalistischen Gesellschaft verändern und überwinden will, der muß in den Kampf um die Werte und um die Normen, d.h. um die Grundlagen des Konsenses der Gesellschaft, eintreten, in denen der Staat selber begründet ist.

Gramcsi ist unter den Theoretikern der Frankfurter Schule derjenige, der ein neues Stück in der politischen Geschichte des 20.Jahrhunderts eröffnet hat. Denn Gramcsi gibt dem klassischen Marxismus die Wendung zu einer kulturrevolutionären Strategie. Es kämpfen nicht Klassen gegen Klassen um die Aneignung der Produktivkräfte. Das ist eine sekundäre Aufgabe, die erst dann aktuell wird, wenn man den Kampf um die geistig-kulturelle Hegemonie gewonnen hat. Entscheidend ist, daß man zuerst die herrschende geistig-kulturelle Hegemonie der Kapitalisten überwindet.

Es ging dem Neomarxismus von Gramsci von nun an darum, die historischen Traditionen und auch die klassischen Traditionen der bürgerlichen Philosophie des deutschen Idealismus von Kant bis Hegel zu überwinden. Die bürgerliche Kultur im ganzen ist von nun an der Gegenstand des Kampfes im Sinne einer Strategie der Überwindung der kapitalistischen Gesellschaft. Der Sozialdemokrat und frühere Bundesgeschäftsführer der SPD, Peter Glotz, war der erste, der in der alten Bundesrepublik darauf aufmerksam gemacht hat, daß die Chancen der Verwirklichung des Sozialismus ausschließlich von der Frage abhängen werden, wer die geistig-kulturelle Hegemonie innehat. Der Kampf um die geistig-kulturelle Hegemonie sei das Zentrum des politischen Kampfes. Peter Glotz hat recht mit dieser These.

Wir wollen dazu einmal ein Beispiel nennen: Wenn wir die Frage der deutschen Vereinigung auf den geistig-kulturellen Hintergrund untersuchen, dann erkennen wir, daß wir diese Vereinigung in den Kategorien eines primitiven Marxismus betrachten. Die deutsche Politik versteht die Vereinigung als das Resultat eines Transfers der sozio-ökonomischen Systeme. Man stellt fest, daß das sozialistische Zentralverwaltungssystem zusammengebrochen ist und an dessen Stelle transferiert man das System der sozialen Marktwirtschaft. Die deutsche Politik denkt also den geschichtlich-kulturellen Vorgang der Vereinigung der beiden Teile Deutschlands in den gleichen sozio-ökonomischen Begriffen und Theorien, wie sie Karl Marx zugrunde gelegt hatte, die aber der Neomarxist Gramcsi längst revidiert hatte.

Für die alte Bundesrepublik war das Startsignal der kulturrevolutionären Strategie des Neomarxismus die politische Revolte der 68er.

Wer die Kulturrevolution von 1968 nicht versteht, der versteht die Bundesrepublik nicht. Dann versteht man aber auch all die Auffälligkeiten nicht, durch die unsere politische Kultur besonders gekennzeichnet ist.

Es war ein notwendiger und auch großer Augenblick, als, nachdem der ökonomische Aufbau der alten Bundesrepublik abgeschlossen war und die Bürger ihre Sauf-, Freß-, Reisewellen hinter sich gebracht hatten, die Jugend die Frage stellte, was eigentlich der Sinn des Ganzen sei. Welches sind die Ziele, denen dieses Land im Zusammenhang des historischen Prozesses folgte, und was sind die geistigen Grundlagen dieser Gesellschaft? Ich bin nach wie vor der Meinung, daß die Fragen, die damals gestellt worden sind, richtige, notwendige und fällige Fragen waren. Ich glaube nur, daß die Antworten, die auf diese an sich richtig gestellten Fragen gegeben worden sind, falsch waren. 1968 bedeutet: Richtig gestellte Fragen, aber falsch gegebene Antworten.

Diese Fragen sind uns bis heute geblieben. Jede neue Generation und jede Gesellschaft, die eine umstürzende Wende erlebt, stellt diese Fragen. Diese Fragen stellen sich erst recht, wenn wir nicht mehr mit einem kontinuierlichen wirtschaftlichen Wachstum rechnen können, wenn der progressive Ausbau der Systeme der sozialen Sicherung nicht mehr möglich ist, weil er einfach nicht mehr bezahlbar ist. Wenn der Staat der Schuldenfalle entgegentaumelt und wenn mit den alten politischen Methoden diese sich neu stellende Lage nicht bewältigt werden kann, dann stellen sich unter anderen Bedingungen diese Fragen sogar verschärft, weil von nun an das pure Überleben der Gesellschaft mit der Beantwortung dieser Fragen verknüpft ist.

Wer in dieser Situation den Mut und die Kraft hat, diese Fragen zu beantworten, der wird sich siegreich durchsetzen, selbst wenn die Antworten falsch sind. Das gilt vor allem dann, wenn das bürgerliche Lager diese Fragen erst gar nicht versteht und keine Antwort gibt. Die rotgrüne Regierung ist die logische Konsequenz aus dem Versagen des bürgerlichen Lagers in diesen Fragen. Dabei hätte uns die rot-grüne Koalition in Nordrhein-Westfalen lehren können, daß hier völlig unvereinbare politische Konzeptionen von unvereinbaren Voraussetzungen auf unvereinbare Ziele mit unvereinbaren Methoden in einem Bündnis zusammengeschmiedet werden. Trotzdem war die Bevölkerung der Meinung, daß man diesem Projekt die Regierung in Deutschland anvertrauen sollte. Warum ist das so? Das ist so, weil die Protagonisten dieses Projektes eine Perspektive - manche meinen sogar eine Vision - der zu verändernden Gesellschaft anzubieten haben. Es ist die Inspiration und

Motivation, die von einer solchen Zukunftsperspektive ausgeht, die dem rotgrünen Projekt vorerst noch diese Verführungskraft zukommen läßt. Ob dieses Projekt falsch ist, ob es vielleicht sogar katastrophale Konsequenzen haben wird, ist demgegenüber ein Gesichtspunkt von sekundärer Bedeutung, weil die Menschen - und die Deutschen offenbar mehr als andere Völker - eben in Visionen verliebt sind.

Was waren die entscheidenden Grundannahmen, von denen diese, nun auch die Bundesrepublik erreichende kulturrevolutionäre Strategie ausging? Viele Bürger waren seinerzeit irritiert und gleichzeitig beruhigt, daß der kulturrevolutionäre Kampf nicht an den Produktionsstätten stattfand. Die Revolutionäre hatten eben eines begriffen: Wenn es einen Ort in der Gesellschaft gab, an dem diese Strategie die geringste Chance hatte, dann war dies der Ort, an dem das zu erlösende und zu befreiende Proletariat seiner Arbeit nachging. Wenn die Studenten damals gewagt hätten, die Arbeiter in den Unternehmen aufzusuchen, um sie kulturrevolutionär zu befreien, dann hätten die Arbeiter die Studenten hochkantig aus dem Betrieb geworfen. Es gibt ja auch Beispiele dafür, daß es so gelaufen ist. Nein, der Ort der Verwirklichung dieses kulturrevolutionären Prozesses waren die Institutionen der Kultur, es waren die Institutionen, in denen Realität interpretiert wird, in denen die Werte gesetzt werden, in denen Normen vermittelt werden, und in denen Bewußtsein gebildet und Bewußtsein verändert wird. Das waren die Orte, an denen man den Hebel ansetzte, um auf diesem Wege die revolutionäre Veränderung der Gesellschaft zu erreichen. Welches sind diese Institutionen?

Da ist zunächst einmal die Institution der bürgerlichen Familie zu nennen. Wenn wir heute zurückschauen, dann müssen wir sagen, daß zwar auch die Dynamik der Industriegesellschaft einen entscheidenden Anteil an der inneren Schwächung und Auflösung dieser Institution hat, aber ob die Auflösung der Familie so weit gegangen wäre, wenn nicht eine Interpretation und kulturrevolutionäre Zielsetzung dahintergestanden hätte, das ist doch zumindestens fraglich. Wir brauchen hier nun nicht den Zustand der bürgerlichen Familie in aller Ausführlichkeit zu analysieren. Es reicht, darauf hinzuweisen, daß in den großen Städten jeder zweite Haushalt von einem Single bewohnt wird und daß die Scheidungszahlen nie gekannte Ausmaße erreicht haben. Was das Zusammenleben der Menschen angeht, gibt sich die Bundesrepublik Deutschland so liberal wie kaum ein anderes Land auf der Welt. Selbstverständlich darf jeder für sich entscheiden, ob er in hetero- oder homosexueller Gemeinschaft leben will. Soweit diese Entscheidung nur zwei Partner betrifft, mag dies auch in Ordnung sein.

Anders verhält es sich, wenn Kinder im Spiel sind. Die Familie ist etwas anders als die Ehe oder die Partnerschaft. Denn zur Familie gehören Kinder und sobald Kinder da sind, verändert sich die Lage fundamental. Die Frage, ob es in einer Gesellschaft Kinder gibt oder nicht, hängt zwar von den Entscheidungen der Individuen ab, aber die Konsequenzen dieser Entscheidungen werden alle tragen müssen. Insoweit muß der Staat, wenn nicht das Recht zur Diskriminierung, so doch mindestens das Recht der Privilegierung einer bestimmten Lebensform haben.

Es ist eine Angelegenheit, in der eine Gesellschaft in ihren Fundamenten betroffen ist, wenn die Reproduktion zurückgeht und man sich dann überlegen muß, ob wir einen Zuzug von Ausländern organisieren müssen, um die biologischen Ausfälle des deutschen Volkes durch entsprechende Zuwanderungsquoten aus aller Welt zu ersetzen. Schon jetzt ist Berlin die drittgrößte türkische Stadt. Über die von der rotgrünen Regierung ermöglichte doppelte Staatsbürgerschaft werden diese Türken nun die Möglichkeit bekommen, aktiv auf das politische Gemeinwesen Einfluß zu nehmen und ihren Willen zur Geltung zu bringen. Es bedarf wenig Phantasie, sich vorzustellen, daß sie ihren Einfluß anders geltend machen, als dies nicht nur den Anwälten der Zivilgesellschaft oder der multikulturellen Gesellschaft lieb sein kann. Sie werden möglicherweise keine Emanzipation der Gesellschaft vom Staat betreiben, sie werden Koranschulen einführen wollen, sie werden einen konservativen Ordnungsstaat durchsetzen und errichten wollen, und sie werden selbstverständlich einem Nationalismus frönen, der unseren kosmopolitischen Zeitgenossen Angst und Schrecken einflößen wird. Dies ist vielleicht eine etwas kühne und etwas spitz formulierte Perspektive, aber sie ist immerhin nicht ganz auszuschließen.

Der zweite Ort der kulturrevolutionären Veränderung war natürlich die Schule. Entscheidend ist, daß der kulturrevolutionäre Wille seit langem darauf gerichtet ist, alle überkommenen Autoritäten zu beseitigen. Die Beseitigung der Autorität des Lehrers ist dann aber identisch mit dem Ende der Erziehung überhaupt. Dann sind die Schulen entweder Konditionierungs- und Drillanstalten, in denen nach wechselnden Bedürfnissen und Anforderungen der Gesellschaft die jungen Leute fit gemacht werden, oder es sind Orte der Selbstfindung einer am Spaß- und Lustprinzip orientierten Jugend. In beiden Fällen findet jedenfalls keine Erziehung mehr statt, es sei denn als Einübung in eine Praxis, in der der einzelne Schüler sich von den repressiven Zwängen der Gesellschaft, etwa der Familie, befreien kann.

Wie heißt es so schön in den Hessischen Rahmenrichtlinien, die dem Konzept der antiautoritären Strategie folgen: Die Kinder sollen erzogen werden, selber zu entscheiden, ob sie die gesetzlichen Normen einhalten und befolgen wollen oder nicht. Dieser Satz macht uns den ganzen Ernst der Herausforderung deutlich. In der Schule stellt hier der Rechtsstaat seine Gesetze zur Disposition des Schülers, der dann - emanzipatorisch legitimiert - aufgrund seiner eigenen Bedürfnislage, sei es allein oder im Verbund mit anderen, die Normen der Gesellschaft bricht.

Es ist deshalb eine Heuchelei sondergleichen, wenn wir heute die Gewaltphänomene, die im jugendlichen Teil der Gesellschaft und auch in den Schulen festzustellen sind, immer beklagen. Die Ursachen hierfür liegen nicht primär in den sozialen Verhältnissen, wie immer behauptet wird. Wenn die sozialen Bedingungen dafür verantwortlich wären, müßten 99% der verarmten und verelendeten Massen der Welt sich im revolutionären Aufruhr befinden. Nein, unsere Jugend lebt noch immer in einem der reichsten Staaten der Welt. Es muß andere Gründe haben als die der sozialen Disparität. Wenn man einen solchen kulturrevolutionären Prozeß in Gang bringt, dann darf man sich über das, was heute herauskommt, eben nicht mehr wundern. Und es wäre dringend an der Zeit, auch einmal die Frage nach der Verantwortung zu stellen.

Das dritte Opfer der kulturrevolutionären Strategie ist der Staat. Was ist aus dem Staat geworden? Das können wir jeden Tag beobachten: Bei mehr als vier Millionen Arbeitslosen gibt es derzeit keine vitalere Aufgabe als die des Kampfes gegen die Arbeitslosigkeit. Ein solches Problem sollte eigentlich der vordringliche Gegenstand einer Auseinandersetzung im Parlament werden. Dort sollten die vom Volk gewählten Vertreter um die bestmögliche Lösung dieses Problems ringen. Doch davon kann gar keine Rede sein. Statt dessen setzt sich die Regierung mit den Parteien und Vertretern gesellschaftlicher Mächte zusammen und beschließt so etwas Ominöses wie ein „Bündnis für Arbeit". Man sollte einmal deutlich machen, welch ein Desavouierung des Parlamentarismus eine solche Praxis bedeutet, in der der Staat glaubt, Politik nur noch als das Ergebnis von Kompromissen machen zu können, die er mit gesellschaftlichen Interessenvertretern aushandelt.

Der Staat ist damit in der Tat das geworden, wozu ihn die Theoretiker der Kulturrevolution damals erklärt haben, nämlich zu einer Form der Selbstorganisation der Gesellschaft. Der Staat hat keine Eigenständigkeit mehr, er ist keine Macht in einer gewissen Differenz zur Gesellschaft mehr, sondern er ist der Ort der Selbstorganisation, an dem die gesellschaftlichen Kräfte meist im Wege des Kompromisses darüber entscheiden, was der Staat darf und was der Staat nicht darf. Es gibt dann am Ende nur zwei Möglichkeiten: Entweder wagt man den letzten Schritt und löst auch den noch verbliebenen Staat in die Gesellschaft auf, indem wir ihn vollends reprivatisieren. In der Tat gibt es viele Bereiche, in denen das bereits geschieht. Selbst die Polizei hat vor dem Ausmaß von 6 - 7 Millionen kriminellen Delikten kapituliert. Die Bürger nehmen ihren Schutz - also die wichtigste Aufgabe des Staates - mittlerweile in die eigene Hand. Das bedeutet aber leider, daß die Reichen einen solchen Schutz bezahlen können und die Armen eben nicht.

Die zweite Möglichkeit besteht darin, etwa im Angesicht des ungelösten Problems der Arbeitslosigkeit eine erneute Debatte über Rolle, Funktion, Sinn und Unsinn des Staates in der Zukunft zu führen. Letztere Alternative wird uns tagtäglich durch die realen Probleme aufgezwungen, aber was interessiert uns schon die Realität, wenn es doch um die Einhaltung der ideologischen, d.h. staatskritischen Gebote geht. Aber das Thema ist damit noch nicht erledigt. Niklas Luhmann irrte eben, als er uns belehren wollte, daß die Politik, und damit der Staat, nur ein Subsystem der Gesellschaft unter anderen ist, ein Subsystem, das die gleichen Rechte und die gleiche Gewichtigkeit hat wie Wissenschaft, Wirtschaft und Kirche etc. Nein, dieses Subsystem Staat hat eine Aufgabe, die die anderen gesellschaftlichen Subsysteme eben nicht haben: Dieses Subsystem muß für die ganze Gesellschaft verbindliche Entscheidungen fällen und durchsetzen. Das darf weder die Wissenschaft, noch die Wirtschaft, noch die Kirche, das darf keine gesellschaftliche Gruppe. Solche allgemeinverbindlichen Entscheidungen zu treffen, ist die originäre Aufgabe der Politik und die Gestalt der Durchsetzung dieser allgemeinverbindlichen Entscheidungen ist der Staat. Wenn nun der Staat im Gefolge der Kulturrevolution von 1968 nicht mehr die Autorität und die Kraft hat, solche Entscheidungen zu treffen und durchzusetzen, dann müssen wir zum Himmel flehen und hoffen, daß die mächtigsten gesellschaftlichen Gruppen immer zu Kompromissen kommen werden, mit denen wir gerade noch bestehen können.

Die kulturrevolutionären Prozesse zeichnen sich dadurch aus, daß sie über die Reichweite des staatlichen und politischen Wirkens hinausreichen. Gleichwohl ist der dramatische Vorgang, den ich die Entchristlichung unserer Gesellschaft nenne, ein Phänomen, das nicht nur die Christen, sondern die Gesellschaft im ganzen angeht. Denn mit der Entchristlichung brechen nicht weniger als die geistig-kulturellen Fundamente unseres freiheitlichen und sozialen Rechtsstaates zusammen. Alle Werte und Normen, die der freiheitliche Rechts- und Sozialstaat voraussetzt und in Anspruch nimmt, sind die Ergebnisse einer jahrhundertelangen christlichen Tradition und Kultur. Wenn diese Kultur wegbricht, dann werden es andere, wahrscheinlich weniger humane Kräfte sein, die dieses Vakuum besetzen.

Die Abschaffung des Religionsunterrichts in Brandenburg steht hier wie ein Warnzeichen am Horizont, wird hier doch atheistische Strategie der alten DDR freiwillig fortgesetzt. Wir müssen uns darüber klar werden, daß die Werte, auf denen der Rechts- und Sozialstaat beruht, Derivate und Auswirkungen unserer christlichen Kultur sind. Wenn die Fundamente dieser Kultur wanken und fortfallen, werden auch diese Werte und die Normen folgen.

Nehmen wir den Begriff der Solidarität. Seit dem Zusammenbruch des existierenden Sozialismus bekommen wir auf die Frage, was denn in Zukunft noch Sozialismus sein könnte, die Antwort: eine solidarische Gesellschaft. Gefordert wird, daß die Starken mit den Schwachen, daß die Reichen mit den Armen, die Bevorzugten mit den weniger Bevorzugten, solidarisch sind. Aber was ist der Grund für diese Forderung, daß ein Starker mit Schwachen, ein Reicher mit Armen solidarisch sein soll? Haben wir ohne das Christentum irgendeine Tradition zur Verfügung, die dies begründen könnte?

Wenn wir diese Solidaritätsforderung nicht mehr glaubhaft begründen können, brauchen wir uns nicht zu wundern, daß sich nun statt der solidarischen Gesellschaft immer mehr ein Sozialdarwinismus ausbreitet, in dem der Sumpf der Korruption und der Ellbogenmentalität sich unheilvoll in die Gesellschaft und ihre Institutionen auszuweiten beginnt. Diese Folge können wir heute noch konkreter in Rußland studieren. Dort führte der Zusammenbruch des atheistischen Systems zur Kriminalisierung, Anarchisierung, d.h. zur inneren Auflösung der ganzen Gesellschaft. Dort kann man das Ergebnis besichtigen, das aus dem gigantischen, weltrevolutionären Versuch, den Sozialismus zu etablieren, hervorgegangen ist.

Wie steht es denn um die Kirchen in Deutschland? Wenn wir uns die Kirchen ansehen, dann stellen wir fest, daß sie sich eigentlich ständig dafür entschuldigen, daß sie überhaupt noch existieren. Alle ihre Verlautbarungen spiegeln darum nur die sozialen Forderungen wider, die die beiden letztlich sozialdemokratischen Volksparteien sowieso schon erheben. Aber auch dieser Weg wird nicht belohnt werden. Irgendwann werden die Menschen sagen: Wenn die Kirchen nur soziale Forderungen erheben, die auch die Gewerkschaften erheben, dann brauchen wir sie nicht. Als vor Jahren der frühere Präses der evangelischen Kirche im Rheinland, Baier, gefragt wurde, was er zu dem Faktum der Millionen Arbeitslosen zu sagen habe, da beschwor er die Idee des Sozialismus und versicherte uns, daß diese Idee nicht untergehen werde. Das war seine Botschaft. Es ist völlig klar, daß das keine eindrucksvolle Darstellung der Kirche ist.

Der letzte Bereich, der durch die Kulturrevolution durchdrungen wurde, sind die Medien. Altbundeskanzler Helmut Schmidt hat fast wie ein Verzweifelter immer wieder darauf hingewiesen, daß die Medien und die von ihnen ausgehenden Wirkungen, ohne daß man eine manipulative Absicht zu unterstellen braucht, unsere Demokratie grundlegend verändern werden. Die Kriterien der Auswahl der Politiker werden durch die Medien determiniert, in den Medien werden die Vorgaben formuliert, nach denen sich die Politiker richten müssen. Wir haben es faktisch mit der fast totalen Beherrschung der Gesellschaft durch die Medien zu tun.

Der Ort, an dem - über den Untergang des Sozialismus hinaus - der kulturrevolutionäre Prozeß sich fortsetzt, sind die Medien, vor allem die privaten Fernsehsender. Was vor allem die privaten Medien anzubieten haben, ist - trotz einzelner guter Informations- und Diskussionssendungen - vor allem Verbrechen, seichte Unterhaltung, Pornographie und die Darstellung der Methoden des modernen Gangstertums.

Welch ein Widerspruch: Da gibt es ein Urteil des Bundesverfassungsgerichts, das dem Staat die Anordnung untersagt, wonach das Kruzifix an den Wänden der Schule aufgehängt werden soll. Der Bürger, der diese Klage eingebracht hat, machte geltend, daß man seinem Kinde diesen Anblick des gekreuzigten Christus nicht zumuten könne. Er befürchtete psychisch negative Folgen für sein Kind und das Gericht gab ihm recht. Der Schmerz, der dem Kind beim Anblick des Kreuzes zugemutet wird, gilt den höchsten Richtern als eine unerträgliche Einschränkung der Freiheit des heranwachsenden Jugendlichen, wohingegen die Dauerberieselung mit sex and crime durch die Medien offenbar für vereinbar gehalten werden mit der Gesundheit der Kinder. Das sind Formen der Schizophrenie, die wir nicht mehr bemerken, weil wir uns daran gewöhnt haben.

Ich fasse zusammen: Wie erfolgreich war diese kulturrevolutionäre Strategie? Mittlerweile beschwören nicht nur die Protagonisten dieser Revolte, sondern auch ihre einstigen bürgerlichen Gegner die segensreichen Folgen: Zum ersten Mal sei die Demokratie im Bewußtsein der Menschen verankert worden. Deutschland sei ein unlösbarer, integraler Bestandteil der westlichen Wertegemeinschaft geworden, die 68-er Revolte habe auch den fälligen Kampf gegen den Faschismus aufgenommen und erfolgreich geführt.

In der Tat: Die Kulturrevolution war so erfolgreich, wie eine Kulturrevolution nur sein kann. Die Studentenrevolte hat den Kampf um eine neue geistig-kulturelle Hegemonie gewonnen. Man braucht ja nur einen Blick in eine Jugendzeitschrift zu werfen, um den fast totalen Sieg der kulturrevolutionären Strategie feststellen zu können. Die Deutschen und das Land sind in einer Tiefe verändert worden, wie das von allen anderen geschichtlichen Ereignissen davor eigentlich nur die Reformation zustandegebracht hat. Auch der Nationalsozialismus, der sicherlich auch eine Kulturrevolution war, hat ein solches Aufbrechen tiefsitzender anthropologischer Strukturen und kultureller Muster nicht so zustandegebracht wie diese Kulturrevolution.

Das gesellschaftliche Programm der Kulturrevolution, an das wir uns längst gewöhnt haben, ging dabei von folgender Prämisse aus: Wir produzieren ein kontinuierliches wirtschaftliches Wachstum, wir bauen die Systeme sozialer Sicherheit aus und auf diesen Fundamenten bemüht sich ein jeder um die Emanzipation seiner selbst und des anderen. Diese Champagnerparty wäre noch lange so weiter gegangen, wenn es da nicht eine Macht gäbe, mit der niemand mehr gerechnet hat. Diese Macht ist die Macht der Geschichte.

Aber wer oder was ist die Geschichte? Als es um die Frage ging, wie lange der Sozialismus noch bestehen wird und wann es die deutsche Wiedervereinigung geben wird, da sagte unser damaliger Bundespräsident Richard v. Weizsäcker: „Das dauert noch 100 Jahre." Und der damalige Bundeskanzler Kohl sagte: „Das ist keine Frage, die wir lösen, sondern die löst die Geschichte" - also auch in 100 Jahren. Wie ist das möglich gewesen, daß wir zu einer so fundamental falschen Einschätzung der geschichtlichen Situation gekommen sind? Denn jeder, der etwas informierter war, konnte wissen, wie es um den real existierenden Sozialismus stand. Es gab auch Leute, die dies auch ausgesprochen haben und die dem sozialistischen System nur noch wenige Jahre gaben. Wie konnten wir die Überlebenschancen des Sozialismus dann so sehr verkennen? Wie kommt es, daß wir auch heute die geschichtliche Lage so fundamental falsch einschätzen und bewerten? Das hängt m.E. mit folgenden Faktoren zusammen:

Der erste Faktor ist, daß die Deutschen früher eine sehr eingeschränkte Souveränität besaßen. Die Deutschen waren für die überlebenswichtigen Entscheidungen nicht zuständig. Solche Entscheidungen besorgten die Mächte, mit denen wir in einem Bündnis waren. Die Deutschen waren vom Ernst der Politik und von der Verantwortung sozusagen befreit und entlastet. Sie konnten sich mit großer Hingabe um die Produktion des ökonomischen Reichtums bemühen.

Dieses Verhalten fiel zusammen mit der Überzeugung, daß die Überwindung der Schreckenszeit von 1933-45 nur möglich sei, wenn wir uns von unserer eigenen Geschichte trennen. Die Kulturrevolutionäre haben den Deutschen erfolgreich eingebleut, daß der Ursprung einer Entwicklung, an deren Ende der Nationalsozialismus stand, bei Martin Luther lag, dem dann der deutsche Idealismus, die deutsche Romantik und Bismarck nachfolgten. 300 Jahre deutscher Geschichte waren demnach bestimmt von einer Logik, die sich in Auschwitz manifestiert hat. Die „Umerziehung" der Deutschen zur Demokratie beruhte auf einem kulturrevolutionären Entschluß der Amerikaner, der von den Kulturrevolutionären von 1968 - ihn radikalisierend - weitergetrieben wurde. Die Amerikaner waren überzeugt, daß man die Demokratie in Deutschland nur dann festigen kann, wenn man die Deutschen von ihrer eigenen Geschichte trennt.

Heute müssen wir erkennen, daß ein Volk, das von seiner Geschichte getrennt wird, wie ein Sandhaufen ist, der von den Winden des Zeitgeistes hin- und hergetrieben wird. Mittlerweile äußern unsere westlichen Freunde Sorge über die Bundesrepublik Deutschland, die aufgrund des fehlenden nationalen Selbstbewußtseins unberechenbar geworden ist. Ein großer französische Philosoph sagte einmal: „Wir haben nicht mehr Angst vor den Deutschen, sondern wir haben Angst vor der Angst der Deutschen." Es gibt kaum eine Formulierung, die diesen Wendepunkt deutlicher zum Ausdruck bringt.

Und das zweite ist: Wir haben uns den Sozialwissenschaften als der geistig orientierenden Macht anvertraut. Die alte Bundesrepublik erlebte die klassische Hochzeit der Sozialwissenschaften, d.h. der Soziologie, der Ökonomie und der soziologisch ausgerichteten Politikwissenschaft. Die Kategorien, nach denen aber die Sozialwissenschaften die Wirklichkeit interpretierten, sind ungeschichtlicher Natur. Die Sozialwissenschaften unserer Tage haben alle geschichtlichen Kategorien eliminiert. Diese Sozialwissenschaftler glauben, man könnte Geschichte und eine neue Gesellschaft „machen", wenn man nur die Logik der modernen Gesellschaft kennt und in Übereinstimmung mit dieser Logik die Instrumente wählt, um beliebige Ziele zu verwirklichen. Die Enthistorisierung auch unseres wissenschaftlichen Bewußtseins hat also dazu beigetragen, daß alle geschichtsbestimmenden Mächte, an deren Nichtbeachtung auch der real existierende Sozialismus zugrundegegangen ist, aus unserem Bewußtsein entfernt wurden.

Nun, die Geschichte hat die Wende von 1989 bewerkstelligt. Was kein Sozialwissenschaftler und Politologe mehr für möglich hielt, geschah: Die Bevölkerung der DDR versammelte sich auf den Straßen von Leipzig und Dresden und rief zuerst: „Wir sind das Volk" und später: „Wir sind ein Volk". Eine radikalere Infragestellung des Selbstverständnisses der Bundesrepublik wie ihrer Sozialwissenschaften als diesen Ruf, kann man sich überhaupt nicht vorstellen. Denn in der liberalen oder sozialistischen politischen Sprache durfte es das Volk, geschweige denn das deutsche Volk gar nicht mehr geben. Und doch meldete sich plötzlich dieses Volk zurück. Das Volk erlaubte sich, sich eindringlich in Erinnerung zu rufen.

Dieses Jahr 1989 ist darum das Jahr einer tiefen weltgeschichtlichen Zäsur. Praktisch sämtliche Prozesse, die zur Perspektive, zur Logik und Dynamik der Moderne gehört haben, verebben seitdem. Wir können mit den neuen Problemen nicht mehr im Wege des Rückgriffs auf die modernen Ziele und Methoden fertig werden. Das große Vertrauen von Willy Brandt war, daß nunmehr zusammenwachsen wird, was zusammengehört. Zusammenwachsen kann aber nur etwas, was sich selbst als national zusammengehörig empfindet und ein entsprechendes Bewußtsein hat. Wenn dieses Bewußtsein nicht da ist, dann wächst auch gar nichts zusammen. Der Zusammenbruch des Sozialismus in der DDR und die Wiedervereinigung eröffnete den Deutschen die einmalige Chance, noch einmal zurückzublicken und eine fundamentale Korrektur ihres Weltbildes vorzunehmen.

Die entscheidende Auswirkung des kulturrevolutionären Prozesses seit 1968 ist, und darum erwähnte ich die Vorgänge um die Wiedervereinigung, daß wir nicht mehr in der Lage waren und sind, neu und anders zu denken. Wir interpretieren weiter die Lage in den Begriffen, als würden wir noch im 19. Jahrhundert leben. Wir setzen mit der Eigenwilligkeit eines Kindes unseren liberalen und sozialistischen Weg auch nach dem Zusammenbruch des Sozialismus fort und bestehen hartnäckig und uneinsichtig auf der Erfüllung aller unserer Wünsche. Dabei ist völlig klar, daß die Voraussetzungen für die Erfüllbarkeit dieser Wünsche uns tagtäglich abhanden kommen. So kann zwar eine rotgrüne Mehrheit im deutschen Bundestag die Erhaltung der sozialen Besitzstände fordern und auch wünschen, aber sie kann sie nicht mehr garantieren. Denn wenn die Belastung der Unternehmen zu groß wird, verlagern die Unternehmen eben die Arbeitsplätze ins Ausland. Aber statt eine Politik zu betreiben, die die Unternehmer im Land hält, fällt der rotgrünen Regierung nichts anderes ein, als sie noch weiter zur Kasse zu bitten und darüber hinaus die allgemeine Forderung zu stellen, das deutsche Wohlfahrtsstaatsmodell auf ganz Europa auszudehnen. Die Quittung der Investoren wird hier wohl nicht lange auf sich warten lassen.

Die Verfassung der Bundesrepublik Deutschland ist in der Tat eine der besten Verfassungen der Welt. Zu beklagen ist nur, daß wir heute eine politische und intellektuelle Klasse haben, die den durch diese Verfassung gesetzten Anforderungen offensichtlich nicht mehr genügt. Die religiöse, patriotische und sittliche Fundierung des Grundgesetzes kommt ihnen immer weniger in den Blick. An deren Stelle tritt dank der geistig-kulturellen Hegemonie der Linksliberalen eine mehr sozialistische und krude libertäre Auslegung und Umsetzung der Verfassung[9].

Die großen etablierten Parteien erzeugen damit selber den Zustand, den sie anschließend beklagen. Sie gehen vor jeder Wahl wie die Wünschelrutengänger durch das Land und erforschen die Bedürfnisse, die noch nicht befriedigt sind und die es zu erfüllen gilt. Sie glauben, daß die Bedingung ihrer Wiederwahl in der Zuteilung von sozialen Gaben liegt. Solange die Kassen voll waren, gehörte kein großes politisches Genie dazu, eine solche Politik zu machen. Aber es wird ernst, seit die Kassen leer sind und man den Leuten nichts mehr versprechen kann. Die Politiker haben nun aber nicht mehr die Kraft und die Argumente, den Bürgern Opfer und Leistungen abzufordern.

Die Führungen der Parteien, die wir in den ersten Jahrzehnten nach dem Kriege gehabt haben, war da noch von einer anderen Qualität. Diese Politiker hatten noch den Mut, sich den populistischen Neigungen und Wünschen entgegenzustellen. Heute kommt es wieder auf diese vielbeschworene Führungskraft und geistige Führung an. Leider ist es um eine solche geistige Führung schlecht bestellt. Es werden wohl nur schmerzhafte Erfahrungen mit der ökonomischen und kulturellen Realität eine Veränderung unseres politisches Bewußtseins bewirken können. Bereits heute zerbrechen viele sozialen und materiellen Wünsche und Vorstellungen an der Realität.

Solche Realitätserfahrungen werden über kurz oder lang auch eine Veränderung der Einstellung erzwingen. Unter der Decke der öffentlichen Meinung sind solche Prozesse durchaus schon im Gange. Die entscheidende Frage wird sein, ob wir die gewaltigen Veränderungen, die uns die Realität selber aufzwingen wird, in einer mit der Demokratie konformen Weise bewältigen können. Das ist sicherlich möglich, aber dazu bedarf es der Überwindung des geistigen Vakuums, das sich heute überall ausbreitet. Es bedarf moralischer und geistiger Kräfte, um mit den neuen Herausforderung fertig zu werden.

Gibt es solche geistigen und moralischen Kräfte in unserem Volk noch? Diese Frage läuft letzten Endes auf die Frage hinaus, was an lebendiger, kultureller Substanz noch in unserem Volk vorhanden ist. Falls es diese, letztlich religiöse und nationale Substanz noch gibt, kann man noch an sie appellieren. Die Deutschen sollten darum endlich aufhören, etwas von den Politikern, vom Staat oder von den Kirchenführern zu erwarten. Sie sollten ihr Schicksal selbst in die Hand nehmen. Das ist auch der Sinn der Demokratie. Das Volk muß dabei aber erkennen, daß die fälligen Veränderungen keine Frage der materiellen Macht, sondern eine Frage der geistigen Kraft und des sittlichen Willens sind. Und ob wir so viel an geistiger Kraft und sittlichem Willen in unserem Lande noch haben, das wird die eigentliche Schicksalsfrage für uns sein.

Im Angesicht dieser Phänomene und Probleme sollte man annehmen, daß unser Land über die Frage der geistig-kulturellen Hegemonie seit 1968 und ihre Folgewirkungen nachdenkt. Doch das tun wir noch immer nicht. Statt dessen wird mit immer neuen Strategien und Methoden die etablierte linksliberale Hegemonie aufrechterhalten und verteidigt. Und worin besteht die neue Methode? Die neue Methode und Strategie besteht darin, daß alle Verwalter der geistig-kulturellen Hegemonie sich zu einem großen antifaschistischen Bündnis zusammenschließen. Dieses Bündnis bezieht nun seine Legitimation nicht mehr aus dem Ziel der Verwirklichung des visionär ins Auge gefaßten Sozialismus, sondern aus der defensiven Verteidigung unserer freiheitlichen Demokratie gegen eine als vorhanden unterstellte faschistische Bedrohung.

Es ist dann beinahe ein „Glücksfall", daß es einige Verrückte gab, die in der bekannten Form sich gegen die in diesem Lande weilenden Ausländer gewandt haben. Dies wird als fremdenfeindlich und als faschistisch, als antidemokratisch, als Wiederkehr der Blut- und Bodenideologie interpretiert und anschließend wird Ausschau nach möglichen „geistigen Brandstiftern" gehalten, denen man gemeinsam und unter Einspannung auch der bürgerlichen Kräfte zu Leibe rückt.

Wir müssen nun zwei Fragen stellen: Woher kommt die antifaschistische Strategie? Sie wurde in den 30er Jahren in Moskau von Georg von Lukács erfunden. Lukács sagte damals: Nach dem Kriege und der Erfahrung mit dem Stalinismus können wir nicht mehr unmittelbar für den Sozialismus kämpfen, sondern wir müssen ein Bündnis mit den bürgerlichen Humanisten und Liberalen schmieden, um den Faschismus zu bekämpfen. Die Antifaschismus-Strategie befreite die Sozialisten von der Verantwortung der Verbrechen, die sie selber begangen haben. Unabhängig von dem, was sie selber an Untaten zu verantworten hatten, wurden sie für starke liberale und humanistische Kräfte des bürgerlichen Lagers bündnisfähig. Der Antifaschismus ist also eine von einem großen marxistischen Denker entwickelte Strategie, die dem Ziel der Durchsetzung des Sozialismus im Wege der „Bekämpfung des Faschismus" dienen soll.

Diese antifaschistischen Strategen scheuen nicht davor zurück, sich auch völlig unhaltbarer Unterstellungen zu bedienen. So wird auf der Basis dieser einzelnen Vorkommnisse suggeriert, die Deutschen zeigten eine erneute Anfälligkeit für nazistisches und fremdenfeindliches Gedankengut. Dabei hat in den vergangenen Jahrzehnten kein Volk in Europa, - ich behaupte, kein Volk in der Welt - so viele Fremde aufgenommen, sie versorgt und ihnen Brot und Arbeit gegeben wie die Deutschen. Kein Volk hat für die Hungernden und Leidenden in der Dritten Welt und - nach 1989 - für Rußland so viel getan und ein solches Maß an Opferbereitschaft aufgebracht wie die Deutschen. Doch auch dies nutzte den Deutschen gar nichts. Durch solche Hilfsbereitschaft sahen sich die Strategen der Kulturrevolution nicht veranlaßt, den humanen Charakter der Deutschen hervorzuheben. Vielmehr meinten sie, in den Brandanschlägen von verirrten Skinheads den weit verbreiteten Ausländerhaß der Deutschen erkennen zu können.

Die Konsequenz, die wir aus all dem ziehen müssen, lautet: Wir müssen uns mit unserer geistig-kulturellen Lage noch einmal auseinandersetzen und wir müssen eine neue geistige Orientierung entwickeln, die nicht an Visionen und Utopien, sondern an den eher traurigeren Realitäten dieser Welt orientiert ist. So könnten etwa die geistigen Konsequenzen, die jetzt von einem Teil russischer Intellektueller in Rußland im Blick auf den Zusammenbruch des Sozialismus gezogen werden, durchaus auch für uns sehr lehrreich sein. Ich habe in den letzten Jahren immer wieder mit einem russischen Theoretiker des Marxismus-Leninismus über die Gründe des Zusammenbruchs des Sozialismus diskutiert. Dieser ehemalige Marxist und Leninist hat zugegeben, daß der Sozialismus an sich selbst zugrunde gegangen ist und daß der Sozialismus nicht ein fortschrittliches Niveau der gesellschaftlichen Entwicklung mit sich gebracht, sondern einen regressiven Rückfall auf längst überwunden gehaltene Stufen des gesellschaftlichen Niveaus bewirkt hat. Dieser russische Kollege, Anatolij Frenkin, gab auch zu, daß der heutige innere Verfall der Gesellschaft aus diesem ehemaligen Sozialismus und seinem Erbe resultiert.

Der Kernsatz von Michail Gorbatschow, der 1984 die Führung übernahm, lautete damals: Der tiefste Grund des Zusammenbruchs des Sozialismus liegt im moralischen Verfall, im Zusammenbruch der Arbeitsdisziplin, im sich seuchenartig ausbreitenden Alkoholismus und in der Weigerung der Menschen, für irgendeine Entscheidung noch Verantwortung zu tragen. Genau das hat also der Sozialismus mit seiner Schaffung eines sozialistischen Menschen bewirkt. Anatolij Frenkin zog daraus den Schluß, daß in dieser Situation drei Dinge wichtig sind, von denen es abhängt, ob es noch eine neue Zukunft für Rußland geben wird.

Das eine ist: An die Stelle der Berufung auf die Utopie sollte die Erinnerung und Vergegenwärtigung der Geschichte treten. Rußland sollte das Erbe seiner Geschichte wieder antreten. Zweitens sollte an die Stelle des zusammengebrochenen Sozialismus als integrierende Kraft der nationale Gedanke treten. Drittens hoffte er, daß es in Rußland zu einer Renaissance des Christentums kommen werde, weil es sonst kein Mittel gegen den drohenden Zusammenbruch der kollektiven Moral und damit auch der Bedrohung der Funktionsfähigkeit der Gesellschaft insgesamt gebe.

Solche Äußerungen sind für die Vertreter der geistig-kulturellen Hegemonie in Deutschland eine schreckliche Sache, denn das bedeutet, daß der düstere Geist des Konservatismus mit seinen Topoi von Geschichte, Nation und Religion zwar vorerst nur in Rußland und vielleicht auch schon in den USA, aber morgen vielleicht auch nach Deutschland zurückkehrt. Andere Völker beginnen bereits, sich an die gesell-schaftsermöglichenden Kräfte ihrer konservativen geschichtlichen Tra-ditionen wieder heranzutasten. Es gibt nur eine ganz große Ausnahme, und das ist die Bundesrepublik Deutschland. Dies wiederum hat sehr viel mit dem oben erwähnten Phänomen der „political correctness" zu tun, das in Deutschland weit verbreitet ist und mittlerweile bedenkliche Züge angenommen hat.

16. Haben christlich-konservative Politiker in unserer Demokratie noch eine Chance?

Wir haben es hier mit einer außerordentlich schwierigen, provozierenden und nicht leicht zu beantwortenden Frage zu tun: „Haben christlich-konservative Politiker in unserer Demokratie noch eine Chance?" Wäre ein aktives Mitglied der christlich-demokratischen Partei vor dreißig Jahren auf die Idee gekommen, eine solche Frage zu stellen, hätte man es zweifellos für verrückt erklärt. Daß man heute überhaupt auf die Idee kommen kann, eine so merkwürdige Frage zu stellen, ist ein Symptom dafür, daß sich in unserem Lande und wohl auch in der CDU tiefgreifende Veränderungen vollzogen haben müssen.

Wir müssen darum die Frage stellen, ob es Vorgänge und Ereignisse gibt, die jemanden zu dem Zweifel veranlassen könnten, ob christliche Konservative noch einen Platz in ihrer Partei und in unserer Demokratie haben. Und wie es der Weltgeist oder, bescheidener formuliert, der Zeitgeist so will, hat uns die jüngste Vergangenheit einige höchst eindrucksvolle Beispiele für die Berechtigung dieser Frage geliefert.

Ich beginne nicht mit der Überlegung, ob Steffen Heitmann 1994 ein geeigneter Bundespräsident gewesen wäre oder nicht. Natürlich kann man die Eignung eines jeden Kandidaten, der vorgeschlagen wird, in Frage stellen. Man kann sich immer einen besseren oder auch einen schlechteren Kandidaten vorstellen. Es interessiert uns in diesem Zusammenhang nicht der Vorwurf, daß der damals vorgeschlagene Kandidat möglicherweise nicht geeignet gewesen sei, den Konsens in Deutschland persönlich und sprachlich zu artikulieren. Dies ist nebenbei gesagt ohnehin ein unsinniger Vorwurf, denn wir haben zum Teil hervorragende Bundespräsidenten gehabt, die nicht im Traum daran dachten, sich als die zu verstehen, die nur einen Konsens zum Ausdruck bringen. Bundespräsident Heinemann zum Beispiel, hat in seiner spartanischen, protestantisch knorrigen Art nie nach der Konsensfähigkeit seiner Äußerungen gefragt. Als aufrichtiger Protestant hätte er es als eine disqualifizierende Zumutung zurückgewiesen, das als Konsens zum Ausdruck zu bringen, was die Meinungsmacher in den Medien vorgeben. Das ist also nicht die Frage, die uns zu interessieren braucht.

Entscheidend ist vielmehr die Diskussion, die damals mit zunehmender Intensität um die Kandidatur Steffen Heitmanns geführt worden ist. Wir konnten damals erleben, was bei der CDU häufig zu beobachten ist, nämlich daß sie sich auf die Scheinthesen und Fangfragen der Kontrahenten eingelassen hat, anstatt sich die Frage zu stellen, warum diese Diskussion überhaupt und warum sie so geführt wurde. Wenn wir heute, im Abstand von einigen Jahren, ein vorläufiges, keineswegs endgültiges Resümee ziehen, wird deutlich, daß der damalige Bundeskanzler Helmut Kohl wohl recht hatte. Er hatte auf dem Parteitag der CSU in München erklärt, daß das, was Steffen Heitmann für viele so unannehmbar und unqualifiziert erscheinen läßt, nichts anderes ist, als die Tatsache, daß er ein Wertkonservativer ist.

Ich glaube, dies ist ein hinreichender Anlaß, zu fragen, ob denn in unserem Lande ein Konservativer - hier ein wenig euphemistisch umschrieben mit Wertkonservativer - nicht Bundespräsident werden kann. Müßte es in einer liberalen Demokratie nicht eine Selbstverständlichkeit sein, daß Vertreter aller Bevölkerungsgruppen mit geteilten Auffassungen und Überzeugungen, sofern sie sich nicht gegen Recht und Gesetz vergangen haben, das Recht haben müssen, für das Amt eines Bundespräsidenten wählbar zu sein.

Wahrscheinlich wäre diese Frage gar nicht so dramatisch zugespitzt worden, wenn sich an dieser Infragestellung von Heitmann nicht auch Mitglieder der CDU beteiligt hätten. Die SPD kann sich in solchen Fällen offenbar immer auf die CDU verlassen. Kommt in der öffentlichen Diskussion eine Frage auf, die über die Tagespolitik hinausreicht und die zu den tieferliegenden Problemen der Orientierung unseres Landes hinführt, dann vollzieht sich immer dasselbe Schauspiel: Der erste Akt besteht darin, daß die liberalen bis linksliberalen Medien langsam, aber behutsam das Trommelfeuer eröffnen und sich dann ständig weiter vorwagen. Von da an kann man immer damit rechnen, daß aus der sonst relativ grauen Reihe der CDU die ersten Stimmen hervortreten und als die großen Bedenkenträger dem Volke den Eindruck vermitteln, daß diejenigen, die hier den Angriff führen, im Grunde genommen gar nicht so Unrecht haben und man sich doch fragen muß, ob die Äußerungen, in diesem Falle die des Kandidaten Heitmann, überhaupt akzeptabel sind. Ein sonst nicht sehr beachtenswerter Abgeordneter hat allen Ernstes die Forderung gestellt, die CDU müsse einen Mann vorschlagen, der für Demokraten wählbar sei. Dieser Abgeordnete unterstellte damit, daß Steffen Heitmann nicht für alle Demokraten wählbar sei. Das bedeutet natürlich im Umkehrschluß, daß diejenigen, die für Steffen Heitmann eintreten, vielleicht keine Nichtdemokraten, aber doch zumindestens Leute mit einer zweifelhaften demokratischen Gesinnung sind.

Nehmen wir einmal einige der Äußerungen von Steffen Heitmann heraus, die offenbar von diesem CDU-Abgeordneten, Friedbert Pflüger, als demokratisch bedenklich empfunden wurden. Ich will hier nur auf drei Punkte eingehen: Der erste Punkt betrifft seine Bemerkungen über das Bild oder die Rolle der Frau. Der zweite Punkt bezieht sich auf seine Meinung zur multikulturellen Gesellschaft und der dritte auf seine Ansicht zum Problem der Vergangenheitsbewältigung. Dies sind natürlich drei neuralgische, prekäre Probleme, die die öffentliche Diskussion in der Bundesrepublik nicht erst seit Jahren, sondern seit Jahrzehnten bestimmen. Man hat sogar den Eindruck, je weiter wir uns von 1945 entfernen, um so heftiger werden die Auseinandersetzungen um diese Fragen.

Was die Frauen betrifft, so hat Steffen Heitmann gesagt, es wäre doch an der Zeit, wieder einmal an die Rolle der Mutter zu denken und die Mutter wieder mehr in den Blickpunkt der Öffentlichkeit zu stellen. Damals hatte immerhin auch Bundeskanzler Kohl, Steffen Heitmann bescheinigt, daß er damit nichts anderes gesagt habe, als das, was im Ludwigshafener Programm der CDU steht. Wir vergessen heute oft, daß bis zu dem feministischen Parteitag, den Heiner Geißler Anfang der achtziger Jahre veranstaltet hat, die CDU immer für die Bedeutung der Familie in dieser Gesellschaft und in erster Linie auch für die Bedeutung der Frau in ihrer Rolle als Mutter eingetreten ist. Steffen Heitmann hat nun diese Äußerungen nicht, wie insinuiert wurde, getan, um die Frauen wieder in die Küche und an den Herd zurückzuschicken, sondern aus seiner Sorge um die Kinder.

Er hat an die schlichte Tatsache gedacht, an der kein Mensch, der seine fünf Sinne noch beisammen hat, zweifeln kann, nämlich daß jeder Akt feministischer Emanzipation zu Lasten und auf Kosten der Kinder geht. Diese Meinungsäußerung hat mit konservativer Ideologie überhaupt nichts zu tun. Trotzdem wurde er, weil er an dieses schlichte Faktum erinnert hat, auch von einem CDU-Abgeordneten als ein demokratieunsicherer Kandidat in die rechte Ecke gestellt.

Der zweite und wesentlich schwerwiegendere Punkt betraf die Äußerungen Steffen Heitmanns zur Frage der sogenannten Vergangenheitsbewältigung, konkret zu Auschwitz. Der Vorsitzende des Zentralrates der Juden in Deutschland, Ignatz Bubis, hat diese Äußerungen von Steffen Heitmann sogleich zum Anlaß genommen, ihm zu unterstellen, er schüre einen latenten Antisemitismus in Deutschland. Mit diesem und einem anderen Argument, auf das ich gleich noch zu sprechen komme, habe er den Rechten Munition geliefert. Aber was hat Steffen Heitmann eigentlich gesagt? Er hat zunächst den so nicht ganz verständlichen Begriff der „Enttabuisierung" gebraucht. Aber in der Sache hat er gesagt, daß auch das Ereignis der Judenvernichtung als ein Ereignis der deutschen Geschichte in diese Geschichte eingeordnet werden müsse. Auch dies ist nicht eine ideologisch subversive Äußerung, um eine konservative oder rechte Gegenrevolution auf den Weg zu bringen, sondern auch dies ist nur die Feststellung einer ganz schlichten Tatsache, nämlich daß es vor Auschwitz eine deutsche Geschichte gegeben hat, und daß es auch nach Auschwitz eine deutsche Geschichte gibt. Wie immer wir die Frage nach Auschwitz beantworten, jede Antwort impliziert direkt oder indirekt eine Ein- und Zuordnung dieses Ereignisses zur deutschen Geschichte. Der Kernpunkt, der zur Erregung über Steffen Heitmann geführt hat, ist doch nur die in dieser Feststellung insinuierte Meinung, daß Auschwitz nicht das Ende der deutschen Geschichte bedeuten dürfe. Und diejenigen, die sich über diese Äußerung aufregten und sich damit nicht abfinden konnten, meinten eben, daß Auschwitz eben doch das Ende der deutschen Geschichte gewesen sein sollte.

Wenn es zu einer solchen Kontroverse kommt, müssen wir ernsthaft die Diskussion über diese Kernfrage der Existenz der Deutschen führen. Es geht dann nicht darum, den Kandidaten aus Gründen der Inopportunität aus dem Ring zu ziehen, sondern es geht um die Kernfrage der deutschen Existenz, über die man offen sprechen muß. Ebenso müßte man darüber diskutieren, welche Konsequenzen es für das wiedervereinigte Deutschland hätte, wenn wir uns die Ansicht der Gegner von Steffen Heitmann zu eigen machten und annähmen, daß Auschwitz das Ende der deutschen Geschichte zu bedeuten habe.

Martin Walser hat vor zwanzig Jahren zu dieser Frage einen Artikel mit dem Titel „Händedruck mit Gespenstern"[10] geschrieben. Martin Walser sagte damals, daß Auschwitz in der Tat eine so furchtbare und entsetzliche Begebenheit in der Geschichte sei, daß die Deutschen auf dem Wege seien, als Nation und Volk an diesem Ereignis zugrundezugehen. Unser Volk werde zugrundegehen, weil es dieses Ereignis schlichtweg nicht bewältigen könne. Wir führen nun seit fünfzig Jahren eine Diskussion um den ominösen Begriff der Vergangenheitsbewältigung.

Das Problem besteht aber in der Tat darin, daß die Vergangenheit nicht bewältigt werden kann. Wir können bewältigen so lange und soviel wir wollen, wir werden damit keinen der Millionen zu Tode gekommenen und vergasten Menschen wieder zum Leben erwecken. Die Vergangenheit kann man nicht bewältigen. Das liegt in der Natur der Sache und im Wesen der Vergangenheit selbst begründet.

Weiter schrieb Martin Walser, was man als eine Möglichkeit tun könne, sei, die Vergangenheit zu vergessen. Alle europäischen Völker, die nicht diese, aber doch vergleichbare Schreckenstaten begangen oder erlebt haben, haben dieses Problem in der Tat durch Vergessen oder Generalamnestie gelöst. So hat es in Italien nie eine Vergangenheitsbewältigung gegeben. Und die Österreicher glauben heute noch daran, daß sie 1945 von Hitler befreit worden sind. Ebenso hat es in Frankreich keine Diskussion über die eine Million Menschen gegeben, die nach 1945 umgebracht wurden. Die Völker haben also angesichts einer nicht zu bewältigenden Vergangenheit in der Regel eben diese Vergangenheit vergessen und verdrängt. Aber sie vergessen sie nicht aus Leichtsinn, sondern aus dem Wissen heraus, daß die Vergangenheit im Grunde nicht bewältigt werden kann. Im andern Fall würde dies sonst bedeuten, daß eine Wunde permanent wieder aufgerissen werden könnte, und an dieser psychischen Verwundung könnten dann ganze Staaten und Völker zugrundegehen.

Martin Walser weist uns aber noch auf eine zweite Möglichkeit hin. Wenn ein solches Ereignis nicht vergessen werden darf, dann muß es vergeben werden. Er sagte weiter, daß ein Volk, das gottlos ist, sich dieses grauenhafte Geschehen auch nicht vergeben lassen kann. Daher war Martin Walser der Meinung, es werde nicht zu bewältigen sein und es werde eben die Folgen haben, die wir bis in die jüngste Gegenwart erleben.

Es geht hier also um die Existenz der Deutschen als Volk. Die konservativ genannten Christen haben eine eminente und auch sittliche Verpflichtung gegenüber unserem Volk. Sie müssen dem deutschen Volk deutlich machen, daß es nicht nur die Möglichkeit der permanenten Vergegenwärtung dieses Ereignisses oder nur die Möglichkeit des totalen Vergessens gibt, sondern daß es auch einen Weg der Vergebung und der Umkehr gibt. Diesen Weg gibt es aber allein für Christen. Es wäre daher schrecklich, wenn die christlichen Konservativen keinen Platz mehr in der deutschen Politik oder in der CDU hätten. Es könnte nämlich fürchterliche Folgen für die Zukunft des Volkes selbst haben.

Der dritte Vorwurf gegen Steffen Heitmann bezog sich auf seine Meinung, daß auch die Deutschen ein Recht auf ihre nationale Identität hätten und sich um diese bemühen dürften. Heiner Geißler zufolge wurde mit der ersten Bemerkung über die Rolle der Frau der emanzipatorische Kern der CDU verletzt, mit der zweiten wurde nach Ignatz Bubis der Antisemitismus geschürt und mit der dritten wurde den Rechten angeblich Munition geliefert. Aber was ist eigentlich daran so schlimm, wenn Heitmann sagt, auch die Deutschen hätten das Recht, sich um ihre nationale Identität zu kümmern? Man hält diese Äußerung nur darum für rechtsextrem, weil es mit dem Programm einer multikulturellen Gesellschaft unvereinbar gilt oder wenigstens so erscheint. Diese Interpretation ist falsch, denn die Forderung, daß die Deutschen sich auch um ihre Nationalität und Identität kümmern müßten, steht nicht einmal im Widerspruch zu einer multikulturellen Gesellschaft, wie immer man sie interpretieren mag, sondern sie ist die Voraussetzung dafür.

Denn was ist eine multikulturelle Gesellschaft? Diejenigen, die für eine solche Gesellschaft sind, konzedieren, daß die Angehörigen jeder anderen Nation und jeder anderen Kultur in dieser Gesellschaft nicht nur das Recht, sondern sogar die Pflicht haben, sich um ihre nationale Identität und Kultur zu kümmern. Das setzt aber doch voraus, daß die Deutschen dies genauso tun dürfen. Sie können doch nicht in einer multikulturellen Gesellschaft leben, in der alle anderen ihre Identität haben, nur sie nicht. Auf die entscheidende Frage, was die Deutschen dann an Stelle ihrer „verbotenen" nationalen Identität bekommen, haben die Propagandisten der multikulturellen Gesellschaft bisher nicht die geringste Antwort gegeben. Bekommen sie das „Nichts"? Wie sollen „nationale Nihilisten" mit den Vertretern anderer Nationen und Kulturen in einer bereichernden und menschlich fruchtbaren Weise zusammenleben und mit ihnen in einen interkulturellen oder gar interreligiösen Dialog eintreten? Was sollen sie ihnen sagen, wenn sie gar nicht wissen, was ihre eigene kulturelle, religiöse und nationale Identität ist? Warum soll der Verlust der nationalen Identität die Fähigkeit der Deutschen, mit anderen Kulturen und Nationen freundschaftlich zusammenzuleben, fördern? Genau das Gegenteil ist doch der Fall. Nur die Völker, die sich ihrer eigenen Identität gewiß sind, können friedlich zusammenleben.

Ich fragte mich damals, warum ein solches Argument von Steffen Heitmann geeignet sein soll, den Rechtsextremen Munition zu liefern. Diese sonderbare Ansicht hatte tatsächlich im Deutschen Bundestag eine Rolle gespielt, als Rita Süßmuth die unglaubliche Frage an Steffen

Heitmann stellte, wie er sich dazu verhalte, daß der Republikaner Franz Schönhuber seine Auffassungen begrüße. Merken wir denn nicht, wie absurd und ungeheuerlich dies ist? Man hat den Eindruck, daß inzwischen viele CDU-Politiker nur noch das zu sagen wagen, was auf keinen Fall die Zustimmung und das Wohlwollen von Franz Schönhuber findet. Damit machen sie ihn aber zur entscheidenden Kristallisationsfigur der CDU, weil er jederzeit jeden Politiker ausschalten könnte, wenn er nur öffentlich in seiner Überzeugung mit diesem übereinstimmt.

Ich komme zum Fazit und frage, was denn nun an den Auffassungen des Steffen Heitmann eigentlich konservativ, was verdammenswert, was undemokratisch war und was ihn disqualifiziert hat, Bundespräsident der Bundesrepublik Deutschland zu werden. Wer mir bei der Beantwortung dieser Fragen helfen kann, dem gebührt ein Ehrenpeis. Eine sachliche und vernünftige Begründung gibt es nämlich nicht. Nur in einem zumindestens halb pathologischen Zustand einer Demokratie wie in der unseren kann man überhaupt auf die Idee kommen, Steffen Heitmanns Aussagen für undemokratisch und folglich als nicht qualifiziert für eine Bundespräsidentschaft zu halten.

Damit sind wir wieder bei unserer Ausgangsfrage: Haben konservative Politiker in unserer Demokratie noch einen Platz? Wir stellen heute fest, daß der Kampf der christlichen Konservativen gescheitert ist. Sie konnten auch die de-facto-Fristenlösung nicht verhindern. Ich darf zunächst einige Sätze der Kritik zu deren Art der Argumentation sagen: Dieser aus den Reihen der christlichen Partei geführte Kampf um das ungeborene Leben in der Bundesrepublik war in dem Augenblick verloren, als sie sich mit einem besonderen christlichen Auftrag ausgestattet sahen. Sie konnten somit öffentlich vorgeführt werden als eine Gruppe von Menschen, die sich eben einer christlichen Ethik verpflichtet fühlten. Auf dem Boden dieser Selbstdarstellung war der Kampf gegen die Abtreibung aus einem ganz einfachen Grund verloren: Die christliche Ethik ist nämlich nicht mehr für die ganze Gesellschaft verbindlich, sondern nur noch für Christen. Schlimmer noch: In den christlichen Kirchen selber sind mittlerweile die Gebote christlicher Ethik, die zu einem solchen Kampf für das ungeborene Leben legitimieren, höchst umstritten. Unsere Gesellschaft bestreitet, wie man sieht, sehr wohl den Wert des ungeborenen Lebens.

Die liberale Gesellschaft bestreitet nun den Christen nicht ihr Existenzrecht. Sie billigt ihnen auch zu, ihre Meinung zu äußern. Wie heißt es so schön: Eine konservative Meinung muß man eben ertragen können. Das ist die Lage: De facto hat in unserer Gesellschaft eine Gruppierung von Christen keinen größeren Anspruch auf Gehör als jede andere beliebige Vereinigung, seien es die Taubenzüchter oder diejenigen, die für besondere Methoden sexueller Befreiung eintreten. In unserer pluralistischen Gesellschaft, die inzwischen eine beinahe entchristlichte Gesellschaft ist, sind die Christen nur eine Gruppe unter vielen anderen, ein Gruppe, die auch nicht mehr äußern können als nur Meinungen. Natürlich waren auch diejenigen in der CDU, die nicht gewillt waren, den Vorstellungen der „Christdemokraten für das Leben" zu folgen, der Ansicht, daß diese Leute nur Meinungen vertreten, die, gemessen an dem Maßstab der Modernität, zurückgeblieben, konservativ, reaktionär und noch nicht aufgeklärt sind. Der Kampf war also lange vor der eigentlichen Abstimmung verloren.

Die entscheidende Frage ist nun, wie man diese Niederlage zu interpretieren hat und welche Konsequenzen möglicherweise daraus zu ziehen sind. Es geht hier um nicht weniger als um die fundamentale Frage nach dem Verhältnis der Konservativen - und damit letztlich der Christen - zu unserem Staat. Wir bewegen uns in der Entwicklung unserer Bundesrepublik auf einen Punkt hin, an dem sich das Schicksal des Staates, den wir 1945 gegründet haben, entscheiden wird. Meine Meinung war immer, daß man sich bei dem Kampf für das ungeborene Leben nicht für die Grundsätze christlicher Ethik einsetzen sollte, sondern man hätte deutlich machen müssen, daß es hier um die Grundlagen unserer Verfassung, um das sittliche Fundament des Rechtsstaates als solchem geht, d.h. um die Grundlagen einer möglichen Loyalität der Bürger mit diesem Staat. Das ist der entscheidene Punkt.

Wir reden hier nicht von einer Kleinigkeit. Es waren viele Millionen von ungeborenen Kindern, die im Laufe der Jahre in einem der reichsten Länder, das den perfektesten Sozialstaat vorzuweisen hat, getötet worden sind. Folgende Aussage führt uns an die Wurzel des Problems: „Der Staat tötet." Diesen Satz sagte nicht ein finsterer Konservativer, sondern einer der renommiertesten Rechtslehrer unserer Republik, nämlich Professor Isensee. Wenn der Rechtsstaat Deutschland es zuläßt, daß Menschen etwa aus emanzipatorischen Gründen Urteile über Leben und Tod über andere, in diesem Fall über schwache und unschuldige Menschen, fällen können, ohne daß es dazu sogar einer Rechtfertigung bedarf, dann vernichtet dieser Rechtsstaat seinen normativen Gehalt und seine sittliche Substanz. Natürlich gibt es Unterschiede zwischen den Tötungshandlungen des Kommunismus oder des Nationalsozialismus und dieser Massentötung Ungeborener. Es wäre falsch, dies miteinander gleichzusetzen.

Aber in der sittlichen Betrachtung geht es nur um die Frage, ob ein Mensch das Recht hat, willkürlich über Leben und Tod anderer Menschen zu entscheiden, ohne daß der Staat mit seinen rechtlich-institutionellen Möglichkeiten ihn daran hindern kann. Das Erschreckende an der Abtreibungsdebatte waren nicht die Argumente, die aus sozialen Erwägungen für die Fristenlösung vorgebracht worden sind. Erschrekkend war vielmehr, daß wir diese Debatte geführt haben, ohne zu begreifen, daß es hier um die Existenz des Rechtsstaates ging. Natürlich kann man in Tausenden von Einzelfällen Verständnis für die Lage von Frauen haben. Natürlich kann man die Motive nachvollziehen, aus denen heraus sie meinen, nicht anders zu können, als der Tötung zuzustimmen. Darüber könnten wir bis zum jüngsten Tag reden, ohne daß ein Konsens möglich wäre. Es gibt eben die unterschiedlichsten Erfahrungen und Einsichten der Menschen in der Beurteilung dieser Frage. Es wäre ganz albern, zu leugnen, daß es immer Lagen geben wird, in denen man - und sei es aus Barmherzigkeit - Verständnis für die Verzweiflung der Frau und ihre Entscheidung haben muß. Das ist aber nicht der Punkt.

Problematisch ist vielmehr, daß man nicht deutlich gemacht hat, daß es hier um einen Kampf um das Recht geht. Diesen zentralen Punkt der Demokratie, die auch den Kampf um das Recht impliziert, haben die Parteien, auch die CDU und leider auch die Gruppe, die sich für das ungeborene Leben einsetzte, der Bevölkerung nicht deutlich gemacht. Wenn der Schutz des Lebens in diesem Falle nicht gewährleistet wird, dann steht im Prinzip, ich sage es wieder und wieder, das Leben eines jeden potentiell zur Disposition. Denn man kann sich zu jeder Zeit in diesem Land Situationen denken, in denen man, vor allem aus sozialen Gründen und mit humanitär klingenden Argumenten und Floskeln zu dem Schluß kommen kann, daß es für diesen und jenen besser sei zu sterben, als weiterzuleben. Man denke nur an das Problem der Sterbehilfe oder der Pränataldiagnostik. Es gibt dann keine Schranke mehr, und darum hat die christliche Gruppe, die den Kampf um das Leben geführt hat, dies stellvertretend für den ganzen Rechtsstaat der Bundesrepublik Deutschland getan. Sie hat zumindest stellvertretend daran erinnert, daß diese Frage nicht nur eine pragmatisch zu beantwortende, sondern auch eine ethische ist, die im Kern die Sittlichkeit der politisch organisierten Gemeinschaft tangiert.

In diesem Kampf unterlegen zu sein, ist keine Niederlage. Was diese Gruppe ehrt, ist, daß sie in dieser Diskussion für die Grundlagen unseres Rechtsstaates gekämpft hat. Als Christen sollten sie wissen, daß zu dem Wirken im Namen Gottes nicht der garantierte Erfolg gehört. Das Neue und Alte Testament, sowie die ganze Weltgeschichte und die europäische Geschichte christlicher Kultur, sind voll von der Trauer und der Erinnerung an Niederlagen, die Gott mit den bösartigen und hartherzigen Menschen erlebt hat.

Offenbar hat sich die Sichtweise des Politologen Wilhelm Hennis allgemein durchgesetzt, wonach wir keinen Staat mehr haben, dem man noch zutrauen könnte, Normen gegenüber unserer Gesellschaft durchzusetzen. Auch die Frage des Lebensschutzes müsse darum einen Kompromiß, den gesellschaftliche Gruppen mit unterschiedlichen normativen Überzeugungen eingehen, zum Gegenstand haben. Die Gesellschaft ist dann bereit, Leben und Tod unschuldiger Menschen zur Disposition zu stellen, wenn sich nur bestimmte gesellschaftliche Gruppen darauf einigen. Diese Position bedeutet nichts weniger, als daß wir keinen Staat mehr haben, der es nach einer zweitausendjährigen europäischen Geistestradition noch verdient, Staat genannt zu werden. Wenn Wilhelm Hennis' These stimmt, daß dieser entleerte Staat darauf verzichten muß, das normative Minimum im Sinne einer europäischen mehrtausendjährigen Geschichte gegenüber der Gesellschaft oder Teilen der Gesellschaft durchzusetzen, dann ist grundsätzlich der Weg zur Barbarei frei. Für die christlich-konservative Gruppe, die sich für das ungeborene Leben einsetzte, bedeutet das aber, daß sie diese Lage zur Kenntnis nehmen und sich überlegen muß, wie, auf welcher Grundlage, mit welchen Strategien, Konzeptionen und Argumenten sie den Kampf fortsetzen kann.

An dieser Stelle ist es wichtig, auf das Verhältnis der christlich-demokratischen Konservativen zur liberalen Gesellschaft einzugehen. 1945 stellte sich die Gründung der CDU/CSU als eine der erfolgreichsten und innovativsten politischen Ideen der Nachkriegszeit dar. Das war etwas Neues. Die Angehörigen beider christlichen Konfessionen schlossen sich in dem Willen zu einer Partei zusammen, den Rückfall der Deutschen in die Barbarei nie wieder zuzulassen. Falls die CDU sich nicht mehr überzeugend als eine Kraft gegen die Rebarbarisierung darstellen sollte, wird sie ihre Existenzberechtigung verlieren. Dieses Land braucht keine CDU, keine sich christlich nennende Partei, wenn sie dem Auftrag untreu wird, mit dem sie 1945 angetreten ist.

Es kann kein Zweifel darüber bestehen, daß die Neugründung der CDU/CSU damals auch den Willen einschloß, die große europäische, damals sagte man abendländische Tradition des Ethos und der Gesittung wieder als eine elementare Überlebensbedingung für den liberalen Staat der Gegenwart gegenwärtig zu halten. Worauf hätte man sonst angesichts dieses Nichts, vor dem man damals stand, zurückgreifen können? Nun hat sich die Partei, soweit sie diesem ihrem Auftrag verpflichtet war, als eine der erfolgreichsten politischen Parteien in der Geschichte der Demokratie überhaupt entwickelt. Gerade heute ist es wichtig, daran zu erinnern, daß alles das, dessen sich die Bundesrepublik erfreut, d.h. alle großen ökonomischen, sozialen und politischen Errungenschaften der Nachkriegszeit ein Verdienst im wesentlichen dieser CDU/CSU sind.

Ich kann hier die unglaublichen Erfolge dieser Partei nicht alle aufzählen. Die Bundesrepublik ist ohne sie nicht denkbar. Niemand hat bisher eine wirkliche politische Alternative zu den Grundentscheidungen, die die CDU unter Adenauer damals durchgesetzt hat, formulieren können. Allen, die dagegen gewesen sind, ist bis zum heutigen Tag nichts Besseres eingefallen. Diese beispiellosen Erfolge erreichte die CDU, weil in dieser Partei Liberale, Soziale und Konservative in voller Übereinstimmung friedlich zusammenleben konnten und eine große politische Willens- und Kampfgemeinschaft darstellten. Was die Liberalen nicht vorzuweisen hatten, das hatten die Konservativen, und was die Sozialen in der CDU nicht repräsentierten, das leisteten die klassischen Liberalen in der CDU. Sicher war die Balance in der Partei nicht immer einfach, aber der große Grundakkord ist doch lange Zeit nicht unterbrochen worden. Das war das Geheimnis des Erfolges.

Dann kam es aber zur großen Kulturrevolution der 68er Jahre und sie hat in der Tat das Ganze verändert. Die Kulturrevolution hat einige Fragen gestellt, die notwendig und sinnvoll waren, beispielsweise die, ob es eigentlich auf die Dauer der Sinn der gesellschaftlichen Verantwortung sein kann, sich bloß um eine permanente Vermehrung des Lebensstandards zu bemühen und auf die Freßwelle eine Reisewelle und Sexwelle und sonstige Wellen folgen zu lassen. Es wurde die berechtigte Frage gestellt, ob dies eigentlich ein ausreichender Sinn für diese Bundesrepublik Deutschland sein könne. Es wurde also die Frage nach den geistigen Fundamenten, nach den geschichtlichen Zielen gestellt.

Es war völlig klar, daß die CDU in dieser Situation nur zwei Möglichkeiten hatte. Sie konnte die Antworten akzeptieren, die die kulturrevolutionäre Generation gegeben hatte, oder diesen Antworten eigene und bessere entgegenzustellen. 1976 habe ich auf der Tagung des Parteiausschusses der CDU Baden-Württembergs versucht, der Partei dies klarzumachen. Die Reaktion war gespalten. Aber es wurde damals bereits deutlich, daß es ein hoffnungsloses Unterfangen war, die Partei für die zweite Alternative zu gewinnen.

Meine These lautete folgendermaßen: Wenn die CDU den Antworten der marxistisch inspirierten, anarchistischen Kulturrevolution keine eigenen und besseren Antworten entgegenzusetzen vermochte, würde sie früher oder später gezwungen sein, sich ihnen anzupassen und sich ihren Trends zu unterwerfen. So einfach ist das. Ich war seitdem in der CDU ein übel beleumdeter Mann, weil ich mir erlaubt habe, jahrelang die Partei genau auf diese Notwendigkeit hinzuweisen, eine konservative kulturrevolutionäre Antwort auf eine im Kern anarchistische und nihilistische Kulturrevolution zu geben. Franz Josef Strauß war vielleicht der einzige, der das begriffen hatte. Eine Partei, die nicht imstande ist, die politischen Fragen aus eigener geistiger Substanz und Kraft zu formulieren und zu beantworten, muß sich nämlich den Schlußfolgerungen der Gegner früher oder später unterwerfen. Vor diesem Ergebnis stehen wir heute.

Die CDU folgt inzwischen immer stärker der Strategie der Unterwerfung und Anpassung. Ich habe bereits Anfang der achtziger Jahre das Buch „Das Debakel" veröffentlicht, in dem man diese Prophezeiung nachlesen kann. Die zwangsläufige Folge der Anpassung war dann die Ausschaltung derjenigen, die „zu konservativ" waren. Nicht die Sozialisten der SPD haben den Kampf um die Ausschaltung der Konservativen geführt und gewonnen, sondern die CDU hat ihn gegen ihre eigenen besten Mitglieder geführt. Heiner Geißler hat immer wieder, z.B. vor der Jungen Union Baden-Württembergs, bekräftigt, daß die Konservativen die eigentlichen Feinde seien. Er forderte, sie an den Rand zu drängen und Strategien zu ihrer Bekämpfung zu entwickeln. Das sagte der Mann, der uns zu solider Bruderschaft und Freundschaft mit dem Rest der Welt auffordert und gerne die Segnungen des deutschen Sozialstaates in den Dienst der Millionen verelendeten Massen in der Welt stellen möchte. Aber Heiner Geißler hat einen Feind, und er ist ständig auf der Suche nach ihm. Dieser Feind sind vor allem die Konservativen in der CDU. Ausgerechnet die christlichen und nationalen Konservativen werden hier zum politischen Feind erklärt. Das ist der Grund für den heutigen Zustand der CDU. Zum Glück gibt es ein großes Wort von Lenin: „Die Geschichte ist immer klüger, als die Vorstellungen, die wir uns von ihr machen". Und so ist auch die Geschichte über die klugen Vorstellungen des Parteistrategen Geißler hinweggegangen. Kein Philosoph oder Politiker, sondern die Geschichte selbst hat ihn 1998 korrigiert.

Auch wenn man die Rede, die der neue Parteivorsitzende, Wolfgang Schäuble, bereits 1993 auf dem Parteitag in Berlin gehalten hat, nachliest, wird man feststellen, daß seit 1945 kein führender Politiker eine Rede gehalten hat, die sich so vehement für einen politischen Konservativismus ausgesprochen hat. Schäuble benannte als die wichtigste Voraussetzung zur Lösung unserer Probleme, daß die Deutschen wieder zu einer Gemeinschaft, ja zu einer Schicksalsgemeinschaft zurückfinden müssen, daß sie ihren Egoismus, ihren anarchistischen Hedonismus überwinden und sich in den Dienst der nationalen Gemeinschaft der Deutschen stellen sollen.

Noch ist der Spannungsbogen zwischen Heiner Geißler und Wolfgang Schäuble nicht gelöst. Sollte die CDU sich weiterhin an Heiner Geißler halten und Wolfgang Schäuble vor ihm und den schwarzgrün orientierten „jungen Wilden" einknicken, dann wird sie ein Waterloo nach dem anderen erleben. Da Wolfgang Schäuble ein politischer Kopf ist, hat er genau das erkannt. Er weiß, wenn er die Konservativen nicht wiedergewinnen kann, werden weitere Wahlen verloren gehen.

Die Konservativen, d.h. die Nationalkonservativen, die Ordoliberalen und die Christlich-Konservativen haben schon immer eine strategische Schlüsselrolle für diese Partei und ihre Zukunft innegehabt. Sie sind in der Basis keineswegs der marginalisierte Haufen, der seinem Untergang entgegensieht, wie Heiner Geißler ihre Bestimmung in der Geschichte sieht, sondern sie sind wahrscheinlich für das Überleben der Partei die entscheidende strategische Gruppe. Es folgt daraus, daß es zur Resignation oder zur Verabschiedung aus der Politik keinen Grund gibt. Es bedarf nur, die Lage zu erkennen und die nötigen konzeptionellen und strategischen Konsequenzen daraus zu ziehen. Was ich mit meinen schwachen Kräften tun kann, um dabei zu helfen, das werde ich tun.

17. Political correctness und kein Ende

Die Beherrschung der politischen Rhetorik ist ein entscheidendes Moment, um nicht zu sagen, die entscheidende Waffe, die es im demokratischen Meinungskampf und im Kampf um die politische Bewußtseinsbildung gibt. Das zeigte sich nicht zuletzt in der Kulturrevolution von 1968. Damals traten plötzlich aus der anonymen Masse der Studenten immer neue Sprecher hervor, die über eine glänzende Rhetorik verfügten und die sich vor tausend Studenten hinstellten. Diese Studenten vermochten in kurzer Zeit eine Atmosphäre zu erzeugen, die Joseph Goebbels nicht hätte besser erzeugen können. Zwei entscheidende Unterschiede sind jedoch hinsichtlich des Nationalsozialismus zu konstatieren: Erstens waren diese Studenten durchweg theoretisch beschlagen. Zweitens haben sie sich alle um eine, wenn auch ideologiekritisch gemeinte, rationale Diskussion bemüht.

Ohne dieses rhetorische Potential, das die Kulturrevolution damals hervorgebracht hat, sähe unser Land heute, um es vorsichtig zu sagen, völlig anders aus. Denn die Kulturrevolution von 1968 und das Phänomen der „political correctness" stehen, bei Lichte betrachtet, in sehr enger Wechselwirkung. „Political correctness" ist im Grunde genommen ein unheimliches und schwer greifbares Phänomen. Es ist gar nicht so leicht, dieses Phänomen genau und präzise zu definieren und einer politischen Konstellation zuzuordnen.

„Political correctness" bedeutet zunächst, daß die Anwälte der geistig-kulturellen Hegemonie die politisch engagierten Bürger daraufhin überprüfen, ob sie den von ihnen vorgegebenen Kriterien gerecht werden oder nicht. Es wird geprüft, ob jemand innerhalb des demokratischen Spektrums angesiedelt ist und ob er eine liberale oder - besser noch - linksliberale Qualifikation vorweisen kann. Wer sich dieser bestimmten Sprachregelung unterwirft, der wird akzeptiert. Wer dagegen dieser Sprachregelung nicht folgt, von ihr abweicht oder gar zuwiderläuft, der wird, wenn er Glück hat, zunächst mit dem Zeigefinger ermahnt. Im Wiederholungsfalle wird zu deutlicheren Ermahnungen bis hin zu Drohungen gegriffen. Weitere Sanktionsmittel stehen dann nicht mehr zur Verfügung, aber der Betreffende wird plötzlich feststellen, daß er nicht mehr dazugehört. Er wird marginalisiert, seine Öffentlichkeitsfähigkeit wird ihm abgesprochen und er findet sich sehr schnell im politischen Aus wieder.

Wenn man wissen will, warum es heute im rechten politischen Lager eine gewisse Radikalisierung bis hin zum Terrorismus gibt, dann hängt das natürlich zentral mit dieser Genealogie der Ausgrenzung zusammen. Wenn jemand mit den Verhältnissen in unserer Demokratie nicht einverstanden ist und daraufhin Protest anmeldet, indem er zu den bestehenden Zuständen in der Demokratie eine radikale linke oder auch eine nur gemäßigt rechte Alternative formuliert, dann hängt es nur noch von dessen Charakter und Mentalität ab, ob er sich eines Tages im terroristischen Untergrund wiederfindet, weil er keine politisch faire Chance bekommt, sich nach den klassischen Spielregeln der Demokratie wenigstens vernehmbar zu machen. Das ist die ernsthafte Komponente, wenn wir über „political correctness" sprechen.

Die Existenz von „political correctness" könnte nicht wenigen die Schlußfolgerung nahelegen, daß wir nicht mehr in einem freien Lande leben. Es gäbe dann nicht mehr das, worauf wir bisher doch so großen Wert legten und worauf wir auch mit Recht stolz sein konnten, nämlich eine offene, liberale, pluralistisch gestaltete Demokratie. Es wird Zeit, daß wir uns darüber im klaren werden, daß es sich bei dem Phänomen der „political correctness" um nichts weniger als um die Bedrohung der liberalen Demokratie handelt. Eine der vitalsten Überlebensbedingungen der Demokratie besteht doch darin, daß die politisch aktiven Bürger denken und frei ihre Meinung äußern dürfen. Aufklärung heißt nach Kant nichts anderes, als daß jeder den Mut hat, sich seines eigenen Verstandes zu bedienen. Der Mensch soll nicht nur denken, nein, Kant hat sogar noch zugespitzter formuliert, der Mensch soll selber denken! Nun ist das Selberdenken nicht irgendeine idealistische Forderung, sondern es ist die Überlebensbedingung einer liberalen, offenen und lebendigen Demokratie.

Wir stehen heute einer geschichtlich-politischen Situation gegenüber, angesichts derer weder die Parteien noch die intellektuellen Vordenker in unserer Republik behaupten können, daß sie diese neue Lage begriffen hätten, geschweige denn, daß sie imstande wären, Rezepte anzubieten, mit denen die neuen Probleme gelöst werden könnten. In einer solchen Situation sind wir zum Selberdenken verurteilt! Denken ist zu einer realen Überlebensbedingung unserer Demokratie geworden. Angewandt etwa auf die CDU bedeutet das, daß die CDU hinter dem breiten Schatten des letzten großen Vorsitzenden geistig ausgedörrt ist. Paradoxerweise verschaffte das dieser Partei sogar über eine lange Zeit noch Vorteile, hat doch Helmut Kohl der Partei bis 1998 immer neue, wenn auch schwindende Wahlerfolge beschert. Wenn Helmut Kohl 1994 sagte: „Die CDU bin ich", dann war dies die Wiederholung der autokratischen Maxime eines großen Herrschers aus dem 18.Jahrhundert, der von sich gesagt hat: „Der Staat bin ich". Solange das so war, brauchte natürlich keiner mehr in dieser Partei zu denken. Denn Helmut Kohl dachte für alle, und die CDU hat sich offenbar allzu lange damit arrangiert. Aber jetzt, wo die breite Schulter des früheren Vorsitzenden Helmut Kohl nicht mehr die innere Gespaltenheit der Partei überdeckt, ist die Stunde der Wahrheit gekommen.

Der große, klassische Liberalismus des 19. Jahrhunderts hatte zum wichtigsten Postulat einer demokratischen Gesellschaft das Recht erklärt, daß jeder seine Meinung ohne Nachteile für seine Reputation ungehindert und auch öffentlich äußern darf. Die Frage, ob das Resultat des Selbstdenkens und der Meinungsäußerung wahr oder falsch ist, ob es sich dabei um einen Irrtum handelt oder nicht, spielte für das Recht, es öffentlich äußern zu dürfen, gar keine Rolle. Warum spielte es keine Rolle? Weil der Liberalismus davon ausgeht, daß es keine verbindliche Wahrheit gibt. Das Grunddogma der modernen liberalen oder sich liberal verstehenden Gesellschaften ist: Es gibt keine Autorität, die im Namen der Wahrheit sprechen kann. Es gibt keine kollektive, objektive, verbindliche Wahrheit. Die Wahrheit ist für den klassischen Liberalismus eine so ferne und eine so absolute Größe, daß der einzelne gar nicht in der Lage ist, sie zu erkennen. Man kann sich der Wahrheit nur annähern, sie aber nicht wirklich erreichen. Immerhin meinte der klassische Liberalismus, daß es die Wahrheit doch irgendwo gäbe. Denn man kann sich ihr immerhin annähern, wenn in Wahrnehmung des Rechtes der öffentlichen Meinung jeder seine Meinung öffentlich äußern darf. Denn es könnte ja sein, daß die Stimme, die vom öffentlichen Diskussionsprozeß, der immer ein Lernprozeß ist, ausgeschlossen ist, möglicherweise die Wahrheit gefunden hat oder ihr näher gekommen ist als alle anderen, die sich an diesem Prozeß beteiligt haben.

Darum ist es das Grundprinzip einer liberalen Demokratie, daß jeder denken und öffentlich äußern darf, was er will. „Political correctness" würde daher bedeuten, daß es diese Freiheit nicht mehr gibt. Wenn wir uns „political correctness" in der extremen Form vorstellen, dann hätten wir einen Zustand, wie er für die Staaten charakteristisch ist, die wir Ideologiestaaten oder totalitäre Staaten nennen. Jeder weiß, daß es im

Kommunismus oder im Nationalsozialismus, mit gewissen Einschränkungen auch im Faschismus, nur eine offizielle geduldete Meinung gab, der sich jeder zu unterwerfen hatte. Dort bestanden Sprachregelungen mit Tabu-Charakter.

In unserer libertären Gesellschaft darf man paradoxerweise alle möglichen Verhaltensweisen und Meinungen in der Öffentlichkeit zeigen und äußern, nur ganz bestimmte politische Tabus darf man nicht brechen. Diese Tabus gelten aber nicht deshalb, weil sie - wie in totalitären Staaten - verordnet sind, sondern weil es stillschweigend von der Gesellschaft eingehaltene Tabus sind. Tabuverstöße werden hart geahndet. Wenn es eine solche Einschränkung des Rechtes auf öffentliche Meinungsäußerung, also eine für die ganze Gesellschaft verbindliche Sprachregelung gäbe, die mit bestimmten Selektionsmechanismen für diejenigen verbunden ist, die sich nicht daran halten, müßten wir, ausgehend vom liberalen Gedanken, von einem quasitotalitären Zustand reden. Wir haben es heute mit einer völlig neuen, noch vor zehn Jahren nicht für vorstellbar gehaltenen Lage zu tun, in der eine bestimmte Art des Liberalismus eine quasitotalitäre Gestalt annimmt. Neuerdings ist zu beobachten, daß nicht wenige beginnen, sich gegen diesen unerträglichen Zustand zu wehren[11]. Würde dieser Zustand beibehalten, könnte dies sehr schnell zum faktischen Ende der liberalen Demokratie in unserem Lande führen. Leider verhalten sich weite Teile auch der CDU noch immer sehr passiv zu diesem Phänomen der „political correctness" oder fühlen sich gar bemüßigt, selber als Zensoren und Exekutoren dieser Sprachregelung aufzutreten.

Nun müssen wir die Frage stellen: Warum ist das Phänomen der „political correctness" gegenwärtig schlimmer als es jemals war? Hier müssen wir erst einmal eine geschichtliche Betrachtung dazwischenschieben.

Wir können zunächst feststellen, daß die sozialistische Vision nach 1989 obsolet geworden war. Der Sozialismus hat sich von der Geschichte verabschiedet. So, wie er war, wird er nie wieder zurückkehren. Das trifft in gleicher Weise für den Nationalsozialismus zu. Auch eine Wiederholung des Dritten Reiches oder dessen, was mit dem Dritten Reich vergleichbar wäre, wird es nach dessen totaler Niederlage nie wieder geben können. Nachdem nun auch der Sozialismus zusammengebrochen war, hat sich für die Intellektuellen folgende alternative Konstellation ergeben: Entweder wir betreiben die Wiederherstellung oder Neukonstitution unserer Gesellschaft nach den Einsichten des klassischen

Liberalismus, oder, wenn wir das nicht wollen, und es gab für viele gewichtige Gründe es nicht zu wollen, wir formulieren eine andere linke Alternative zu dem zusammengebrochenen Sozialismus. Eingetreten ist nun letzteres.

Warum also kommt es ausgerechnet heute zu einer solchen Verstärkung der „political correctnesss" in unserem Land? Der Grund liegt in folgendem: Mit dem Zusammenbruch des Sozialismus hat sich das ideologische Potential der Linken und damit der sozialistischen und quasisozialistischen Kräfte erschöpft. Das Ende des Sozialismus machte die Linken zunächst einmal ratlos. Die großen intellektuellen Vordenker der Linken sind seit einigen Jahren merkwürdig verstummt. Sie hatten offenbar nichts mehr zu sagen, ihre Taschen waren leer. Ein neues, operatives Modell des Sozialismus stand ihnen nicht mehr zur Verfügung. Keiner kann seitdem noch sagen, wie man den wahren Sozialismus organisieren müßte. Und keiner von den einstigen Anwälten des Sozialismus fühlte sich veranlaßt, seine eigenen Irrtümer einzugestehen. Keiner der sozialistischen Vordenker hat nach dem Zusammenbruch des Sozialismus gesagt: Ich habe mich geirrt, ich sehe mich in meinen Hoffnungen getäuscht, es war wohl doch nichts mit dem Sozialismus. Von allen möglichen Konservativen werden laufend irgendwelche Reuebekenntnisse erwartet, aber die Linken selber sind dazu offenbar nicht imstande. Vom Sozialismus ist jedenfalls seit 1989 nur noch die allgemeine, humanitär klingende Phrase von einer „solidarischen Gesellschaft" übriggeblieben.

Und nun überlegen wir einmal: Unter welchen Bedingungen hatte die Linke überhaupt noch eine Chance, ihre kulturelle und politische Hegemonie über und in Deutschland aufrechtzuerhalten? Wie konnte sie ihre Macht behaupten? Daß man eine so hochprivilegierte, wenn auch demokratisch nicht legitimierte und kontrollierte geistig-kulturelle Machtposition freiwillig preisgibt, konnte man kaum erwarten. Das hat es in der Geschichte nie gegeben. Eine Machtclique kann immer nur durch einen erfolgreich geführten Kampf abgelöst werden. Freiwillig dankt sie nie ab. Das taten auch die Linken in Deutschland nicht. Sie hatten also unter den veränderten Bedingungen nur eine Chance. Sie mußten die These verbreiten, daß in Deutschland eine Neue Rechte hochkommt und daß es einen neuen, die Freiheit bedrohenden Rechtsextremismus gibt. Sie lancierten die These, daß in der Ferne wieder das monströse Haupt des Faschismus zu erkennen sei. Die Linken haben durch ihre Art des Umgangs mit der politischen Sprache suggeriert, daß dies so sei.

Wenn nun aber der Kampf gegen den Faschismus das Gebot der Stunde ist, wenn es nur noch einen letzten Feind gibt, und zwar den Faschismus, nicht den Kommunismus, dann mußte sich jeder wahre Demokrat in die Front des Antifaschismus einreihen. Dann wird zum neuen Kriterium der Zugehörigkeit oder Nicht-Zugehörigkeit zur Demokratie die antifaschistische Gesinnung erhoben. Damit haben wir das Rätsel der zunehmenden, repressiven „political correctness" gelöst. „Political correctness" ist die flankierende Maßnahme, die diese neue Einheitsfront des Antifaschismus gegen jede innere Bedrohung von rechts installiert hat. Bei diesem Phänomen der „political correctness" geht es um nichts weniger als um den harten Kern der geistig-kulturellen und damit auch letztlich politischen Macht in der Bundesrepublik Deutschland.

Hat das bürgerlich-konservative Lager, also vor allem die CDU, die Herausforderung der „political correctness" erkannt? Diese Frage muß man verneinen. Die CDU hat sich statt dessen durch diese, wie ich glaube, sinnlos initiierte Diskussion um ein schwarzgrünes Bündnis selber zur intellektuellen, geistigen und semantischen Ohnmacht verurteilt. Denn die Stoßtruppe des Antifaschismus in der Bundesrepublik sind natürlich die Grünen. Die Grünen werden alle ihre ökologischen, sozialen und pazifistischen Forderungen zur Disposition stellen, sofern es ihrem Machtgewinn nützlich erscheint. Aber in einem Punkte werden sie hart bleiben: In ihrem masochistischen Antinationalismus und in dem, was sie Antifaschismus nennen.

Die Grünen behaupten von sich, die fortschrittlichste, einzig konsequente und damit *die* antifaschistische Kraft in diesem Lande zu sein. Wenn die CDU nun mit einem Bündnis mit den Grünen liebäugelt, dann hat sie sich bereits der linksliberalen Hegemonialmacht in Deutschland unterworfen. Eine CDU, die solch eine Diskussion auch nur zuläßt, hat sich bereits de facto voll in die antifaschistische Front eingereiht. Sie kann folgerichtig das verloren gegangene konservative Potential oder alles, was sich heute rechts von der Mitte formiert, nicht mehr integrieren. Dann bleibt nur noch die Möglichkeit der Spaltung. Um es vereinfacht auszudrücken: Die einen marschieren Heiner Geißler und Friedbert Pflüger hinterher und die anderen - falls diese den Mut dazu haben - hinter den Liberalkonservativen Heinrich Lummer und Edmund Stoiber. Mit der Benennung dieser Personen wird vielleicht deutlicher, daß das zwei Positionen in der CDU/CSU sind, die in der Union auf die Dauer nicht koexistieren können. Das ist die neue Herausforderung, vor der die CDU/CSU steht.

Wie ist ein solches Phänomen einer partiellen Selbstabschaffung der liberalen Demokratie durch „political correctness" möglich? Wie ist es möglich, daß es dazu in der Demokratie überhaupt kommen kann? Dies ist eine politisch-philosophische Frage. Ich will nur zwei Faktoren aus einem ganzen Geflecht von Ursachen herausgreifen: Die eine Ursache liegt darin begründet, daß das Zentrum des Kampfes um die Erhaltung wie um die Veränderung einer modernen, ökonomisch prosperierenden, sozial abgesicherten Industriegesellschaft der Kampf um die geistig-kulturelle Hegemonie ist. Das hat es so weder im 19. Jahrhundert noch in den ersten dreißig Jahren des 20. Jahrhunderts gegeben. Man könnte nachweisen, daß alle diejenigen, die in unserem Lande erfolgreich waren und die - auch ohne an der Macht zu sein -, die Politik entscheidend beeinflußt und bestimmt haben, Leute sind, die dies begriffen und daraus die nötigen Konsequenzen gezogen haben.

Nehmen wir zwei Beispiele unter vielen heraus: „Greenpeace" bestimmt heute das Verhalten von Staaten. Der politische Erfolg von „Greenpeace" ist das Produkt ihrer Fähigkeit zu symbolischen Handlungen und ihrer Fähigkeit, die Weltöffentlichkeit durch die Beeinflussung der öffentlichen Medien zu erreichen. Und auch das, was dem ehemaligen Innenminister, Manfred Kanther, bei der Abschiebung von einigen Sudanesen passiert ist, ist geradezu ein klassischer Fall, an dem sich der Kampf um die geistig-kulturelle Hegemonie und das Versagen der bürgerlichen Parteien zeigen läßt. Wenn die SPD-Politikerin Hertha Däubler-Gmelin mit schneidender Stimme verkündete, Kanther sei weder human noch christlich, sondern er sei zynisch, und wenn eine Sprecherin der Grünen hinzufügte, Kanther habe ein Herz aus Stein, dann genügt es eben nicht, sich hinzustellen und zu sagen, die Dame sei hysterisch und ihr sei der Gaul durchgegangen. Sondern der Innenminister der CDU hätte ganz deutlich sagen müssen: Wer dagegen ist, daß ich die geltenden Gesetze, die anzuwenden meine höchste Amtspflicht als Innenminister Deutschlands ist, umsetze, wer will, daß diese Gesetze unterlaufen werden, der plädiert dafür, daß wir morgen die alten Zustände bekommen, die es vor der Etablierung des Rechtsstaates gegeben hat. Hier ist nicht mein christliches Herz gefragt, sondern meine Verantwortung für die Stabilität der Demokratie in Deutschland. Ich kann es mir nicht leisten, aus noch so berechtigten, im Einzelfall begründeten Motiven heraus, diejenige Gesetzgebung zu unterlaufen oder nicht anzuwenden, für deren Einhaltung ich stehe. Wer das tut, der soll dann auch die politische Verantwortung für die Zustände zugeschrieben bekommen, die dann eintreten, wenn morgen unkontrolliert Hunderttausende von Asylanten in unser Land strömen, ohne daß es dann noch eine Möglichkeit gibt, sie im Falle ihres unberechtigten Aufenthalts wieder auszuweisen.

Das ist die politische Antwort, die hier angemessen gewesen wäre, aber nicht zu sagen: „Die Frau ist hysterisch". Nein, die Frau ist nicht hysterisch, sondern sie wußte ganz genau, was sie sagte, als sie dem Innenminister Unchristlichkeit und Zynismus unterstellte. Ich bin überzeugt, daß ein großer Prozentsatz der CDU der Unterstellung von Hertha Däubler-Gmelin zustimmen würde. Natürlich kann Innenminister Kanther den armen Sudanesen gegenüber sein volles Mitgefühl äußern, aber es gibt eben in der Politik das, was es nach unserer gängigen Definition von Politik nicht geben darf: Es gibt unvereinbare Forderungen, die nicht durch ein christliches Herz oder in jedem Fall durch einen Kompromiß aus der Welt zu schaffen sind. Deutschland vor einer illegalen Einwanderung zu schützen, was die Verantwortung des Innenministers ist, ist die eine Forderung. Daß wir immer menschlich handeln sollen, ist eine andere Forderung. Beide Forderungen sind nicht immer auf einen Nenner zu bringen. Dies ist der grausame Kern, nicht nur der Politik, sondern der Beschaffenheit dieser Welt im ganzen.

Warum hat sich in den vergangenen Jahren erst allmählich, dann aber progressiv voranschreitend, eine linksliberale Hegemonie in Deutschland durchgesetzt? Unter Konrad Adenauer und unter Ludwig Erhard gab es sie so noch nicht. Die Nachkriegsgeneration von 1945 war beinahe naturwüchsig konservativ gestimmt. Der Wiederaufbau Deutschlands ist nicht ein Produkt der Befolgung einer linksliberalen Ideologie gewesen. Nein, es waren die Reste der konservativen Einstellungen und Tugenden, die dieses Land aus den Trümmern aufbauen halfen. Diese Einstellung war in allen Parteien zu finden, in der SPD genauso wie in der CDU und in der FDP. Der letzte Repräsentant dieser Entwicklung ist kein geringerer als Helmut Schmidt gewesen. Alle Probleme, die die SPD - heute sehr verdeckt - mit sich selbst hat, ist die Konsequenz der Ablösung dieser Führungsschicht durch eine Generation, die durch die linke Kulturrevolution von 1968 hindurchgegangen ist.

Die Dominanz einer liberalen oder linksliberalen Hegemonie in Deutschland hat freilich mit einem entscheidenden Punkt zu tun, auf den ich gleich näher eingehen werde. Ich meine damit das, was unter dem Begriff der „Vergangenheitsbewältigung" diskutiert wird. Die CDU hat alle geistigen Schlachten um die Vergangenheitsbewältigung verloren. Es nutzt eben nichts, die faktische Macht zu haben, wenn sie von ihren Versprechungen und von ihrem Programm so wenig oder gar nichts umzusetzen vermag. Die CDU hat die Interpretation der „Vergangenheitsbewältigung" den Linken und Linksliberalen überlassen, und sie hat sie dann selber übernommen. Das heißt: Die CDU hatte keine eigene Theorie des Nationalsozialismus. Die CDU hat bis heute keine eigene Interpretation dessen, was man allenthalben „Vergangenheitsbewältigung" nennt.

Meine These lautet: Jede liberalkonservative Politik seit 1945 hängt davon ab, ob man imstande ist, unabhängig von der marxistischen, liberalen und linksliberalen Deutung eine eigene, überzeugendere Deutung des Phänomens des Nationalsozialismus entgegenzustellen. Denn wer das Interpretationsmonopol in dieser Frage hat, der bestimmt auch, welche praktischen politischen Konsequenzen zu ziehen sind. Der sagt dann legitimerweise, was man politisch und gesellschaftlich alles tun muß, um die mögliche Wiederkehr eines solchen Phänomens zu verhindern.

Eine zweite Folge dieser Dominanz der linken und linksliberalen Interpretation dieses Phänomens des Nationalsozialismus und der Ausdeutung des Komplexes der Vergangenheitsbewältigung ist, daß es diesen Interpreten gelungen ist, alles, was nicht mindestens liberal, am besten linksliberal und - bis gestern - sozialistisch ist, als konservativ zu bezeichnen und dieses Gesamtphänomen des Konservativismus in die Nähe des Nationalsozialismus zu rücken. Es ist ihnen gelungen, den Konservativen eine Mitschuld und eine Mitverantwortung am Hochkommen und am Siege Hitlers zuzusprechen. Insofern das gelungen ist, ist es völlig klar, daß die wichtigste Maßnahme zur Sicherung einer liberalen, demokratischen Zukunft in nichts anderem bestehen kann, als diesen konservativen Vorboten entschlossen entgegenzutreten. Der antifaschistische Kampf wurde folglich zu dem Kampf gegen alles ausgeweitet, was konservativ ist. Dieser Vorgang stellt die eigentliche geistige Niederlage der Konservativen seit den fünfziger Jahren in Deutschland dar.

Was ist die Konsequenz aus all diesen Erkenntnissen? Die Konsequenz ist, daß man akzeptieren muß, daß es eine Politik ohne Theorie, man kann auch sagen, ein Politik ohne Philosophie nicht geben kann. Politik ist zwar nicht identisch mit der Umsetzung und Anwendung von Philosophie, aber eine erfolgreiche Politik, die nicht aus einer philosophischen Deutung der Lage hervorgeht, welche die Politik erst strategie- und auch sprachfähig macht, kann es, solange dieser Hegemonialkampf der Ideologien andauert, nicht geben. Darum bemühe ich mich darum, die Defizite, die es hier im sogenannten bürgerlich-konservativen Lager gibt, ein bißchen auszugleichen und aufzuarbeiten.

Die unmittelbare politische Konsequenz dieser Einsichten besteht in folgendem: Wenn es nicht zu einer Sammlung aller Konservativen kommt, also sowohl der Konservativen im Sinne des Ordoliberalismus, der Konservativen im Sinne der christlich Konservativen wie auch der moderaten, vernünftigen Nationalkonservativen, dann wird die gesellschaftliche und politische Entwicklung wie eine Walze über all diese Kräfte hinweggehen. Hierbei spielt dann die Zugehörigkeit der jeweiligen Konservativen zu einer bestimmten Partei überhaupt keine Rolle mehr. De facto ist das Interesse der drei hier genannten Gruppierungen des Konservativismus, ob sie nun in der SPD, der FDP, der CDU/CSU oder außerhalb dieser Parteien zu Hause sind, ein Gemeinsames. Sie können sich darum nur noch gemeinsam des Phänomens der „political correctness" erwehren. Sie sollten daher den Versuch machen, eine ideologie- und parteiübergreifende Sammlung der Konservativen zu erreichen, mit dem Ziel, dem Konservativismus im öffentlichen Konzert der Meinungen und Positionen wieder eine Stimme zurückzugeben. Es ist dabei nicht an eine Parteigründung gedacht, sondern es geht zunächst darum, die konservative Position überhaupt wieder öffentlich vernehmbar und identifizierbar zu machen.

Nachdem nun die Grünen als kleinerer Koalitionspartner entscheiden, wie in Deutschland regiert wird, wird man vielleicht bald über weitere Schritte nachdenken müssen. Möglicherweise brauchen wir bald auch eine neue politische Organisation, eine neue Kraft der rechten Mitte. Denn vergessen wir nicht: Es gibt keine stabile Demokratie, in der kein relativ ausgeglichenes Verhältnis zwischen einer linken und einer rechten Mitte existiert.

Die Bundesrepublik Deutschland ist auf längere Sicht am meisten dadurch bedroht, daß wir keine politische Kraft der rechten Mitte mehr haben. Das Übergewicht der linken Mitte muß eines Tages durch eine -

auch politisch organisierte - Kraft der rechten Mitte ausbalanciert werden. Der wirklich interessante Zeitpunkt ist eingetreten, seit Helmut Kohl als Parteiführer der CDU abgetreten ist. Seit diesem Augenblick wird die Schlacht um den zukünftigen Weg der CDU geschlagen. Es ist vorerst noch offen, ob die CDU noch ihre Einheit bewahrt, oder ob sie auseinanderbricht. Falls sich die CSU weiterhin weigern sollte, eine bundesweite Ausweitung vorzunehmen, wird die Notwendigkeit oder auch die Chance, eine neue politische Organisation der rechten Mitte zu begründen, zunehmen. Solange die Konservativen aber bloß in der CDU verbleiben, ohne dort für ihre Position innerhalb der Partei zu kämpfen, sind diese Konservativen weithin neutralisiert. Sobald sie aber als eine selbständige Kraft auftreten, sind sie der Kristallisationspunkt der rechten Mitte, die durchaus eines Tages die Rolle spielen kann, die die CDU einst unter Adenauer gespielt hat und die CSU in Bayern bis heute spielt.

Vorerst aber muß man Geduld haben, auch wenn es vielen Leuten sehr schwerfällt. Die Dinge dauern leider manchmal in der Geschichte viel länger als man das gerne möchte. Einen Trost gibt es: Die wichtigste politische Kraft ist auf die Dauer immer diejenige, die ausspricht, was ist. Wir brauchen nicht große Visionen und große Programme, sondern Leute, die den Menschen zustimmungsfähig sagen können, was die Wirklichkeit ist. Wer das kann, der hat auch politisch den größten Einfluß. Das war früher immer die Sache der Konservativen, da sie es sind, die immer an der Wirklichkeit orientiert sind.

Philosophie ist nichts anderes als Theorie der Wirklichkeit: Sagen, was wirklich ist. Und man kann keine Wirklichkeit politisch verändern, die man nicht vorher begriffen hat. Leider lebt unser schwindendes Bürgertum vorerst noch in eigenen Traumwelten. Es ist bisher dumpf entschlossen, die sich verändernden Realitäten der Welt nicht zur Kenntnis zu nehmen. Das kann es sich aber nur leisten, solange noch relativ gute soziale Verhältnisse herrschen. Diese Leute aus dem Tiefschlaf zu wecken, ja aufzuschrecken, darum geht es. Oder, wie Sokrates gesagt hat: Dem Trägen in der Stadt soll eine Hornisse aufgesetzt werden, damit sie ihn aufschreckt und aus dem Schlaf weckt. Dazu muß man den Stier bei den Hörnern packen und sich an das heiße Eisen der Interpretation der jüngsten deutschen Vergangenheit wagen, die bisher allein in linksliberaler Hand liegt.

18. Wer interpretiert die Geschichte?*
Eine Kernfrage deutscher Politik

Wer die Geschichte interpretiert, so könnte man sagen, der bestimmt auch die Politik. Und umgekehrt könnte man sagen: Keiner kann Politik machen, es sei denn auf Grund eines Begriffs von der Geschichte und der augenblicklichen geschichtlichen Lage, die er politisch bewältigen will. Nun hat die CDU jüngst einen Parteitag abgehalten, der dem Thema „Zukunft" gewidmet war. Die CDU hat also nicht über die Vergangenheit, sondern über die Zukunft geredet, und sie war offenbar der Meinung, daß das uns Bestimmende die Zukunft ist oder doch sein müßte. Dieser Eindruck ist, wenn wir genauer hinsehen, falsch. Was uns bestimmt, ist nicht die Zukunft und sind nicht die Herausforderungen, die von ihr ausgehen, sondern wir sind nach wie vor bestimmt durch unsere Vergangenheit. Man kann sogar zugespitzt behaupten: Für die Deutschen ist es immer mehr die Vergangenheit, die ihre Zukunft bestimmt. Eine bestimmte Interpretation dieser Vergangenheit entscheidet deshalb darüber, ob wir überhaupt eine Zukunft haben, und, wenn wir eine haben sollten, welche wir überhaupt noch haben dürfen. Denn wir sind auf Grund unserer Vergangenheit keineswegs so frei, daß wir uns die uns wünschenswert erscheinende Zukunft aussuchen könnten.

Meine These lautet: Die wichtigsten Projekte und Phänomene der deutschen Politik sind das Resultat einer bestimmten Interpretation der Geschichte. Welche Projekte und Phänomene sind das ? Hier ist natürlich als erstes Maastricht-Europa zu nennen. Altbundeskanzler Helmut Kohl war geradezu davon besessen, uns in dieses Europa zu führen, obwohl er wußte, daß das Volk im Grunde ein anderes Europa will. Das Volk ist nicht gegen Europa, aber das Volk ist gegen dieses Europa und es war vor allem gegen die Preisgabe der Deutschen Mark. Die CDU wußte das, und daher hatte Wolfgang Schäuble die Befürchtung geäußert, daß die SPD in einem Anfall von Populismus den letzten Bundestagswahlkampf gegen Maastricht-Europa führen könnte. Schäuble hat sich selbst entlarvt, als er einen solchen etwaigen Versuch „populistisch" genannt hat. Denn die Charakterisierung „populistisch" schließt das Eingeständnis ein, daß Schäuble weiß, daß das Volk dieses Maastricht-Europa in

* Erstveröffentlichung: Günter Rohrmoser, Wer interpretiert die Geschichte. Die Herausforderung der Wertedebatte. Bietigheim/Baden 1996

187

der Mehrheit nicht will. Die meisten Experten, wenn man sie einmal so nennen will, sind sich ja auch darüber einig, daß der bisher eingeschlagene Weg zu einem Maastricht-Europa nicht zu einem gemeinsamen Europa führen wird. Selbst der damalige Bundeskanzler Kohl hatte bis 1991 noch gesagt, daß die politische Union Europas die Voraussetzung für eine Währungsunion sei, wenn das Ziel der europäischen Einigung nicht verfehlt werden soll. Später hat der Bundeskanzler dieses Junktim fallen lassen.

Wir müssen deshalb fragen, welches Ereignis es denn gewesen ist, das den Bundeskanzler veranlaßt hat, von seiner ursprünglichen Überzeugung, daß die politische Union Europas die Voraussetzung für die Währungsunion sei, abzugehen? Die italienische Tageszeitung Corierra de la Sierra ging einmal der Frage nach, warum die Deutschen dieses Maastricht-Europa mit solcher Besessenheit anstreben, wo sie es doch eigentlich gar nicht brauchten. Die Antwort dieses führenden italienischen Blattes war klar und eindeutig: Die Deutschen tun es aus psychologischen Gründen, nämlich um die Europäer zu überzeugen, daß es in Deutschland keinen Rückfall mehr in den Nationalismus oder gar Nationalsozialismus geben wird. Das ist der Schlüssel, um die deutsche Europapolitik zu verstehen. Wenn wir uns dagegen die übrigen europäischen Nationen, beispielsweise Frankreich und England, ansehen, dann erkennen wir, daß diese Nationen eine ganz andere Vorstellung von der Zukunft Europas haben als wir. Auch sind sie von ganz anderen Motiven geleitet. Deren Europavision ist durchweg an de Gaulles „Europa der Vaterländer" orientiert, nicht an einem europäischen Bundesstaat.

Das zweite Phänomen, das auch im Kontext der Maastrichtdebatte immer wieder deutlich wird, betrifft die anhaltende, zum Teil sich verschärfende nationale Pathologie der Deutschen. Nun haben ja viele Politiker und Intellektuelle geglaubt, daß es, nachdem sich die Deutsche Einheit als Geschenk der Geschichte, nicht als das Ergebnis einer operativ darauf hinwirkenden Politik, ereignete, zu einer Normalisierung des nationalen Bewußtseins in Deutschland kommen würde. Willy Brandt sprach davon, daß nun zusammenwachse, was zusammengehöre. Bekanntlich kam es ganz anders. Der Ruf „Wir sind ein Volk" wurde im Westen Deutschlands nicht erhört. Im Gegenteil, in Frankfurt versammelten sich fünf- bis zehntausend junge Leute, die auf der Straße skandierten: „Nie wieder Deutschland." Das nationale Bewußtsein wird allenthalben unterdrückt und statt dessen die Forderung nach einer „multikulturellen Gesellschaft" erhoben. Der ehemalige Bundeskanzler Helmut Schmidt hat zwar erklärt, daß die multikulturelle Gesellschaft eine

„absurde Idee" sei. Aber diese „absurde Idee" konnte nicht verhindern, daß die deutsche Politik zwölf Jahre gebraucht hat, bis sie sich am Punkt der existentiellen Bedrohung unserer Demokratie wenigstens zu einer notdürftigen Korrektur der Asylpolitik aufraffen konnte. Es gibt keine andere Nation auf der Welt, in der eine solch hemmungslose Propagierung der Abschaffung der eigenen nationalen Identität zugunsten einer multikulturellen Gesellschaft existiert. Dies ist ein schwerer pathologischer Befund, von dem zwar keineswegs das deutsche Volk, aber ihre Politikerkaste in einem beunruhigenden Ausmaße betroffen ist.

Das dritte Phänomen ist natürlich das Phänomen der „political correctness". Im Phänomen der „Political correctness" wird deutlich, daß wir auf dem besten Wege sind, das Paradox eines quasitotalitären Liberalismus zu etablieren. Unsere Art von Liberalismus, der mehr ein Linksliberalismus als ein authentischer Liberalismus ist, nimmt selber totalitäre Züge an, wenn er versucht, der Gesellschaft eine Sprachregelung aufzuzwingen, und wenn jeder, der von dieser Sprachregelung abweicht, zuerst in den Verdacht des Undemokratischen, dann in den Geruch des Konservativen und des Rechten, und, wenn alles nicht hilft, in die Ecke des Rechtsextremen und des Faschistischen gerückt wird. Die Anwälte der Sprachregelung der „political correctness" geben dabei vor, den Kampf gegen einen angeblich drohenden Faschismus zu führen. Es gibt in Deutschland starke „antifaschistische" Kräfte, die, wenn man genauer hinsieht, nicht selten selber mit quasifaschistischen Methoden das bekämpfen, was sie nach ihrer eigenen willkürlichen Definition als faschistisch denunzieren. Wer sich einmal ansieht, was inzwischen alles als potentiell faschistisch gilt, wird erkennen, daß fast jede normale nationale Äußerung, wenn sie nicht sogleich von Zweifeln und Selbstproblematisierung begleitet wird, als potentiell oder faktisch faschistisch gilt und als solche behandelt wird.

Alle diese Phänomene setzen - und damit bin ich bei dem Punkt, auf den es mir ankommt -, eine bestimmte Definition von Faschismus und Nationalsozialismus voraus. Wenn der ehemalige Bundeskanzler Kohl uns nach Maastricht-Europa führen wollte, dann geht er dabei von einer bestimmten, aber weit verbreiteten Faschismusdeutung aus. Helmut Kohl hat sich dazu vor einigen Jahren in Oxford geäußert: Nationalsozialismus sei im Kern Nationalismus und eine exorbitante Hochbewertung des Nationalstaates gewesen. Auf dem Boden einer solchen Interpretation des Nationalsozialismus braucht es allerdings nicht mehr zu verwundern, daß in den Augen des Großteils unserer politischen Klasse die Deutschen das Recht auf eine nationalstaatliche Entwicklung verloren haben und sie ihre künftige Bestimmung in der Herstellung des geeinten Europa sehen sollten. Im Zuge der Überwindung des Nationalstaates und des Nationalismus braucht es dann auch nicht mehr zu verwundern, daß beinahe jede patriotische Äußerung als nationalistisch eingeschätzt wird. Sie kann damit auch als potentiell faschistisch gelten und als eine solche bekämpft werden.

Die gängige Art der Vergangenheitsbewältigung hat bewirkt, daß es in Deutschland de facto keine rechte Mitte mehr gibt und nach dem Willen der politischen Klasse auch nicht mehr geben darf. Damit geht meines Erachtens eine enorme Gefährdung der Demokratie einher, denn keine Demokratie kann auf die Dauer existieren, in der es nicht neben einer linken Mitte auch eine rechte Mitte gibt. Man muß sich wundern, daß es derzeit nur etwa dreißig Prozent der Bürger sind, die unter diesen Bedingungen an den Wahlen nicht mehr teilnehmen. Ich bin der festen Überzeugung, daß sich aber im Gefolge der weltgeschichtlichen Wende nach 1989 unsere Demokratie ohne eine solche rechte Mitte nicht mehr als stabilisierbar erweisen wird. Wenn man die konservative rechte Mitte weiterhin als rechts bis faschistisch abqualifiziert, dann wird sich, so fürchte ich, auf die Dauer möglicherweise als Alternative zu einer linksliberalen Hegemonie der Faschismus etablieren, weil zuvor eine gemäßigte konservative Alternative erfolgreich ausgeschaltet wurde.

Wir sehen also: Die Frage, wer die Vergangenheit interpretiert, ist von schicksalhafter Bedeutung für unsere Gesellschaft. Die Vergangenheit ist nicht vergangen, sondern diese Vergangenheit bestimmt auch unsere Zukunft. Daß dies so ist, kann man sehr leicht feststellen, wenn man die öffentlichen Diskurse einer näheren Untersuchung unterzieht. Denken wir nur an die Reaktionen auf die Rede des ehemaligen Bundestagspräsidenten Phillip Jenninger, an die Debatte über die Nominierung von Stefan Heitmann als Bundespräsident oder an die Diskussion um die Bedeutung des 8. Mai 1945. In allen diesen Debatten wurde versucht, eine aus einer bestimmten Interpretation der Vergangenheit entwickelte Sprachregelung mit ihren politischen Konsequenzen durchzusetzen.

Worin bestand das Vergehen, dessen Phillip Jenninger bezichtigt worden ist? Jenninger hat nur festgestellt, daß die Deutschen 1933 mit überwältigender Mehrheit Hitler begrüßt und begeistert gefeiert hätten. Wer sich ein bißchen mit den historischen Tatsachen vertraut macht, weiß, daß er damit nichts als eine schlichte historische Wahrheit ausgesprochen hat. Wir wissen sogar, daß Teile des deutschen Volkes Hitler nicht nur wie einen politischen Führer, sondern wie einen Retter, Erlöser und Heilsbringer gefeiert haben. Das ist die geschichtliche Realität gewesen. Und warum durfte Phillip Jenninger diese vielleicht bedauerliche Tatsache nicht aussprechen? Weil zu der Art der Vergangenheitsbewältigung, die die Politik in Deutschland bestimmt, die Insinuation gehört, als seien diejenigen, die 1933 Adolf Hitler gewählt haben, entweder Idioten oder Verbrecher gewesen.

Wie kam es zu einer solchen Insinuation, wonach die Deutschen nur Idioten oder Verbrecher gewesen sein konnten? Weil man den Nationalsozialismus nicht von seinem Ausgangspunkt und von den ihn ermöglichenden Bedingungen, sondern allein von seinen Ergebnissen und von seinen Folgen her betrachtet. Da das Dritte Reich zu dieser unsäglichen Form der Judenvernichtung und zu diesem wahnsinnigen, rassistisch begründeten Eroberungskrieg geführt hat, und da Hitler Europa ruiniert und die Deutschen mit einer untilgbaren Schuld belastet hat, unterstellt man, daß die, die ihn 1933 gewählt oder unterstützt haben, dies in vollem Wissen und in Kenntnis dieser Konsequenzen getan haben müssen. Hätten die Deutschen den Nationalsozialismus im Wissen dieser Konsequenzen, von denen wir tatsächlich aber in vollem Umfang erst nach 1945 erfahren haben, das Dritte Reich unterstützt, wäre die Unterstellung in der Tat berechtigt, daß es sich bei denen, die Hitler gewählt haben, um Idioten bzw. Verbrecher gehandelt habe.

Der ehemalige Bundespräsident Richard von Weizsäcker hat in seiner berühmten Rede zum 8. Mai 1945 erklärt, daß das deutsche Verhängnis 1933 seinen Ausgang genommen hätte. Bei allem Respekt vor der Person von Richard von Weizsäcker, das ist natürlich eine völlig unhaltbare Behauptung. Denn man versteht von der Genese des Nationalsozialismus überhaupt nichts, wenn man nicht auch den inneren Zerfall, die Auflösung des liberalen politischen Systems der Weimarer Republik zur Kenntnis genommen hat. Es war doch zum Teil die nackte Verzweiflung, die die Deutschen in die Arme Hitlers getrieben hat. Die Menschen verzweifelten über das Versagen eines politischen Systems, das sich damals als unfähig erwiesen hat, mit den Problemen und Herausforderungen, vor denen die Deutschen damals standen, fertig zu werden.

Oder denken wir an die bereits kurz erwähnte große Debatte, die um den sächsischen Finanzminister Steffen Heitmann entbrannt war. Worin bestand das Vergehen von Steffen Heitmann? Das Vergehen von Steffen

Heitmann bestand darin, gesagt zu haben, daß die Deutschen keine Zukunft hätten, wenn sie geistig nur aus der Erinnerung an die - von Heitmann nicht bestrittenen - Verbrechen leben dürften. Wenn die geistige Substanz der Deutschen nur aus der ständigen Vergegenwärtigung dieser in der Tat unglaublichen Verbrechen der Nationalsozialisten besteht, dann kann - und nun zitiere ich einmal einen etwas mehr nach rechts gerückten, bedeutenden deutschen linken Schriftsteller, nämlich Martin Walser -, „ein Volk daran nur zugrunde gehen". Es gibt keine Möglichkeit, diese zwölf Jahre in dem Sinne zu bewältigen, wie wir un die Bewältigung der Vegangenheit vorstellen. Die Vergangenheit ist geschehen, die Toten sind tot, und wir werden durch keine noch so intensive Bewältigung keinen wieder zum Leben erwecken. Martin Walser sagte damals darum vollkommen zu Recht: „Wenn es keine Vergebung gibt, dann kann dieses Volk an der dauernden intensiven Vergegenwärtigung dieser Verbrechen nur zugrunde gehen."

Heitmann hat sich aber noch in einer zweiten Hinsicht an der linksliberalen Sprachregelung der Bundesrepublik versündigt. Er hat in einer Weise von der Mutter gesprochen, wie man offensichtlich in Deutschland nicht mehr von der Mutter sprechen darf. Die Existenz der Mutter, der man nun auch eine Mitbeteiligung an der Genese der Verbrechen von 1933 bis 1945 zuspricht, ist nämlich längst für die linksliberalen Verwalter der kulturellen Hegemonie eine unerträgliche Figur geworden. Heitmann durfte daher das Wort „Mutter" eigentlich gar nicht in den Mund nehmen. Und warum nicht? Weil die Nationalsozialisten das Mutterkreuz verliehen und in der Tat einen gewissen Mutterkult betrieben haben. Es wird allerdings nicht mehr bedacht, daß dieser Mutterkult auf uralte geschichtliche, sogar antike Traditionen zurückgeht. Wenn man einmal bedenkt, welch eine Rolle die Mutter, die Matrone im alten Rom gespielt hat, so ist das ja an sich gar keine schlechte Tradition, an die hier erinnert wird.

Als weiteres sei noch an die Diskussion um die Bedeutung des 8. Mai 1945 erinnert. Wenn man sich einmal die Reden vergegenwärtigt, die im Laufe der Zeit zum 8. Mai gehalten wurden, dann wird man feststellen, daß selbst Willy Brandt vor vielen Jahren geradezu mit Empörung die Zumutung zurückgewiesen hat, daß die Deutschen im 8. Mai einen Tag des Sieges und Triumphes sehen könnten. Brandt hat diesen Tag als den Tag einer furchtbaren Niederlage und des Leidens des deutschen Volkes beklagt. Die linksliberale Sprachregelung hat nun aber in den letzten Jahrzehnten den Deutschen verordnet, im 8. Mai den Tag der Befreiung zu erkennen. Zu sagen, daß der 8. Mai ein Tag der Befreiung sei, ist aber höchstens die halbe Wahrheit. Der 8. Mai ist auch der Tag der größten Katastrophe der Deutschen nach dem 30-jährigen Krieg gewesen. Beides ist wahr: Der 8. Mai ist der Tag einer Katastrophe und es ist ein Tag der Befreiung.

Nun muß man sofort die Frage stellen: Welches ist denn die Voraussetzung, die uns veranlassen kann, im 8. Mai ausschließlich einen Tag der Befreiung zu sehen? Die These von der Befreiung ist nur haltbar, wenn sie das Vergessen an ganz bestimmte Dinge einschließt. Kurz gesagt: Alles, was den Deutschen angetan worden ist, wird dann ausgeblendet. Den Deutschen soll auf diese Weise das Recht abgesprochen werden, am 8. Mai von ihren eigenen Opfern und von ihren Leiden zu sprechen. Welche Leiden könnten hier gemeint sein? Man denke nur an die zwei- bis dreihunderttausend Opfer des aus kriegsstrategischer Sicht sinnlosen Luftangriffes auf Dresden. Dieser Angriff war eine allein auf die Vernichtung von Hunderttausenden von Deutschen gerichtete Aktion und die Briten haben sich erdreistet, dem Marshall, der dafür verantwortlich ist, unter Beisein der Mutter Königin auch noch ein Denkmal zu setzen. Die Deutschen sollen des weiteren auch nicht von den zwei Millionen Deutschen sprechen dürfen, die auf der Flucht aus den ehemaligen Ostgebieten umgekommen sind.

Es geht hier nicht darum, zu bestreiten, was die Deutschen angerichtet haben, sondern es geht darum, daß es diesem Volk nicht mehr gestattet werden soll, der eigenen Leiden und der eigenen Opfer eingedenk zu sein. Es ist daher kein Zufall, daß der Versuch, den 8. Mai zu einem Tag der Befreiung umzuinterpretieren, zusammenfiel mit einer wohlvorbereiteten Kampagne, die darauf abzielte, den Nachweis zu führen, daß die deutsche Wehrmacht eine einzige Verbrecherorganisation gewesen sei. Dann ist auch die Unterstellung zulässig, die deutschen Soldaten seien Mitglieder einer verbrecherischen Organisation und sie verdienten es daher, in der Erinnerung als solche behandelt zu werden. Das Bundesverfassungsgericht hat zuletzt dem Telos dieser Kampagne entsprochen und hat entschieden, daß jeder das Recht habe, die Soldaten auch Mörder zu nennen. Es ist eine Absurdität, wenn ein Land einerseits von den Soldaten erwartet, daß sie das Land verteidigen, aber gleichzeitig das höchste Gericht es zuläßt, daß die Soldaten ungestraft als Mörder bezeichnet werden dürfen. Dann ist jeder junge Mann in Deutschland ein Idiot oder ein Verbrecher, der sich nicht weigert, in dieser Armee noch einen Tag länger zu dienen. Denn wie könnte er als Soldat in einer Armee dienen, in der die Soldaten Mörder genannt werden dürfen? Dieses „Mörderurteil" steht in einem engen Zusammenhang mit dem Versuch, die ganze Wehrmacht zu einer Verbrecherorganisation abzustempeln.

Vor diesem Hintergrund ist es schon als ein Glück anzusehen, daß es noch faire britische Militärs gibt, die der deutschen Wehrmacht zubilligen, eine der großartigsten, tapfersten, tüchtigsten und effizientesten Armeen in der gesamten Kriegs- und Weltgeschichte gewesen zu sein. Ich will nicht bestreiten, daß von der Wehrmacht viele Grausamkeiten getan oder geduldet worden sind, die nicht hätten getan oder geduldet werden dürfen. Aber wenn wir wissen wollen, was die deutsche Wehrmacht außer dem, daß sie eine Verbrecherorganisation war, sonst noch war, dann müssen wir uns offenbar an die Kriegserinnerungen der ehemaligen Alliierten wenden.

Die bisherige Interpretation der deutschen Vergangenheit verlief, wenn ich das richtig sehe, in vier Phasen:

Die erste Phase begann unmittelbar nach dem Kriege. Damals schien sich eine Art christlich-konservative Interpretation durchzusetzen. Sie beruhte auf der These, daß der nationalsozialistische Totalitarismus, wie auch andere Totalitarismen unseres Jahrhunderts, als konsequentes Endprodukt eines Prozesses der Entchristlichung und der Abwendung von Gott zu verstehen sei. Alfred Müller-Armack, der eigentliche Erfinder der Sozialen Marktwirtschaft, hat daher damals ein heute noch sehr lesenswertes und bedenkenswertes Buch unter dem Titel: „Jahrhundert ohne Gott" geschrieben. Unter dem unmittelbaren Eindruck der Katastrophe von 1933 bis 1945 waren die Deutschen überzeugt, daß diese Katastrophe ein durch die eigene religiöse und geistige Geschichte verursachtes Geschehen, also die Konsequenz einer radikalen Entchristlichung und das Resultat eines radikalen Anti-Christentums und Atheismus gewesen sei.

Dann kam die zweite Phase in Gestalt der liberalen Interpretation. Diese Interpretation hat damals - zunächst für alle überzeugend - den Nationalsozialismus und den Kommunismus unter den Begriff Totalitarismus subsumiert und sie hat beide Systeme als für die Demokratie gleichermaßen gefährlich angesehen. Beide Systeme, Kommunismus und Nationalsozialismus, wurden als für die Demokratie gefährlich betrachtet. Es war die große Stunde der CDU, in der sie auch die größte Zustimmung im deutschen Volk gefunden hatte, als sie ihren Kampf entschlossen nach links und nach rechts, gegen beide Formen des Totalitarismus, geführt hat.

Es ist vielleicht heute nicht mehr möglich, genau zu rekonstruieren, wodurch und durch wen es gelungen ist, diese sogenannte Totalitarismustheorie zu beseitigen und statt dessen in der dritten Phase die These durchzusetzen, daß nur der Nationalsozialismus, nicht aber der Sozialismus und der Kommunismus als totalitär anzusehen sei. Für die Generation der Studentenrevolte war es eines ihrer Dogmen, daß nur der Nazismus totalitär sei, nicht aber der Kommunismus. Der Kommunismus galt ihnen als eine erhabene Menschheitsidee, die auf dem Wege ist, verwirklicht zu werden. Diese Idee wies zwar in ihren Augen noch viele Widersprüche auf, gleichwohl trauten sie dem Kommunismus zu, die Menschheit einst aus dem dunklen Tunnel der menschlichen Selbstentfremdung in das ewige Friedensparadies zu führen. Die Menschenrechtsverletzungen des Kommunismus, einschließlich des stalinistischen Terrors, wurden daher als ein zu bezahlender Preis interpretiert, damit vor dem Hintergrund der kapitalistischen Einkreisung wenigstens in einem Land die Hoffnung auf den Endsieg des Kommunismus aufrechterhalten werden kann.

Die letzte, noch anhaltende Phase ist nun durch die linksliberale Interpretation dominiert. Und diese linksliberale Interpretation hat sich durchgesetzt, weil sie gleichzeitig eine neue Demokratiedefinition etabliert hat: Nur diejenigen, die liberal, am besten linksliberal denken, werden noch als Demokraten anerkannt. Denn nur sie haben angeblich die richtigen Lehren aus der deutschen Geschichte gezogen. Nur ein linksliberales Verständnis von Demokratie garantiert danach die Überwindung der nationalsozialistischen Vergangenheit. Die linksliberalen Wächter sind ständig auf der Suche, widerstrebende Querdenker dem Faschismus- und neuerdings dem Fundamentalismusverdacht auszusetzen.

Ein Opfer einer solchen Kampagne war die Friedenspreisträgerin des Deutschen Buchhandels, Annemarie Schimmel. Für die linksliberalen Anwälte der „political correctness" ist jemand nur dann würdig, Träger des Friedenspreises des deutschen Buchhandels zu werden, der nicht nur fest auf dem Boden der Anerkennung der universalen Menschenrechte steht, sondern der auch nachweisen kann, daß er auch einen aktiven Beitrag zur Durchsetzung dieser Menschenrechte erbracht hat. Annemarie Schimmel hat in der Tat einen solchen Nachweis zur aktiven Durchsetzung der Menschenrechte nicht erbringen können und darum wurde sie des Preises für unwürdig erklärt. Zum ersten Mal mußten einige der Protagonisten der Kampagne gegen Frau Schimmel zugeben, daß sie von Annemarie Schimmel keine einzige Zeile gelesen haben. Sie wußten also gar nicht, mit wem sie es zu tun hatten, und doch erdreisteten sie sich, Annemarie Schimmel wegen des fehlenden Nachweises des aktiven Einsatzes für die Menschenrechte im vorderen Orient als eine unwürdige Preisträgerin zu disqualifizieren. Diesmal hatten die Ankläger aber den Bogen überspannt, haben sie doch mit ihrer Kampagne dem Dialog des Westens mit der islamischen Welt großen Schaden zugefügt. Die ägyptische Presse hat sich darum nicht gescheut, die selbsternannten Zensoren in Deutschland mit Faschisten und Stalinisten zu vergleichen, weil sie versuchten, ihre Sprachregelung durch Disqualifizierung von anderen Intellektuellen quasi totalitär durchzusetzen.

Es ist gar kein Zweifel, daß diese Formen der Stigmatisierung Andersdenkender mit unserer Art der Vergangenheitsbewältigung zu tun haben. Es hat mich über die ganzen Jahre immer wieder gewundert, daß das deutsche, zum Teil auch konservativ-national ausgerichtete Bürgertum diese Art von Vergangenheitsbewältigung, diese Art der Interpretation der jüngsten Geschichte, weitgehend widerstandslos akzeptiert hat.

50 Jahre nach Kriegsende lautet die entscheidende Frage mehr denn je: Wer interpretiert in welcher Weise diesen Teil der deutschen Geschichte? Ist nicht eine mögliche Verbesserung der politischen Kultur in Deutschland davon abhängig, daß dieser Teil der deutschen Geschichte zwar nicht ignoriert und auch nicht verdrängt, jedoch anders interpretiert wird ? Immerhin hat die linksliberale Interpretation die Wiederkehr der Faszination faschistischer Symbole und Parolen nicht verhindern können. Oder ist das rechtsextremistische Potential von schätzungsweise 50.000 - 60.000 zumeist jungen Leuten in Deutschland gar eine Frucht dieser Art von Vergangenheitsbewältigung? Manche dieser jungen Leute sind von einigen linken „Antifaschisten" zusammengeschlagen worden, weil sie ein Hemd trugen, auf dem zu lesen war: „Ich bin stolz, ein Deutscher zu sein". Es ist pathologisch, wenn ein Junge, der seinen Stolz, Deutscher zu sein, zum Ausdruck bringt, zusammengeschlagen wird. Aber was ist mit einem Land los, in dem junge Leute auf ihre Hemden drucken lassen müssen: „Ich bin stolz, ein Deutscher zu sein"? Auch dies ist pathologisch.

Es könnte sein, daß diese Art der linksliberalen Vergangenheitsbewältigung keineswegs zu dem gewünschten Ziel, sondern möglicherweise zu einer wachsenden Faszination rechten Denkens führt, wie wir das nach dem Ersten Weltkrieg in Europa schon einmal erlebt haben. Zur linksliberalen Dekadenz bot sich damals bereits der Faschismus als Alternative an. Es könnte sich noch als ein großer Irrtum Fukuyamas und seiner Anhänger erweisen, zu glauben, daß der Menschheit am Ende des 20. Jahrhunderts nur noch die liberale Option übriggeblieben sei. Die Erfahrung des 20. Jahrhunderts zeigt, daß es einen Grad libertärer Dekadenz etwa in Gestalt nationaler Selbstverleugnung geben kann, den die Nationen für so unerträglich halten können, daß sie glauben, sich nur mit faschistischen Zielen und Methoden dagegen wehren zu können. Meine große Sorge ist, daß dieser Zustand eines Tages erneut eintreten könnte.

Eine zweite, ebenfalls unvermeidliche Konsequenz der Dominanz der linksliberalen Interpretation besteht darin, daß die Deutschen ihre wichtige Rolle in der Außenpolitik nicht erfüllen können. Sowohl die Amerikaner wie die Russen gehen davon aus, daß die Deutschen nach der Wiedervereinigung eine größere Verantwortung in der Weltpolitik zu übernehmen hätten. Aber die Deutschen können eine solche ihnen zugesprochene Rolle auf der Basis der bisherigen Vergangenheitsbewältigung keineswegs ausfüllen, da sie sich als unfähig erweisen, überhaupt Bündnisverpflichtungen einzuhalten, wenn es ernst werden sollte. Ich erinnere an ein Strategiepapier des mittlerweile zum Außenminister avancierten Joschka Fischer. Was empfahl Joschka Fischer in diesem Strategiepapier konkret? Fischer plädierte dafür, daß im Falle der ethnischen Säuberungen von Srebenica die UNO verpflichtet sei, ihrem Schutzversprechen nachzukommen. Was für eine staatsmännische Einsicht sprach aus diesen Worten, daß die UNO ein Versprechen halten müsse, wo doch die Menschen von Bosnien dem Versprechen der UNO vertraut hätten. Dann fügt er allerdings hinzu, daß dieser zu gewährleistende Schutz freilich ohne die deutschen Soldaten erfolgen müsse, da die Deutschen aufgrund der Lehren, die sie aus ihrer Geschichte gezogen haben, nicht militärisch beteiligt sein dürften. Joschka Fischer war also offenbar bereit, bis zum letzten Franzosen, Briten und Amerikaner für Bosnien zu kämpfen. Das also sind die Konsequenzen einer linksliberalen Interpretation der jüngsten deutschen Geschichte.

Damit lautet die entscheidende Frage, ob diese linksliberale Interpretation nunmehr die einzig mögliche Interpretation darstellt oder ob es nicht auch eine andere Deutung geben könnte? Um diese Frage beantworten zu können, muß ich erst einmal auf einige fundamentale historische Tatsachen hinweisen.

Wir müssen uns - erstens - daran erinnern, daß der Zusammenbruch des liberal verfaßten Nationalstaates im Jahre 1933 auch eine Folge des 1.Weltkrieges gewesen ist. Entscheidend ist dabei nicht, daß die Deutschen zu den Verlierern des Ersten Weltkrieges gehörten, sondern daß den Deutschen - wohl zu Unrecht - zugemutet wurde, die alleinige politische und moralische Verantwortung für diesen Ersten Weltkrieg zu übernehmen. Für die Bundesdeutschen ist es zwar inzwischen selbstverständlich geworden, freiwillig noch zusätzliche Schuldanteile zu tragen, selbst solche, die die anderen Nationen uns gar nicht zumuten. Aber für das damalige deutsche Volk, das noch ein Bewußtsein von nationaler Ehre hatte, war eine solche Schuldzuweisung unerträglich. Eine der entscheidenden Ursachen, die die Menschen Hitler in die Arme trieb, bestand darin, daß sich die Nazis mit dieser Schuldzuweisung keinesfalls abfinden wollten.

Das zweite Faktum ist, daß es in den zwanziger Jahren zu einer sozialen Entwicklung gekommen ist, die zur weitgehenden Enteignung des Mittelstandes geführt und 6 bis 7 Millionen Arbeitslose hervorgebracht hatte. Arbeitslosigkeit bedeutete damals - anders als heute -, daß viele Arbeitslose manchmal nur den Gegenwert von 17 DM in der Woche zum Leben hatten.

Drittens war das politische System am Ende nicht mehr in der Lage, eine mehrheitsfähige Regierung zustande zu bringen.

Ich könnte die Liste der Krisensymptome des liberalen Systems noch lange fortsetzen, aber es soll hier nur daran erinnert werden, daß die hier genannten Ursachen es nicht gestatten, zu behaupten, daß sich in der Abschaffung der Weimarer Demokratie sozusagen ein Wesenszug der Deutschen manifestiert hätte. Nein, der große deutsche Historiker, Alfred Heuss, hatte schon recht, als er behauptete, daß die Machtübernahme durch Hitler ein kontingentes Produkt einer kontingenten Situation gewesen sei. Diese Machtübernahme hätte nicht zu sein brauchen, wenn die Demokraten die Chancen, sie zu verhindern, genutzt hätten, und wenn sie gemeinsam bereit gewesen wären, die Demokratie mit allen Mitteln zu verteidigen. Es gab hinsichtlich der Machtübernahme Hitlers keinerlei Notwendigkeit, es sei denn eine, die aus dem Versagen der Demokraten in der damaligen Situation hergeleitet werden könnte.

Zweitens dürfen wir nicht vergessen, daß die Deutschen nicht den Antisemitismus und auch nicht den rassistischen Eroberungs- und Unterwerfungskrieg gewählt haben. Die Deutschen haben damals das gewählt, als das sich ihnen der Nationalsozialismus empfohlen hat. Und das war nichts anderes als eine national-völkische Revolution. Die Deutschen wollten, daß sie in ihrer nationalen Ehre wiederhergestellt werden, sie wollten wieder ein geachtetes Glied in der Gemeinschaft der Nationen werden, sie wollten die enormen sozialen Probleme gelöst haben und sie wollten einen starken, die Gesellschaft vereinigenden Staat, der zunächst eine normale Ordnung wiederherstellt. Die Deutschen waren also von Motiven geleitet, die man, wenn man sich die Situation von damals vergegenwärtigt, durchaus verstehen kann. Es ist daher auch nicht weiter verwunderlich, daß große Teile auch des deutschen gebildeten Bürgertums, ja sogar die damalige studentische Jugend begeistert für diese national-völkische Revolution eingetreten ist. Es ist dabei gar keine Frage, daß dieser völkische Nationalismus bis in die Romantik zurückreichende Wurzeln hat, durch die sich das deutsche politische Bewußtsein in der Zeit nach der Französischen Revolution in der Tat zum Teil prinzipiell von dem Weg unterschieden hat, den die anderen westlichen Nationen und Demokratien gegangen sind.

Drittens müssen wir uns darüber im klaren sein, daß die Welt sogar aufgeatmet hat, als Hitler begann, in kurzer Zeit den größten Teil seiner Versprechen zu verwirklichen. Bis mindestens 1936 hatte Hitler in allen westlichen Nationen seine Anhänger gehabt. Und die westlichen Regierungen haben ihm in den ersten Jahren alles das konzediert, was sie zuvor der schwer um ihre Existenz ringenden Weimarer Demokratie verweigert hatten. Es war doch Winston Churchill, der gesagt hat, welch ein Segen es für ein Volk sei, dem in einer solchen Situation ein Hitler geschenkt wurde. Selbst die führenden westlichen Staatsmänner waren in den ersten Jahren weit davon entfernt, zu erkennen, zu welchen schrecklichen Taten Hitler fähig sein würde. Und da tun wir heute so, als hätte jeder kleine deutsche Volksgenosse damals die teuflische Natur dieses Mannes durchschauen können und müssen. Wenn wir alle diese Phänomene in den Blick nehmen, können wir wenigstens in Umrissen verstehen, was das deutsche Volk bewogen haben könnte, diesem Regime auch ohne Zwang und Manipulation wenn nicht die Stimme, so doch die Zustimmung zu geben.

Es gehört keine große geistige Anstrengung dazu, heute festzustellen, daß dieses Regime ein verbrecherisches Regime gewesen ist. Erklärungsbedürftig ist vielmehr - und das habe ich eben versucht - den Grad und die Dauer der Zustimmung zum Nationalsozialismus zu begründen. Erklärungsbedürftig ist auch, wie dieser fürchterliche Mann die Deutschen zu militärischen „Leistungen" veranlassen konnte, zu denen es in der deutschen Geschichte und vielleicht in der Weltgeschichte keine Parallele gibt. Ehe wir das nicht verstehen, werden wir mit dieser Epoche der deutschen Geschichte nie fertig werden können. Im Gegenteil, je mehr sich eine einseitig linksliberale Sichtweise durchsetzt, um so mehr werden dann die anderen, verdrängten oder ignorierten Seiten des Nationalsozialismus in gleicher Einseitigkeit und in falscher Antithetik wiederkehren. Halbe Wahrheiten produzieren und fordern immer die andere Hälfte der Wahrheit!

Es ist für Deutschland eine Überlebensfrage geworden, daß wir endlich beginnen, uns wie ein kultiviertes Volk mit dieser zweifellos schrecklichen Epoche unserer eigenen Geschichte auseinanderzusetzen. Die deutschen Konservativen grübeln über vieles in der Welt nach, aber sie denken leider nicht darüber nach, ob es nicht eine überzeugendere, eine dem geschichtlichen Sachverhalt angemessenere Interpretation dieser Epoche gibt.

Die neue deutsche Rechte hat dagegen die von mir beklagte Neigung, fast im Sinne der gerade charakterisierten Tendenz ebenso einseitig zu argumentieren wie ihre linksliberalen Kontrahenten. Ernst Nolte hat sich als Geschichtswissenschaftler größte Verdienste um die Erforschung der faschistischen Vergangenheit erworben, aber wenn er nachzurechnen beginnt, ob es statt 6 Millionen vielleicht nur 5 oder 4 Millionen Ermordete gab oder ob die Methoden der Tötung durch die Nazis vielleicht weniger schlimm gewesen seien als etwa bei den Stalinisten, dann finde ich das entsetzlich. Um es ganz deutlich zu sagen: Wenn nur ein einziger Mensch wegen seines puren Soseins vergast worden wäre, wäre das Ausmaß der moralischen Schande genauso groß zu bewerten wie bei sechs Millionen Menschen.

Es macht andererseits auch keinen Sinn, immer wieder auf die Einzigartigkeit dieser Ereignisse hinzuweisen. Natürlich ist jedes geschichtliche Ereignis, gerade weil es ein geschichtliches ist, einmalig. Man kann deshalb von der Geschichte nichts begreifen, wenn man nicht auch einmalige Ereignisse mit anderen vergleicht. Wer solche Vergleiche verbieten will, der verbietet überhaupt die geschichtliche Forschung. In diesem Punkt hat Ernst Nolte völlig recht.

Man kann darüber streiten, welch eine Rolle der bereits etablierte Kommunismus in Rußland für die nationalsozialistische Reaktion gespielt hat. Es kann aber doch keinen Zweifel daran geben, daß es ohne die kommunistische Bedrohung, auf die das deutsche Bürgertum zu Recht mit Angst und Schrecken reagiert hat, den Sieg des Nationalsozialismus in Deutschland nicht hätte geben müssen. Die bürgerliche Klasse wußte doch, was sie im Falle eines kommunistischen Sieges in Deutschland zu erwarten hatte. Ohne die Ausnutzung dieses Angstsyndroms hätte der Nationalsozialismus in Deutschland nicht gesiegt.

Entscheidend ist, daß noch so subtile und sorgfältig recherchierte historische Forschungen die Frage nach der Interpretation dieser Fakten nicht entscheiden können. Die Geschichtsforschung hat inzwischen zu dieser Epoche ganze Bibliotheken geschrieben. Gleichwohl sind diese Bibliotheken politisch weitgehend wirkungslos geblieben. Woran liegt das? Der Grund liegt auf der Hand: Fakten ersetzen keine Interpretation, und ohne eine philosophische Dimension wird es diese Interpretation nicht geben können. Wenn ich recht sehe, gibt es heute vier Interpretationen, die um ihre Anerkennung und Durchsetzung ringen:

Die erste Interpretation findet sich in Georg von Lukács' Werk: „Die Zerstörung der Vernunft". Das Buch ist darum so interessant, weil es die Philosophie des Antifaschismus enthält. Wenn die CDU dieses Buch kennen würde, dann wüßte sie, welch eine ideologische Stoßrichtung der Strategie des sogenannten „Antifaschismus" seit dem Ende des Zweiten Weltkrieges zugrunde liegt. Für Lukács gibt es in der Moderne, also seit der Französischen Revolution, zwei geistesgeschichtliche Wege. Es gibt den Heilsweg und es gibt den Unheilsweg. Es gibt den Heilsweg der Vernunft und der Aufklärung, der über Hegel zu Marx und von Marx zu Lenin und von Lenin zum Sozialismus führt. Und es gibt den Unheilsweg, also den Weg des deutschen Irrationalismus. Schelling gilt ihm als der Urvater dieses deutschen Irrationalismus. Da das deutsche Bürgertum, so Luckacs, sich geweigert habe, rechtzeitig den Heilsweg zu beschreiten, ist es aus dem providentiellen Gang der Geschichte ausgeschert und hat sich dem Irrationalismus anvertraut. Dieser Irrationalismus sei dann in der nationalsozialistischen Katastrophe politische Wirklichkeit geworden.

Welche praktische Konsequenz zieht Lukács aus dieser Theorie? Es wurde bereits erwähnt, daß Lukács empfiehlt, den Kampf für den Sozialismus nun nicht mehr im Namen des diskreditierten Sozialismus, sondern im Namen des Antifaschismus zu führen. Wir sollten seiner Auffassung nach für ein antifaschistisches Bündnis kämpfen, das alle zusammenschließen soll, die den Unheilsweg korrigieren und sich auf den Weg der Vernunft begeben und Anschluß an die Fortschrittskräfte der Weltgeschichte bekommen wollen. Diese Theorie ist also von Lukács entwickelt worden, um die Teile des deutschen Bürgertums, die sich dem Humanismus und Liberalismus verpflichtet fühlen, zu bewegen, mit den Sozialisten und Kommunisten eine gemeinsame antifaschistische Front zu bilden. Den größten Erfolg, den diese Strategie des Antifaschismus erringen konnte, hat sie in der CDU in den letzten 16 Jahren errungen. Lukács' Herz würde tanzen, wenn er noch erleben könnte, wie führende Christdemokraten im Namen des Humanismus und der christlichen Tradition den weiteren Ausbau des Sozialstaates, die höhere Besteuerung des Unternehmertums und die Errichtung der multikulturellen Gesellschaft fordern. Genauso hat er sich das vorgestellt.

Die zweite Interpretation stammt von Helmuth Plessner. Plessner vertrat die These, daß die Deutschen sich seit der Französischen Revolution von dem vorgezeichneten Weg zur modernen Demokratie getrennt hätten. Daß die Deutschen das neuzeitliche Naturrecht nicht zur geistigen Basis ihrer politischen Kultur gemacht hätten, sei der eigentliche Grund für das Unglück des Nationalsozialismus gewesen, da es Deutschland auf den sogenannten „Sonderweg" gebracht habe. Diese Sonderwegthese hat nach 1945 eine ungeheuere Rolle gespielt. Sie hat den Deutschen unmittelbar eingeleuchtet und darum haben sie sich vorgenommen, diesen Sonderweg zu beenden. Sie wollten sich nun auf den geistigen Boden des Westens stellen. Dieses Programm hat auch einen Mann wie Jürgen Habermas inspiriert, für den der größte Erfolg der Deutschen nach 1945 darin besteht, daß wir ein Teil der westlichen Wertegemeinschaft geworden seien. Habermas arbeitet daran, daß dieses westliche Modell der Demokratie nunmehr irreversibel bei uns verankert wird.

Plessners Interpretation ist die eigentlich siegreiche Interpretation, die heute die Bundesrepublik Deutschland beherrscht. Das wird auch so lange anhalten, wie dieser Liberalismus nicht selber in eine ausweglose Krise gerät. Bisher hat der Liberalismus viele Erfolge vorzuweisen. Sollte sich aber analog der Krise des Liberalismus nach dem Ersten Weltkrieg ähnliches wiederholen, wird womöglich die Sonderwegthese ganz anders zu beurteilen sein. Nebenbei gesagt, ist diese These vom Sonderweg natürlich allein deshalb schon problematisch, weil alle Nationen ihren Sonderweg gegangen sind. Es gibt nämlich keinen allgemeinen, sozusagen vorgezeichneten Weg der Völker und Kulturen. Alle Nationen sind ihren besonderen Weg gegangen. Vielleicht darf ich an dieser Stelle doch daran erinnern, daß die Gründe, die die Deutschen - durch Fichte und Hegel inspiriert - bewogen haben, sich nicht auf den Boden des aufgeklärten Naturrechts der Neuzeit zu stellen, philosophische Gründe waren, die mir bis heute nicht widerlegt zu sein scheinen. Ich behaupte, daß im weiteren Fortgang der Geschichte diese Gründe wieder in einem besseren Licht stehen werden. Denn die Deutschen waren ja nicht wegen irgendwelcher irrationalen Motive unwillig, den Weg des westlichen Naturrechts zu beschreiten, sondern sie hatten aus ihrer Sicht bessere philosophische Gründe. Aber das ist hier nicht unser Thema.

Die dritte Deutung des Nationalsozialismus, die leider viel zu wenig zur Kenntnis genommen wurde, die ich aber für sehr interessant halte, ist die von Ernst Bloch. Bloch hat die These von der Dialektik der „Ungleichzeitigkeit" aufgestellt. Was meint Bloch damit? Bloch bricht hier mit dem linearen, eindimensionalen Fortschrittsbegriff und stellt fest, daß in der Gegenwart, auch in unserer Gegenwart, alle Zeitstufen der Geschichte gleichzeitig präsent sind: Es leben unter uns Menschen und soziologische Gruppen, die unterschiedliche Epochen repräsentieren. Der Nationalsozialismus ist nach der Meinung Blochs das Produkt der nicht bewältigten Ungleichzeitigkeit gewesen. In der nationalsozialistischen Revolution sei die ursprungsmächtige Vergangenheit aufgestanden und hätte versucht, sich vor der drohenden Liquidation in der Gegenwart und der Zukunft zu retten und zu bewahren. Die Träger der Revolution waren die Bauern, die Jugend, der Mittelstand und die Handwerker, die sich allesamt gegen ihre Liquidation durch die Moderne zur Wehr setzten. Das ist eine tolle These. Täuschen wir uns nicht: Auch heute gibt es solche „Ungleichzeitigkeiten". Die Reaktion des bayerischen Volkes auf das Kruzifix-Urteil war eine Manifestation der Ungleichzeitigkeit im Sinne von Ernst Bloch. Das Problem besteht also fort.

Die vierte These über den Faschismus kommt von der „Frankfurter Schule", niedergelegt in Horkheimers und Adornos „Dialektik der Aufklärung". Es ist schon merkwürdig, daß die Studentenrevolte bei allem Interesse für die „Dialektik der Aufklärung" deren zentrale These nie zur Kenntnis genommen hat. Diese These besagt, daß der Nationalsozialismus wie die anderen Formen des Totalitarismus im 20. Jahrhundert die Konsequenz der in ihre Vollendung tretenden Aufklärung sind. Die Liquidation der geschichtlichen Substanz und aller sittlichen Mächte durch die Aufklärung hätte die Herrschaftsinstrumente und das geistige Vakuum geschaffen, das dann die totalitären ideologischen Kräfte, sei es die des Kommunismus oder des Nationalsozialismus, besetzt haben. Nationalsozialismus ist nach deren Meinung also eine Konsequenz vollendeter, vollbrachter Aufklärung. Wäre diese These der „Dialektik der Aufklärung" ernst genommen worden, hätte es die Studentenrevolte überhaupt nicht geben dürfen, denn sie beruhte ja auf der Absicht der Erneuerung und der praktischen Verwirklichung der Aufklärung. Heute hat diese letzte Phase der Aufklärung genau das Vakuum geschaffen, in das vielleicht erneut ideologische Kräfte einstreben könnten, die uns aus der jüngsten Geschichte durchaus bekannt sind. In dem berühmt berüchtigten „Bocksgesang" unternimmt beispielsweise Botho Strauß den verzweifelten, aber altbekannten Versuch, das Vakuum, das die Aufklärung geschaffen hat, durch die Beschwörung von Mythen wieder auszufüllen.

Ich meine nun, es müßte noch eine fünfte Interpretation des Nationalsozialismus geben, die allerdings nur noch kurz angedeutet werden kann. Das deutsche Volk war nach 1945 dabei, diese Deutung anzunehmen. Diese Deutung versteht den Nationalsozialismus wie auch den Kommunismus als das Endprodukt der seit der Mitte des 19. Jahrhunderts konsequent betriebenen Abwendung der bürgerlichen Gesellschaft vom christlichen Erbe. Ich glaube, daß diese Interpretation mindestens soviel Plausibilität beanspruchen kann wie die bereits genannten Interpretationen, die den Nationalsozialismus häufig bloß sozioökonomisch begreifen. Erinnert sei an das Diktum Max Horkheimers: „Wer vom Kapitalismus nicht reden will, der soll vom Faschismus schweigen".

Nein, der Nationalsozialismus ist nicht ein mit sozioökonomischen Kategorien zu erfassendes Phänomen. Der Nationalsozialismus ist vielmehr das Phänomen einer postchristlichen politischen Religion. Der Nationalsozialismus gehört in eine noch zu schreibende Religionsgeschichte der Neuzeit, denn nur in diesem Kontext können die Charakteristika des Nationalsozialismus wirklich begriffen werden. Der Nationalsozialismus hatte keine Theorie, er hatte im Grunde genommen auch kein Programm und kein Gesellschaftsmodell. Was der Nationalsozialismus geistig zu bieten hatte, war von einem solchen unsäglichen Schwachsinn, daß es sich nicht lohnt, darüber auch nur ein Wort zu verlieren.

Aber der Nationalsozialismus hatte Hitler, und das Chrakteristische dieser Bewegung ist der Hitlerismus. Das Phänomen des Nationalsozialismus reduziert sich auf die „Genialität" eines Mannes, nämlich Hitlers. Ohne Hitler wäre alles anders gekommen. Hitler hatte die intuitive Fähigkeit, die schweifenden religiösen Sehnsüchte der Deutschen zu erfassen und sie zu einer neuen kultischen Präsenz und politischen Gestalt zu bringen. Hitler hat die amorph gewordene, aus der rationalen

Kontrolle der institutionellen Kanalisierung entlassene religiöse Energie aufgefangen und ihr zu einem neuen, diesmal politischen Ausdruck verholfen. Die Parteitage der Nazis waren dann kultische Vollzüge, in denen die Einschmelzung des Individuums ins große Volkskollektiv realisiert wurde.

Es war aber nicht erst Hitler, der die bürgerliche Gesellschaft oder das Abendland zertrümmert hat. Nein, beides war bereits vor Hitler in den Materialschlachten des Ersten Weltkrieges untergegangen, als sich zwei große christliche Völker, die Franzosen und die Deutschen, sinnlos gegenseitig zerfleischt haben. Der Erste Weltkrieg war der erste technische Krieg, der die ganze Problematik der modernen technologischen Gesellschaft zu einem grausamen Ausdruck gebracht hat. Der Nationalsozialismus, der Faschismus, der Kommunismus, sie alle sind Ausgeburten dieser inneren Logik, die in der Moderne selbst angelegt ist. Grundsätzlich könnte sich in jedem anderen Volk, was das Ausmaß an verbrecherischer Energie angeht, ähnliches wiederholen. Auch in Bosnien geschahen Verbrechen von einer Scheußlichkeit und Grausamkeit, die nicht zu übertreffen sind und human waren auch die Methoden nicht, die Jelzin angewendet hat, um das aufrührerische Tschetschenien zu unterwerfen.

Welche Gestalten die Entfesselung von Grausamkeit annehmen, das hängt vor dem Hintergrund der nihilistischen Kultur unserer Tage von der Zufälligkeit der geschichtlichen Konstellationen ab. Das einzige, was wir Deutschen der Welt voraushaben, ist, daß wir diese Erfahrung sowohl mit dem Nationalsozialismus wie mit dem Kommunismus gemacht haben. Wir müssen versuchen, diese Erfahrungen auf ihren tieferen Grund hin zu begreifen, denn nur wenn wir dies verstanden haben, können wir einen Rückfall in neue Formen der Barbarei verhindern. Ob die Art, wie etwa die Diskussion über die Rede des Friedenspreisträgers des Deutschen Buchhandels von 1998, Martin Walser, geführt wurde, dazu einen Beitrag leistet, kann man allerdings füglich bezweifeln.

19. Anmerkungen zum Streit von Martin Walser und Ignatz Bubis zur „Vergangenheitsbewältigung"

Diese Diskussion vermittelt einen relativ guten Überblick über einen Vorgang, von dem man annehmen kann, daß er sich in der Geschichte der Bundesrepublik Deutschland noch als eine bedeutende Zäsur herausstellen wird. Der Schriftsteller Martin Walser hatte sich anläßlich der Verleihung des Friedenspreises des deutschen Buchhandels mit der Art und Weise beschäftigt, in der in Deutschland, vor allen Dingen von Intellektuellen, die Vergangenheit bewältigt, d.h. konkret die Erinnerung an den Holocaust gepflegt wird. Nun handelt es sich hier natürlich um ein außerordentlich sensibles Thema und man kann nicht hoffen, daß das, was man abweichend von den vorgegebenen Sprachregelungen zu diesem Thema äußert, verstanden wird. An eine auch nur relative Einmütigkeit in der Beurteilung ist heute weniger denn je zu denken. Das Land selbst ist nach wie vor tief gespalten, und der Riß, der durch dieses Land hindurchgeht, wird eher größer als kleiner. Doch gibt dieser Vorgang ein Zeugnis davon ab, daß es nunmehr in Zukunft nicht so bleiben wird wie es war.

Dies muß wohl auch der Vorsitzende des Zentralrats der Juden in Deutschland, Ignatz Bubis, empfunden haben. Wie wäre es sonst zu erklären, daß der häufig sich so beonnen äußernde sympathische Mann von Walser als einem „geistigen Brandstifter" gesprochen hat. Der Bundespräsident versicherte uns noch vor kurzer Zeit, daß jedes Wort aus dem Munde von Ignatz Bubis für uns ein unschätzbares Kapital darstelle. Das ist sicher eine häufig zutreffende, aber doch nicht für alle Äußerungen von Ignatz Bubis richtige Feststellung. Selbst für Goethe würde man das nicht behaupten können und das Schläfchen Homers hat eine lange Geschichte.

Ignatz Bubis scheint empfunden zu haben, daß die Dauerpräsenz des Holocaustthemas mindestens in der Form, in der wir es bisher kultiviert haben, nicht länger aufrecht zu erhalten ist. Wie wären sonst die ans Absurde grenzenden Mißverständnisse von Ignatz Bubis zu erklären? Bubis meint, daß Walser ein geistiger Brandstifter ist, weil er sich in einer Form geäußert hat, in der das auch die Rechtsextremisten in

Deutschland tun oder man sich doch vorstellen könnte, daß sie es tun würden. Diese Meinung von Bubis ist übrigens inzwischen nicht ohne Folgen geblieben. Anläßlich einer Lesung in Berlin haben Jugendliche zu stören versucht und die Parole ausgegeben: „Vorsicht, Walser ist ein Rechtsextremist", sie haben jede Diskussion mit ihm verweigert.

Das Mißverständnis von Bubis reicht aber tiefer. Es bezieht sich nicht nur auf das Argument, daß sich auch Rechtsextremisten der Formulierungen von Walser bedienen könnten oder sich doch ermuntert fühlen könnten, das zu fordern, was Bubis aus der Rede von Walser herausgelesen hat, nämlich, daß Walser ein Ende der Debatte gefordert habe. Bubis meint, Walser wolle sich der Konfrontation mit dem Holocaust nicht mehr ausgesetzt sehen. Daß diese Interpretation nichts mit dem zu tun hat, was Walser gemeint und auch gesagt hat, wird jeder dem Text von Walser entnehmen können. Walser hatte ausdrücklich festgestellt, daß er den Holocaust für ein unsägliches Verbrechen und für eine Schande der Deutschen hält, die nicht getilgt werden könne und auch nicht getilgt werde. Seine Kritik richtete sich ausschließlich gegen das, was er als eine Instrumentalisierung des Holocaust empfand. Er prangert sie als eine Vorgehensweise an, die nicht nur in dieser Angelegenheit, sondern auch in vielen anderen das durchsetzen soll, was wir inzwischen als „political correctness" diskutieren. Er sagte mit Recht, daß die Freiheit des Geistes entscheidend ist. In Wirklichkeit geht es Martin Walser nicht darum, daß der Holocaust verdrängt oder vergessen oder gar geleugnet wird, sondern darum, daß er als das wahrgenommen und empfunden wird, was er war. Nur so hat man dann auch die Möglichkeit, die nötigen Lehren und Folgerungen aus diesem Ereignis zu ziehen.

Es haben sich in Deutschland inzwischen mehrere, aber doch typische Einstellungen herausgebildet, sich zur Vergangenheitsbewältigung im Allgemeinen und zum Holocaust im Besonderen zu verhalten. Die einen befinden sich in einem Zustand der Dauerempörung und nehmen jede passende, aber auch unpassende Gelegenheit war, ihr Entsetzen zum Ausdruck zu bringen, um sich von allen, die das nicht in gleicher Weise tun, zu unterscheiden. Sie unterstellen diesen anderen, daß sie moralisch empfindungslos, verwahrlost und verkommen sind. Sie beziehen dabei das ganze deutsche Volk in dieses Verdikt mit ein, welches daher nicht das Recht habe, ein normales Volk zu sein. Darum hat Bubis besonderen Anstoß genommen an der Erklärung von Walser, daß auch die Deutschen ein „normales Volk" seien.

Bereits in seinem leider viel zu wenig beachteten Beitrag „Händedruck mit Gespenstern" hatte Walser darauf aufmerksam gemacht, daß, wenn die Deutschen und die ganze deutsche Geschichte mit dem Holocaust gleichgesetzt werde, dies den geistigen Tod der Deutschen bedeuten würde. Er sah auch die unlösbare Aporie, die für die Deutschen damit verbunden ist. Weder können noch dürfen sie den Holocaust vergessen, noch können und dürfen sie sich den Holocaust selber vergeben. Wenn es also, so schloß er damals, keine Instanz, d.h. konkret keinen Gott gibt, der ihnen vergeben könnte, dann müsse das zwangsläufig zum Ende des deutschen Volkes führen. Nun sind wir inzwischen das, was man mit Recht ein gottloses Volk nennen kann. Und in Übereinstimmung mit dieser Entwicklung hat ja auch der gegenwärtige Bundeskanzler und die Hälfte seiner Minister die Formel des Eides: „So wahr mir Gott helfe" verweigert. Das unterstreicht, daß wir heute weniger denn je die Möglichkeit hätten, an eine „höhere Instanz" zu mahnen, die auch die Kraft hätte, uns innerlich zu einer wirklichen Konversion, zu einer Umkehr zu bewegen.

Walser hat leider diese religiöse Dimension des Holocaustgedenkens in seiner Preisrede nicht mehr angesprochen, sondern er hat die ganze Debatte auf eine moralische reduziert. Es sind die Moralapostel, es sind die Intellektuellen, die den Holocaust als eine moralische Keule benutzen, um jeden moralisch auszuschalten und zu vernichten, der nicht die ritual vorgeschriebenen Formeln sofort äußert, wenn das Stichwort „Holocaust" fällt. Die Kampagnen, die uns über das Ereignis des Holocaust aufklären sollen, folgen pausenlos aufeinander. Nachdem man erschreckt festgestellt hat, daß 20 % der Jugendlichen über keinerlei Kenntnisse des Holocaust verfügen, soll gerade von neuem eine Aufklärungsoffensive gestartet werden, um dieses Defizit zu beheben.

Es wäre an der Zeit, doch einmal in aller Ruhe und in aller Offenheit darüber nachzudenken, ob die Art und Weise, wie wir den Holocaust zum Kernpunkt bei der Veränderung der deutschen Mentalität und des deutschen Charakters machen, zu den tatsächlich gewünschten Folgerungen führt. Denn es gibt eben nicht nur diejenigen, die sich laut und immer wieder voller Entsetzen und Empörung über den Holocaust aussprechen, sondern es gibt auch die anderen, deren Versuche, den Holocaust zu historisieren, zu relativieren oder gar zu leugnen, bisher erfolgreich zurückgeschlagen wurden. Dies dürfte aber doch eine Minderheit in Deutschland sein.

Die große Mehrheit der Deutschen dagegen, davon wird man sich an jedem Stammtisch überzeugen können, zieht sich in das Schweigen und in die Stille zurück. Dieser Rückzug eines ganzen Volkes in das Schweigen ist ein unheimlicher und politisch außerordentlich gefährlicher Vorgang. Denn niemand weiß mehr, was im Volk tatsächlich gedacht wird. Deshalb kann niemand vorhersagen, was einmal aus diesem Schweigen hervorgehen wird. So weit man aber den Menschen zuhört, sind doch sehr viele der Meinung, daß sie nicht mehr bereit sind, die Instrumentalisierung und die Dauerpräsenz des Holocaustthemas noch länger zu ertragen. Sie neigen eher zu der Meinung, daß man nun endlich dieses Thema auf sich beruhen lassen sollte. Dies kann man moralisch mißbilligen, man kann es auch politisch verurteilen. Aber man kann nicht leugnen, daß der Holocaust für Zwecke instrumentalisiert wurde und wird, die mit dem, worum es Walser ging, nämlich mit einer wirklichen Betroffenheit jedes einzelnen in seinem Gewissen, nichts zu tun hat. Je länger dies geschieht, um so mehr erreicht es die Menschen nur noch äußerlich und der Mantel des Gedenkens, der ihnen aufgezwungen wird, hängt nur noch locker um ihre Schultern. Man kann wohl annehmen, daß Ignatz Bubis das Gefühl hat, daß diese Entwicklung weiter fortgeschritten ist, als es die öffentliche Diskussion erkennen läßt. Niemand wird im einzelnen nachweisen können, wann, von wem, zu welchen politischen und anderen Zwecken das Holocaustthema instrumentalisiert wird. Der Vorhang wurde etwas gelüftet, als der ehemalige Bundeskanzler Kohl erklärte, wir müßten das Holocaustdenkmal bauen, wenn uns nicht der Fluch von der Ostküste Amerikas treffen sollte. In der Frage, ob die Deutschen sich des Holocaust durch ein Denkmal oder in einer anderen Weise vergewissern sollten, wird man verschiedener Meinung sein können. Das ist eine Frage, die die Deutschen letztlich nur selber entscheiden können.

Wenn der Eindruck zutreffen sollte, daß wir uns heute an einem Wendepunkt in der Art und Weise der Vergegenwärtigung des Holocaust befinden, und dafür gibt es viele Symptome und Indikatoren, dann muß man sich auch über die politischen Folgen im klaren sein, die es hätte, wenn nunmehr in aller Rigorosität versucht würde, weiterhin den Deutschen aufzuwingen, wie sie zu empfinden, wie sie zu denken und wie sie zu sprechen haben. Jeder Versuch dieser Art - auch das sollte eine Lehre unseres Jahrhunderts sein -, ist nicht nur zum Scheitern verurteilt, sondern er wird auf mittlere und längere Sicht vielmehr zum Gegenteil des Gewollten führen. Denn die innere Aneignung dieses Ereignisses als eines unauslöschlichen Bestandteils der deutschen Geschichte setzt voraus, daß die Deutschen sich als Deutsche begreifen. Wenn die Deutschen das nicht mehr tun und es das nicht mehr gibt, was man früher Deutsches Volk genannt hat, dann würde ein solcher Appell und eine solche Mahnung keinen Adressaten mehr finden.

Es ist daher eine der verhängnisvollsten Auswirkungen der Diskussion um den Holocaust, daß inzwischen jede patriotische und normale nationale Regung und Empfindung diskriminiert wird, daß jede Sorge, die die Deutschen um ihre kollektive Zukunft und Identität äußern, als Ausdruck eines extremen Nationalismus verstanden wird, der, wie man suggeriert, zwangsläufig zu einer Wiederholung des Holocaust führen müsse. Nein, wenn es keine Deutschen und keine sogenannte deutsche Identität mehr gibt, dann wird auch die Erinnerung an den Holocaust niemanden mehr finden, der sie sich aneignen wird. Es sei denn, man begreife den Holocaust auch als eine Menschheitstragödie und nehme ihn als das, was er auch ist, nämlich als eine Erfahrung, aus der man lernen könnte, wozu Menschen fähig sind.

Es besteht - zweitens - eine große Gefahr in dem Glauben, man könne durch eine historische Aufklärung den Deutschen den Holocaust unverlierbar ins Gedächtnis einbrennen. Diese historische Aufklärung wird darum schon unwirksam bleiben, wenn sie sich - in Abstraktion und Isolation vom Rest der Geschichte des 20. Jahrhunderts - allein auf den Holocaust stützt. Diese historische Aufklärung wird auch scheitern, wenn sie im Holocaust die Verwirklichung des Telos der deutschen Geschichte und Kultur im ganzen sieht und - wie es in dem Buch von Daniel Goldhagen geschehen ist -, eine Disposition des deutschen Charakters zum Judenmord ausmachen will. Aufklärung allein ändert die Menschen nicht. Das ist eine der beklemmenden und nur schwer zu begreifenden Lehren, die wir aus der 200-jährigen Geschichte der Aufklärung ziehen müssen. Der Holocaust ist selbst das bedeutendste Zeugnis für diese Erkenntnis.

Nicht zufällig hat die Frage nach der Einzigartigkeit dieses Ereignisses eine bedeutende Rolle im sogenannten „Historikerstreit" gespielt. Nun ist die Alternative, Einzigartigkeit oder Vergleichbarkeit, natürlich falsch, denn die Einzigartigkeit dieses Verbrechens kann ja nur auf dem Wege des Vergleichs ermittelt werden. Das aber geht nicht, ohne dieses Verbrechen in den Zusammenhang aller der Verbrechen zu stellen, die im 20. Jahrhundert nicht nur in Deutschland geschehen sind. Es ist eine schlimme Sache, daß das in Frankreich publizierte „Schwarzbuch" über den Kommunismus, das von der Ermordung von 80 bis 100 Millionen Menschen durch den totalitatären Stalinismus und Kommunismus berichtet, in Deutschland so gut wie keinen Widerhall gefunden hat. In Deutschland hat man offenbar befürchtet, daß die Erinnerung an 80 bis 100 Millionen Menschen, die die Kommunisten ermordet haben, geeignet sein könnte, die Ermordung der Juden durch die Nazis zu relativieren und zu bagatellisieren oder gar von diesem Ereignis abzulenken. Die Verweigerung der Einbettung des Ereignisses des Holocaust in die Geschichte des 20. Jahrhunderts dürfte auch die begrenzten Wirkungen, die eine historische Aufklärung mit sich führt, noch weiter begrenzen.

Die dritte wichtige Frage, die einer ernsthaften Diskussion wert wäre, betrifft das Problem der Reduktion der Holocaust-Diskussion auf die moralische Dimension. Das Ereignis des Holocaust wird als Verlust der Moral und die Weigerung, des Holocaust zu gedenken, als die perennierende Unmoral empfunden. Nein, Hannah Arendt hat, wie mir scheint, zu Recht gesagt, daß das, was unter den totalitären Herrschaftsformen des 20. Jahrhunderts passiert ist, Dinge seien, zu deren Bestimmung und Erfassung uns alle Kategorien fehlten. Es gibt in der politischen Theorie Europas von Platon bis zu Carl Schmitt, und ich sage bewußt, bis zu Carl Schmitt, keine Kategorie, die uns befähigen könnte, in dieser unausdenkbaren Sache in einer auch nur annähernd angemessenen Form zu denken.

Horst Mahler weist in einem Beitrag ausdrücklich auf die Dialektik dessen hin, was Hegel in der „Phänomenologie des Geistes" die moralische Weltanschauung genannt hat. Mahler, der nicht nur aus dem Holocaust, sondern auch aus dem Vietnamkrieg sehr radikale Konsequenzen gezogen hat, ringt um ein angemessenes Selbstverständnis mit den Kategorien der Hegelschen Philosophie. Mahlers Beitrag ist sicher keine Hegelexegese, aber es ist der paradoxe und wahrscheinlich zum völligen Scheitern verurteilte Versuch, dem absolut Sinnlosen noch einen Sinn, sogar einen vom Absoluten gestifteten Sinn, zu geben. Auch Adorno hat in seiner „Negativen Dialektik" den Holocaust zu einer Art Absolutum der Geschichte erhoben und alle Geschichte auf dieses Ereignis hin und von diesem Ereignis her verstanden.

Lehren zur Verhinderung der Wiederkehr eines solchen Ereignisses kann man aber nur dann ziehen, wenn man, wie auch immer, dieses Ereignis begriffen oder mindestens doch verstanden hat. Läßt man es dagegen in einem völligen Nichtverstehen auf sich beruhen, wird es zu einem Pseudoabsolutum, einem neuen Mythos, einer neuen Legende, also auf jeden Fall zu etwas, was aus dem Gang der Geschichte und dem menschlicher Erfahrung Zugänglichen so herausfällt, daß man sich dazu gar nicht mehr verhalten kann. Insofern ist es nicht abwegig, die These zu vertreten, daß die eigentliche Auseinandersetzung um den Holocaust in Deutschland noch gar nicht begonnen hat. Ist aber die moralische Dimension nun zwar eine wichtige Hinsicht, unter der man diese grauenhaften Dinge, die geschahen, charakterisieren kann, so sind wir aber noch weit davon entfernt, sie als die Geschichte einer nachchristlichen Religion im 20. Jahrhundert zu verstehen.

Nicht nur, daß die Deutschen Deutsche bleiben, ist die Voraussetzung, von der die Erinnerung an den Holocaust einen Sinn behalten kann, sondern von gleicher Wichtigkeit und Bedeutung ist auch, daß man an die entscheidende Voraussetzung miterinnert, unter der sie überhaupt geschehen konnte, nämlich die Zerstörung der Sittlichkeit als das geschichtlich durchgehende Ereignis der modernen Gesellschaft im 20. Jahrhundert. Dies ist ein Vorgang der radikalen Entsittlichung, von der der Nationalsozialismus ja nur eine, vielleicht die grauenhafteste und radikalste Dimension war. Aber diese Voraussetzung bestimmt uns heute in anderen Erscheinungsformen genauso wie in dem Teil der Geschichte, der der Herrschaft der Nationalsozialismus vorausgegangen ist. Und ob Gesellschaften, Staaten und Völker zur Sittlichkeit fähig sind ohne Religion, das ist die große Frage, auf die das 20. Jahrhundert, wie das folgende Kapitel zeigen soll, bisher keine Antwort gefunden hat.

Es dürfte nur wenige Menschen geben, die ernsthaft glauben, daß die bisherige Dauerpräsenz des Holocaust und seine Instrumentalisierung und Ritualisierung etwas dazu beigetragen hat, daß sich dieses Ereignis, wenn nicht bei uns, aber doch jederzeit auch anderswo und damit schließlich grundsätzlich auch bei uns, wiederholen könnte. Und alle sollten, über die Meinungsverschiedenheiten in der Frage des rechten Gedenkens an den Holocaust hinaus, genau daran interessiert sein. Ich müßte mich sehr täuschen, wenn nicht auch Ignatz Bubis nach einer erneuten Lektüre der Rede von Martin Walser zu dem gleichen Ergebnis seiner Überlegungen käme.

20. Die Zerstörung der Sittlichkeit, Werteverfall und Kulturkrise in der Geschichte des 20. Jahrhunderts

Die Formulierung des Themas enthält eine solche Ballung von Begriffen, die schon von vornherein einen fast niederschmetternden Eindruck auslösen muß. „Zerstörung der Sittlichkeit", „Werteverfall" und „Kulturkrise". Aber wenn man die Diskussion um den gegenwärtigen inneren Zustand nicht nur der Bundesrepublik, sondern der westlichen Demokratien insgesamt verfolgt, dann wird man feststellen, daß dies völlig normale und eingeübte Topoi sind. Es gibt keine kulturkritische Erörterung der Lage, in der nicht im Zusammenhang oder einzeln diese Begriffe „Zerstörung der Sittlichkeit", „Werteverfall" und „Kulturkrise" auftauchen. Es ist nun aber wichtig, sich nicht nur auf die konkreten und unmittelbar drängenden Verhältnisse jetzt in unserem Lande zu konzentrieren. Es kommt vielmehr darauf an, diese Art der Kulturkritik in einen größeren geschichtlichen Zusammenhang zu stellen. Wenn man den Blick über den Tag hinaus richtet, dann wird man zu dem Ergebnis kommen müssen, daß mit diesen Begriffen Phänomene und Prozesse erfaßt werden, die für das ganze Jahrhundert eine große Bedeutung haben, ja zu den grundlegenden geschichtlichen geistigen Tatsachen dieses unseres Jahrhunderts gehören.

Wenn es in Zukunft noch eine Geschichtsschreibung, die an Wahrheit und Objektivität interessiert ist, geben sollte und man sich einmal vorstellt, was ein künftiger Historiker im Blick auf unser Jahrhundert mit seinen ungeheuerlichen Ereignissen in der europäischen Geschichte feststellen wird, dann wird er dabei nicht dem Urteil widersprechen können, daß es in der europäischen Geschichte des 20. Jahrhunderts eine Konzentration und Kulmination der finstersten und abgründigsten Erscheinungen gegeben hat, wie es sich unsere Großväter und Urgroßväter im Blick auf dieses Jahrhundert nie hätten vorstellen können. Es gibt kein Jahrhundert, in dem das Ausmaß an Verbrechen, an Ausbrüchen menschlicher Grausamkeit, an Phänomenen der wechselseitigen Vernichtung von Menschen eine solche durchgehende Erscheinung gewesen ist.

Nun wird man daraus nicht den Schluß ziehen können, daß die Menschen im 20. Jahrhundert grausamer und verbrecherischer veranlagt gewesen sind, als die Menschen früherer Generationen. Dieser Anblick des Katastrophischen und des Grauens gehört vielmehr zur menschlichen Geschichte schlechthin.

Wenn man einmal das Vorwort zur „Philosophie der Geschichte" bei Hegel nachliest, dann findet man Sätze der tiefen hoffnungslosen Trauer angesichts des katastrophischen Anblicks der Geschichte, in der das „Glück der Völker und der Individuen" sinnlos „hingeschlachtet" wurde.[12] Das ist eine Aussage eines der größten Philosophen der europäischen Geschichte zu einem Zeitpunkt, der eine Blütezeit des Friedens in der europäischen Geschichte gewesen ist.

Die Extremität und Abnormität der Ausmaße, die diese Verbrechen und Grausamkeiten im 20. Jahrhundert erreicht haben, hängt natürlich mit den unvorstellbaren Möglichkeiten zusammen, die die Technik den Menschen offensichtlich nicht nur zum Guten, sondern auch zum Bösen in die Hand gegeben hat. Verbrechen dieses Ausmaßes waren zu Zeiten, in denen die Technik diese Vernichtungsmöglichkeiten noch nicht ermöglicht hat, gar nicht denkbar gewesen.

Wenn man einmal die Frage stellt, wann eigentlich dieses Jahrhundert begann, um dann die Frage zu stellen, wann es enden wird, wenn es denn überhaupt enden wird, dann dürfen wir natürlich nicht auf den 1.Januar 1900 blicken. Dieses Jahrhundert begann ziemlich exakt mit dem August 1914. Das ganze Jahrhundert offenbarte sein innerstes, unheimliches Wesen in den berüchtigten Materialschlachten des Ersten Weltkrieges. Je länger wir uns zeitlich von diesem geschichtlichen Ereignis entfernen, um so deutlicher wird, daß dieses Jahrhundert begonnen hat, längst ehe es den Bolschewismus, ehe es den Nationalsozialismus, also ehe es all das gegeben hat, was wir für die besonderen Charakteristika der gegenwärtigen Weltsituation ansehen. Was bedeuteten diese Materialschlachten? Dies war ein Vorgang, der in der Kriegsgeschichte der Menschheit bis dahin ohne Beispiel und Parallele war. Geschichtlich gesehen bedeuten diese Materialschlachten den Beginn einer sinnlosen Vernichtung und Zerfleischung von europäischen Völkern, die sich monatelang einander gegenüberstanden und die bereit waren, wegen der Eroberung einiger Meter Bodens Tausende von Menschen sinnlos zu töten und zu vernichten.

Was in diesen grauenhaften Ereignissen zugrunde gegangen ist - auch das hat sich alles erst viel später herausgestellt -, sind die religiösen und sittlichen Grundlagen der europäischen Kultur. Dort sind die Anstrengungen vieler Generationen zerstört worden, die - so glaubte man noch ein Jahrhundert vorher zum Zeitpunkt des Höhepunkts der Aufklärung - die europäische Kultur in ein Friedenszeitalter, in ein Zeitalter der Toleranz, der Mündigkeit, der Kultur und der eingeübten Sittlichkeit führen sollte.

Dieser Traum der Aufklärung, ein großer Traum, gehört zur europäischen Geschichte und er ist tief in ihren Voraussetzungen angelegt und verwurzelt. Die Aufklärung glaubte, am Beginn einer Geschichtsepoche zu stehen, in der es alles das, was man bisher für schrecklich gehalten hat, nicht mehr geben werde; den Krieg sollte es nicht mehr geben, die Ausbeutung von Menschen durch Menschen sollte verschwinden, der zivilisatorische Standard sollte sich unaufhaltsam erhöhen und verbessern, und der Menschheit sollte ein mündiges und aufgeklärtes Zeitalter der Toleranz und der Sittlichkeit bevorstehen. Diesem Traum leuchtete die Erwartung voran, daß die Lasten und die Schranken beseitigt werden können, denen die Menschen kraft ihrer Naturzugehörigkeit unterworfen sind. Am Ende sollte es möglich sein, auch den letzten Feind der Menschheit - nämlich den Tod -, zwar nicht zu besiegen, aber ihn doch so lange hinauszuzögern, daß die Menschen eines Tages, wenn sie schon sterben müssen, freiwillig sterben. Sie sollten, wie es im Alten Testament heißt, alt und lebenssatt sterben, also aus dem Bewußtsein eines erfüllten Lebens heraus freiwillig auch ihr Sterben bejahen.

Dies sind einige der Phänomene, die uns heute seltsam anmuten mögen, die aber doch die Emphase zum Ausdruck bringen, die zu diesem großen Projekt der Aufklärung gehört. Selbst noch um die Jahrhundertwende waren die Intellektuellen in Rußland, die damals an die Revolution dachten, davon überzeugt, daß durch eine große Revolution diese ganze alte Welt überwunden, aufgehoben und in eine neue und bessere transformiert werden könne. Diese Intellektuellen haben sich damals gefragt, um welchen Zieles willen es sich denn lohnen würde, diese Opfer zu bringen, die eine solche, durch Gewalt bestimmte Revolution mit sich bringen würde. Diese Intellektuellen waren sich darüber im klaren, daß diese Opfer nur dann gerechtfertigt seien, wenn es möglich ist, auch den Tod zu besiegen. Denn gelänge es nicht, den Tod zu besiegen, dann lohne sich eigentlich das ganze Unternehmen der Revolution nicht. Denn wie schön und paradiesisch auch die Verhältnisse des Lebens sein mögen, so wären sie doch alle endlich und begrenzt, denn sterben müßten wir alle. Die Revolution bedeutet dann im besten Falle nur eine Verzögerung dieser unausweichlichen, das Individuum betreffenden absoluten Katastrophe des Todes.

Hier wird sichtbar, daß es sich bei diesem großen Projekt der Moderne und der Aufklärung eben nicht, wie immer wieder versichert wird, um ein Produkt eines säkularisierten, westlichen Teils der europäischen Geschichte handelt, der sich vom Christentum und von der Religion überhaupt verabschiedet hat, in dem die Menschen ganz diesseitig und weltlich geworden sind, und in dem - mit Marx gesprochen - die Menschen begonnen hätten, mit nüchternen und aufgeklärten Augen die Verhältnisse der Welt zu betrachten, wie sie sind. Wir müssen vielmehr erkennen, daß alle die Hoffnungen und alle die Verheißungsgehalte, die den Aufbruch der Menschheit in der Moderne erst inspiriert und motiviert haben, aus dem Heilsglauben und den Überzeugungen des alten Christentums ihre innerste Kraft bezogen haben.

Die Moderne ist eben nicht, wie heute viele altkonservative und fundamentalistisch eingestellte Christen meinen, einfach die Geschichte ohne Gott gewesen, in der die Menschheit sich von Gott und vom Christentum befreit hätte, um nun etwas ganz anderes und neues zu beginnen. Nein, auch diese - jetzt verdämmernde - Moderne ist ein Teil der großen christlichen Geschichte. Und es ist seichter Atheismus, zu glauben, es könnten ganze Epochen gelebt und gestaltet werden ohne Gott, so als hätte man Gott abgesetzt oder als hätte sich Gott aus seiner Position selbst zurückgezogen. Diese Art der Betrachtung der Geschichte wäre eine gottlose Art der Betrachtung der Geschichte und sie würde auch dem nicht gerecht, was in dieser mehr als zweihundertjährigen Geschichte der Moderne passiert ist.

Erst auf dem Hintergrund dieser überschwenglichen, ins innerweltliche übergreifenden eschatologischen Hoffnungen, die den Gang der Moderne begleitet haben, kann man verstehen, was diese Ereignisse, die in den Materialschlachten des Ersten Weltkriegs geschehen sind, tatsächlich bedeuten. Die Materialschlachten bedeuten zum einen die sinnlose wechselseitige Vernichtung der europäischen Völker. Wenn man sich einmal die geschichtswissenschaftliche Literatur ansieht, die der Frage gewidmet ist, aus welchem Grunde und mit welchem Ziel denn eigentlich dieses wahnwitzige Abenteuer des Ersten Weltkrieges begonnen hat, dann läßt uns die Historie im Stich und sie muß zugeben, daß es einen wirklich einsehbaren Grund eigentlich nicht gegeben hat. Gewollt habe den Krieg auch niemand, sondern man sei da hineingeschlittert und durch eine unglückselige, als zufällig bestimmte Verkettung der

Ereignisse sei man plötzlich in einen Vernichtungskrieg involviert gewesen.

Aus der historischen und politischen Betrachtung wird nicht nur die Sinnlosigkeit dieser Ereignisse, sondern auch die Vernichtung der sittlichen, religiösen und damit der humanen Grundlagen unserer europäischen, aus der Antike und aus der Bibel heraus lebenden und gestalteten Kultur sichtbar. Es wurde sichtbar, was Nietzsche schon einige Generationen vorher vorausgesagt hat, nämlich daß uns der unheimlichste aller Gäste nun heimsucht - der Nihilismus. Dieser Nihilismus ist der Grund der Erfahrung dieser sinnlosen, wechselseitigen Vernichtung der Völker, der Menschen und der religiösen Grundlagen unserer eigenen Kultur gewesen. Nur wenn man sich das in der ganzen Radikalität, die diese Erfahrung damals bedeutet hat, vergegenwärtigt, kann man verstehen, was sich aus diesem Ereignis in der Folge der Jahre im 20. Jahrhundert ergeben hat.

Die interessante Zwischenfrage, die man hier stellen kann, lautet: Haben wir eigentlich das ganze Ausmaß der damaligen Kulturkatastrophe begriffen? Und haben wir überhaupt ernsthaft versucht, die richtigen Folgerungen daraus zu ziehen? Denken wir überhaupt noch im Horizont der Geschichte? Sind wir uns selbst überhaupt noch gegenwärtig oder sind wir durch eine manipulativ organisierte Informations- und Unterhaltungsindustrie, der wir täglich und pausenlos unterworfen und ausgesetzt sind, unserem eigenen Vermögen zur Erinnerung so sehr entfremdet, daß wir alle Ereignisse nur noch aus der Flohperspektive der Stunde und des Tages sehen können? Wir können heute rückschauend sagen, welche Folgen sich aus der damaligen Kulturkatastrophe ergeben haben. Ich will mich dabei im folgenden auf drei Ereignisse konzentrieren.

Das erste Ereignis, das aus diesem Nihilismus hervorgegangen ist, ist der rassistische und antisemitische Nationalsozialismus. Ich bitte noch einmal darum, endlich damit Schluß zu machen, den Nationalsozialismus als einen Ausdruck und einen Gipfel deutscher nationaler Tradition und Gesinnung zu interpretieren. Auf seine ideologischen Grundlagen hin betrachtet, hat der Nationalsozialismus mit dem deutschen Idealismus, mit der deutschen Klassik oder mit dem Nationalstaat Bismarcks überhaupt nichts zu tun. Ich sage das, obwohl Ex-Bundeskanzler Helmut Kohl in Oxford erklärt hat, daß das ganze Unglück der deutschen Geschichte auf den Nationalismus zurückzuführen sei, und daß die einzige Konsequenz, die wir heute daraus zu ziehen hätten, eben die sei, das deutsche Nationalbewußtsein zu bekämpfen. Das Ausmaß des Hasses gegen alles Nationale, das aus seinen wie den Erklärungen der meisten anderen Politiker spricht, zeigt, wie verhängnisvoll eine solche Gleichsetzung des Nationalsozialismus mit dem Nationalismus ist.

Nein, die ideologischen Grundlagen des Nationalsozialismus waren eindeutig biologisch-rassistisch, sie waren antisemitisch, sie richteten sich mit dem Ziel der Vernichtung gegen das erwählte Volk Gottes, das die Juden auch in den Augen von Paulus geblieben sind, obwohl sie sich nicht haben vom Messias bekehren lassen. Damit verbunden waren die Nationalsozialisten von dem Willen getragen, eine internationale, nach dem unterschiedlichen Rang der Rassen geordnete "Weltordnung" zu entwickeln. Das waren die drei ideologischen Grundlagen des Nationalsozialismus. Die Nazis haben das deutsche Nationalbewußtsein und die deutschen nationalen Traditionen mit einer Kraft, zu der nur zynische Nihilisten fähig sind, hemmungslos ausgenutzt und für ihre Zwecke eingesetzt. Dem deutschen Volk hat das geistige und auch christliche Vermögen der Unterscheidung der Geister gefehlt, um zu erkennen, was die wahre Wurzel und die wahre Natur des Nationalsozialismus war und daß sie sich ihrer bloß instrumentell - wie das eben Machttechniker tun - bedienten.

Damit bin ich noch einmal bei dem Ereignis, das wir mit den Begriffen „Auschwitz" und „Holocaust" verbinden. Der Holocaust ist das entscheidende Ereignis nicht nur der deutschen, sondern der Weltgeschichte des 20. Jahrhunderts insgesamt. Wenn wir von der Zerstörung der Sittlichkeit und einem dieser Zerstörung vorausgehendem Werteverfall und einer Kulturkrise ausgehen müssen, dann manifestiert sich das besonders in diesem Ereignis des Holocaust. Was hätte vom Begreifen dieses Ereignisses für eine reinigende Wirkung für unser Volk ausgehen müssen, wenn wir begriffen hätten, daß dieses Holocaust-Ereignis die geschichtliche Manifestation zerstörter Sittlichkeit schlechthin ist. Wir können seit diesem Ereignis wissen, welches die Konsequenzen der Zerstörung der Sittlichkeit und der Auflösung unserer abendländisch-europäischen Kultur sind.

Wäre der Holocaust so verstanden worden, hätte von diesem Ereignis eine große kathartische, innerlich wirkende Reinigung für das Selbstverständnis unseres Volkes ausgehen können. Es ist eine verhängnisvolle Angelegenheit, daß das nicht geschehen ist, obwohl wir nun seit 50 Jahren eine qualvolle Diskussion um die Frage nach Schuld und Unschuld, Konsequenzen und Nichtkonsequenzen dieses Ereignisses führen. Heute müssen wir feststellen, daß diese mögliche reinigende Wirkung von diesem Ereignis für unser Volk nicht ausgegangen ist. Warum ist dies nicht geschehen? Wenn man oberflächlich auf die Frage antworten will, warum sich eine solche Wirkung nicht eingestellt hat, dann darum, weil viele anständige und gutgläubige Deutsche das Gefühl haben, daß dieses Ereignis vor allem in den letzten drei Jahrzehnten instrumentalisiert und für politische Zwecke eingesetzt wird. Es wurde allzu häufig der Eindruck vermittelt, daß man an der wahren Lehre, die man aus diesem Ereignis hätte ziehen können und sollen, gar nicht interessiert ist. Immer wieder dringt in die Öffentlichkeit, daß, wenn es in Brüssel darum geht, die deutschen Interessen zurückzudrängen, in diesem Zusammenhang das Wort „Holocaust" fällt und zwar in der sicheren Erwartung, daß dann jeder deutsche Widerstand in sich zusammenbricht. Das meint man mit politischer und ideologischer Instrumentalisierung dieses Ereignisses. Diejenigen, die den Holocaust instrumentalisieren, tun das im Rahmen einer tiefen Verblendung. Denn sie begreifen nicht, daß, indem sie dieses Ereignis instrumentalisieren, sie nicht die Wiederkehr unmöglich machen, sondern genau das Gegenteil erreichen.

Das zweite Großereignis unseres Jahrhunderts, das sich aus dieser zerstörten europäischen Kultur und Sittlichkeit ergeben hat, ist die Herrschaft des Kommunismus in Rußland und Mittel- und Osteuropa. Es ist sehr beunruhigend, daß wir uns mit der Bedeutung dieser siebzigjährigen Epoche der Herrschaft des Kommunismus und mit dem, was er hinterlassen hat, nicht wirklich beschäftigt haben. Wie sieht die Sprache aus, in der wir von diesem Ereignis reden? In unserer Sprache ist ein sozioökonomisches System an seiner eigenen Ineffizienz zugrunde gegangen und wir meinen, zum Glück im Besitz eines besseren, nämlich marktwirtschaftlichen Systems zu sein. Wir glauben deshalb auch, daß, wenn wir diese Marktwirtschaft nach Rußland transferieren, Rußland bald ein westliches und auch amerikanischen Zivilisationsbegriffen entsprechendes Land wird.

Nein, die Bedeutung dieses Ereignisses geht weit über die Beurteilung der ökonomischen Ineffizienz hinaus. Im Zusammenbruch ist viel mehr und anderes passiert als nur der Zusammenbruch eines Wirtschaftssystems. Was hier in der siebzigjährigen Herrschaft des Kommunismus vor allem in Rußland passiert ist, ist eine Sache, die für die gesamte Moderne von zentraler Bedeutung ist und die auch uns unmittelbar angeht. Dort hat sich gezeigt, daß trotz der 40 - 60 Millionen Opfer, die dieses vielleicht in seiner Art größte Experiment, das die Menschheit in ihrer Geschichte je mit sich angestellt hat, gekostet hat, die Moderne ihre Heilsversprechen nicht erreichen kann.

Die Intention, auf die der Kommunismus gerichtet war, ist in der Zielsetzung doch gar nicht von dem unterschieden, was auch der westliche Liberalismus im Prinzip für richtig, wünschenswert und erstrebenswert erachtet - nämlich eine befreite Gesellschaft herzustellen. Wenn man die Bücher etwa von Heiner Geißler liest, dann wird man feststellen, daß auch hier unverändert und unvermindert das Ziel einer befreiten Gesellschaft formuliert wird. Wovon soll die Gesellschaft befreit werden? Sie soll befreit werden von der Last der Geschichte, sie soll befreit werden von jedem materiellen Mangel und sie soll befreit werden von jeder Form der Fremdbestimmung, d.h. Unterworfenheit unter fremde Autorität.

Dies ist das politische Ziel der progressiven Heilslinie der Moderne seit der Französischen Revolution. An keiner Stelle der Moderne ist mit einer solchen Brutalität und mit einer solchen Intensität von Glaubenskräften ein Versuch gemacht worden, dieses Ziel mit allen Konsequenzen zu verwirklichen wie in der Zeit der siebzigjährigen Herrschaft des Kommunismus in der Sowjetunion.

Nun halte ich nichts davon, danach zu fragen, welche Verbrechen nun größer gewesen sind, die im nationalsozialistischen Deutschland oder die im stalinistischen Rußland. Diese Art der Aufrechnung ist zutiefst unsittlich und unmoralisch. Das Maß der moralischen Belastung und die Scham, die die Deutschen erfüllen müßte, wäre nicht geringer, wenn auch nur ein einziger Jude maschinell vergast worden wäre. Die Frage, ob es einer oder sechs Millionen Menschen waren, spielt für die moralische Beurteilung und Qualität dieses Vorganges im Prinzip gar keine Rolle. Darum macht es auch keinen Sinn, aufzurechen, ob Stalin mehr oder weniger Menschen umgebracht hat als Hitler. Wir müssen aber erkennen, daß bei allen Differenzen, die es zwischen dem rassistischen, antisemitischen, imperialistischen Nationalsozialismus und dem Sozialismus, der sich biblischen Traditionen und aufgeklärten Heilszielen verdankt, in der Essenz der Ausprägung des Totalitären keinen Unterschied gibt.

Das Gemeinsame liegt im Ausmaß der Zerstörung der Sittlichkeit. Auch die 70-jährige Herrschaft des Kommunismus in Rußland hat einen ideologischen Krieg gegen die sittliche, religiöse Kultur und Tradition des eigenen Volkes geführt. Wir begreifen doch die Situation, in der sich Rußland heute befindet, deshalb nicht, weil wir nicht sehen wollen, was dieser 70-jährige Prozeß an zerstörter Sittlichkeit und Kultur hinterlassen hat. Der Kommunismus hinterläßt ein Land, das genauso dem Nihilismus entgegentorkelt, wie das in Deutschland unmittelbar nach dem Zweiten und vor allem nach dem Ersten Weltkrieg der Fall war. Er hinterläßt ein Land, in dem das organisierte Verbrechen die Herrschaft zu übernehmen droht. Dies zu begreifen, ist die Aufgabe, wenn wir nach der Zerstörung der Sittlichkeit fragen. Konnte für den, der geschichtsbewußt lebt und noch in christlichen Traditionen verankert ist, aus solch einem 70-jährigen Versuch überhaupt etwas anders herauskommen als die Herrschaft des Verbrechens? Ich glaube nicht. Eine Herrschaft des Verbrechens gab es auch im real existierenden Kommunismus, aber die damaligen Herrscher haben ihre verbrecherischen Ziele im Rahmen der formulierten Heilsziele besser kaschieren können, während wir es heute mit einer ganz ordinären Form des - zum Teil auch aus dem Westen importierten - organisierten Verbrechens zu tun haben.

Die Frage des Überlebens oder gar der Neugeburt Rußlands entscheidet sich nicht an der Marktwirtschaft, nicht an dem technischen know how oder den Finanzmitteln, die der Westen transformiert, sondern sie entscheidet sich allein daran, ob in diesem Volk noch soviel an geistiger und kultureller Kraft geblieben ist, daß es aus der Besinnung auf seine eigene Herkunft und Geschichte diesen Nihilismus kraft des Geistes überwinden kann. Die Stellung der orthodoxen christlichen Kirche hat sich immerhin schon gegenüber der Zeit des Kommunismus völlig geändert. Auch Atheisten geben heute zu, daß an eine geistige Wiedergeburt Rußlands ohne eine Renaissance des Christentums überhaupt nicht mehr zu denken ist. Was Rußland vielleicht von unserer Lage unterscheidet, ist, daß viele nachdenkliche Menschen in Rußland, ganz egal ob sie persönlich gläubig sind oder nicht, erkennen, daß das Christentum und seine Erneuerung eine Überlebensfrage für das russische Volk darstellt.

Das dritte große Ereignis ist das, das wir selber im Westen insgesamt, aber zugespitzt in der Bundesrepublik Deutschland seit 1945 erleben. Hier stoßen wir auf etwas sehr Merkwürdiges. In der gängigen Analyse der Phänomene „Zerstörung der Sittlichkeit", „Kulturkrise" und „Wertezerfall" werden die Ausbrüche an Verbrechen, Gewalt und Grausamkeit auf die sozialen Verhältnisse zurückgeführt, in denen die Täter lebten. Die allgemein verbreitete Überzeugung geht davon aus, daß soziale Benachteiligungen oder Armut der Nährboden seien, aus dem solche negativen Phänomene hervorgehen.

Wenn diese These richtig wäre, dann müßte Deutschland heute nicht nur ein ökonomisch blühendes Land sein, nicht nur eine auf dem Weltmarkt erfolgreich operierende Industriegesellschaft, nicht nur ein Land, das sich dem vollkommenen sozialen Frieden nähert, sondern dieses Land müßte auch ein sittlicher und moralischer Gesundbrunnen für den Rest der Welt sein. Wenn diese gängige sozialistische These zuträfe, wonach über das Wohlsein und Wohlgeratensein der Menschen die sozialen Verhältnisse entscheiden, eine These, in der sich noch einmal der ganze Kryptomarxismus unserer Zeit zusammenfaßt, dann müßte die alte Bundesrepublik beinahe ein Paradies gewesen sein.

Die materialistisch orientierte Aufklärung ging immer davon aus, daß die Überwindung der Armut ins Paradies einer nicht nur befreiten, sondern auch glücklichen Menschheit führen wird. In diesem Sinne sind die vergangenen 50 Jahre der Bundesrepublik so etwas wie ein Test auf diese These. Denn es kann kein Zweifel darüber bestehen, daß die Bundesrepublik in diesen 50 Jahren einen Grad des materiellen Wohlstandes erreicht hat, der - bei allen verbliebenen sozialen Ungleichheiten und Benachteiligungen - im Vergleich zum Rest der Welt einmalig ist. Deutschland hat einen Reichtum von einer so überwältigenden Fülle erreicht, einen Reichtum, an dem nicht nur kleinere Gruppen und Schichten, sondern tendenziell alle Menschen partizipierten, wie es in der Weltgeschichte ohne jedes Beispiel ist. Rein rechnerisch kommt auf jeden deutschen Haushalt ein Vermögen von 250.000 bis 300.000 DM. Die Deutschen geben jährlich 50 Milliarden DM für Urlaubsreisen aus, sie investieren 150 Milliarden in Alkohol und nochmals Dutzende Milliarden in Rauchwaren. Wenn man all diese Milliarden statt dessen für soziale Zwecke ausgeben würde, würden wir vollends alle die sozialen und sonstigen Probleme los, über die wir von morgens bis abends klagen.

Wie stellt sich nun aber die Bundesrepublik dar, wenn wir sie nicht an materiellen, sondern an den Standards und Kriterien europäischer christlicher Sittlichkeit messen? Bedenkliche Entwicklungen gibt es zur Genüge:

In Deutschland breitet sich mit fast 7 Millionen krimineller Delikte im Jahr das Verbrechen aus und auch das organisierte Verbrechen nimmt täglich zu. Wie weit die Korruption bereits um sich gegriffen hat, können wir zum gegenwärtigen Zeitpunkt noch nicht sagen, aber wenigstens erahnen. Sicher gibt es noch gewaltige Unterschiede zu Italien und zu den Ländern Osteuropas, aber fest steht, daß der Staat mit den ihm zur Verfügung stehenden Sicherheitsorganen nicht mehr in der Lage ist, mit der Flut an Verbrechen fertig zu werden. Sonst gäbe es ja nicht so viele privatfinanzierte Sicherheitsdienste, die sich letztlich nur noch die Reichen leisten können. Das ist ein Punkt, über den man allzugern leichtfertig hinwegsieht, weil sich dahinter nichts weniger als die Kapitulation des Staates als Staat verbirgt. Der gesamte neuzeitliche Staat verdankte sich bisher dem Willen und der Fähigkeit, Leben und Eigentum seiner Bürger zu schützen. Das ist die Quintessenz der großen Staatstheorie von Hobbes aus dem 18. Jahrhundert. Ein Staat, der das Leben und das Eigentum nicht mehr schützt, ist aber auch nach dem Verständnis der Aufklärung kein Staat mehr.

Und wie steht es sonst um die Sittlichkeit? Ich habe bereits darauf hingewiesen, daß wir bei der Diskussion um die Frage nach der Abtreibung die Frage nach Recht und Sittlichkeit überhaupt nicht mehr gestellt haben. Man kann über die Argumente dafür oder dagegen, die alle mehr oder weniger gut sind, lange diskutieren, aber Fakt ist, daß Gründe der Sittlichkeit, ja des Rechtes in der Diskussion keine Rolle gespielt haben. Das ist um so bemerkenswerter, als wir es doch mit einem Staat zu tun haben, der die Achtung der Würde des Menschen, in die auch die Wahrung der Integrität des ungeborenen Lebens eingeschlossen ist, als seinen höchsten Staatszweck formuliert hat. Im Laufe der Jahre haben wir sicherlich 4 - 5 Millionen Kinder im Mutterleib getötet. Ich habe nicht den Eindruck, daß diese Katastrophe, die eine Katastrophe der Sittlichkeit ist, als solche verstanden worden ist. Im Gegenteil: Die de facto-Fristenlösung wird sogar noch von starken politischen Kräften als Fortschritt gefeiert, weil dadurch die Frauen eine größere Selbstbestimmung erhalten. Hier drängt sich doch der Eindruck auf, daß wir aus den Lektionen der Geschichte des 20. Jahrhunderts nichts gelernt haben.

Der Verfall der Sittlichkeit beschränkt sich jedoch nicht nur auf diese Massentötung von ungeborenen Kindern, sondern er zeigt sich auch im Blick auf die Existenz der Kinder in unserer Gesellschaft überhaupt. Natürlich haben wir keine kinderfreundliche Gesellschaft. Aber das Problem liegt noch viel tiefer. Unsere Gesellschaft kann im Grunde genommen mit drei Kategorien der Bevölkerung gar nichts mehr anfangen: die eine Kategorie sind die Kinder und die anderen Kategorien sind die Alten und die Kranken. Wenn unsere Gesellschaft ganz bei sich selbst ist, dann müßte sie sich eigentlich sagen, daß diese Gruppen überflüssig sind. Die Kinder produzieren noch nichts und behindern die Emanzipation der Frau, die Alten konsumieren nicht mehr im erforderlichen Umfang und die Kranken kosten sowieso nur noch Geld. Was tragen sie also zum wirtschaftlichen Fortschritt und zum Fortschritt der Produktivität bei? Wenig bis gar nichts. Und gemäß der Geringfügigkeit ihres Beitrages zum Sozialprodukt stehen wir ratlos bis ablehnend vor diesen Gruppen.

Auch der Umstand, daß unsere eigene Gesellschaft ihre Kinder aufgrund der Aushöhlung der Familie und der Schulen nicht mehr erziehen kann und will, ist nur eine weitere Konsequenz der Entsittlichungsprozesse in unserer Gesellschaft. Jede erziehende Autorität kann nur dann ihrer Aufgabe nachkommen, wenn sie eine sittliche Legitimation und Grundlage hat. Wenn es diese nicht mehr gibt, bricht die Autorität bei denen zusammen, deren Bestimmung und Aufgabe es wäre, diese Erziehung zu leisten. Der Verfall der Autoritäten ist dabei nur ein Aspekt dieses Verlustes der Erziehungsinstitutionen und der Erziehungskraft in unserer Gesellschaft.

Sicherlich, die moderne Gesellschaft steht seit der Sturm-und-Drang-Bewegung im 18. Jahrhundert immer wieder vor dem Problem einer revoltierenden, sich von der Gesellschaft abwendenden Jugend. Die Kulturrevolution der 68er war in diesem Sinne ebenso eine Jugendrevolte wie der Nationalsozialismus. Wir vergessen ja immer wieder: Die kampfkräftigsten Teile der NS-Bewegung sind durch Jugendgruppen gebildet worden. Was aber heute beim Anblick der revoltierenden, sich innerlich von der Gesellschaft abwendenden Jugend so deprimierend ist, ist, daß diese Jugend der Gesellschaft keine Vorstellung von einer besseren oder auch nur anderen Gesellschaft mehr entgegenzustellen vermag. Sie artikuliert statt dessen häufig nichts anderes als den lallenden Ekel vor der etablierten Gesellschaft. Sie haben der Gesellschaft außer Frust und Gewalt nichts mehr anzubieten, wenn sie sich nicht gleich durch ihre Ansprüche auf Spaß und Genuß nahtlos einfügt. Das ist in früheren Jugendbewegungen noch anders gewesen. Seit dem 19. Jahrhundert ist die Jugend, erleuchtet und inspiriert von großen Idealen und auch von großen kulturellen Zielsetzungen, immer wieder aufgebrochen. Der Protest gegen die bürgerliche Gesellschaft hatte eine moralische und kulturelle Substanz.

Was bedeutet es, daß heute die Gewalt wieder neu entdeckt wird, ihr faszinierende Züge zugesprochen werden, bis hin zu einer Art Rehabilitierung des Bösen. Dies ist nichts anderes als das Zeichen einer sich innerlich destabilisierenden Gesellschaft. Dieser Glaube an die alleinerlösende und befreiende Kraft der Gewalt ist die Essenz des Faschismus. Die Deutschen haben 50 Jahre lang aus der freiheitlichen Demokratie eine Art neuer Religion gemacht, eine Religion, die heute mit ähnlichen Mitteln der „political correctness" aufrechterhalten wird wie andere Systeme dies mit Blick auf ihren Herrschaftsanspruch getan haben. Die liberale Demokratie vermag sich offenbar nicht mehr aus sich selbst heraus überzeugend zu legitimieren - etwa der revoltierenden Jugend gegenüber. Bereits Sokrates sagt in bezug auf Perikles, daß dieser nicht im Besitz der „sophia" sei, denn er sei nicht einmal imstande gewesen, seine eigenen Kinder von der Richtigkeit der Ziele zu überzeugen, für die er politisch eintritt. Auch heute hat die Gesellschaft ihrer Jugend nichts zu bieten, was sie inspirieren, motivieren und befeuern könnte. Vielleicht ist dies das beunruhigendste Symptom der inneren Schwächung und des Vakuums, das die liberale Demokratie hinterlassen hat.

Wenn wir nun noch nach dem Zustand der Familie fragen, dann besteht gar kein Zweifel, daß wir gegenwärtig Zeugen einer der größten Kulturrevolutionen in unserer europäisch-abendländischen Geschichte sind. Wir erleben die innere Auflösung der bürgerlich-christlichen Familie. In den Ballungsgebieten der großen Städte ist heute fast jeder zweite Haushalt ein Singlehaushalt, und jede dritte Ehe scheitert, im Durchschnitt schon nach vier Jahren. Nun bräuchte man sich darüber noch nicht zu beklagen, denn die Lebensformen in einer Gesellschaft unterliegen eben seit jeher und in jeder Kultur einem permanenten Wandel. Es gibt hier aber einen wesentlichen Unterschied zu sonstigen Wandlungen der Lebensformen: Wenn zu einer Familie - was auch der Realität entspricht - auch Kinder gehören, dann gibt es keinen Ersatz für die Familie. Wenn man sich die Kinder aus der Familie wegdenkt, dann sind die Lebensgemeinschaften ehelicher oder nichtehelicher Art alles Abenteuer und Experimente, die Erwachsene mit sich anstellen. Wir könnten uns solche Experimente mit den Ehen und Scheidungen leisten, wenn es die Kinder nicht gäbe. Das Beunruhigende aber ist, daß es vorerst noch Kinder gibt. Vielleicht ändert sich auch das bald.

Unsere Gesellschaft fängt im Angesicht der „demographischen Lükke" und der bedrohten Rentenzahlungen bereits an, sich zu sorgen. Vielleicht werden morgen Zeugungsprämien an Familien mit Kindern verteilt? Wir werden vielleicht den Frauen Prämien bezahlen, die bereit sind, ein Kind 9 Monate auszutragen, wir werden für die Geburt bezahlen und Geld für die frühkindliche Aufzucht bereitstellen, und wir werden Kinderkrippen und Kinderplätze bereitstellen, so daß der um ihre Selbsterfüllung und berufliche Entfaltung ringenden Mutter die Sorge um die Kinder abgenommen wird.

Wenn man einmal dieser Tendenz, die mittlerweile auch von der CDU mitgetragen wird, folgt, dann steuert unser Land auf Zustände hin, die in der DDR konsequent betrieben worden sind. Heute schon denken viele Menschen mit nostalgischen Gefühlen an die schönen Zeiten zurück, in denen Ulbricht und Honecker noch für alles dies gesorgt haben. Wir sind allenthalben dabei, jede persönlich Verantwortung und jedes persönliche Lebensrisiko zu sozialisieren. Alle als negativ empfundenen Folgen privater Entscheidungen werden tendenziell sozialisiert. Es ist eben nicht wahr, daß die freie Gesellschaft über die kommunistische Knechtschaft triumphiert hat, sondern es hat vorerst nur das eine Sozialismusmodell über das andere gesiegt. Und ganz sicher wäre die westliche Version auch auf die Dauer die erfolgreichere geblieben, wenn sie morgen noch zu bezahlen wäre. Was der Verwirklichung dieses schönen Träumens entgegensteht, ist, daß die finanziellen Mittel morgen nicht mehr da sein werden.

Man könnte diese Auflistung über die Phämonene der Zerstörung der Sittlichkeit noch lange fortsetzen. Man könnte etwa auch die Frage nach dem inneren sittlichen Zustand unserer Kirchen stellen. Was ist denn das Hauptthema aller evangelischen Synoden? Hauptthema ist der Umgang der Kirche mit Homosexuellen. Dürfen die Kirchen die Homosexuellen segnen und trauen, dürfen auch homosexuelle Paare in Pfarrhäusern leben? Darf auch der Pfarrer sich öffentlich zu seiner Sexualität bekennen? Immer geht es um die Rehabilitierung der Sexualität im Namen der Liebe Jesu Christi. Genau das aber hat Nietzsche gemeint, wenn er das Christentum als dekadent bezeichnete und darin eine Gefahr für die Zukunft der Menschheit sah.

Dahinter verbirgt sich freilich ein theologisches Problem. Die Art, wie die konservativen Christen bisher auf das Problem der Homosexualität reagierten, hilft nicht weiter. Sie reagieren in der Regel selber moralisch und antizipieren nur die Urteile oder Vorurteile, die in der bürgerlichen Gesellschaft gegen Homosexuelle vorgebracht worden sind. Die bürgerliche Gesellschaft hat sich noch immer ablehnend gegenüber sich öffentlich zeigender Homosexualität gezeigt. Die moralische Verurteilung kann jedoch heute nicht mehr der richtige Weg sein.

226

Die einzig interessante Frage ist, wie die Rehabilitierung der Sexualität im Namen der Liebe Christi, an der nun auch die Homosexuellen ganz offiziell Anteil haben sollen, überhaupt möglich geworden ist. Welche Deformationen in der Theologie sind für diese Entwicklung verantwortlich zu machen? Man müßte sich hier der Theologie zuwenden, denn es gibt tief in der modernen Theologie liegende Gründe, daß die Kirchen und die Christen heute mit dieser Hilflosigkeit und dann auch Kapitulationsbereitschaft auf sämtliche Phänomene der Modernisierung, die nicht selten Verfallsprozesse sind, reagieren.

Die Moslems bauen in Mannheim für 10 Millionen DM die größte Moschee außerhalb der Türkei und die evangelischen Kirchen werden in Diskotheken verwandelt. Das ist die neue Dimension des Problems, mit der die Kirche sich primär beschäftigen sollte und nicht mit der Frage, ob homosexuelle Pfarrer in der Kirche geduldet werden können oder nicht. Das Ausmaß an Blindheit, das Unvermögen der Christen, die Zeichen der Zeit noch zu erkennen, korrespondiert mit dem Geist der Kapitulation vor den Ansprüchen, die die Moderne bzw. andere Religionen gegen sie anmelden.

Welcher Schluß ist aus dem allem zu ziehen? Bei einer Fortdauer dieser Prozesse wird sich die Bundesrepublik Deutschland zweifellos auch politisch auf eine Krisenlage hinbewegen, die in ihrer Erscheinung zwar eine ganz andere ist, als dies am Ende der Weimarer Republik der Fall war, die aber dennoch in ihren Konsequenzen möglicherweise von dieser gar nicht so unterschiedlich ist. Zu den programmatischen Zielsetzungen der Grünen, die jetzt sogar der CDU als willkommener Koalitionspartner erscheinen, gehört die totale Freigabe der Abtreibung, gehört die Legalisierung weicher und die staatliche Verteilung harter Drogen - natürlich immer aus „humanen" Gründen. Zu den Zielen der Grünen gehört aber auch das flammende Bekenntnis zu einer multikulturellen Gesellschaft. Eine rotgrüne und später vielleicht auch schwarzgrüne Regierung wird zu einer „anderen Republik" führen.

Wenn man sich einmal daran erinnert, was die SPD, aber auch die CDU einmal war, dann wird ein solches Bündnis mit den Grünen zu Verhältnissen führen, die mit der alten Bundesrepublik nicht mehr viel gemein haben werden. Wir werden dann womöglich den Preis für das bezahlen müssen, was als Folge des „Wertewandels", der sich als weiterer Verfall der Sittlichkeit erweisen könnte, bereits heute voraussehbar ist. Vor solch einer Entwicklung wird uns, wie das folgende Kapitel

zeigen soll, der Text der Verfassung und die Rede von den „Werten"
nicht bewahren können.

Wir werden darin erkennen, daß uns die Aussicht einer befeuernden
Zukunft verstellt ist. Was uns geblieben ist, ist die Erinnerung an das
große christlich-europäische Erbe, das uns noch anvertraut ist. Ernst
Bloch hat von der Zukunft gesprochen, die in der Vergangenheit liegt.
Nur wenn es gelingt, in einer umfassenden kritischen Auseinandersetzung mit der Gegenwart das Erbe einer zweitausendjährigen Geschichte zu erneuern, haben wir eine Chance, nicht nur physisch, sondern auch
geistig zu überleben. Bereits George Sorel hat im Blick auf das 20. Jahrhundert die These aufgestellt: Künftig wird es nur eine entscheidende
Frage geben. Diese Frage lautet: Wovon werden wir morgen geistig leben?

21. Verfassungsidee und Verfassungs-wirklichkeit
Der Wertewandel und seine Folgen

Es ist unbestreitbar, daß der unerwartete, historisch einzigartige Erfolg der Bundesrepublik Deutschland in den letzten 50 Jahren ohne den Segen, den unsere Verfassung darstellt, nicht möglich gewesen wäre. Sicherlich hat das Grundgesetz am Zustandekommen dieses Erfolges einen quantitativ schwer zu bemessenden Anteil, aber bestreiten kann diesen Anteil niemand. Dieser nicht zu bestreitende Erfolg der Verfassung könnte heute in Gefahr geraten. Denn heute sind Tendenzen unübersehbar, die auf eine offen zutage tretende Krise unseres Verfassungsbewußtseins hinweisen.

Unter dieser Verfassung, zum Teil auch gegen die Verfassung und über diese Verfassung hinaus haben sich Kräfte und Tendenzen gebildet, die es ratsam erscheinen lassen, einen Augenblick innezuhalten und darüber nachzudenken, wie sich die soziale, die ökonomische, die kulturelle und auch die religiöse Realität der Bundesrepublik im Lichte dieser Verfassung darstellt. Wir werden dann sehr bald feststellen, daß sich Deutschland im Blick auf die Verfassung gegenwärtig an einem Wendepunkt befindet. Wendepunkt heißt: In einer Krise entscheidet sich etwas. Wir gebrauchen heute inflationär das Wort Krise. Krise kann etwas durchaus Produktives sein, sie kann aber auch, wenn man sie nicht erkennt, zum Exitus führen. Entsprechend düstere Ahnungen sind immer wieder zu hören, etwa, wenn Hildegard Hamm-Brücher vor einiger Zeit sagte, daß der Schatten Weimars, der auf Deutschland fällt, dichter werde. Ist das eine unbegründete Sorge oder gibt es in der Realität tatsächlich Anhaltspunkte dafür, diese Sicht der Dinge ernsthaft in Betracht zu ziehen? Bisher kamen uns solche Bedenken nur selten, weil wir den beispiellosen Erfolg der Bundesrepublik Deutschland immer nur an dem ursprünglichen Ziel gemessen haben, die düsterste Epoche der deutschen Geschichte, die nationalsozialistische Vergangenheit, zu überwinden.

Dieses Ziel haben wir zweifellos erreicht, dennoch sollten wir uns aber nicht zu sehr in Sicherheit wiegen. Denn wir haben bisher zu wenig die Gründe und Ursachen diskutiert, die zu der nationalsozialistischen

Machtübernahme geführt haben. Der ehemalige Bundespräsident, Richard von Weizsäcker, sagte vor einigen Jahren, - ich erwähnte es schon -, daß das deutsche Verhängnis 1933 begonnen und 1945 geendet habe. Nein, das Verhängnis begann nicht 1933, es begann schon vorher. Die totalitären Katastrophen des 20. Jahrhunderts sind hervorgegangen aus der Krise des Liberalismus und der Krise politisch liberaler Systeme. Ernst Nolte hat mit Recht für die 20er Jahre im Blick auf Europa von der „Epoche des Faschismus" gesprochen. Die Krise der liberalen Demokratie war damals keineswegs ein auf Deutschland beschränktes Phänomen, sondern es war ein europäisches Phänomen. Und wir erleben gegenwärtig erneut eine krisenhafte Entwicklung in den westlichen Demokratien, die es durchaus gerechtfertigt erscheinen läßt, von einer möglichen Wiederkehr der Krise des Liberalismus zu sprechen.

Es scheint mir doch erklärungsbedürftig zu sein, warum die grandiose historische Niederlage des real existierenden Sozialismus und auch aller Varianten des Sozialismus - man denke nur an das Wohlfahrtsstaatsmodell Schweden - in Deutschland politisch nicht mit einer Korrektur nach rechts, sondern eher mit einer sich abzeichnenden Korrektur nach links beantwortet wird. Denn wenn die FDP als Koalitionsbeschaffer nicht mehr zur Verfügung stehen sollte, steht die CDU auf Dauer ohne Koalitionspartner da, während die SPD neben den Grünen im Gefolge der fortschreitenden Legitimierung der PDS gleich zwei potentielle Koalitionspartner aufbieten kann. Offenbar haben wir nicht verstanden, was der Zusammenbruch des existierenden Sozialismus im welthistorischen und geistesgeschichtlichen Zusammenhang bedeutet. Im Sozialismus wurde nicht nur der utopische Versuch gemacht, das Paradies auf Erden zu verwirklichen, sondern hier wurde, das ist meine These, mit aller Radikalität die letzte Konsequenz aus der progressiven, seit der Französischen Revolution vorliegenden Auslegung der Moderne gezogen.

Durch den Zusammenbruch des Sozialismus ist nicht nur ein sozioökonomisches Gesellschaftsmodell betroffen, sondern dieser Zusammenbruch ist der politische Ausdruck einer Krise, in der sich die Moderne und das utopische Fortschrittsmodell im ganzen befindet. Mit dem Sozialismus steht die in der Moderne von Anfang an liegende utopische Dimension als solche zur Disposition. Denn mit dem existierenden Sozialismus ist im Prinzip die große Ersatzreligion der Moderne zusammengebrochen. Wir vergessen immer wieder, daß auch die angeblich so säkularisierte und aufgeklärte Welt politisch immer aus quasireligiösen

Impulsen und Hoffnungen gelebt hat, die sich in der „Idee" des Sozialismus manifestierten. Diese Ersatzreligion der Moderne ist nun widerlegt. Denn es gibt den Sozialismus nicht mehr, wenn der Sozialismus kein operatives Modell mehr vorweisen kann.

Die Kernfrage, die sich in Deutschland an dem Wendepunkt, an dem wir uns heute befinden, stellt, ist nun die, ob Deutschland noch über die geistige Kraft, über die moralische Energie verfügt, um aus dieser historischen Erfahrung die nötigen politischen und geistigen Konsequenzen zu ziehen. Mit dem Zusammenbruch des Sozialismus ist das ideologische Vakuum, das die Studentengeneration von 1968 noch einmal durch einen auf den neuesten Stand gebrachten Marxismus ausfüllen wollte, unübersehbar geworden. Dieses Vakuum ist die eigentliche politische, kulturelle und philosophische Herausforderung für die Bundesrepublik Deutschland, eine Herausforderung, der man mit den Kategorien und der Sprache der Jurisprudenz, der Ökonomie und der Soziologie bedauerlicherweise nicht begegnen kann. Vielleicht ist das der Grund dafür, daß wir immer so tun, als hätte es das geschichtliche Ereignis des zusammengebrochenen Sozialismus und auch der Ökologiekrise gar nicht gegeben.

Wir halten nach wie vor am liberalsozialen Lebensentwurf der alten Bundesrepublik fest. Diese Republik lebt im wesentlichen von der Verheißung eines unbegrenzten wirtschaftlichen Wachstums und einer sukzessiven Steigerung des Lebensstandards. Es war daher nicht das Grundgesetz, das die Gesellschaft zusammengehalten und konsensfähig gemacht hat, sondern die allgemeine Anhebung des Lebensstandards. Es konnte darum nicht ausbleiben, daß die quasireligiösen Intentionen des Sozialismus in die Auslegung der Verfassung wie des Politik- und Ökonomiemodells der Bundesrepublik eingewandert sind. Der mit diesem wirtschaftlichen Aufschwung verbundene Ausbau des Sozialstaates war daher von dem Ziel bestimmt, eine fast totale Absicherung vor allen denkbaren Gefahren und Risiken, die das Leben mit sich bringt, zu schaffen. Der Sozialstaat in seiner mittlerweile unbezahlbar gewordenen wohlfahrtsstaatlichen Auslegung hat darum kaum mehr etwas mit dem zu tun, was die Väter der Sozialen Marktwirtschaft und die Begründer der Verfassung sich einmal unter der sozialen Komponente der Marktwirtschaft gedacht haben.

Wie konnte das geschehen? Das konnte geschehen, weil das Grundgesetz keine Definition des Sozialen beinhaltet, und darum ist das Soziale inhaltlich beliebig auslegbar. Wenn das Soziale nicht definiert und damit eine Frage der Interpretation ist, dann sind von der Verfassung her dem Ausbau und damit dem drohenden Zusammenbruch des Sozialstaates keine Grenzen gesetzt. Das Modell Bundesrepublik Deutschland stand bisher auf drei Pfeilern: wirtschaftliches Wachstum, Ausbau sozialer Sicherheit und das Versprechen auf individuelle Selbstverwirklichung. Wirtschaftswachstum und der Ausbau des Sozialstaates waren kein Selbstzweck, nein, sie dienten alle dem Zweck der individuellen Selbstverwirklichung. Wenn ich von Deutschland, das sich an einem Wendepunkt befindet, spreche, dann ist damit schlicht gemeint: Mit diesem bisher beschrittenen Weg ist es aus und vorbei. Die Bürger können die sozialen Zuwendungen nicht mehr als Resultat der sozialen Gesinnung der Gewerkschaftsvertreter oder des sozialen Pioniergeists junger Christdemokraten erwarten, sondern die Erhaltung des Niveaus der sozialen Sicherung entscheidet sich künftig mehr denn je auf dem Weltmarkt. Die Fortexistenz des Sozialstaates entscheidet sich schlicht an der Frage, ob deutsche Waren zu wettbewerbsfähigen Preisen verkauft werden können oder nicht. Nur so können wir den sozialen Standard aufrechterhalten, ohne daß wir die sogenannte „Zweidrittelgesellschaft" bekommen. Wir müssen uns auf die eisernen Gesetze des Weltmarktes einstellen.

Ungeachtet dieser Anpassungsleistung stehen wir vor der noch wichtigeren Frage: Was wird aus diesem Land, wenn der Kitt ständig steigender sozialer Leistungen nicht mehr vorhanden ist? Es war diese einzigartige soziale Sicherheit, die dieser Staat seinen Bürgern angedeihen ließ, die diese Gesellschaft bisher zusammengehalten hat. Was hält aber diese Gesellschaft noch zusammen, wenn die sozialen Leistungen nicht mehr der Kitt sein können, weil sie nicht mehr zu bezahlen sind? Meine Sorge ist, daß sich dann die Prognose des jungen Nietzsche erfüllen wird, daß im Vollzug der Verwirklichung dieser Art von Liberalismus das eintreten wird, was er die „atomistische Revolution" genannt hat. Damit ist gemeint, daß sich die sozialen integrativen Kräfte, die eine Gesellschaft erst zu einer Art Gemeinschaft verbinden, auflösen und die Gesellschaft in ihre Grundbestandteile zerfällt. Wenn sich die Hypothese als richtig herausstellen sollte, daß sich das sozialstaatliche System im bisherigen Umfang nicht mehr aufrechterhalten läßt, dann liegt die Frage auf dem Tisch, was diese Gesellschaft dann noch zusammenhält. Damit kehrt letztlich die Grundfrage Nietzsches wieder: Wie kann man den Menschen befähigen, Versprechungen zu machen und zu halten?

Ich behaupte, die Natur der Krise, welche die Demokratie, den Sozialstaat und den Rechtsstaat in Deutschland bedroht, ist in diesem Sinne eine Kulturkrise. Wenn aus einer demokratischen Gesellschaft oder aus einer wertegebundenen Verfassung der Geist entweicht und das sittliche Bewußtsein und der Wille sie nicht mehr tragen, dann kann in einer krisenhaften Situation die großartige Verfassung und mit ihr die liberale Demokratie zusammenfallen wie ein Kartenhaus.

Die Krise des Verfassungsbewußtseins hat deshalb sehr viel mit der Kultur und damit beispielsweise auch mit der Krise der Erziehung zu tun. Wie und ob man Menschen erzieht, ist eine eminent wichtige Frage einer jeden Gesellschaft, da mit dem Ausfallen einer Antwort sich die Frage nach der Zukunftsfähigkeit der Gesellschaft überhaupt entscheidet. Insofern haben unsere Politiker die Bedeutung des Verlustes von Erziehung in der Schule und an der Universität noch gar nicht begriffen. Daß beispielsweise die deutsche Universität sich selbst nicht mehr als Subjekt eines Erziehungsauftrags versteht und im übrigen auch nicht in der Lage wäre, ihn noch zu realisieren, hat mehr mit der Krise unseres Rechtsstaats und der liberalen Demokratie zu tun als viele andere Probleme, die wir sonst diskutieren.

Der Zusammenhalt der Gesellschaft entscheidet sich an dem, was die kritische Theorie als die „primäre Sozialisation" in der Familie bezeichnet hat. Auch der Staat und die Politik können die Deformationen, die durch eine falsche oder gar ausbleibende Erziehung in der Gesellschaft auftreten, nicht so ohne weiteres wieder korrigieren. Der Staat gerät vielmehr selber als Folge eines Prozesses, an dessen Anfang der Zerfall der Erziehungsfähigkeit der Familie steht, an die Grenze seiner Handlungsfähigkeit.

Die Begründer der Verfassung haben darum als Konsequenz der Erfahrung mit dem Untergang der liberalsten Verfassung, die es auf deutschem Boden jemals gegeben hat - nämlich der Weimarer Verfassung - den Schluß gezogen, daß unsere Verfassung wertbegründet sein soll. Die entscheidende Frage, die sich an das Verhältnis von Verfassungsnorm und Verfassungswirklichkeit stellen läßt, ist die Frage nach der philosophischen Begründung und Auslegung der Werte, die in der Verfassung genannt werden. Denn der Wertbegriff ist für sich genommen ein interpretationsbedürftiger Begriff. Eine Gesellschaft, die ihre Verfassung auf den Boden des Wertbegriffes stellt, hat darum zum Zentrum des Politischen einen Interpretationskampf. Die einen sprechen dann in ihrer Bewertung der praktischen Umsetzung der Werte von Wertewandel, die anderen von Wertezerfall.

Wenn wir es bei der Frage „Wertewandel oder Wertezerfall" beließen, würden wir - so befürchte ich - nicht dem Problem gerecht werden. Denn man muß zunächst ganz nüchtern feststellen, daß es heute sowohl Werteverfall wie auch Wertewandel gibt. Es gibt einerseits einen Wertewandel. Wir befinden uns in einem permanenten und dramatischen Wandel der Werte. Früher brauchte man vielleicht eine Generation, bis sich der Werthorizont veränderte. Heute geschieht dies im Laufe von wenigen Jahren.

Die dramatische Veränderung in der Auslegung und Interpretation der Werte durchzieht die Bundesrepublik nicht erst seit heute, sondern seit vielen Jahren. Ein Meilenstein in dieser Entwicklung war, als unter dem früheren Bundeskanzler Helmut Schmidt über viele Monate hin eine intensive Diskussion über die „Grundwerte" angestrengt wurde. Man nannte das damals die Grundwertedebatte. Wenn man heute aus der Rückschau fragt, was diese Grundwertedebatte eigentlich ausgelöst hat, so erkennt man, daß wir damals bereits zum ersten Mal die schokkierende und bestürzende Erfahrung machten, daß unser sogenannter Grundkonsens bedroht sein könnte. Verlust des Grundkonsenses meinte damals, daß der wesentliche Teil der Gesellschaft nicht mehr die gleichen Werte teilte oder im Begriffe war, aus den bisher geteilten Werten andere Konsequenzen für die Wertverwirklichung zu ziehen, als man es bis zu diesem Zeitpunkt gewohnt war.

Ich erinnere mich noch gut an ein Thesenpapier, das noch unter dem damaligen baden-württembergischen Ministerpräsidenten Lothar Späth vorgelegt wurde, in dem es hieß, daß sich die Werte dramatisch gewandelt hätten, und daß die CDU in der Gefahr stünde, diesem Wandel nicht mehr tempogleich und überzeugend zu folgen. Das Thesenpapier suggerierte, daß die CDU längst überholte und von unserer Gesellschaft längst verlassene Wertpositionen nur noch defensiv verteidige und damit hinter dem gesellschaftlichen Wertewandel hinterherhinke. Der Forderungskatalog des Thesenpapiers zielte folgerichtig auf eine Modernisierung der CDU, die durch eine Modernisierung ihres Werteverständnisses zu vollziehen sei. Und was heißt Modernisierung der Werte? Modernisierung heißt: Anpassung der Werte an die im aktuellen Augenblick gängigen, dominierenden, verbreiteten Interessen der Gesellschaft.

Solche Forderungen werden seitdem immer wieder in der CDU erhoben, zuletzt nach der verlorenen Bundestagswahl von 1998. Noch vor der Wahl hatte der Fraktionsvorsitzende der CDU in Mecklenburg-Vorpommern, Rehberg, ein Papier veröffentlicht, in dem die These vertreten wurde, daß die CDU eine Werte- und Strategiediskussion brauche. Als Begründung für die Notwendigkeit einer solchen, nun auch in der CDU zu führenden Strategie- und Wertedebatte wurde darauf verwiesen, daß allein eine „innere Revolution" der CDU die Bedingungen und die Voraussetzung schaffe, unter denen es gelingen könnte, mit den großen strukturellen Problemen unseres Landes fertig zu werden. Nun ist der Begriff „innere Revolution" ein vielleicht aus Rücksicht auf die Empfindlichkeit von CDU-Gemütern gewählter sanfter Ausdruck, aber das, was in Rehbergs Papier mit „innerer Revolution" gemeint war, lief auf nichts anderes als auf die Forderung nach einer Kulturrevolution hinaus. Gemeint war hier erstmals nicht mehr eine Kulturrevolution von links oder eine liberale Kulturrevolution, sondern offenbar eine andere. Die Antwort auf dieses Papier war weitgehend negativer Art. Der damalige Generalsekretär der CDU, Hintze, versicherte, die CDU brauche keine Wertedebatte, denn die CDU habe bereits die richtigen Werte, sie brauche diese Werte nur wieder nachdrücklich ins Bewußtsein zu rücken.

Ob wir es heute mit einem Wertezerfall oder nur mit einem Wertewandel zu tun haben, hängt immer vom Standpunkt des Betrachters ab. Wer die sogenannten progressiven, verheißungsvoll in die Zukunft weisenden Werte präferiert, der wird geneigt sein, eher von einem Wertewandel zu sprechen. Und derjenige, der besorgt ist, daß auch Errungenes und Wertvolles verlorengehen könnte oder vielleicht schon verlorengegangen ist, der wird vom Werteverfall sprechen. Es kann keinen Zweifel darüber geben, daß es in der Realität beides gibt. Es gibt Werteverfall und es gibt Wertewandel.

Es gibt durchaus auch sehr förderungswürdige und bejahenswerte neue Werte, z.B. die Kultur des Helfens, die sich heute auf die ganze Welt erstreckt. Es kann keinen Zweifel darüber geben, daß die Deutschen hier in den letzten Jahrzehnten Ungewöhnliches und Beispielloses geleistet haben. Es gibt kein anderes Volk, das so viel für die Entwicklungshilfe getan hat. Es gibt kein Volk, das so viel Fremde, Asyl- und Hilfesuchende, auch eine wirtschaftliche und berufliche Existenz erstrebende Menschen aufgenommen hat, wie das deutsche Volk. Und wenn wir an Jugoslawien denken, dann hat die Bundesrepublik mehr

Bosnienflüchtlinge aufgenommen als das ganze Europa zusammengenommen.

Oder denken wir an Rußland. Es war eine beispiellose Aktion, in der die Deutschen Güter und Medikamente im Wert von Hunderten von Millionen DM nach Rußland und andere Länder Osteuropas transferiert haben. Es gab in den letzten Jahrzehnten kein Volk und keinen Staat auf dieser Welt, der auch nur annähernd mit solchen großen, humanen Leistungen aufwarten kann. Ich meine, man sollte dies doch auch einmal erwähnen, weil davon ja im allgemeinen nicht die Rede ist. Es ist immer davon die Rede, daß die Deutschen ein durch Materialismus und Egoismus zerfressenes Volk seien, die sich an ihren Besitzständen festkrallten, denen der Geist des Teilens und der Solidarität völlig abhanden gekommen sei, die fremdenfeindlich und rassistisch seien und die den partikularistischen Ideologien von gestern nachtrauerten.

Dieses ist alles absoluter Unsinn, eher das Gegenteil ist richtig. Nehmen wir nur einmal die Wiedervereinigung unseres Vaterlandes: Es mögen heute viele darunter ächzen und stöhnen, und die negativen Auswirkungen für viele Betroffene sind auch greifbar, aber ich kenne keinen Politiker und auch keinen ernst zu nehmenden Menschen in unserem Lande, der diese historisch einmalige Transferleistung von über einer Billion DM seit 1990 in Frage gestellt hätte. Ob die Deutschen die Leistungen im richtigen Geist und in der richtigen Befindlichkeit leisten, darüber kann man streiten. Aber daß das Faktum selbst von keinem ernsthaft in Frage gestellt wird, beweist, daß in diesem Land viel mehr nationale Solidarität vorhanden ist, als es im allgemeinen zugegeben wird.

Gleichwohl gibt es auch beunruhigende und bedrohliche Formen des Wertezerfalls. Ein Land, in dem wir jetzt im Durchschnitt 7 Millionen Delikte pro Jahr zu verzeichnen haben, vor denen die Polizei und der Staat im Begriffe sind, zu kapitulieren, ist ein Land, indem durchaus von Wertezerfall gesprochen werden kann. Und wenn wir an die Zustände in den Familien und zum größeren Teil auch an den Schulen denken, dann könnte man sehr leicht den Nachweis führen, daß die Frage nach dem Wertezerfall nicht nur eine Frage der Perspektive und des subjektiven Standpunktes ist, sondern daß wir es mit objektiven Verfallsprozessen zu tun haben, die das Grundgefüge und die Grundlagen unserer gesellschaftlichen und staatlichen Existenz, wenn sie sich so fortsetzen oder auch noch beschleunigen sollten, im Ernst bedrohen könnten.

Wir kommen also mit dieser Formel „Wertewandel oder Wertezerfall" nicht weiter. Wir müssen vielmehr zuvor die entscheidende Frage stellen, damit man überhaupt geordnet und sinnvoll darüber reflektieren kann. Und die entscheidende Frage lautet: Was sind jeweils die Werte wert, die sich neu bilden, die neu gesetzt und durchgesetzt werden? Und was sind die Werte wert, die heute verfallen? Was ist der Maßstab, was ist die Instanz, vor der man überhaupt zu einem bewertenden Urteil über Wertewandel oder Wertezerfall kommen kann?

Nun kann man diese Frage verhältnismäßig mühelos beantworten. Denn zunächst ist uns der Maßstab und die Instanz zur Bewertung dieser Wertveränderung durch das Grundgesetz der Bundesrepublik Deutschland vorgegeben. Wir müssen uns daran erinnern, daß eine der entscheidenden Konsequenzen, die die Bundesrepublik aus der Erfahrung in Weimar gezogen hat, die Überzeugung war, daß ein entscheidender Grund für den Untergang der Weimarer Demokratie die Werteneutralität des damaligen liberalen Weimarer Staates gewesen ist. Der Weimarer Staat hat sich gegenüber den Wertungen und den aus den Wertungen hervorgehenden parteipolitischen und machtpolitischen Phänomenen der Gesellschaft für werteneutral erklärt. Übrigens war dies für einen liberalen Standpunkt absolut konsequent. Insofern war auch die Verfassung der Weimarer Republik eine der liberalsten Verfassungen, die es je in der Geschichte gegeben hat. Das Problem bestand nur darin, daß dieser Weimarer Staat so werteneutral war, daß er auch im Verhältnis zu sich selbst neutral war und damit der jeweilig stärksten Macht die Tür geöffnet hat. Diese Tür mußte nur jemand öffnen, um sich dieses Staates zu bemächtigen und an die Stelle des werteneutralen, liberalen Staates einen ganz anderen Staat zu setzen, der sich nun keineswegs mehr werteneutral verstanden hat.

Die entscheidende Veränderung gegenüber Weimar besteht also darin, daß der Staat der Bundesrepublik sich im Rahmen des Grundgesetzes durch Werte konstituiert und begründet hat. Der Staat der Bundesrepublik ist zwar religiös und weltanschaulich neutral, aber er ist nicht werteneutral. Werte sind es, die diesen Staat konstituieren. Und darum ist die Frage nach den Werten, für wie problematisch man auch den Wertebegriff halten mag, unumgänglich. Wir müssen darum die Frage nach den Werten stellen, denn von der Antwort auf diese Frage hängt die Existenz dieses Staates insgesamt ab. Es ist auch bekannt, welche Werte die Bundesrepublik konstituieren. Vielleicht sollte man noch einmal daran erinnern, daß dieser Staat der Bundesrepublik sich sein Grundgesetz vor Gott gegeben hat. Man braucht sich heute nur einmal vorzustellen, wir müßten noch einmal ein Verfassung machen. Man könnte ganz sicher sein, daß dieser Satz, wonach die Verfassung vor Gott gegeben wird, in dieser eventuellen neuen Verfassung sicherlich nicht mehr enthalten wäre.

Das zweite ist, daß diese Verfassung den obersten, allen anderen Werten übergeordneten Wert in der Würde des Menschen sieht. Der alles konstituierende Wert ist die Würde des Menschen. Der Staat existiert um der Anerkennung der Würde des Menschen willen. Es ist die Aufgabe dieses Staates, diese Würde zu gewährleisten und dort, wo sie verletzt und beschädigt wird, zu intervenieren.

Und das dritte ist - und auch dies würde in der Verfassung nicht mehr stehen, müßte man sie noch einmal schreiben -, daß sich dieser Staat nicht nur der Würde des Menschen, sondern auch dem verpflichtet fühlt, was im Gundgesetz das „natürliche Sittengesetz" genannt wird. Nun ist der Begriff des natürlichen Sittengesetzes - obwohl ihn F. J. Strauß einst in fast jeder Rede beschworen hat - ein problematischer Begriff, aber er impliziert dennoch eine Art Selbstverpflichtung dieses Staates, die Vorstellungen von Sittlichkeit, die uns aus unserer Tradition zugewachsen sind, zu achten und zu respektieren.

Die Aushöhlung des Verfassungsbewußtseins zeigt sich nicht nur daran, daß es unter dieser Verfassung möglich ist, Millionen von menschlichen Embryonen zu töten, sondern daran, daß kaum jemand dies noch für eine fundamentale Verletzung des Prinzips der Achtung der Würde des Menschen hielt. Das ist nur möglich, weil vergessen bzw. weginterpretiert wurde, daß das Grundgesetz sich nicht nur auf das liberale Freiheitsprinzip beruft, sondern auch die Achtung vor dem „natürlichen Sittengesetz" gebietet. Man könnte heute eine vernichtende Interpretation der Verfassungswirklichkeit und der verweigerten Verfassungsanwendung vortragen, wenn man diese Praxis auch unter dem Kriterium der Achtung vor dem natürlichen Sittengesetz interpretieren würde.

Es ist philosophisch sicherlich sehr schwierig zu sagen, was unter dem „natürlichen Sittengesetz" zu verstehen ist, das ist wahr. Aber die Väter und Mütter des Grundgesetzes haben sich - davon abgesehen - auch nicht vorstellen können, daß die Zerstörung des „natürlichen Sittengesetzes" nicht nur der kommunistischen und der faschistischen Barbarei immanent ist, sondern durchaus auch in einer sich ständig weiter liberalisierenden Wirtschaftsgesellschaft geschehen kann.

Und viertens ist es selbstverständlich der Wert der Freiheit, also das Recht jedes einzelnen auf die Entfaltung seiner Persönlichkeit. Dieses Freiheitsrecht ist allerdings mit der Einschränkung versehen - und das ist ein ganz wichtiger Punkt, um die Wertewandlungsprozesse in unserer Gesellschaft beurteilen zu können - daß die Freiheit eines anderen nicht eingeschränkt, verletzt und beschädigt wird und man im übrigen das Sittengesetz achtet und sich innerhalb der Regeln der Gesetze verhält. Diese Freiheit ist darüberhinaus durch den im Sozialstaatsgedanken angelegten Gedanken des Ausgleichs, nicht der Gleichheit, aber des Ausgleichs eingeschränkt worden.

Ich fasse zusammen: Unsere Verfassung ist als sozialer, liberaler Rechtsstaat durch Werte konstituiert, sie ist vor Gott gegeben und sie fühlt sich der Würde des Menschen und der Achtung vor dem Sittengesetz verpflichtet. Diese Kriterien müßten in allen politischen Diskussionen den Maßstab bilden, um sich mit den neuen Wertsetzungen, vielleicht auch mit dem Verfall der alten Werte auseinanderzusetzen. Das Merkwürdige ist, daß dies immer weniger geschieht.

Blicken wir dazu auf das Bundesverfassungsgericht, also auf den Wächter der Verfassung. Ist sich das Bundesverfassungsgericht eigentlich noch selber der Werte gewiß, die zu verteidigen dieses Gericht eigentlich da ist? Wenn wir diese kurz angedeuteten sogenannten Grundwerte als Maßstab nehmen, dann kann man eigentlich nur mit Verwunderung bestimmte Entscheidungen des Bundesverfassungsgericht zur Kenntnis nehmen.

Die erste und wichtigste problematische Entscheidung betrifft das bereits in anderem Zusammenhang erwähnte „Mörderurteil". Was bedeutet dieses Mörderurteil, wonach Soldaten als Mörder bezeichnet werden dürfen, wenn man es innerhalb der werteauslegenden Praxis des Verfassungsgerichts betrachtet? Dieses Urteil bedeutet, daß das Recht auf die Äußerung der eigenen Meinung in der Öffentlichkeit einen quasi absoluten Rang bekommt und daß demgegenüber die Achtung vor der Würde des Menschen und dem, was man den Ehren- und Persönlichkeitsschutz nennt, dem unsere Verfassung auch verpflichtet ist, keine Beachtung findet. Solche Werte werden ganz offensichtlich dem Recht der öffentlichen freien Meinungsäußerung untergeordnet, während doch die Aufgabe des Bundesverfassungsgerichtes darin bestehen müßte, beidem gerecht werden, d.h. sowohl dem Recht auf öffentliche Meinungsäußerung wie der Achtung der Würde des Menschen und dem Schutz der Ehre. Es gibt in unserem Lande eine Prominenz, die wichtige Aufgaben im Staate und in unserer Gesellschaft erfüllt, die einen solchen Ehrenschutz nicht mehr genießt! Die Achtung vor den Persönlichkeitsrechten dieses Teils unserer Gesellschaft ist de facto abgeschafft.

Man könnte eine skandalöse Geschichte nach der anderen erzählen, die zeigen, mit welchen Methoden, bis hin zur moralischen Denunziation, bestimmte auffällig gewordene Vertreter der „Elite" diskriminiert werden. Man mag über den neuen Bundeskanzler denken wie man will, aber im Grunde genommen ist die Frage, warum er sich von seiner dritten Frau getrennt hat, eine Frage, die die Öffentlichkeit überhaupt nichts angeht. Es ist zwar durchaus wichtig, wie oft derjenige, der das höchste Amt im Staate begleitet, verheiratet gewesen ist. Das ist wichtig, weil er durch sein Vorbild die sukzessive Mehrehe einführt, die eben nicht zu den integralen Prinzipien und Bestandteilen unserer Kultur gehört. Davon abgesehen ist die Ausbreitung der ganzen Dramatik dieser Ehe vor der Öffentlichkeit jedoch unerträglich.

Oder denken wir an das sogenannte „Kruzifixurteil". Das ist nun in der Tat eine Frage, in der es um Fundamentales geht. Man kann hier durchaus zu unterschiedlichen Schlüssen kommen, aber daß mit diesem Kruzifixurteil etwas Fundamentales, unseren Staat Betreffendes angesprochen ist, darüber kann es keinen Zweifel geben. Wenn man im Unterschied zu den drei Richtern, die dieses Urteil gefällt haben, noch einen Funken historischer Erinnerung hat und sich daran erinnert, daß es 1945 eine sehr verbreitete Überzeugung gab, daß die deutsche Katastrophe einen entscheidenden Grund in der Abwendung der Deutschen von ihrer christlichen Herkunftsreligion gehabt hat und darum eine Art christlicher, auch reformatorischer Erneuerung not tut, dann ist dieses Urteil inakzeptabel. Das Urteil läuft darauf hinaus, daß das Kreuz aus den Schulen entfernt werden muß, denn es darf nur aufgehängt werden, wenn alle zustimmen. Alle Lehrer, alle Schüler, alle Eltern müssen dem Aufhängen des Kreuzes zustimmen. Wenn einer nicht zustimmt, darf es eben nicht aufgehängt werden. Darum wird die Begründung, der Staat hätte das Aufhängen des Kreuzes gar nicht verboten, der ganzen Komplexität des neu geschaffenen Sachverhaltes nicht gerecht.

Es war eine große Sache im Dritten Reich, daß damals westfälische Bauern mit Gefahr für Leib und Leben bereit waren, daß Kruzifix in den Schulen, in den Häusern und in der Öffentlichkeit zu verteidigen. Die Intellektuellen waren dazu nicht bereit. Die Intellektuellen haben sich mehrheitlich angepaßt oder sich die damals herrschende Ideologie zueigen gemacht. Der Widerstand kam mehrheitlich von Leuten, die

Überzeugungen hatten, die noch etwas glaubten. Und zu denen gehörten auch einfache katholische Christen.

Wir sollten wissen, daß die Wand an den Schulen auf die Dauer nicht leer bleiben wird. Entfernen wir das Kreuz aus den Schulen, bleibt die Wand nicht frei. Es ist darum sofort darüber diskutiert worden, ob man nicht ein Bild von einer Moschee neben dem Kreuz oder statt des Kreuzes aufhängen sollte. Wenn die Zahl unserer prächtigen türkischen Schüler ein entsprechendes Ausmaß erreicht hat, werden sie sicher eines Tages darauf bestehen, daß ein Halbmond und eine Moschee an diese vom Staat abgeräumte Wand angehängt wird. Dieses „Kruzifixurteil" bezeugt vielleicht mehr als andere Ereignisse, wie fundamental sich die Auslegung der den Staat konstituierenden Werte durch das höchste deutsche Gericht selber geändert hat. Denn vor 1968 hätte man keinen Richter gefunden, der ein solches Urteil gefällt hätte.

Natürlich ist im Blick auf die Frage nach Wertewandel und Wertezerfall das sensibelste Beispiel, so daß ich es kaum anzusprechen wage, die Reform des § 218. Dies ist vielleicht das eindringlichste Zeichen, welch einen fundamentalen Wandel des Wertbewußtseins wir in unserer Gesellschaft erleben. Denn es ist völlig klar, daß ein Staat, der sich zur Würde des Menschen und damit zur Bewahrung und zum Schutz der Integrität jedes menschlichen Lebens als dem höchsten, die gesamte Rechtsordnung fundierenden Grundwert bekennt, keine de facto-Tötung Ungeborener freigeben kann, wenn er nicht das Fundament seiner Rechtsstaatlichkeit im Kern angreifen oder gar zerstören will. Bei Diskussionen mit Primanern haben mich die jungen Leute immer wieder gefragt, wo denn nun der Unterschied liege, daß die Nazis 6 Millionen Juden vergast haben und wir es zuließen, daß im Laufe der letzten Jahrzehnte in der Bundesrepublik Deutschland Millionen Ungeborener zerstückelt und umgebracht wurden. Nun darf man diese beiden Vorgänge natürlich nicht vergleichen, denn die Nazis haben dies aus einem brutalen erbarmungslosen Vernichtungswillen heraus getan, während wir in der Mehrzahl der Fälle humanitäre, soziale, also sich auf Werte berufende Gründe geltend machen. Aber wir müssen uns darüber im klaren sein, daß die jetzige Praxis mit dem Prinzip des aus der abendländischen christlichen Tradition entwickelten Rechtsstaates unvereinbar ist. Es ist unmöglich, daß man jemanden, der falsch parkt oder noch läppischere Vergehen begeht, mit Geldstrafen belegt, während man im Falle der Abtreibung vor dem im Zeitgeist produzierten Wertewandel kapituliert.

Wenn wir schon diesen dramatischen Prozeß des Wertewandels konstatieren müssen, so ist es ein gravierender und tief beunruhigender Sachverhalt, daß von diesem Prozeß auch unsere Verfassung oder das sie auslegende höchste Gericht erfaßt wird. Wilhelm Hennis, ein bedeutender konservativer Politikwissenschaftler aus Freiburg, den ich ansonsten außerordentlich schätze, hat damals auf dem Höhepunkt der Debatte die Reform des § 218 mit der These verteidigt, dieser Paragraph hätte im normativen Bewußtsein der Gesellschaft sein Fundament verloren und darum könne sich auch das höchste deutsche Gericht den eingetretenen Veränderungen der Werte und des normativen Bewußtseins nur anpassen.

Diese These ist sehr bedenklich. Denn wenn sich die Verfassung und das höchste Gericht den zeitgeistproduzierten Veränderungen des normativen Bewußtseins anpassen muß, dann steht über kurz oder lang unser Staat mit allen seinen Prinzipen zur Disposition derjenigen, die den Zeitgeist machen, beeinflussen und manipulieren. Dann können die Vertreter des Zeitgeistes über die öffentlichen Medien Werte setzen und durchsetzen, die in letzter Instanz mit diesem Staat und den ihn begründenden Werten nicht zu vereinbaren sind. Dann steht potentiell alles zur Disposition derjenigen, die in der Lage sind, nicht nur Veränderungen des Wertbewußtseins zu registrieren, sondern auch zu manipulieren und durchzusetzen. Dies würde bedeuten, daß die letztlich entscheidende Macht gar nicht bei denen liegt, bei denen wir sie vermuten. Es gibt ja immer noch Leute, die meinen, die Politiker, der Bundeskanzler und die Parteien hätten die Macht in ihren Händen. Ich glaube, dies ist ein großer Irrtum. Die wahre Macht liegt bei denen, die über die medialen Instrumente verfügen, um das Wertbewußtsein zu verändern.

In Amerika formiert sich gegen solche progressiven Tendenzen der Wertauslegung ein breiter Widerstand, ja beinahe eine Volksbewegung. Dort gibt es jetzt republikanische Politiker, - deren Programm ich nicht teile, aber wir müssen sie als ein Symptom einer Entwicklung zur Kenntnis nehmen -, die eine neue religiöse Rechte, die „Christian Coalition" vertreten. Diese Politiker führen eine Bewegung von Hunderttausenden Menschen an, die gegen das kämpfen, was sie als die libertäre Dekadenz in ihrem Lande wahrnehmen. Die republikanische Partei wird durch das gute Drittel der Bevölkerung, das diese neue christliche Rechte in den USA repräsentiert, eine andere Partei werden und die Politik der Vereinigten Staaten wird dadurch eine andere werden. In den USA ist eine christliche, konservative, kulturrevolutionäre Bewegung dabei, über eine neue Interpretation der Werte die Machtkonstellation in den Vereinigten Staaten zu verändern. Dies ist möglich, weil es dort kein staatliches und auch kein kapitalistisches Monopol einiger Privatsender gibt. Es gibt dort unzählige Sender und der Teil des Volkes, der mit einer bestimmten Entwicklung nicht einverstanden ist, kauft sich einen Sender und geht selbst auf Sendung.

Wir machen uns ja überhaupt nicht klar, wie fundamental unterschiedlich die Lage bei uns ist. Es gibt kaum noch eine sachliche Berichterstattung, sondern man bekommt von vornherein sein Etikett verpaßt und gilt dann als ein „Konservativer" oder gar als „Rechter". Die damit verbundenen Vorurteile werden von den Medien kalt kalkuliert und manipulativ eingesetzt.

Wie soll denn, selbst wenn der Zustand in unserem Land so dramatisch wäre, wie viele ihn empfinden, angesichts dieser Medienmacht überhaupt eine Veränderung möglich sein? Die Parteien haben sich dieser Macht bisher nur angepaßt. Die Politiker formulieren im Fernsehen nicht selten im Blick auf die mögliche Reaktion, die in den Medien auf das erfolgt, was sie sagen. Sie vertreten nicht das, was das Volk an den berühmten Stammtischen artikuliert. Wer das tut, wird als Populist stigmatisiert. Populismus ist aber eine sehr sonderbare Kategorie. Genau genommen gibt es in der Demokratie gar keinen Populismus. In der Demokratie heißt Populismus: Erforschen und tun, was das Volk will. Vor allen Dingen heißt Populismus: Sich nicht anmaßen, das Volk für dumm zu halten. Am Volk vorbeizuregieren, birgt für eine Demokratie auf die Dauer ruinöse Konsequenzen.

Nietzsche hat gesagt: „Im Blick auf die Welt des nächsten Jahrhunderts werden diejenigen die eigentliche Macht haben, die imstande sind, ihre Sprachregelungen durchzusetzen." Macht hat, wer die Sprache regelt. Der Kern der heutigen politischen Auseinandersetzungen sind semantische Auseinandersetzungen. Über die Sprache und über die Interpretation der Begriffe wird das Bewußtsein geformt und über das Bewußtsein wird auch das überkommene Wertegefüge in Bewegung gesetzt und aufgelöst. Das ist die eigentliche Herausforderung.

Bis vor einigen Jahren konnte man mit einer relativen Gelassenheit allen diesen Entwicklungen zusehen, denn die Bundesrepublik war nicht souverän. Ihre Interessen wurden im westlichen Teil von den Vereinigten Staaten von Amerika und der andere Teil Deutschlands wurde von der mächtigen Sowjetunion vertreten. Deutschland war kein selbstverantwortliches politisches Subjekt. Westdeutschland konnte also mit großer Hingabe den Zielen der Verbesserung der materiellen Lebensbedingungen und dem Ausbau des Systems der sozialen Sicherung dienen. Letzteres hat jedoch nicht nur die soziale Sicherheit gebracht, sondern auf die Dauer auch die Mentalität der Menschen fundamental geändert. Wenn man sicher sein kann, daß die Systeme der sozialen Sicherung einen vor jedem denkbaren Risiko des Lebens schützen, dann verliert man nicht nur das Gefühl für die Sorge für die Zukunft, dann verliert man nicht nur die Sorge für das Schicksal der eigenen Kinder, sondern am Schluß verliert man auch die Sorge für sich selbst. An dieser Stelle hält die Bundesrepublik mit einer gewaltigen Unterhaltungsindustrie ein „großartiges" Angebot parat. Vor allem dem Fußball kommt hier eine besondere Bedeutung zu. Der Fußball ist die letzte Religion der Deutschen. Im Fußball erleben wir noch die gewaltigen rituell geordneten Entladungen der Massen, wo die Massen zu einer Gemeinschaft verschmelzen und wo - horribile dictu - die Deutschen manchmal sogar stolz darauf sind, Deutsche zu sein.

Es war vor allem die Kulturrevolution von 1968, die diesen „Wertewandel" vorangetrieben hat. Diese Kulturrevolution wird inzwischen mit fast heroisch verklärtem Blick betrachtet, sie wird als die erste wirkliche Demokratiebewegung in Deutschland gefeiert, die zum ersten Mal mit dem Faschismus in den Köpfen aufgeräumt habe. Sie habe die Deutschen zu einem unlösbaren Bestandteil der westlichen Wertegemeinschaft gemacht. Die kulturrevolutionäre Realität hat das ganze konservativ-bürgerliche Lager in der Bundesrepublik überrollt, so daß das Kind bereits im Brunnen lag, ehe es bei der Bundestagswahl 1998 gemerkt hatte, was passiert war. Das bürgerliche Lager hat diese Kulturrevolution unterschätzt bzw. bis heute nicht begriffen, weil es nicht verstanden hat, daß die Wurzel dieser kulturrevolutionären Bewegung eine neue philosophische Welterklärung war, die den Nährboden der eben genannten neuen Wertesetzungen darstellte.

Der durch die Kulturrevolution von 1968 angestoßene Wertewandel findet heute seinen politischen Ausdruck und seine politische Konsequenz in der Existenz der grün-alternativen Bewegung. Sicherlich haben sich die Grünen ein historisches Verdienst dadurch erworben, daß sie die Ökologiekrise ins Bewußtsein der Menschen gebracht haben und daß sie zur Auflockerung gewisser starrer Strukturen und zur Lockerung der Gemüter und des Trieblebens verhärteter Deutscher einen bedeutsamen Beitrag geleistet haben. Die Grünen haben durchaus eine psycho-physische Lockerung bei den Deutschen ausgelöst. Das will ich gar nicht bestreiten. Wir fragen hier aber nach den Werten. Und die Werte der Grünen werden natürlich deutlich, wenn wir uns mit dem Programm und den Zielen der Grünen beschäftigen. Zu den Zielen gehört jedoch nicht nur der ökologische Umbau der Industriegesellschaft, der in der Tat notwendig ist. Primäres Ziel ist vielmehr eine kulturrevolutionäre Veränderung unserer Gesellschaft im ganzen, eine Veränderung, die auf die Eliminierung alles dessen abzielt, was nur von Ferne nach konservativ riecht.

Ziel ist die Etablierung eines libertären Liberalismus. Dazu gehört die Gleichstellung unehelicher Verhältnisse mit ehelichen, die Gleichstellung von Lesben- und Schwulenverbindungen mit heterosexuellen Verbindungen, dazu gehört die Akzeptanz und staatliche Verteilung von Drogen, die Abschaffung der Bundeswehr und die Auflösung aller verfassungsschützenden Organe.

Das ist die Veränderung, das ist der wirksamste Wandel des Wertes und des Wertbewußtseins, der nicht erst seit dem Regierungswechsel 1998 auf dem Wege ist, Wirklichkeit zu werden. Hierher gehört auch eine Erklärung der wirtschaftspolitischen Sprecherin der Grünen, die zwar bedauernd feststellte, daß die Arbeitsplätze ins Ausland verlagert werden, die aber auch hinzufügte, daß wir eigentlich gar nichts dagegen haben dürften, da ein Wohlstandstransfer in ärmere Länder nötig sei. Wir haben de facto 6 Millionen Arbeitslose, die Staatskassen sind leer, wir stehen vor revolutionären strukturellen Veränderungen unserer Wirtschaft, die Zahl der unter dem Existenzminimum Lebenden nimmt ständig zu, und in dieser Situation haben wir eine wirtschaftspolitische Sprecherin einer grünen Partei, die dieses Land mitregiert und die erklärt, die Grünen seien immer für den Wohlstandstransfer gewesen. Dazu paßt auch, daß der neue große Staatsmann Joschka Fischer sich weigert, der gefallenen deutschen Soldaten zu gedenken und sich statt dessen an einem Aufruf beteiligt hat, der ein Denkmal für Deserteure in Erfurt zum Ziel hat. Beides gehört zusammen und das ist es, was den Wertewandel ausmacht.

Die Frage nach dem Wertewandel ist heute keine akademische Frage mehr, sondern sie berührt die Substanz und die Überlebensfähigkeit unseres Landes. Und die CDU begibt sich nun auf den Weg, diese Gruppierung für bündnisfähig zu halten. Eine ganze Galerie von jungen Fraktionsvorsitzenden der CDU haben ihre eigene politische Zukunft schon mit einem Bündnis mit dieser Gruppierung verknüpft. Die CDU will also an diesem „Wertewandel" offenbar nichts ändern. Sie bereitet sich vielmehr auf das mögliche Bündnis mit den Grünen vor, wenn nur das Benzin nicht mehr 5 DM kosten soll.

Nun kann es freilich passieren, daß der Charme des rot-grünen Bündnisses bald dahinschwindet. Bei 5 Millionen Arbeitslosen werden die Prioritäten so von der Situation und von den Sachen vorgeschrieben, daß wir uns den rotgrünen Wertewandel einfach nicht mehr leisten können. Die Probleme diktieren uns künftig, was wir zu tun und zu denken haben. Und sie diktieren uns dann auch die Werte. Wir stehen vor dem Problem einer Aufbauleistung, vor der Notwendigkeit eines Umbaus unserer Gesellschaft von einer Tiefe und Radikalität, die sich von der Lage des Aufbaus von 1945 gar nicht so sehr unterscheidet. In dieser Situation tun wir gut daran, uns zu erinnern, daß die Franzosen die Wertedebatte längst hinter sich gelassen haben. Jüngst hat ein Philosoph in Frankreich ein Buch über die „Tugenden" veröffentlicht. Und dieses Buch ist in wenigen Wochen in 150.000 Exemplaren verkauft worden.

Was hat Frankreich begriffen? Frankreich hat begriffen, daß es heute nicht um Werte, sondern um Tugenden geht. Und in dem Augenblick, in dem es um Tugenden geht, geht es natürlich um die Wurzeln unserer eigenen Kultur. Denn der Tugendbegriff ist von den Griechen durch Sokrates und Platon in seiner über die Jahrtausende hinweg tragenden Bedeutung entwickelt worden.

Doch was sind Tugenden? Auch da kann man eine Veränderung feststellen, da das Wort „Tugend" beinahe aus unserem Wortschatz verschwunden ist. Selbst der letzte Rest, als man noch von einer tugendhaften Jungfrau sprach, ist nun dahin. Denn das kann in unseren progressiven Augen nur eine dumme, zurückgebliebene Trine sein, aber keine preisenswerte, von Tugenden erfüllte Jungfrau. Was also ist mit Tugenden gemeint? Tugend heißt, wörtlich übersetzt, nichts anderes als Tüchtigkeit und Tauglichkeit. Und die erste und wichtigste Tugend, um deren willen Platon diesen Begriff der „arete" entwickelt hat, ist die Frage nach der Kraft und der dynamis, die den Menschen befähigt, in Übereinstimmung mit seinem Menschsein ein vernünftiges Leben zu führen und ihn befähigt, mit anderen zusammen in der polis - wir sagen: in der Gesellschaft oder im Staat -, ein der Freiheit und Gerechtigkeit verpflichtetes gemeinsames Werk zustandezubringen. Das A und O der antiken politischen Philosophie und der höchste Auftrag der Politiker war nicht, den Lebensstandard der Bürger unbegrenzt zu erhöhen, der Auftrag bestand auch nicht darin, eine die Bürger enteignende soziale

Sicherheit zu gewähren, sondern das wichtigste war, sie „besser" zu machen. Die Bürger besser zu machen, das war der Maßstab, an dem die griechische Philosophie die Qualität eines Politikers gemessen hat.

Wenn wir heute nach einer politischen Instanz fragen würden, die in unserem Lande willig, fähig und bereit wäre, sich um die Verbesserung der Qualität des Menschseins zu bemühen, dann müßten wir feststellen, daß es diese Instanz nicht mehr gibt. Es ist nicht mehr der Staat, es sind nicht die Parteien und ich fürchte, es sind auch nicht mehr die Kirchen. Wir haben vielmehr im Zusammenhang mit diesem gewaltigen Emanzipationsprozeß einen Prozeß der Entchristlichung von einer Dramatik, einem Tempo und einer Radikalität betrieben. Gewichtige Teile der Theologie selber beteiligen sich sogar an der Destruktion des Christentums. Die gesamte christliche Dogmatik wird auf den Müllhaufen der Geschichte geworfen. Alles das, was Christen über 2000 Jahre geglaubt haben und wofür sie auch gestorben sind, wird von Theologen wie Gerd Lüdemann als Betrug und Irrtum ausgegeben. Man fragt sich natürlich, in wessen Namen er dies tut. Es kann doch nicht dieses private Individuum sein, das nun restlos Tabula rasa macht. Schlimmer, Lüdemann tut es im Namen der Wissenschaft, er nimmt die Autorität der Wissenschaft für sich in Anspruch. Und damit sind wir wieder bei der Kategorie des Wertes angekommen. Wir reden von der Kategorie des Wertes, weil der Wertbegriff drei Wurzeln hat:

Die eine Wurzel liegt in der modernen Nationalökonomie von Adam Smith begründet. Dort hat der Wert seinen Sinn, denn dort kann jeder die Frage beantworten, was der Wert am Wert ist, nämlich der Preis, den er zu bezahlen bereit ist. Das ist eine klare und saubere Sache.

Die zweite Wurzel findet sich bei Nietzsche: Werte fallen nicht vom Himmel, sie existieren auch nicht irgendwo, sondern Werte werden gesetzt. Nietzsche sagt, es seien die vom „Willen zur Macht" gesetzten Bedingungen, nach denen Werte gesetzt werden. Wer den Wertebegriff beschwört, beschwört nicht Konsens und Einheit, denn die Werte haben es an sich, daß jeder Wert bestritten werden kann. Die Vorstellung, die Gesellschaft wieder auf den Boden eines gemeinsam geteilten Werteverständnisses zu einigen, ist daher unter den Bedingungen des Pluralismus eine reine Wahnvorstellung.

Heute stellen wir fest, daß die sich fragmentierende und individualisierende Gesellschaft dort angekommen ist, wo jedes Individuum selber seine Werte für sich setzt. Das tun nicht nur die Erwachsenen, sondern das tun bereits die Kinder in der Schule. Was sollen denn die

Lehrer gegen solche Kinder sagen, die ihre Werte selber setzen, wenn das inzwischen die allgemein akzeptierte und demokratisch glorifizierte Praxis der ganzen Gesellschaft ist? Warum sollen die Erwachsenen ihre Werte setzen dürfen und die Kinder nicht? Bisher hatten Wertsetzungen dann noch eine gewisse Chance, solange es noch Autoritäten gab. Aber eine der wichtigsten Konsequenzen der Kulturrevolution von 1968 ist, daß das Prinzip der Autorität selbst ausgehebelt ist. Es gibt keine legitime Autorität in kulturellen und geistigen Fragen mehr.

Die dritte Quelle ist die moderne Sozialwissenschaft. Der Wertebegriff ist ein sozialwissenchaftlicher Begriff geworden. Und wenn die Parteien wissen wollen, in welche Richtung sie steuern sollen, dann setzen sie Gremien von Sozialwissenschaftlern ein, die sie belehren, welche Werte präferiert werden und welche Werte die Menschen haben sollen. Wie will man gegen eine empirisch-analytische Wissenschaft ankommen, die den Politikern sagt, welche Werte nun an der Zeit sind?

Dennoch glaube ich, daß diese Zeit der sozialwissenschaftlichen Wertebestimmung nun zu Ende geht. Es stimmt schon, was der CDU-Fraktionsvorsitzende in Mecklenburg-Vorpommern, Rehberg, gesagt hat: „Ohne eine innere Revolution, ohne eine revolutionäre Veränderung unseres Bewußtseins und ohne die Anerkennung auch der harten Realitäten dieser Welt werden unsere europäischen Freunde keine große Freude an einem Land haben, das wie der Sandhaufen vom Wind hin- und hergetrieben wird, den die Theoretiker des Zeitgeistes und des Wertewandels blasen."

Wenn im Zusammenhang des Urteils des Bundesverfassungsgerichts zur Abtreibungsfrage Wilhelm Hennis schreibt, es sei unhaltbar, entgegen einer breiten gesellschaftlichen Strömung mit bestimmten, eben veränderten Wertvorstellungen den normativen Gehalt der Verfassung noch durchsetzen zu wollen, so stimmt mich das nachdenklich. Es wirft ein fragwürdiges Bild auf den Zustand nicht nur unserer Verfassung. Die Auswirkungen eines solchen Wertewandels können nicht ohne Wirkung bleiben. Vor allem unser Verständnis von Sozialer Marktwirtschaft hat sich dadurch grundsätzlich gewandelt. Aber davon gleich mehr. Wenn wir das Schicksal der Verfassung weiterhin den demokratisch nicht legitimierten Agenten der Bewußtseinsveränderungen und des darin eingeschlossenen progressiven „Wertewandels" überlassen, erlaube ich mir entgegen der weit verbreiteten optimistischen Darstellung unserer Verfassungswirklichkeit ein besorgteres Zeugnis auszustellen als die meisten es heute tun.

22. Soziale Marktwirtschaft in der Krise

Die Frage, wie es denn heute um die Soziale Marktwirtschaft steht, stellt sich heute dringlicher denn je. Denn die neue Epoche der sogenannten „Globalisierung" wirft immer deutlicher die weiterführende und tiefergreifendere Frage auf, ob nicht die Geschichte mittlerweile dabei ist, über dieses größte wirtschafts- und sozialtheoretische Erfolgsmodell der Nachkriegszeit hinwegzugehen. Wir werden jedenfalls durch die politische und kulturelle Entwicklung über kurz oder lang gezwungen sein, das abzutun, woran wir uns gewöhnt haben: Orientiert an Wünschbarkeiten und legitimiert durch einen allzu billigen Moralismus unterstellen wir noch immer, daß die sogenannte kapitalistische Wirtschaft von innen her gezähmt, gebändigt, humanisiert werden könne, wenn diejenigen, die für die wirtschaftlichen Entscheidungen verantwortlich sind, nur das richtige politische und ethische Bewußtsein hätten. Wenn die Unternehmer aus dem richtigen Wertebewußtsein heraus handelten und sich von humanen und ethischen Gesichtspunkten leiten ließen, dann müßte es auch möglich sein, aus der Wirtschaft eine Veranstaltung zu machen, die das humane und das ethische Niveau in einer Gesellschaft zu heben in der Lage ist.

Das sind im Grunde genommen gut gemeinte Formeln. Wenn man es etwas weniger freundlich formulieren will, so sind es gutgemeinte Redensarten. Denn natürlich ist die Wirtschaft ein eigengestalteter Raum mit eigenen Sachgesetzen und Sachnotwendigkeiten. Und diese Notwendigkeiten und Sachgesetze, die der Wirtschaft immanent sind, werden wir durch keine von außen an sie herangetragene Ethik und noch so gut gemeinte humanitären Appelle außer Kraft setzen. Und weil die Wirtschaft eben ihren eigenen Sachgesetzen und Sachnotwendigkeiten unterliegt, kann man sagen, daß das deutsche Modell der Sozialen Marktwirtschaft eine der größten geschichtsmächtigen Antworten auf die sich damit für die Gesellschaft als Ganzes stellenden Probleme darstellt.

Die Soziale Marktwirtschaft ist nicht eine Kopfgeburt, die sich irgendwelche Theoretiker, konstruiert nach bestimmten Modellen, ausgedacht haben, sondern das Modell der Sozialen Marktwirtschaft ist das Ergebnis eines Versuches, konkrete geschichtliche Erfahrungen zu begreifen und daraus die entsprechenden Folgerungen zu ziehen. Ich hatte das Glück, nach 1945 in Münster den eigentlichen Erfinder dieser Wirtschafts- und Sozialordnung, nämlich Alfred Müller-Armack, kennenzulernen und zu erleben. Müller-Armack fuhr damals jede Woche nach Frankfurt zu dem Wirtschaftsrat, der über die neue wirtschaftliche Ordnung diskutierte. Er berichtete uns ständig von den Verhandlungen, die dort stattfanden und er erläuterte vor allen Dingen, welche Art von Überlegungen es waren, die ihn bewogen hatten, der Markwirtschaft eine soziale Komponente oder Dimension hinzuzufügen. Der alles übergreifende Gedanke war der, daß man nicht zu Unrecht den Untergang der Weimarer Republik unter anderem darauf zurückgeführt hat, daß das Versagen der Wirtschaft Millionen Menschen in ein unvorstellbares materielles Elend gestoßen hat, und daß der Zusammenbruch der Demokratie damals mit allen Konsequenzen auch eine Folge dieser Tatsache gewesen ist. Und darum galten seine Überlegungen der Frage, wie wir es erreichen können, daß die Marktwirtschaft, die in ihren Regelmechanismen, in ihren Prinzipien für die Menschen so schwer zu verstehen und so schwer zu akzeptieren ist, zu einer sozialen Komponente gelangt, damit ihr auch zu einer politischen Akzeptanz verholfen wird. Wie können wir es erreichen, daß die Markwirtschaft nicht - wie das die Marxisten tun - gleichgesetzt wird mit einem sinnlosen, inhumanen, ungerechten, ausbeuterischen System, demgegenüber das Heilmittel letztlich nur in der Abschaffung der Marktwirtschaft gesehen werden kann. Realistischerweise glaubte auch Müller-Armack nicht, daß die Doktrin, die der Marktwirtschaft zugrundeliegt, die Chance hat, so erfolgreich vermittelt zu werden, daß sie von den meisten eingesehen und akzeptiert werden könnte.

Darum war seine Überlegung folgende: Es muß neben den Regeln und den Gesetzen, die das marktwirtschaftliche Wirtschaften bestimmen, eine soziale Dimension geben, durch die die Menschen, die - sei es aus Zufall, sei es aufgrund von Schicksalsschlägen, aber jedenfalls unverschuldet -„unter die Räder kommen", einen Ausgleich erfahren. Für die wirklich und unschuldig in Not Geratenenen muß es einen sozialen Ausgleich geben, damit sie nicht unter das allgemeine Lebensniveau, das die Gesellschaft sonst erreicht hat, zurückfallen. Dadurch sollten sie befähigt werden, weiterhin alle Rechte genießen und alle Pflichten eines Bürgers in der Demokratie erfüllen zu können.

Nun muß man sofort hinzufügen, daß natürlich nicht erst Müller-Armack der Erfinder dieses Modells war, woraus sich dann das entwikkelt hat, was wir heute den Sozialstaat nennen. Diese Konstruktion geht hervor und wurde erfunden von der deutschen, großen Philosophie in der ersten Hälfte des 19. Jahrhunderts. Kein geringerer als Hegel ist, nachzulesen in seiner „Rechtsphilosophie", als der Begründer der Einsicht zu sehen, wonach die moderne Wirtschaft auf eine Form des institutionalisierten und organisierten sozialen Ausgleichs angewiesen ist. Hegels Schüler, Lorenz von Stein, war es dann, der diesen Gedanken von Hegel aufgenommen hat und der den Gedanken des Sozialstaats entwickelt hat, wie wir ihn im 20. Jahrhundert zu realisieren versucht haben. Lorenz von Stein hat nicht zufällig unter Rückgriff auf die Quellen des 18. Jahrhunderts die erste große kritische Darstellung der Geschichte des Sozialismus und Kommunismus in Frankreich geschrieben. In Auseinandersetzung mit dem Sozialismus und im Anschluß an Hegel hat Lorenz von Stein dann diesen Gedanken des Sozialstaates formuliert, der einer der weit vorausgreifendsten und konstruktivsten sozialen Gedanken war, die in der Moderne überhaupt entwickelt worden sind.

Ich erinnere daran, um deutlich zu machen, daß es bei der Begründung des Sozialstaates nicht nur um Volkswirtschaftslehre ging, so wie sie heute an den Universitäten gelehrt wird, sondern daß dieser Gedanke des Sozialstaates im Grunde genommen eine ganze Philosophie zur Voraussetzung hat. Diese Philosophie befaßte sich nicht nur mit dem Sozialen und mit der Wirtschaft, sondern mit der modernen Gesellschaft und all ihren Problemen und Aporien.

Es stimmt mich seit vielen Jahren traurig, daß wir im Kampf um den Sinn und die Durchsetzung dieses Modells der Sozialen Marktwirtschaft diesen philosophischen Ursprung und damit die philosophische Substanz, die dem Modell zugrundeliegt, vergessen haben und keinen Gebrauch davon machen.

Dadurch wurde auch vergessen, daß der aus der idealistischen Philosophie hervorgehende Sozialstaat sich nicht nur die Aufgabe stellte, eine materiell bedingte Notsituation zu beheben, sondern das Grundversprechen der modernen Gesellschaft, nämlich den Menschen zu einer selbstbestimmten, sein Leben in Freiheit und Verantwortung führenden Persönlichkeit zu bilden, einlösen wollte. Es war der Freiheitsgedanke und nicht primär die Frage der sozialen Gerechtigkeit, die den Sozialstaat auf den Weg gebracht hat. Daß wir diese Philosophie vergessen bzw. unter Idealismusverdacht gestellt haben, hatte zur Folge, daß wir seit der Mitte des 19. Jahrhunderts die theoretische Auslegung des Freiheits- und Gerechtigkeitsbegriffs fast vollständig - und nur phasenweise unterbrochen und korrigiert-, dem aus marxistischen Wurzeln entwickelten Sozialismus überlassen haben.

Immerhin gab es wenigstens in der deutschen Nationalökonomie der zweiten Hälfte des 19. Jahrhunderts noch eine Phase, in der dieser von Hegel und von Lorenz von Stein stammende Gedanke des Sozialstaates zu einer umfassenden Kulturtheorie, in der dann die Wirtschaft als ein integraler Bestandteil einer ganzen Kultur begriffen wurde, weitergeführt und vertieft wurde. In der deutschen Nationalökonomie gab es, durch die geistesgeschichtliche Tradition bedingt, durchaus Nationalökonomen vom Schlage Gustav Schmollers, die die Wirtschaft nicht bloß als eine ökonomische Veranstaltung zur Erzeugung von Dienstleistungen und Waren unter Knappheitsbedingungen angesehen haben, sondern die sie als einen integralen Bestandteil einer Kultur, zugespitzt formuliert, als eine kulturelle Veranstaltung verstanden haben. Wenn man die Wirtschaft auch als eine kulturelle Veranstaltung begreift, dann gehören freilich die Fragen der Ethik selbstverständlich mitten in die Volkswirtschaftslehre hinein. Dann gehören aber auch die Fragen der Religion hinzu, weil ohne Religion auf die Dauer jedes Ethos und damit auch jede Kultur abstirbt. Dann aber ist es nur eine Frage der Zeit, wann die Wirtschaft nicht mehr die Leistugen erbringen kann, die man meint, selbstverständlich von ihr erwarten zu können.

Diese Überlegungen wurden dann unter den besonderen Bedingungen des 20. Jahrhunderts im Rahmen einer mehr an ordnungspolitischen Gesichtspunkten orientierten nationalökonomischen Theorie weitergeführt. Ich nenne hier nur die sogenannte „Freiburger Schule", zu der vor allen Dingen Walter Eucken gehört hat. Im weitesten Sinne kann man vielleicht auch noch von Hayek dazurechnen. Deren Lehre wurde dann durch Müller-Armack in eine politisch handhabbare Gestalt gebracht und von Ludwig Erhard politisch durchgesetzt.

Es kann gar kein Zweifel darüber bestehen, daß das Modell der Sozialen Marktwirtschaft gerade heute eine besondere Anziehungskraft ausstrahlt. Dies ist nicht zuletzt daran zu erkennen, daß diejenigen, die jahrzehntelang dieses Modell der Sozialen Marktwirtschaft bekämpft und gefürchtet haben wie der Teufel das Weihwasser, sich heute mit flammenden Worten zum Modell der Sozialen Marktwirtschaft bekennen. Der ehemalige sozialdemokratische Kanzleramtsminister, Bodo Hombach, schreibt heute ein Buch[13], in dem er Ludwig Erhard als den geistigen Inspirator, als den Mentor einer neuen, d.h. einer wirkungsvollen Wirtschaftspolitik beschwört. Er weist sogar darauf hin, daß wir,

falls wir die Arbeitslosigkeit überwinden wollen, über unsere provinzi-
ellen Grenzen hinausschauen und uns nicht nur an Holland und an Schweden, sondern - horribile dictu - an den USA orientieren sollten. Nach
dem von früheren Sozialdemokraten übel beleumdeten Land des bösen
Kapitalismus, dem verfluchten Herd des Kapitalismus, sollen wir schau-
en, wenn wir lernen wollen, wie wir ernsthaft etwas gegen die Arbeitslosigkeit tun können.

Insofern kann man eigentlich gar nicht von einer Krise des Ordnungsmodells der Sozialen Marktwirtschaft sprechen. Wenn selbst die ehemaligen Feinde sich nun dazu bekennen und nichts besser empfehlen
können als Ludwig Erhard, wie will man dann eigentlich die Rede von
der Krise der Sozialen Marktwirtschaft oder gar die These, daß die
Geschichte über dieses Modell hinweggegangen sei, begründen. Mit
dieser Frage sind wir beim zweiten Punkt.

Natürlich hätte die CDU nicht fast vierzig Jahre an der Regierung
bleiben können, wenn Ludwig Erhard nicht dieses Modell der Sozialen
Marktwirtschaft durchgesetzt hätte. Dieses Modell ist das eigentliche
Erfolgsgeheimnis der CDU in den letzten 50 Jahren gewesen. Es ist
zwar von Ludwig Erhard propagandistisch verkauft worden unter dem
Motto „Wohlstand für alle". Aber wer noch einmal die Reden von Ludwig Erhard nachliest, der wird feststellen, daß die Vermehrung des
Wohlstandes für Erhard keineswegs ein Selbstzweck war. Auch Ludwig
Erhard erhoffte sich als einer der letzten Vertreter des Bildungs-
bürgertums des 19. Jahrhunderts von der allgemeinen Verbreitung des
Wohlstandes, daß die Menschen sich über die bloß materiellen, niedri-
gen Interessen erheben und sich zu kulturellen und sittlichen Persön-
lichkeiten weiterentwickeln würden. Ludwig Erhard wußte noch etwas
von den Wurzeln und Quellen, aus denen dieses Ordnungsmodell stamm-
te. Er hatte durchaus Höheres im Sinn. Bei den Massen angekommen ist
allerdings nur die Formel „Wohlstand für alle". Wenn wir uns das Resultat ansehen, dann können wir uns über den Wohlstand in diesem Lande nicht beklagen. Es gibt heute mehrere Billionen DM, die in den Händen von Privaten liegen. Aber es gibt nunmehr auch über vier Millionen
Arbeitslose und eine neue Armut, eine zunehmende Verelendung in unserem Land.

Es gibt eben beides: Wohlstand und Armut. Die Armut und die Verelendung nehmen neuerdings unzweifelhaft zu, während der Zuwachs
des Wohlstandes bei den Massen immer mehr dahinschwindet. Weite
Kreise der Bevölkerung glauben, wenn ihnen eine Wohlstandsverlust

von ein oder zwei Prozent zugemutet wird, bedeute das bereits den Untergang des Abendlandes. Dabei würde das nur bedeuten, daß wir wieder auf dem Wohlstandsniveau der 80er Jahre leben würden. Und damals haben wir sehr gut gelebt.

Nichtsdestotrotz würde ein allgemein schwindender Wohlstand zweifellos auf die Dauer mit katastrophalen, auch politischen Perspektiven verbunden sein. Hier liegt der Grund, warum wir trotz der bisherigen Erfolgsbilanz, die die Soziale Marktwirtschaft vorzuweisen hat, von einer Krise sprechen müssen.

Was ist geschehen? Einige Jahre nach der deutschen Wiedervereinigung müssen wir - wie Umfragen belegen - davon ausgehen, daß mehr als sechzig Prozent der Bevölkerung in den neuen Bundesländern und mehr als fünfzig Prozent in der alten Bundesrepublik, jeweils mit steigender Tendenz, der Meinung sind, daß die Soziale Marktwirtschaft mehr Nachteile als Vorteile hat. Viele wünschen sich eine weitgehend durch den Staat geplante Wirtschaft. Man wendet sich ab von einem als bürgerlich diskriminierten Freiheitsbegriff und wendet sich einem sozialistischen Freiheitsbegriff zu.

Die neue Zauberformel lautet „Dritter Weg". Dritter Weg meint ein Mischsystem zwischen Sozialismus und Kapitalismus, wobei bei allem Wettbewerb vor allem der staatlichen Planung besondere Bedeutung zukommen soll. Wie das genau aussehen und funktionieren soll, das ist alles unbestimmt. Auf jeden Fall beginnt man sich wieder am Mythos des dritten Weges zu orientieren und man preist die Wohltaten eines Systems, in dem der Staat wichtige Entscheidungen über die Wirtschaft und über die Verteilung zu treffen hat, damit der wildgewordene „Turbokapitalismus" gezähmt und gefesselt wird und dem Ideal der egalitären Gerechtigkeit Genüge getan wird.

Einmal mehr zeigt sich hier, daß in der Politik und auch in der gesellschaftlich- geschichtlichen Entwicklung Tatsachen eine relativ untergeordnete Bedeutung spielen. Entscheidend ist vielmehr die Frage: Wer interpretiert die Tatsachen oder, um es noch deutlicher zu sagen, wer interpretiert die Wirklichkeit? Die deutsche Wirtschaft und das deutsche Unternehmertum haben hier bisher jede geistige und sprachliche Auseinandersetzung über die Interpretation der ökonomischen Wirklichkeit verloren. Sie stehen im öffentlichen Bewußtsein immer auf der Seite derjenigen, die gegen den Menschen und gegen die wahren Werte und Ideale der Humanität stehen. Sie gelten als kaltblütige Technokraten, die nur das öde mechanistische Kriterium von Rendite und Kapital im Kopf haben und nicht den Menschen seen.

Über die ökonomischen Tatsachen wird man lange streiten können. Entscheidend aber ist, daß wir augenblicklich erneut an einem Wendepunkt stehen, an dem der längst für überholt und widerlegt gehaltene Gegensatz von Kapitalismus und Sozialismus wieder aufbrechen könnte. Das ist eine gar nicht zu übersehende Gefahr. Daß die CDU so katastrophal geschlagen wurde und ohne die CSU bundesweit nur noch 28% bekommen hat, hat sehr viel mit diesem Umstand zu tun. Ich habe das 1982 vorausgesagt, aber niemand hat auf mich gehört.

Über die Akzeptanz einer wirtschaftlichen Ordnung entscheiden nicht primär die Tatsachen, sondern diejenigen, die sie interpretieren. Im Zeitalter der Demokratie und der geistigen und medialen Kämpfe, das hat sich bisher im 20. Jahrhundert gezeigt und das wird sich in Zukunft noch mehr erweisen, ist ein erfolgreiches Wirtschaften ohne Philosophie nicht mehr möglich. Eine bloße Unterweisung der Studenten in mathematischen Rechnungsmodellen über wirtschaftliche Abläufe geht an der Wirklichkeit auch des Wirtschaftens ebenso vorbei wie das Menschenbild, das der modernen Nationalökonomie - fälschlicherweise Adam Smith unterstellt - zugrundeliegt. Dieses Menschenbild enthält die Vorstellung, es gäbe den „homo oeconomicus". Dieser „homo oeconomicus" ist aber ein Konstrukt, ein Wesen, das es auf dieser Welt nicht gibt, sondern er ist eine theoretische Konstruktion von Wissenschaftlern, die in ihren Modellen unterstellen, daß die Menschen souverän, mündig und rational ihre Kauf- und Produktionsentscheidungen treffen.

Das ist genauso ein Mythos wie der Glaube des Sozialismus, eine allgemeine Gerechtigkeit herstellen zu können. So wenig es den sozialistischen Menschen gibt, so wenig gibt es den Menschen, wie er der gesamten liberalen Nationalökonomie seit dem 19. Jahrhundert zugrundeliegt. Nur wenn man dies im Blick hat, wird man den richtigen Ansatzpunkt finden, um die Frage, was die ethische oder gar christliche Verantwortung des Unternehmers im Blick auf die Wirtschaft bedeutet, beantworten zu können.

Der große Umbruch in der Entwicklung der Industriegesellschaft muß durch eine sozialphilosophische Analyse begleitet werden. Wir sprechen heute von der Transformation der Industriegesellschaft in eine Dienstleistungs- und Informationsgesellschaft - man sagt auch Wissensgesellschaft. Offensichtlich wird die Fähigkeit des Geistes, die Intelligenz, für den Erfolg der Wirtschaft immer wichtiger. Dies hat auch Auswirkungen auf die Organisation der Unternehmen. Die Zeit der großen Unternehmungen neigt sich trotz mancher aufsehenerregender Fusionen doch dem Ende zu. Die unternehmerischen Aktivitäten verlagern sich nicht zuletzt dank der neuen technologischen Entwicklungen immer mehr zu kleineren Einheiten hin. Das geht soweit, daß die klassische Differenz von Betrieb und Privatbereich tendenziell aufgehoben wird. Wer am Computer arbeitet und im Internet surft, braucht das Haus bald gar nicht mehr zu verlassen. Es kündigen sich also Arbeitsformen an, die teilweise zum vorindustriellen Wirtschaften gehören. Die modernen Industriegesellschaften werden jedenfalls in ein oder zwei Generationen überhaupt nicht mehr wiederzuerkennen sein. Die Menschen werden einen anderen Typus ausbilden, und es werden auch andere Qualitäten gefragt sein. In dieser Entwicklung liegen unglaubliche Chancen, aber auch große Gefahren.

Wir werden dieses Thema weiter unten noch eingehend erörtern, aber eines kann man hier schon sagen: Die Menschen werden unter der Flut an bloßen Informationen beinahe ersticken. Es reicht dann nicht, jedem einen Computer in die Hand zu drücken und darauf zu vertrauen, daß er mit der Fülle der Informationen auch umgehen kann. Nein, alles hängt davon ab, daß die Menschen zu einer Urteilskraft befähigt werden, d.h. zur Fähigkeit, mit dem Wissen geordnet und gezielt umzugehen.

Die Reduktion der Bildung auf Fachausbildung in traditionellem Sinn wird darum in Zukunft immer weniger ausreichen. Die Menschen der Zukunft sind - mehr noch als bisher - zum Denken verurteilt. Die größte Ressource, die wir brauchen und die wir vorerst auch haben, sind Menschen, die denken können. Leider arbeiten wir in unserer seichten Freizeit- und Unterhaltungsindustrie jeden Tag daran, daß sich deren Zahl ständig reduziert. Unsere privaten und auch öffentlichen Medien sorgen dafür, daß das allgemeine Intelligenzniveau und die Urteilsfähigkeit immer mehr nach unten abgesenkt wird. Darin liegt eine große Gefahr, denn wir dürfen nicht vergessen, was uns bisher ausgezeichnet hat: Zweitausend Jahre hat die abendländische Philosophie uns gelehrt, daß es die Vernunft und das Denken sind, auf die wir uns verlassen sollen.

Wie sieht nun die gängige Interpretation der ökonomischen Wirklichkeit aus? Es wird heute allenthalben unterstellt, daß alle gegenwärtigen sozialen Probleme, die wir in der Bundesrepublik haben, die Produkte der Sozialen Marktwirtschaft sind. Es zeige sich doch, daß die Soziale Marktwirtschaft nicht so gut sei, wie wir immer geglaubt haben. Sie habe eben auch ihre schweren Defizite, die man allein durch eine Verstärkung der staatlichen, interventionistischen Tätigkeit mindestens kompensieren könne. Die Bürgerlichen setzten sich nicht mit ihrer Interpretation durch, wonach alle diese Schwierigkeiten nicht eine Folge der Sozialen Marktwirtschaft, sondern die Folge einer Pervertierung und einer Degeneration der Sozialen Marktwirtschaft sind. Es ist ein Mythos, zu behaupten, wir hätten unter Helmut Kohl eine Soziale Marktwirtschaft gehabt. Nein, wir haben die Soziale Marktwirtschaft unter Helmut Kohl verkommen lassen. Was hinter dem Begriff der Sozialdemokratisierung der CDU steht, ist ja nichts anderes, als daß die CDU dieses großartig gedachte und über lange Zeit auch bewährte Modell der Sozialen Marktwirtschaft selbst hat verkommen lassen.

Und wodurch hat man sie verkommen lassen? Der entscheidende Grund liegt darin, daß der Sozialstaat durch den Ausbau seiner sozialen Leistungen über das Maß dessen hinaus, was die Väter der Sozialen Marktwirtschaft für sinnvoll und vertretbar hielten, hypertroph weiterentwickelt wurde. Der Sozialstaat wurde zum Wohlfahrtsstaat, verbunden mit der uneinlösbaren Suggestion, daß der Sozialstaat eine Sicherung gegen jedes denkbare Lebensrisiko ermöglicht. Aus dieser Wahnvorstellung totaler sozialer Sicherheit ist ein hypertrophes Sozialsystem erwachsen, das sich lähmend bis fesselnd auf die Quellen der Kreativität, der Innovationsfähigkeit der Wirtschaft ausgewirkt hat, so daß heute nur noch sieben Prozent der jungen Leuten bereit sind, sich auf das Abenteuer einer selbständigen Unternehmerexistenz einzulassen. Dabei bräuchten wir mindestens das Doppelte oder Dreifache, um aus der gegenwärtigen schwierigen Situation herauszukommen. Hinter diesem Phänomen verbirgt sich die Ansicht, daß unter diesen Bedingungen hoher Lohn-, Steuer- und Sozialkosten derjenige, der beschließt, mit vollem Risiko die Existenz eines selbständigen Unternehmers auf sich zu nehmen, eigentlich verrückt sein muß. Oder er muß nach Amerika auswandern. Es sind ja inzwischen nicht wenige, die das kapiert haben und die heute, um der Vorstellung, der Freiheit der unternehmerischen Tätigkeit teilhaftig zu werden, über den Ozean nach Amerika auswandern.

Der Sozialstaat kostet uns heute rund 1,2 Billionen DM pro Jahr. Das war offenbar der neuen rotgrünen Regierung noch zu wenig, beabsichtigte sie doch, daß der „Sozialabbau" der vergangenen Jahre rückgängig gemacht werde. Unter dem Zwang der Verhältnisse hat man inzwischen ein Sparpaket geschnürt, ob aber die Sozialkosten wirklich reduziert werden, bleibt abzuwarten. Den Unternehmen sollen jedoch neue Sozialkosten aufgebürdet werden und ihnen auch noch Steuerabschreibungsmöglichkeiten genommen werden. Die Unternehmen werden weiter den Hauptanteil zu zahlen haben, damit die rotgrüne Regierung ihren sozialdemokratischen Glaubensgrundsätzen wenigstens vorübergehend Taten folgen lassen kann.

Wie konnte der SPD das gelingen? Sie führte einen Wahlkampf um die „Neue Mitte", und prompt fanden sich nicht wenige mittlere Unternehmen, die in riesigen Annoncen mit fünfzig Unterschriften für dieses Modell der „Neuen Mitte" eintraten.

Das zweite ist, daß die Wirtschaft über die hypertroph gewordenen Belastungen des Sozialleistungsystems hinaus inzwischen in einem solchen Maße verrechtlicht, so eingebunden ist in bürokratische Kontrollen und Auflagen, daß sie sich kaum noch bewegen kann. Viele Unternehmer müssen sich zum Teil jahrelang mit allen möglichen Bürokraten herumschlagen, ehe sie eine Baugenehmigung etc. bekommen. Wie soll man von der Sozialen Marktwirtschaft die Einlösung ihrer Versprechen verlangen, wenn man ihre beiden Hinterbeine wie bei einem Pferd mit einem dicken Strick zusammenbindet. Vergleichbare Anträge der Unternehmen werden in Amerika in vier Wochen oder noch schneller erledigt. Unternehmer erhalten dort jede denkbare Unterstützung: Sie werden von Steuern freigestellt, sie bekommen Subventionen. Und wenn sie pleite gehen sollten, dann sagt der Amerikaner: Junge, jetzt hast du etwas gelernt, nun versuche es noch einmal. Spästestens beim dritten Mal wird es klappen. Welch eine Stimulation und Ermunterung, auch Anerkennung erfährt der Unternehmer in Amerika! Bei uns ist er dagegen nach wie vor als Ausbeuter verschrien, er wird steuerlich zur Kasse gebeten und in ein Netz von bürokratischen Vorschriften hineingezwungen.

Von daher ist es nur als ein Wunder zu bezeichnen, daß die deutsche Wirtschaft bisher dennoch so phantastische Leistungen vorzuweisen hat. Man kann als Laie nur darüber staunen, wie es unter solchen Bedingungen möglich ist, ein Sozialsystem mit 1,2 Billionen DM noch finanzierbar zu halten und einen solchen Reichtum zu produzieren, obwohl wir doch eine Steuergesetzgebung haben, die mittlerweile an die Grenze des Konfiskatorischen reicht. Es ist ausgerechnet worden, daß in Deutschland die Bürger ungefähr ein halbes Jahr für den Staat arbeiten müssen.

Wenn wir rechtzeitig den Sozialstaat umgebaut hätten, wenn also Helmut Kohl damit vor 16 Jahren begonnen hätte, dann wäre noch ein sinnvoller Umbau unseres gesamten sozialen Systems möglich gewesen. Jetzt aber ist zu befürchten, daß es ohne Abbau nicht gehen wird. Das große Kennwort der neuen Epoche lautet, daß wir - bisher von Kollektiven getragene - Leistungen auf den einzelnen zurückverlagern müssen. Das sollte aber auch bedeuten, daß man den einzelnen auch dazu befähigt, Eigenverantwortung zu übernehmen. Man kann die Steuern und Abgaben nicht ständig erhöhen und gleichzeitig von den Menschen verlangen, daß sie z.B. für ihr eigenes Alter Vorsorge tragen.

Wir müssen außerdem endlich zur Kenntnis nehmen, daß dieses Sozialsystem einen großen Teil der Mittel im Rahmen der Sozialbürokratie selber verschlingt. Diese gewaltige, aufgeblähte Sozialbürokratie hat ein Interesse daran, daß es so bleibt wie es ist. Denn wäre es anders, würde sie überflüssig werden. Darum wird man zusammen mit diesen Sozialbürokraten das Problem nicht lösen können. Man wird vielmehr völlig neu über die Ermöglichung einer individuellen und zugleich sozialen Für- und Vorsorge nachdenken müssen. Das ist die vielleicht gewaltigste Umstellung, die unserem gesellschaftlichen System bevorsteht.

Wenn wir an irgendeiner Stelle der Gefahr unterliegen, zu scheitern, dann ist es diese Stelle. Denn der Wahlausgang von 1998 hat nochmals gezeigt, daß die Leute nicht bereit sind, irgend etwas von ihren sozialen Besitzständen abzugeben. Die Bürger wählen diejenigen, die ihnen die geringsten Einbußen oder gar weitere Sozialleistungen versprechen. Hätte ihnen eine andere Partei nur ein paar Mark mehr versprochen, hätten sie auch diese andere Partei gewählt. Ein solches Wahlverhalten ist von den Parteien selber provoziert worden. Sie haben die Bürger vierzig Jahre lang auf ihre Anspruchshaltung angesprochen, ja in gewisser Weise sogar dazu erzogen. Und insofern verhalten sich die Bürger systemgerecht, man darf ihnen keinen Vorwurf machen.

Gleichwohl ist bei dieser Art der Reduktion des Sozialen auf Umverteilung, das Soziale selber verlorengegegangen. Es macht keinen Sinn, gegen den Sozialstaat als solchen zu polemisieren. Nein, man muß zeigen, daß das Sozialsystem nach seinen eigenen Kriterien nicht mehr sozia ist. Große Teile der 1,2 Billionen DM, die der Sozialstaat ausgibt, fließen in falsche Kanäle. Dieser Sozialstaat privilegiert manche „Besserverdienende", aber auch diejenigen, die mehr oder wenigerdazu neigen, parasitär auf Kosten der andern zu leben. Sie stellen ihr Leben darauf ab, daß andere leisten, was sie häufig selbst leisten könnten. Warum soll denn auch jemand in Deutschland legal arbeiten, wenn er mit der Sozialhilfe und mit einem Nebenjob in der Schwarzarbeit viel mehr verdienen kann?

Großbritannien hat daraus bereits die Konsequenzen gezogen. Tony Blair, der immerhin Führer der Labour-Party ist, hat durchgesetzt, daß jeder die ihm angebotene Stelle annehmen muß. Lehnt er die Stelle ab, weden ihm entsprechende Prozente von den Sozialleistungen gekürzt. Man stelle sich einmal vor, was in Deutschland los gewesen wäre, wenn eine nichtozialistische Partei so eine Maßnahme ergriffen hätte? In Großbritannien ist das anders. Das ist der neue Sozialismus in Großbritannien. New Labour verfährt nach dem einfachen Grundsatz: Eine Arbeit ist besser als gar keine.

Damit bin ich beim dritten Punkt, den auch Bodo Hombach in seinem Buch anspricht. Hombach meint zu Recht, wir dürften die Steuergesetzgebung nicht mehr als ein sozialtechnisches Instrument zur Steuerung der Wirtschaft und des Sozialprozesses betrachten. Denn solange das der Fall ist, kann von Transparenz und Gerechtigkeit bei den Steuern überhaupt keine Rede sein, weil dann je nach den wechselnden Situationen und Gelegenheiten eben die Steuerschraube mal angedreht und dann wieder gelockert werden muß. Unterm Strich wird dann meist eine Steuer durch die andere substituiert. Die Steuergesetzgebung ist dann unendlichen Manipulationsmöglichkeiten ausgesetzt.

Entscheidend ist, daß das, was sich heute unter dem Namen Soziale Markwirtschaft verbirgt, eben nur noch dem Namen nach eine soziale Marktwirtschaft ist, aber nicht mehr in der Wirklichkeit. Und diese Situation hat sich paradoxerweise unter einer bürgerlichen Regierung entwickelt. Es ist ja kein geringerer als Kurt Biedenkopf gewesen, der bereits vor zehn Jahren darauf hingewiesen hat, daß die CDU, nachdem sie 1982 wieder an die Regierung zurückgekehrt war, von den ordnungspolitischen Grundsätzen einer freiheitlichen Wirtschaft abgekommen sei. Ordnungspolitik bedeutet, daß alle Dimensionen des sozio-ökonomischen Lebens einer Gesellschaft, also die Dimensionen der Wirtschaftspolitik, der Finanzpolitik, der Steuerpolitik, der Sozialpolitik und der Arbeitsmarktpolitik, aufeinander abgestimmt und miteinander koordiniert werden, wobei alle, die innerhalb irgendeines Bereiches oder Feldes der Gesellschaft tätig sind, sich an den Kriterien und den Maßstäben einer freiheitlichen Ordnung orientieren sollten.

Der Sozialen Marktwirtschaft liegt also eine Ordnungsvorstellung, eine Konzeption von Ordnung zugrunde. Wir werden aus unserer Misere nie herauskommen, wenn wir uns nicht wieder in Richtung auf die Verwirklichung einer solchen Ordnung hinbewegen. Die Degeneration, die Krise des Ordnungsmodells der Sozialen Marktwirtschaft mußte offenbar werden, seit die konstanten Grundannahmen, von denen man in unserer Politik ausgegegangen ist, nicht mehr stimmten. Diesem Modell ist heute eine ungeheure Umstellungs- und Anpassungsleistung abgefordert, die in mancher Hinsicht von revolutionärer Qualität ist. Wir diskutieren diese Umstellungs- und Anpassungsleistungen, die unserer Gesellschaft jetzt abgefordert werden, unter dem Namen der Globalisierung und des Standortwettbewerbs.

Diese Prozesse der weltwirtschaftlichen ökonomischen Verflechtung haben wir aber nicht erst seit heute. Nein, diese Prozesse sind im Grunde seit zwei Jahrhunderten im Gange. Der Unterschied besteht nur darin, daß nunmehr in dieser Weltwirtschaft nicht nur der Austausch von Gütern, Dienstleistungen und Kapital frei ist, sondern daß nun auch Produktionsstätten und Arbeitskräfte frei flottieren. Dies bedeutet, daß morgen ein weltweit expandierender Wettkampf der Systeme und Kuturen das Überleben einer modernen Gesellschaft bestimmen wird. Dann werden, einmal abgesehen von dn Folgen der Vereinheitlichung Europas und der europäischen Währung, alle die Prämissen, von denen der Erfolg der Sozialen Marktwirtschaft bisher abhängig war, nicht mehr gültig sein.

Einiges davon merken wir bereits. Wenn die großen Unternehmungen der Industrie den Standort in der Welt nach den Kriterien der geringsten Koten der Produktion und ähnlichen Gesichtspunkten auswählen, dann entzieht sich dies dem Rahmen des Nationalstaates. Die Folge davon könnte sein, daß unser ganzes Sozialsystem zusammenbricht. Immerhin haben wir dieses System auf den Erfolg und die Investitionen unserer eigenen Wirtschaft gestellt. Das ist die neue Dimension des Problems.

Einige Politiker träumen zwar davon, wir könnten den sozialen Standard des deutschen Sozialstaates zunächst auf Europa transformieren und übermorgen auf die ganze Welt. Sie glauben, wir könnten und sollten den Sozialstaat für die ganze Welt verbindlich machen und durchsetzen. Selbst große Philosophen der Bundesrepublik, wie etwa Jürgen Habermas, der der eigentliche philosophische Mentor in der Entwicklung der Bundesrepublik der letzten dreißig Jahre war, hat einen solchen Vorschlag im Ernst gemacht.

Ich kann aber vor solchen Träumereien nur warnen. Dies wird weder in Europa gelingen, noch viel weniger wird es für die ganze Welt gelingen, weil die übrigen Staaten der Welt ja ihren Vorteil gegenüber den entwickelten Industrieländern gerade darin sehen, daß sie eben nicht den ökologischen Auflagen und erst recht nicht den Kosten des Sozialstaates unterworfen sind. Sie würden sich selber ihrer Vorteile und Chancen berauben, wenn sie das täten. Das ist aber, so würde Theodor Fontane sagen, ein weites Feld. Wenn wir aber mit einer solchen Entwicklung rechnen müssen - und wir müssen wohl damit rechnen -, dann werden sich die Probleme ganz anders und neu stellen.

In der sprachlichen Artikulation dieser Vorgänge fällt heute auf, daß wir die Globalisierung, also die Vereinheitlichung der Weltwirtschaft, als weltweite Ausbreitung des Kapitalismus diskutieren. Wir reden nicht mehr von Marktwirtschaft, so wie wir das eigentlich immer verstanden haben, sondern wir setzen Marktwirtschaft mit Kapitalismus gleich. Und natürlich verstehen wir unter Kapitalismus das, was Karl Marx darunter verstanden hat. Marktwirtschaft ist aber nicht gleichbedeutend mit Kapitalismus. Marktwirtschaft bedeutet vielmehr ein wirtschaftliches System, das nach ganz bestimmten auch rechtlichen Prinzipien und nach ganz bestimmten variablen Rahmendaten funktioniert, die der Staat setzt. Wir müssen endlich erkennen, daß eine funktionierende Marktwirtschaft auf fundamentale Voraussetzungen angewiesen ist, die die Wirtschaft selber nicht schaffen kann, sondern auf die sie angewiesen ist:

Die wichtigste Voraussetzung liegt in einem starken Staat. Gemeint ist hier kein Staat, der wie ein Kater dick und fett aber impotent ist - das ist der Staat, den wir jetzt haben -, sondern ein starker, handlungsfähiger Staat. Wir brauchen diesen starken Staat aus zwei ganz einfachen Gründen. Einmal, weil in einer Gesellschaft die Regelungsmechanismen des Marktes gelten sollen. Dies zu erreichen, ist keine ökonomische, sondern eine politische Entscheidung. Es ist einer der schlimmsten Irrtümer, die die gegenwärtige Diskussion begleiten, daß wir glauben, daß, indem wir den Staat abschaffen oder ihn wenigstens noch schwächer machen als er sowieso schon ist, es dann weniger Hindernisse für den Erfolg der Wirtschaft gibt. Nein, der Staat muß erst die politischen Entscheidungen treffen, die eine prosperierende Ökonomie braucht. Der Staat etabliert erst die marktwirtschaftliche Ordnung. Und die Wirtschaft bedarf eines Rechtsstaates, der die Regelungen schafft, an die sich jeder halten soll.

Damit sind wir bei dem ersten Punkt, den auch die Unternehmer, die sich einer ethischen Verantwortung verpflichtet fühlen, beachten müssen. Auch solche Unternehmer müssen die Entscheidungen treffen, die durch die Logik und den Zwang der ökonomischen Sachgesetzlichkeiten vorgegeben sind. Und das heißt: Auch der ethisch oder christlich inspirierte Unternehmer muß zuallererst für den Gewinn wirtschaften. Eine der absurdesten Erklärungen, die auf sämtlichen evangelischen Kirchentagen zu hören sind, ist, daß Gewinn etwas Unchristliches und Unmenschliches sei und daß man nicht an den Gewinn, sondern an den Menschen denken solle. Diese Aussage ist selber unchristlich. Denn natürlich hängt die Überlebensfähigkeit des Unternehmens, und damit auch die Arbitsplätze und die Steuern, die das Unternehmen zahlt und mit denen der soziale Ausgleich bezahlt wird, daran, daß diejenigen, die in der Wirtschaft Entscheidungen zu treffen haben, gewinnorientiert wirtschaften. Die Unternehmer sind dafür verantwortlich, daß Gewinn erzielt wird. Und wenn sie es nicht tun oder es nicht können, dann gehören sie zum Teufel geschickt, denn dann sind sie keine Unternehmer. Dann versagen sie nicht nur als Manager, sondern auch als Staatsbürger und sogar als Christen.

Das zweite, worin sich die ethische Verantwortung des Unternehmers meldet, ist, daß dem Staat das Recht zugebilligt wird, die geltenden Gesetze und Regeln des Verhaltens auch in der Wirtschaft zu setzen und durchzusetzen. Ein verantwortliches Kalkulieren in der Wirtschaft wäre ohne das Vertrauen in das Recht und - wie Max Weber es genannt hat - in die Kalkulierbarkeit der Rechtsfolgen, die ein bestimmtes Verhalten hat oder nicht hat, überhaupt nicht möglich. Wir können das in der Weltgeschichte ablesen, die doch immer den besten Anschauungsunterricht liefert. Wir brauchen ja nur nach Rußland zu schauen. Dort kann man erleben, was Wirtschaften in einem Land bedeutet, in dem es keinen Staat, jednfalls keinen Rechtsstaat gibt. In diesem Land beginnt das organisierte Verbrechen, die Wirtschaft zu durchdringen und sich die Gewinne anzueignen.

Im Westen glauben wir noch immer, daß die rechtlichen Auflagen eher ein Hindernis für das freie Wirtschaften sind. Nein, das Gegenteil ist der Fall. Wir leben zwar nicht in Rußland, wir leben auch nicht in Italien, aber was Korruption bedeutet und was es bedeutet, wenn das organisierte Verbrechen sich der Wirtschaft interessevoll zuwendet, das beginnen wir erst langsam zu begreifen. Darum sind die jüngsten Verurteilungen von Vorständen größter deutscher Unternehmen wegen krimineller Untreue eines der überzeugendsten Symptome dafür, daß auch unsere Wirtschaft dem sozialen und gesellschaftlichen Niedergang folgen wird, wenn wir dies nicht ändern. Wir müssen dem Recht verpflichtet bleiben, wenn es auch der Wirtschaft manchmal schwerfällt.

Die weitere Voraussetzung, ohne die ein Wirtschaften nicht möglich ist, besteht darin, daß die Wirtschaft eine kulturelle und ethisch beurteilbare Sache ist. Das liegt daran, daß wir es in der Wirtschaft sowohl bei denen, die miteinander etwas erwirtschaften, wie bei denen, die die erwirtschafteten Güter auf dem Markt erwerben, mit Menschen zu tun haben. Auch diese Erkenntnis verdanken wir dem größten Sozialwissenschaftler des 20. Jahrhunderts, nämlich Max Weber. Die wirtschaftlichen, abstrakten Regeln mögen sein wie sie wollen, aber ein Unternehmer, der weiß, daß er es in und unter allen diesen Regeln mit Menschen und menschlichen Schicksalen zu tun hat, weiß mehr, als der Manager, der nur seine Kapitalrendite im Kopf hat. Was das im einzelnen bedeutet, daß es sich hier immer um Menschen handelt, das wird man nicht auf abstrakte Prinzipien und Regeln bringen können.

Wenn nun jedes wirtschaftliche System, ob nun das kommunistische, das liberale oder welches auch immer, es mit Menschen zu tun hat, wenn es eine zwischenmenschliche Veranstaltung ist, dann bedeutet das, daß dieses wirtschaftliche System auf eine bestimmte Art des Menschseins angewiesen ist. Max Weber hat hier vom „Typus Mensch" gesprochen. Wir übersehen leider immer wieder, daß jedes wirtschaftliche, auch jedes politische System einen ganz bestimmten Typus von Mensch nicht nur im Blick hat, sondern auch auf ihn angewiesen ist. Aus dem unbegrenzt plastizierbaren Material der menschlichen Natur holt jedes ökonomische und politische System eine bestimmte Artung, einen bestimmten Typus des Menschseins hervor.

Wenn demnach eine Gesellschaft, - hier sagt man besser eine Kultur -, zu der auch die Systeme der Erziehung und der Bildung gehören, diesen Typus von Mensch nicht bildet und erzieht, so daß die Wirtschaft auf ihn zurückgreifen und mit ihm arbeiten kann, dann ist ein erfolgreiches Wirtschaften nicht möglich. Was nützen einem Unternehmen die Lehrlinge, die sich um eine Stelle bewerben, wenn sie die elementarsten Kulturtechniken nicht beherrschen, d.h. wenn sie nicht lesen, nicht schreiben und nicht rechnen können, und wenn sie sich nicht disziplinieren können. Was nützen Mitarbeiter, die nicht fähig sind, von sich abzusehen und sich auf eine Aufgabe zu konzentrieren, und die über die erworbene Fähigkeit der Selbstbeherrschung nicht mehr verfügen? Diese Mitarbeiter können im übrigen so gut sein wie sie wollen, aber erfolgreiches Wirtschaften ist mit ihnen nicht möglich.

Und damit komme ich eigentlich erst zum Kern unseres Problems. Wenn wir uns die neomarxistische Kulturrevolution der 68er Jahre ansehen, die versucht hat, durch eine Kulturrevolution den Kapitalismus aus den Angeln zu heben, dann wird man eines nicht abstreiten können: Die Kulturrevolutionäre haben begriffen, daß eines Tages der Kapitalismus zusammenbrechen wird, wenn sie in Familie und Schule dafür sorgen, daß die Menschen nicht mehr die Qualitäten erwerben, ohne die eine rationelle Wirtschaft nicht möglich ist. Wenn die Kassen nicht rechtzeitig leer gewesen wären, dann hätten wir wohl noch dreißig Jahre dieses Experiment fortgesetzt und dann wäre in der Tat der Kapitalismus überwunden worden. So aber hat die Kulturrevolution ein Trümmer- und Ruinenfeld hinterlassen. Einer der Vordenker dieser Bewegung, der Soziologe Bernd Rabehl, hat noch vor kurzem gesagt: „Wir wollten den Kapitalismus überwinden, aber das ist uns nicht geglückt. Aber erreicht haben wir die Zerstörung der bürgerlichen Kultur und der christlich bürgerlichen Familie. Die Kulturrevolution hat zwar keine neue Kultur hervorgebracht, aber sie hat das, was der Nationalsozialismus noch an bürgerlichen Substanzen übriggelassen hat, vollends liquidiert."

Da nützt dann auch keine Beschwörung der Verantwortung mehr. Wenn wir über Verantwortung reden, dann müssen wir begreifen, daß Kollektive nie verantwortlich sein können. Verantwortlich kann immer nur der einzelne sein. Wir haben das erlebt in den Mitbestimmungsgremien, die überall geschaffen wurden. Solche Gremien bedeuteten viel eher die Abschaffung der Verantwortung. Ich bin daher immer dafür eingetreten, daß die Arbeiter auch am Produktivvermögen des Unternehmens beteiligt werden. Das hätte man schon längst machen müssen. Denn entweder wir werden dann aufgrund der sozialen Defizite des Marktes alle Sozialisten oder wir werden eben zynische Kapitalisten. Die Unternehmen wären klug beraten gewesen, wenn sie schon vor zwanzig Jahren die Beteiligung am Produktivvermögen eingeführt hätten, so daß jeder Arbeitnehmer zu seinem Unternehmen auch „mein"sagen kann. Nicht „die da oben", sondern „mein", das ist das Entscheidende. Diese Veränderung des Bewußtseins wäre wichtiger als alle materiellen Vorteile, die man vielleicht erzielen könnte.

Verantwortlich kann also nur der einzelne sein. Die Kirchen können zwar zu dieser Verantwortung aufrufen, sie können den Leuten deutlich machen, wo ihre Verantwortung liegt, aber ob einer verantwortlich handelt oder nicht, liegt ausschließlich im einzelnen Gewissen. Ein solches hat nicht nur der Unternehmer, sondern jeder einzelne. Die Schwierigkeit bei dem Begriff der Verantwortung liegt darin, daß niemand sagen kann, wem man eigentlich verantwortlich ist und welche Konsequenzen es hat, wenn man einer Verantwortung nicht nachkommt. Heute fühlt sich dagegen jeder nur noch sich selber gegenüber verantwortlich. Man kann nicht mehr sagen, für wen jemand verantwortlich ist und welche Folgen es hat, wenn er unverantwortlich handelt.

Der Gedanke der Verantwortung entstammt nicht nur dem Christentum, er ist auch in gewissem Grade daran gebunden. Wenn man nicht mehr glaubt, daß wir einmal erscheinen werden vor dem Richterstuhl Jesu Christi, wo jeder daraufhin überprüft wird, was er getan und was er unterlassen hat, wenn es also keine unverrückbare, letztgültige Instanz gibt, die auch über die Eigenverantwortung entscheidet, dann wird es überhaupt schwer sein, die Menschen wieder zu veranlassen, neben dem Gedanken der Freiheit auch wieder dem der Verantwortung zu folgen.

Auch der Sozialstaat als ein Teil der Sozialen Marktwirtschaft ist eine Frucht der christlichen Kultur. Der ursprünglich zugrundeliegende Gedanke der Solidarität, wonach der Stärkere den Schwächeren, daß der Reichere den Ärmeren unterstützt, ist durch ein christliches Ethos getragen, ohne das der Sozialstaat gar nicht denkbar gewesen und auch gar nicht zustande gekommen wäre. Dadurch aber, daß wir ihm nun die Gestalt eines solchen bürokratischen Apparates gegeben haben, vernichten wir den Sozialstaat in den ethischen Zusammenhängen, aus denen er einst hervorgegangen ist. Indem der moderne Sozialstaat eine Organisationsstruktur geschaffen hat, die nach formalen Regeln funktionieren soll, schob er zwischen die Menschen eine staatliche Apparatur.

Das führt zu einer ungeheuren Anonymisierung des Sozialen. Dieser moderne Sozialstaat ist seinem Charakter nach - wie wiederum Max Weber dies genannt hat - „anethisch". Der Sozialstaat verhält sich indifferent gegen eine ethische Bewertung. Das Ethische hat keinen Adressaten mehr, es sind abstrakte Strukturen, anonymer, hierarchischer Art. Und die Menschen die dort erfaßt werden, werden nicht als Menschen erfaßt, sondern als Fälle, als Nummern. Jeder ist hier beliebig durch jeden anderen ersetzbar. Das ist die Inhumanität, die aus der Organisation des modernen Sozialstaats hervorgeht.

Der Sozialstaat wird daher das Absterben seiner christlichen Wurzeln nicht überleben. Das wird spätestens dann der Fall sein, wenn die Sozialleistungen nicht mehr bezahlbar sind. Dann wird es nur zwei Möglichkeiten geben. Entweder wir werden dann eine Rebarbarisierung der Gesellschaft, eine Art Sozialdarwinismus, erleben, den wir in Teilen schon haben. Oder wir werden, wie zum ersten Mal, den Gedanken der christlichen Barmherzigkeit und tätigen Nächstenliebe wieder neu entdecken. Tätige Nächstenhilfe kann man nicht organisieren. Wenn sie stattfindet, ist sie das Ergebnis einer spontanen Zuwendung eines Menschen zu einem anderen. Diese Art von wirklichem sozialem Verhalten verschwindet heute zusehends. Weil wir eben darunter leiden, sind wir auch heute noch so anfällig für sozialistische Ideologien.

Moderne Konservative, Christen, folgen diesen Ideologien nicht. Der wichtigste Charakterzug eines Christen liegt in seiner Nüchternheit: Seid nüchtern und wachsam, laßt euch nicht berauschen. Diesen Geist der Nüchternheit und der Sachlichkeit brauchen wir heute dringender denn je. Auch die Gesetze der christlichen Nächstenliebe und der Barmherzigkeit haben ihre eigene Sachlichkeit, die man nicht organisieren kann. Wer es dennoch versucht, der organisiert sie geradezu weg. Wenn der moderne Sozialstaat dagegen kein Geld mehr hat, dann fällt er in sich zusammen. Neokapitalismus und sozialistische Umverteilungspolitik zerstören sich dann gegenseitig. Das ist exakt die Situation, in der wir uns heute befinden.

Erst wenn wir begreifen, daß die Kultur konstitutiv für die Ermöglichung einer funktionierenden und erfolgreichen Wirtschaft, wie übrigens auch der Bewältigung der „elektronischen Revolution" in einer künftigen „Informationsgesellschaft", ist, kommen wir einen Schritt weiter. Erst dann wird die Wirtschaft ihr Handeln nicht nur auf ökonomische Entscheidungen im engeren Sinne beschränken. Mit dem Schwund des Christentums in unserem Lande sterben sonst auch die Selbstverständlichkeiten der Ethik und der sogenannten „Werte" ab, und ein geistiges Vakuum entsteht. Max Weber, um ihn nochmals zu zitieren, hat nachgewiesen, daß ohne die protestantische, in diesem Fall calvinistische Ethik, ein rationaler Kapitalismus - und zwar kein Finanz- und Spekulationskapitalismus, sondern ein Produktionskapitalismus -, nicht möglich gewesen wäre. Diesem Produktionskapitalismus verdankt die Menschheit den größten realen Fortschritt, den sie in ihrer Geschichte erreicht hat.

Erinnern wir uns an die Zeiten zurück, bevor es diesen, aus dem calvinistischen Ethos hervorgegangenen Kapitalismus gab: Damals war das menschliche Leben kurz, das Leben dauerte im Durchschnitt keine vierzig Jahre. Die Massen lebten in einem unglaublichen Elend, sie waren aller zivilisatorischen Erleichterungen und Errungenschaften beraubt, kurz: Sie führten ein kümmerliches, ärmliches, karges, bedauernswertes Leben.

Dieser - von den Sozialisten so verfluchte - Kapitalismus hat es erreicht, daß zum ersten Mal in der Menschheitsgeschichte der Hunger in Europa beseitigt werden konnte, und daß in den durch die christliche Tradition bestimmten Ländern die Massen ein Lebensniveau erreicht haben, wie es noch vor zweihundert Jahren nur wenige Feudale in Anspruch nehmen konnten. Dieser „böse" Kapitalismus hat es geschafft, daß ein Maß an Freiheit und ein Fortschritt in der Medizin erreicht wurde, der unvorstellbar ist. An sich müßte unser gottlos gewordenes Volk auf die Knie sinken und Gott, dem Herrn, täglich dafür danken, wie gesegnet es mit den Gütern dieser Welt ist im Vergleich zu dem unvorstellbaren Elend der restlichen 80 % der Menschheit, wo das Christentum und die Soziale Marktwirtschaft sich eben nicht durchgesetzt haben.

23. Das geistige Vakuum in der Epoche des unvollendeten Nihilismus

Wenn wir das eben angesprochene Thema „Geistiges Vakuum" diskutieren wollen, so ist es sinnvoll, einen Blick auf die übrige gesellschaftliche und politische Realität zu werfen. Die Geschichte selber liefert - wie so oft - den richtigen Einstieg. Schauen wir uns zunächst noch einmal das Ergebnis der Bundestagswahl 1998 an. Das sogenannte bürgerliche Lager in der Bundesrepublik Deutschland hat noch nicht realisiert, was dort eigentlich passiert ist. Wenn man zur Kenntnis nimmt, daß die Partei, die für sich selber in Anspruch nimmt, das zu vertreten, was man die bürgerliche Gesellschaft nennt, inzwischen außerhalb Bayerns nur noch 28 % in der Bundesrepublik bekommen hat, dann wird man darin nicht nur eine erdrutschartige Niederlage, sondern ein unübersehbares Signal für eine offenbar lang vorbereitete, in die Zukunft wirkende fundamentale Änderung unseres ganzen politischen und gesellschaftlichen Systems erkennen können.

Natürlich gibt es viele Stimmen, die auf die Frage antworten, woran es denn gelegen haben möge. Die einen sagen, man wollte eben einen sechzehn Jahre amtierenden Kanzler nicht mehr sehen, die anderen sagen, die Öffentlichkeitsarbeit sei nicht so gewesen, wie sie hätte sein können. Die dritten sagen, die Union sei nicht sozial genug gewesen. Und wieder andere meinen, das bürgerliche Wahlergebnis sei eben ein Ausdruck der Lage in den neuen Bundesländern, die verständlicherweise in ihrer Situation nicht mehr geneigt waren, die Erwartungen der CDU zu erfüllen.

An dieser Diskussion möchte ich mich nicht beteiligen und ich möchte sie auch nicht durch eine weitere Anregung fortsetzen. Ich bin vielmehr überzeugt und ich habe das auch vor 16 Jahren beim Regierungsantritt der ersten Regierung unter Bundeskanzler Helmut Kohl prognostiziert, daß das Schicksal der CDU und damit der Kräfte der Gesellschaft, die sie repräsentiert, auf die Dauer einzig und allein davon abhängig ist, ob sie im Stande sein wird, das zu realisieren, was sie auch versprochen hatte - nämlich eine geistig-ethische Erneuerung der Bundesrepublik Deutschland. Eine solche geistige Erneuerung schien mir notwendig, weil auf die Dauer ohne diese Voraussetzung die CDU den ideologischen und moralischen Kräften ihrer Gegner keinen Widerstand entgegensetzen kann und ihr nur die Unterwerfung bzw. die Anpassung an diejenigen Kräfte übrigbleibt, die den mainstream der Gesellschaft auch geistig und mental bestimmen. Und genauso ist es gekommen! Wenn man nach den Ursachen des Ausganges der Wahl fragt, so erkennt man darin die glänzendste Bestätigung einer Prognose, auf die ich vor allem darum stolz bin, weil sie nicht von einem Demoskopen oder einem Soziologen oder gar von einem Kollektivpsychologen stammt, sondern von jemandem, der einem scheinbar altertümlichen Geschäft, nämlich der Philosophie, nachgeht.

Das zweite Ereignis besteht darin, daß an die Stelle der alten bürgerlichen Koalition eine rot-grüne Koalition getreten ist. Es kann kein Zweifel darüber bestehen, daß diejenigen, die eine der beiden Parteien gewählt haben, sehr wohl wußten, daß im Falle der Erreichung der numerischen Mehrheit eine rot-grüne Koalition das Ergebnis sein würde. Und wie haben nun SPD und Grüne diesen Wahlsieg errungen? Sie haben den Wahlkampf nicht nur geistig entleert und ausgehöhlt, sondern sie haben den Wahlkampf auch so entpolitisiert, daß man zu zweifeln beginnt, ob solch entpolitisierte Wahlkämpfe in der Demokratie überhaupt noch einen Sinn ergeben. Ihre Parole lautete schlicht: „Wir machen nicht alles anders, aber vieles besser". Und der Weckruf, der uns erreichen sollte, lautete: „Ich bin bereit." Und ich habe monatelang voller Spannung darauf gewartet, zu hören, wozu die Regierung nun bereit ist. Als Antwort bekamen wir zwei solche Leerformeln wie „Innovation" und „soziale Gerechtigkeit" zu hören. Es soll nun die „Gerechtigkeitslücke" geschlossen werden, die offenbar die kapitalistisch durchsäuerten Christdemokraten haben entstehen lassen.

Man zeigte sich zunächst nach der Wahl beeindruckt, daß die Koalitionsverhandlungen so wunderbar und harmonisch über die Bühne gegangen und doch eigentlich sehr befriedigende Ergebnisse herausgekommen sind. Man konnte den Eindruck bekommen, als sei eigentlich gar nichts passiert. Die alte Regierung hat sich in beinahe freundschaftlichem Geiste verabschiedet, und es wurde keine Gelegenheit ausgelassen, die Leistungen der alten Regierung zu würdigen. Es schien, als vollzog sich ein Wechsel innerhalb der großen Familie der beiden eng miteinander verbundenen Großparteien, von denen die eine seitdem meint, in vier Jahren sei sie wieder an der Reihe.

Wenn wir uns aber diese Koalitionsverhandlungen genauer ansehen und dazu den Kommentar auf dem Parteitag der Grünen zur Kenntnis nehmen, dann wird man feststellen, daß die Grünen völlig richtig inter-

pretieren, was dort passiert ist. Die Grünen sehen in dem Regierungswechsel eine gesellschaftspolitische Weichenstellung von fast revolutionärer und weit in die Zukunft ragender Bedeutung. Denn natürlich ist
die Ersetzung des jus sanguinis durch das jus soli als Prinzip des neuen
Staatsbürgerschaftsrechtes im Kontext der deutschen Tradition ein revolutionärer Vorgang. Dies ist - wie der neue CDU-Vorsitzende Schäuble
auch sogleich feststellte - der verhängnisvollste Beschluß, der in den
Koalitionsvereinbarungen zu finden ist. Die politischen Auswirkungen
der Ernennung von 4 Millionen Ausländern zu Deutschen sind in der
Tat enorm. Umfragen ergeben, daß von zehn Ausländern neun entschlossen sind, rot-grün zu wählen. Die rotgrüne Regierung beschafft sich hier
eine Wahlklientel, die auf anderem Wege zu beschaffen etwas mühseli-
ger wäre.

Aber das ist nicht das Entscheidende. Wir müssen vielmehr sehen,
daß das „deutsche Volk" sich ein Grundgesetz gegeben hat, und daß die
Politiker schwören, "dem Wohle des deutschen Volkes zu dienen", nicht
irgendeiner ethnischen Bevölkerungsgruppe. Im Prinzip bedeutet daher
die Ersetzung des jus soli durch das jus sanguinis den Anfang des Prozesses der Selbstliquidierung der Deutschen. Morgen wird es keinen
Sinn mehr haben, vom deutschen Volk zu sprechen. Ich finde daran so
furchtbar, daß damit der letzte Wille Hitlers erfüllt wird. Denn Hitler
war es, der 1945 gesagt hat, das deutsche Volk habe keine Existenzberechtigung mehr, es habe versagt und es verdiene zu verschwinden.

Nun kann man lange darüber spekulieren, worin denn die absehbaren Konsequenzen dieses neuen Staatsbürgerrechts liegen werden. Daher ist es vielleicht angebracht, auf die Äußerung des türkisch-deut-
schen Abgeordneten der Grünen, Özdemir, zu verweisen, der in einem
unbedachten Augenblick sagte, daß die Türken damit nun mit dem Verstand das ereichen, woran sie vor dreihundert Jahren vor Wien gescheitert sind. Das nenne ich eine Langzeitstrategie. Hier wird man unwill-
kürlich an den großen Lenin erinnert, der, als er aus Genf nach Skt.
Petersburg zurückkehrte, sein Resumee aus den Erfahrungen mit der
westlichen Bourgeoisie zog und sinngemäß sagte: „Diese bürgerliche
Gesellschaft ist unfähig, in den Begriffen geschichtlicher Prozesse zu
denken. Sie ist ihren eigenen Interessen im längerfristigen Sinn so sehr
entfremdet, daß wir sicher sein können, daß sie uns den Strick liefern
werden, an dem wir sie morgen aufhängen werden." In ähnlicher Weise
äußerte sich auch der frühere sowjetische Staatspräsident Breschnew
anfang der achtziger Jahre in Prag auf die Frage, was denn mit der Bun-

desrepublik Deutschland geschehen werde: „Wir warten in Ruhe ab bis uns die Bundesrepublik eines Tages wie ein fauler Apfel in den Schoß fällt".

Erinnern wir uns, was sonst noch in diesem Koalitionsvertrag der rotgrünen Regierung steht: Das Ehe-Splitting soll tendenziell abgeschafft und staatliche Fixer-Stuben sollen eingeführt werden, eine Art Homosexuellen-Ehe soll eingerichtet und die Bundeswehr soll auf hundertvierzigtausend Mann reduziert werden. Als Grüne kann man also außerordentlich zufrieden sein, zumal sie wissen können, daß dies alles nur der Anfang der „Reformen" ist. Das bürgerliche Publikum muß eben erst noch an solcherlei Reformen gewöhnt werden. Daß unsere Politiker mit Gewöhnungszeiten rechnen, hat der Kommentar des PDS-Vorsitzenden Gregor Gysi bewiesen, der die Regierungskoalition von SPD und PDS in Mecklenburg-Vorpommern so begründete, daß es jetzt nur darauf angekommen sei, das politische Klima zu ändern. Erst in vier Jahren sei daran zu denken, die eigenen Forderungen durchzusetzen. Dies als eine kleine Schule in politischer Strategie.

Die PDS, die Nachfolgepartei der SED, ist nun in Deutschland in einem Bundesland unmittelbar an der Macht und indirekt über den Bundestag auch an der Regierung der Bundesrepublik beteiligt. Daran ändert auch die allseits geäußerte Empörung nichts, wonach die historische Belastung der PDS uns veranlassen sollte, sie von der Macht fernzuhalten. Nein, man sollte sich vielmehr die Mühe machen, das Programm dieser Partei zu lesen. Aber das Bürgertum hat ja auch das Programm der NSDAP nicht gelesen, es hat ja weder „Mein Kampf" gelesen, noch hat es Lenin gelesen. Die einzig entscheidende Frage ist nicht, was diese Partei einmal war. Das mag juristisch und moralisch eine wichtige Frage sein, aber die politisch entscheidende Frage ist, was diese Partei will. Sie macht aus ihrem Willen keinen Hehl. Sie erklärt deutlich, daß sie - wenn auch auf demokratischem Wege - den Sozialismus und die Überwindung des Kapitalismus in Deutschland anstrebt. Der Sozialismus ist demnach also nicht durch die Millionen Opfer, die das Experiment nicht nur in der ehemaligen Sowjetunion gekostet hat, obsolet geworden, sondern er feiert, im Geleitschutz einer ehrwürdigen, alten, demokratischen Partei, mitten unter uns seine Wiederauferstehung. Auch dies hat nicht seine wesentliche Ursache in dem, was wir in Leitartikeln der Zeitungen oder in Politikerreden zu hören bekommen, sondern dies ist, wie die beiden anderen Phänomene, eine entscheidende

Konsequenz aus dem geistigen Vakuum, in dem die Bundesrepublik sich augenblicklich befindet.

Wenn wir alle drei Ereignisse zusammennehmen, wird das geistige Elend des deutschen Bürgertums offensichtlich. Das geistige Vakuum wird zu einer Saugkraft, das die abgestandendsten Ideologien des 19.Jahrhunderts wiedererstehen läßt. Das geistige Vakuum ist es auch, das bewirkt, wie es Elisabeth Noelle-Neumann entdeckt hat, daß nun auch siebzig Prozent der Bevölkerung der alten Bundesrepublik zu einem mehr sozialistischen Freiheitsbegriff neigen und nicht mehr zu dem Freiheitsbegriff, der der alten Bundesrepublik Deutschland zugrundelag. Sozialistischer Freiheitsbegriff heißt, daß der Staat den Zustand einer fast totalen Sicherheit gegenüber allen denkbaren Risiken des allgemeinen und des persönlichen Lebens zu garantieren hat. Wir sind doch so weit, daß selbst die Gesundheit vom Staat als ein Recht eingefordert und eingeklagt wird. Die Gesundheit ist bei uns zu einem Rechtsanspruch geworden, der kollektiv gesichert werden muß. Und die Ärzte sind dabei, das zu werden, woran das Gesundheitswesen und die Ärzteschaft schon einmal in Schweden und Großbritannien auf das schwerste beschädigt worden sind. Sie werden Agenten kollektiver Entscheidungen, sie werden zu den Exekutoren von Funktionären, die ihnen die Bedingungen ihrer täglichen Praxis und ihres Berufes diktieren. Die Folge wird sein, daß sie eines Tages die Lust verlieren werden. Bereits heute grassiert bei den Ärzten eine innere Resignation. Die Frustration der Ärzte, die noch keine Medizintechniker, sondern noch Ärzte sind, nimmt heute dramatisch zu. Alle Beschwörungen der Qualität unseres Gesundheitswesens werden daran ebensowenig etwas ändern, wie die Beschwörung unseres vorbildlichen Schulwesen zu einem Zeitpunkt, an dem die Lehrer längst vor den Schülern kapitulieren und resignieren und sich jeden Tag ausrechnen, wann sie denn in Pension gehen können.

Welch eine Bilanz! Ein Land wie Deutschland, eines der großen Industrieländer dieser Welt, ein Land mit einer vorbildlichen Demokratie, ein Land, das täglich Gott auf den Knien zu danken hätte für den unendlichen Reichtum und Segen, der auch aus den Bedingungen einer freiheitlich organisierten Wirtschaft geflossen ist, neigt heute einem sozialistischen Freiheitsbegriff zu. Es ist ganz offensichtlich, daß die bisher unsere Diskussion bestimmende Interpretation, wir seien aus dem sozialdemokratischen Zeitalter herausgetreten und in das Zeitalter eines hemmungslosen Neoliberalismus bzw. „Turbokapitalismus" (Heiner Geissler) eingetreten, offenbar der Lage nicht gerecht wird.

Nein, wir haben sit bald 30 Jahren beides zugleich: Wir haben sowohl den Trend hin zu einer staatlich kontrollierten und staatlich gesicherten kollektiven Sicherheit hinsichtlich beinahe aller Lebensrisiken und materieller Mangellagen, wozu natürlich auch das staatliche Gesundheitswesen gehört. Und wir haben gleichzeitig einen, alle Fesseln sprengenden, alle Gesetze im Prinzip als überflüssig erklärenden, ins Anarchistische tendierenden Individualismus. Das sind zwei Seiten derselben Medaille. Wir haben den Sozialismus im Bereich des Objektiv-Allgemeinen, also - wie man im 19. Jahrhundert sagte - in Fragen des „objektiven Geistes", und wir haben einen extremen, emanzipatorisch gestimmten antiautoritären Individualismus auf der anderen Seite.

Wenn es nicht den Zusammenbruch des Sozialismus gegeben hätte und wir damit nicht in das Zeitalter der sogenannten Globalisierung eingetreten wären, hätte dieser Zustand wohl noch lange angehalten. Dieser Prozeß, in dem sich wechselseitig sozialistische und individualistische Kräfte hochschaukelten, wäre vielleicht bis zum jüngsten Tag weitergegangen. Allerdings wären wir eines Tages aus dem Verband der zivilisierten Völker ausgetreten, wenn die furchtbaren Ergebnisse der antiautoritären Erziehung in der Schule voll zur Geltung gekommen wären. So aber erleben wir durch die ständig voranschreitende Internationalisierung der Wirtschaft eine offenkundige Depotenzierung des Nationalstaates und damit aber auch des Sozialstaates. Die weltpolitischen Realitäten, mit denen jedes auch fortschrittliche Land der westlichen Welt mehr oder weniger konfrontiert ist, nötigen uns nicht nur eine Politik der Anpassung an diese Gegebenheiten auf, sondern sogar einen revolutionären Umbau unserer Strukturen. Wenn wir den neuen Bedingungen und den neuen Herausforderungen, die in der Geschichte ohne jede Analogie sind, genügen wollen, kommen wir nicht mit Reförmchen und mit Symptomtherapien oder gar mit einer Rückkehr zu den sozialistischen Weltbildprämissen der siebziger Jahre zurecht, sondern nur mit Strukturveränderungen von beinahe revolutionärer Qualität. Wenn dies unsere politische Klasse noch nicht begriffen haben sollte, so wissen es alle halbwegs nachdenklichen Bürger in unserem Land, die ich, bis die absehbaren Wirkungen eingetreten sind, immer noch das deutsche Volk nenne. Darum ist ja die geistige Grundstimmung in unserem Lande vom Geist der Resignation, der Apathie getragen. Wichtige Gruppen und

Kreise unseres Volkes sind so depressiv gestimmt, wie seit fünfzig Jahren nicht mehr.

Dieses geistig unbewältigte Vakuum, in dessen Zeichen sich die Kräfte von gestern durchsetzen und unseren Blick einengen oder uns überhaupt erblinden lassen, führt zu einer dramatischen Realitätsverweigerung: Solange die Konten mit fünf Billionen gefüllt sind, wollen wir die Realitäten dieser Welt offensichtlich nicht zur Kenntnis nehmen. Erst wenn diese fünf Billionen DM vielleicht auf ein Zehntel zusammengeschmolzen sind, dann darf man wohl hoffen, daß die Bürger aus ihrer Apolitizität und aus ihrer auf schiere partikulare Interessenbehauptung angelegten Mentalität jäh herausgerissen werden.

Welche geistigen Kräfte sind es nun, die über die Weltbilder und die Ideologien des 19. und 20. Jahrhunderts hinaus uns eine Perspektive geben wollen?

Wenn wir uns die Ideologien von unseren modernen Soziologen, oder sollte man besser sagen, von unseren Modesoziologen, wie Ulrich Beck, ansehen, so stoßen wir auf die allseits formulierte Apotheose des Individualismus. Ulrich Beck schlägt vor, daß wir den Prozeß der Emanzipation des einzelnen radikal zu Ende führen und daß wir alle Formen kollektiver Identitäten, seien sie sozial, national oder geschichtlich begründet, auflösen sollten. Beck behält vom Staat nur noch ein formales Regelwerk übrig, das notdürftig die äußeren Verhaltensformen der einzelnen, als absolut und autonom gedachten Individuen regelt. Jeder soll sein Schicksal selbst in die eigenen Hände nehmen. Jeder wird so am Ende sein eigener Unternehmer. Die Individuen sollen sich flexibel an immer neue persönliche Beziehungen und gesellschaftliche Bedingungen anpassen. Beck hofft dabei, daß die Individuen innovativ und, wie man so schön sagt, kreativ ihr Leben organisieren. Die Menschen sollen gleichzeitig planetarisch und global denken, sie sollen möglichst mit allen Kulturen in einen Dialog eintreten und sich auf eine Ethik verständigen, auf die sich alle Kulturen und Religionen verständigt haben. Man könnte beinahe eine Satire darüber schreiben, wie man sich diesen neuen Menschen, diesen autonomen Menschen in der zeitgeistkonformen, postmodernen Soziologie vorstellt. Ich habe jedenfalls den Eindruck, daß eine solche Lebensweise die menschliche Kapazität schlechthin übersteigt. Es werden in dieser hypertrophierenden Moderne dem Menschen Leistungen und Lebensformen abverlangt, die er einfach nicht mehr leisten kann und will.

275

Und damit sind wir beim Kern der Dinge. Wir werden an der Entscheidung nicht vorbeikommen, ob wir diesen Weg der Auflösung aller überkommenen Traditionen und Formen der Kultur fortführen wollen oder nicht. Wollen wir die radikale und totale Trennung von der Geschichte, wollen wir den Marsch in eine geschichtslose, von Fußball, von Fernsehen und von Hedonismus ausgefüllte Freizeitgesellschaft? Wenn nicht müssen wir endlich damit beginnen, was Nietzsche der bürgerlichen Gesellschaft empfohlen hat, nämlich sich zu "besinnen". Nietzsche sagte, das größte Übel, nein, die eigentliche Katastrophe der bürgerlichen Gesellschaft bestehe darin, daß sie nicht den Mut habe, sich zu besinnen. Die bürgerliche Gesellschaft besinnt sich bis heute nicht. Von ihrer Hast und Hektik, von ihrem Verlangen nach Neuigkeiten und Gütern getrieben, eilt sie voran. Sie hält nicht inne, sie besinnt sich nicht, d.h. sie philosophiert nicht. Nietzsche hat für diesen Fall das vorausgesehen, was wir heute haben. Nietzsche hat längst aufgehört, bloße Literatur zu sein. Nietzsches Prognose hat, was den Charakter unseer spätmodernen Gesellschaft angeht, völlig eindeutig über Karl Marx und den aus dessen Erbe entstandenen Traditionen triumphiert.

Denn was hat Nietzsche vorausgesehen? Nietzsche hat das gesehen, was er den Nihilismus nannte. Nihilismus heißt, daß sich alle geschichtlichen Substanzen auflösen und daß damit auch das Christentum in eine Agonie verfällt. Nach Nietzsche sind wir vorerst noch in das Zeitalter des „unvollständigen" Nihilismus eingetreten. Nietzsche ist sich wie kein anderer bewußt gewesen, was die durch das Christentum ermöglichte, begründete und gestiftete geistige und kulturelle Tradition für das Schicksal unserer Kultur bedeutet. Hinsichtlich der kulturellen Bedeutung des Christentums ist es auch gleichgültig, ob jemand sich nun als Christ versteht oder nicht, ob er gläubig ist oder nicht. Nietzsches Kernthese lautet, und sie hängt mit seinem Begriff vom „unvollständigen Nihilismus" zusammen, daß, wenn die Substanz des Christentums weicht, wenn sie aufgelöst wird oder sich selbst verflüchtigt, nichts übrig bleiben wird, als ein leeres Gerede von den Werten, als ein bißchen Moral in einer sozialdarwinistisch geprägten Welt. Mit dem Fortfall des Grundes, auf den sich alle geistig-kulturellen „Werte" in zweitausend Jahren gestützt haben, bleibt in den Augen Nietzsches vom Christentum vorerst nichts übrig als ein sanfter Moralismus. Erst in einer vollendet postchristlichen Welt lohnt es sich nicht einmal mehr, moralischer Atheist zu sein. Man kann in einer konsequent postchristlichen Welt nicht einmal mehr Atheist sein, denn wenn nichts mehr affirmativ als wahr behauptet wird, dann macht es auch keinen Sinn mehr, diese „Wahrheit" zu leugnen.

Es war eine Freude, als es noch richtige Atheisten gab. Die Atheisten, das hat Dostojewski schon gesehen, haben etwas an sich, was die Christen nicht haben. Denn ein richtiger Atheist beschäftigt sich ständig mit Gott. Er ist ständig darum bemüht, seine Existenz zu widerlegen und beschäftigt sich damit intensiver mit Gott als der Christ selber. Wer genauer hinsieht, wird entdecken, daß - trotz der Religionskritik - das 19. und 20.Jahrhundert religiöser waren als das Mittelalter. Im Mittelalter waren die Menschen mit ganz anderen Dingen beschäftigt, denn die christlich-religiöse Grundordnung stand auf festem Grund. Wir dagegen leben in religiös tief bewegten Zeiten, auch wenn die Menschen mehr oder weniger achtlos an der Kirche vorbeigehen. Die Kirche ist nicht mehr in der Lage, die religiösen Bewegungen auf sich zu versammeln.

Wir leben darum noch nicht im vollendeten Nihilismus, sondern im Zeitalter des unvollständigen Nihilismus, weil unsere Atheisten vorerst noch an den säkularisierten und sedimentierten Werten des Christentums festhalten. Wenn etwa Bundeskanzler Schröder die Formel: „So wahr mir Gott helfe", die zum Text des Eides gehört, weil die Verfassung dieses Staates vor Gott gegeben ist, nicht mehr spricht und stattdessen sagt, das sei seine Privatangelegenheit, dann gehört das auch zu diesem Übergang in die totale geistig-kulturelle Substanzlosgkeit, mit der wir es heute zu tun haben. Sicherlich hat der Kanzler das Recht, auf das Sprechen dieses Teils der Eidesformel zu verzichten. Er kann diese Eidesformel sprechen, er sollte es eigentlich, aber er muß es nicht. Die Eidesformel bleibt auch gültig, selbst wenn dieser Teil weggelassen wird. Interessant ist nur, das Schröder der erste Bundeskanzler ist, der auf das Sprechen dieses Teils des Eides verzichtet hat. Da liegt die qualitative Neuerung, in der sichtbar wird, was sich eben seit vielen Jahren in diesem Lande schon angebahnt hat. Bundeskanzler Schröder meint noch, an den moralischen Forderungen festhalten zu können, ohne die religiöse Grundlage dieser Moral anzuerkennen. Von Nietzsche her ist diese Sichtweise unhaltbar. Davon abgesehen ist Schröders Argument aber auch von der Sache her falsch. Denn es wird ihm in dieser Eidesformel nicht sein persönliches Glaubenszeugnis abgefordert, sondern es wird ihm nur abgefordert, daß er - wie die Väter der Verfassung es wollten - die Instanz anerkennt, unter die sich dieser Staat mit seiner Verfassung unter dem Eindruck der Verbrechen des Nationalsozialismus gestellt hat.

Nietzsche hat gesehen, daß das Zeitalter des unvollständigen Nihilismus, in das wir eingetreten sind, nicht das Zeitalter ist, in dem „Werte" geleugnet werden. Vielmehr wird es eine Zeit der Hochkonjunktur des Wertebegriffes sein. Konfrontiert mit der Krise unserer Gesellschaft beschwören wir allenthalben die „Werte". Auch in der CDU wird ja ständig nach einer Wertedebatte gerufen. Dann geht das unendliche Gerede mit den Werten los. An sich sind „Werte" ja eine gute Sache. Das Problem besteht nun aber nach Nietzsche darin, daß die Werte, zu denen man sich bekennt, und die Wirklichkeit, die man wissenschaftlich erkennt, sich beziehungslos und vermittlungslos gegenüberstehen. Die Praxis des Lebens, die sich an den Realitäten ausrichtet, steht darum ständig im Widerspruch zu den Werten, die beschworen werden.

Der eingetretene Bruch, die Beziehungslosigkeit zwischen erkannter Wirklichkeit und beschworenem Wert, das ist das Problem. Die Werte in ihrer Losgelöstheit sind dadurch definiert, daß sie nicht wirklich sind, sondern daß sie erst durchgesetzt werden müssen. Wenn wir fragen, wer die Wirklichkeit unempfindlich für Werte gemacht hat oder wer die Wirklichkeit in ihrer Wertefreiheit erkennt, dann ist das zweifellos die größte Kulturmacht der Moderne - nämlich die Wissenschaft.

Die Wissenschaft ist ein wunderbares Instrument, um die Wirklichkeit auch im Blick auf ihre Veränderungs- und Eingriffsmöglichkeiten zu erkennen. Ihr verdanken wir durchaus großartige Erfolge. Man denke nur an die Erfolge der Medizin. Ich gehöre nicht zu denen, die ein mißliebiges Wort über die Wissenschaften verlieren, denn viele Menschen haben diesen Wissenschaften unendlich viel zu verdanken. Aber, um am Beispiel zu bleiben, die Medizin geht in der Anwendung der Medizintechnik nicht auf. Die ärztliche Kunst, die man richtigerweise eine Kunst und keine Wissenschaft nennt, ist mehr als nur die Anwendung von Medizintechnik. Der Arzt hat es mit dem Menschen zu tun und nicht nur mit der Funktionsstörung eines Organs. Leider kommt heute der Mensch als Mensch immer seltener in den Blick, und oft darf er auch gar nicht mehr in den Blick kommen.

Der Mediziner, der ohne Philosophie ausgebildet wird, ist keiner. Zum Arzt wird man nur durch die Philosophie. Ich bin ganz sicher, daß morgen alle guten Ärzte dies geworden sind, weil sie trotz der Studienordnungen Philosophie studiert haben. Übrigens hat es darum zwischen der Medizin und der Philosophie immer eine großartige Symbiose gegeben, vor allen Dingen in Deutschland im 19. Jahrhundert. Man denke nur an die Schellingsche Philosophie der Romantik bis hin zu Victor von Weizsäcker. Umgekehrt hat bereits Platon das Geschäft des politischen Philosophen als eine „therapeia", als eine Heilkunst bestimmt, und Nietzsche hat den Philosophen den "Arzt der Kultur" genannt.

„Unvollständiger Nihilismus" ist der Zustand der christlichen Kultur in seinem Finalzustand. Wir befinden uns heute an einem Wendepunkt, an dem sich auf längere Sicht auch das Schicksal der Bundesrepublik entscheiden wird. Wir haben folgende Wahl: Entweder wir setzen den Liquidationsvorgang aller geistigen und kulturellen Bestände fort und leben als „letzte Menschen" vom Unterhaltungs- und Zerstreuungsprogramm der Medien und der Talk-Shows. Oder wir tun das, was Nietzsche uns verordnet hat, und besinnen uns. In diesem Fall gibt es aber keine rettende Utopie mehr am Horizont der Zukunft, die uns noch ein inspirierendes Licht sein könnte. Natürlich werden die Menschen immer utopischen Träumen nachhängen, aber eine Großutopie, die mit dem konzentrierten Einsatz aller Mittel eines modernen Staates eine Gesellschaftsordnung, auch unter Inkaufnahme von vielen Opfern, realisiert, wird es in Europa wohl nicht mehr geben.

Darum bleibt uns als einziges Pathos und als einzige Quelle, aus der wir schöpfen und kulturell und geistig leben können, nur noch die Geschichte und ihr vergessenes und verdrängtes Erbe übrig. Ich bin sicherlich ein „leidenschaftlicher Liberaler", wie das ein ehemaliger marxistischer Theoretiker gesagt hat, aber ich bin auch ein überzeugter Konservativer. Ein überzeugter Konservativer bin ich darum, weil konservativ denken, heißt, geschichtlich zu denken. Wenn wir unsere Lage illusionslos zur Kenntnis nehmen, ist der letzte, immer dünner werdende Faden, der uns noch mit unserer zweitausendjährigen Geschichte verbindet, allein das Christentum. Es gibt für den, der noch an dem Willen einer möglichen Heilung festhält, zu einer solchen Besinnung auf die christliche Kultur keine Alternative.

Vergessen wir nicht: Wenn wir unsere eigene Herkunftsreligion verabschieden oder ideologiekritisch auflösen, wird dieses Vakuum nicht leer bleiben! Dann dringen entweder säkulare Religionen und Quasireligionen ein, wie der Nationalsozialismus oder der Kommunismus welche waren. Auch heute folgen wir im Glauben an die Allösungskraft der Ökonomie einer dritten Quasi-Religion. Oder wir werden Missionsland für andere Religionen. Ein großer Franzose, André Malraux, hat einmal gesagt, das entscheidende Problem des 21. Jahrhunderts wird nicht die politische Ökonomie, sondern die Religion sein. Wenn der Realismus, mit dem die Christen die Menschen und die Realität in den Blick genommen haben, vergessen wird und selbst die Christen und ihre Hüter sich scheuen, das Wort „peccatum" (Sünde) überhaupt noch in den Mund zu nehmen, weil sie meinen, das hätte etwas mit Moral zu tun, ist der Teufelskreislauf von Utopie und Resignation nicht zu durchbrechen. Nein, „peccatum" hat nur sehr indirekt und derivativ mit Moral zu tun. Unmittelbar hat „peccatum" mit moralischem Wohlverhalten oder gar - worauf es unsere Kirchen häufig reduzieren - mit der Sexualmoral überhaupt nichts zu tun. Sondern „peccatum" ist das, was nach Paulus alle Menschen in ein große Gemeinsamkeit zusammenfaßt. Nicht das „christliche Menschenbild", d.h. seine Gottesebenbildlichkeit, ist das, was das Christentum universal macht, sondern das „peccatum". Und „peccatum" bedeutet nichts anderes, als daß der Mensch einem nicht zu beherrschenden Drang, fast einem Zwang gehorcht, sich selbst und seine Welt zu zerstören. Dafür gibt es keine rationale Erklärung. Nur die Geschichte ist ein einziges Zeugnis, daß der Mensch offenbar am glücklichsten in den Momenten ist, in denen er ergriffen wird von der Lust der Zerstörung und dem Überlegenheitsgefühl, das dem verliehen wird, der Gewalt gegen einen Schwächeren ausübt.

Das Christentum ist und bleibt die Alternative zu einer Welt, in der wie hinter einer dünnen Eisschicht das Leiden der Menschen immer größer wird. Das gilt vor allem für das Leiden unter der Vereinsamung. Nie gab es einen solchen Grad der Vereinsamung und der Beziehungslosigkeit der Menschen wie in unserer so modernen Gesellschaft. Leiden meint aber vor allem auch das Leiden an der Sinnlosigkeit. Warum retten und verlängern die Ärzte das menschliche Leben beinahe um jeden Preis? Warum führen Ärzte diesen verzweifelten, manchmal heroischen Kampf um ein Leben, das nur noch um wenige Wochen, manchmal Stunden verlängert werden kann? Wofür? Die Frage ist völlig unausweichlich. Das schlimmste aller Leiden ist das Leiden unter dem Verdacht der Sinnlosigkeit. Die Ärzte wissen, daß wir mit dem ersten Augenblick, den wir existieren, zu sterben beginnen. Der Tod frißt sich in uns hinein und er frißt uns am Schluß auf. Und eine moderne Welt, wie die unsere, die davon überzeugt ist, daß der Tod und nicht das Leben das alles Entscheidende ist, diese Welt kann gar nicht gerettet werden und sie wird sich auch nicht selbst retten können. Diese Welt hat gar kein Motiv dazu.

Wer das begreifen will, der muß nach Moskau fahren. Ich war vor einiger Zeit in Moskau und habe dort mit russischen Philosophen diskutiert. Die Russen haben bei Gott in diesem Jahrhundert noch mehr und noch länger gelitten als wir. Dort beginnt sich, wenn auch zögerlich, die Zuwendung zur alten orthodoxen Tradition wieder zu regen. Nicht wenigen ist dort klar geworden, daß Rußland keine Zukunft mehr hat, es sei denn eine christliche. Die siebzig Jahre Kommunismus und nun Manchester-Kapitalismus könnten ihnen womöglich mehr zum Segen gereichen als unsere Fun-Gesellschaft, in der die meisten nur noch Spaß haben wollen. Dabei lautet schon ein alter Spruch: „Ich komme woher, ich weiß nicht wohin, mich wundert, daß ich so fröhlich bin" (Edda).

Weil die Leute die Frage nach dem woher und wohin vergessen haben, nur darum sind sie so fröhlich. Der Preis für diese Fröhlichkeit ist das Vergessen. Darum sind die Discotheken mit Jugendlichen voll, darum werden die Kirchen in Discoräume verwandelt. Ein richtiger Mohammedaner dagegen weiß, wofür er lebt und was ihn erwartet. Unsere türkischen Mitbürger können uns beibringen, was gelebte Religion ist. Sie wenden sich nicht ideologiekritisch gegen die eigene Religion. Im Gegenteil: Jedes Jahr werden zig neue Moscheen auch in Deutschland eröffnet. Und der Kampf um den islamischen Religionsunterricht zeitigt auch schon erste Früchte, während wir den christlichen Religionsunterricht in einen dem distanzierten Vergleich dienenden religionswissenschaftlichen Unterricht oder gar in einen Ethikunterricht umwandeln wollen.

Die Basis unserer liberalen Kultur ist die kritische Reflexion und die Wissenschaft. Das Problem besteht aber darin, daß der bloße wissenschaftlich-technische Prozeß wie ein unendlicher Prozeß unendlich weitergeht. Er ist völlig ziellos, er hat keinen Punkt, auf den hin er gesteuert werden kann. Da aber der Mensch ohne eine Zukunftsperspektive letztlich nicht leben und für die Zukunft arbeiten kann, bleiben die wichtigen Fragen der Menschen unbeantwortet. Wenn man überhaupt das denken will, was das Ziel und was - angesichts der ständigen Erfahrung der Befristetheit unserer Zeit - vor allen Dingen das Ende ist, wird man auf das Christentum stoßen.

Das Christentum hat über viele Jahrhunderte hinweg den Menschen eine sogenannte eschatologische Antwort gegeben. Ich weilte vor vierzig Jahren in Marbach und habe dort die Geistesgeschichte Baden-Württembergs im 18. Jahrhundert studiert. Damals stieß ich auf ein Predigtbuch von Brastberger, das damals bei den pietistischen Kreisen in Baden-Württemberg als Hausbuch sehr beliebt war. Jeder Morgen begann damals bei den vielen pietistischen Familien in Baden-Württemberg mit einer Lesung aus diesem Hausbuch. Fast jede Seite machte die Pietisten bekannt und konfrontierte sie mit den letzten Dingen und das hieß für sie, mit dem Jüngsten Gericht. Die Pietisten wurden mit der unentrinnbaren Verantwortung konfrontiert, der sie Rede und Antwort stehen mußten.

Eine freie Gesellschaft ist eine verantwortliche Gesellschaft, heißt es immer wieder. „Verantwortung" ist aber ein leeres Wort, wenn wir keine Antwort auf die Frage geben, wem wir eigentlich verantwortlich sind und was die Folgen sind, wenn wir eben keine Verantwortung tragen. Zur Frage nach der Verantwortung gehört nicht nur die Frage, vor wem wir uns verantworten müssen, also vor Gott. Hierher gehört auch die Antwort auf die Frage, wem gegenüber wir uns verantwortlich fühlen. Verantwortung kann es also nur geben, wenn ein Gefühl von Gemeinschaft und nicht nur ein bloßer Individualismus oder Gruppenegoismus herrscht. Menschen, die in dieser Welt etwas zustandebringen und „Verantwortung" tragen wollen, müssen also fähig sein, sich mit anderen zusammenzuschließen und gemeinsam zu handeln. Dazu bedarf es aller der Tugenden, die große Gemeinschaften wie Staaten seit jeher brauchten. Aber wie begründen wir am Ende der säkularen Zukunftshoffnungen und Utopien solche Tugenden und die geforderte Verantwortung?

24. Christliche Apologie in der Krise der Moderne

Geistiges Vakuum heißt nichts anderes, als daß in Deutschland alle Quellen einer geistigen Inspiration und einer politischen Willensbildung dabei sind, sich zu verflüchtigen. Schuld daran ist unter anderem der Nationalsozialismus, aber auch die Art und Weise, wie die Deutschen meinen, dieses schreckliche Stück deutscher Geschichte bewältigen zu können. Durch dieses Vakuum stehen wir vor einer einzigartigen und in der deutschen Geschichte analogielosen Situation.

Geistiges Vakuum bedeutet, daß eine Antwort auf die Frage, wie denn eine Veränderung unserer Verhältnisse erreicht werden könnte, fehlt.

Unser letzter Bundespräsident hat zwar einen "Ruck" eingefordert, der durch unser Land gehen sollte, aber er hat nicht einmal den Versuch unternommen, die Frage zu beantworten, aus welcher geistigen oder auch nur moralischen Kraft und Überzeugung dieses Volk diesen Ruck zustande bringen soll. Einfache Appelle bringen jedenfalls nichts. Gestern glaubten die Leute noch, daß ihr Einsatz für den Sozialismus eine gerechtere und eine menschlichere Welt hervorbringen werde. Und in der Tat: Der Sozialismus war durchaus eine geistige Quelle, an die man appellieren konnte.

Heute haben wir es dagegen mit einer Art von Liberalismus zu tun, in dem - wie es im Parteiprogramm der FDP heißt -, jeder einzelne für sich die Fragen der Weltanschauung, der Werte und der Normen entscheidet. Das ist die atomisierte Gesellschaft, eine Gesellschaft, in der sich alles in atomare, kleinstmögliche Bestandteile auflöst und verflüchtigt.

An dieser Stelle stellt sich die entscheidende Frage nach der christlichen Wende. Wenn man sich allerdings die öffentliche Wirksamkeit des Christentums in unserem Lande ansieht, dann muß man erst einmal an den Satz denken, den Dante über den Eingang der Hölle geschrieben hat: „Wer hier eintritt, der lasse alle Hoffnung fahren". In unserer Gesellschaft vollzieht sich ein vehementer, auch politischer Kampf gegen das Christentum, der in den Methoden subtil, aber im Ergebnis äußerst erfolgreich ist.

Wer eine geistige Wende fordert, der wird heute sehr schnell mit dem Vorwurf der Ideologisierung konfrontiert. Dies ist eine der Konsequenzen des Zusammenbruchs der Ideologien im 20. Jahrhundert und der Enttäuschungen über die Folgen dieser Ideologien. Das Grundgefühl der Menschen ist, daß sie sich von Politik und Ideologie betrogen fühlen. Richtig ist: Der Nationalsozialismus hat die Menschen genauso betrogen wie der Sozialismus, und nicht wenige Menschen fühlen sich heute auch durch den Liberalismus betrogen. Der Verdacht gegen die Ideologien sitzt daher ganz tief in den Menschen. Die Menschen glauben nicht mehr das, was ihnen von Politikern eingeredet wird. Unter Politik verstehen sie nun vor allem den Kampf gegen die Arbeitslosigkeit und gegen andere wirtschaftliche Probleme. Sie wissen aber auch, daß der technologische Fortschritt per se einen immer größeren Teil der Bevölkerung aus dem Produktionsprozeß ausschließt und die Arbeitslosigkeit ganz neue Probleme aufwirft.

Indem die Menschen sich nicht mehr über ihre Arbeit definieren können, gewinnen die Fragen des Sinnes und der Kultur eine immer größere Bedeutung. Wenn das so ist, dann wird der Schwerpunkt des Politischen sich mehr und mehr auf das Geistig-Kulturelle verlagern. Darum ist es wichtig, daß sich die Modernen Konservativen - über die sozialpolitische Argumentation hinaus - um den Erwerb der Fähigkeit zur geistig-kulturellen Auseinandersetzung kümmern. Auf diesem Felde können vor allem die Christen mehr auf die Waage bringen, als es häufig den Anschein hat. Was wäre denn aus der Geschichte geworden, wenn es nicht die großartigen, geistesmächtigen Gestalten der Theologie und der Philosophie, auch des evangelischen Pfarrhauses gegeben hätte? Man kann sich ja heute nur noch in Schwermut daran erinnern, was einmal das evangelische Pfarrhaus nicht nur für das Christentum, sondern für die ganze deutsche Kultur bedeutete. Es war eine Stätte der Bildung der Menschen zur Kultur. Darin übertraf es zum Teil sogar die Universitäten. Die Bemühung um die geistige Auseinandersetzung ist also eine elementare Forderung an die Christen.

Aber warum muß eine geistige Wende auf dem Boden des Christentums stehen? Die Antwort ist sehr schlicht. Alle Wahrheiten sind schlicht und einfach. Die großen Wahrheiten des Neuen Testamentes, bei Luther, selbst bei Hegel, wenn sie auch bei ihm komplizierter formuliert sind, sind einfache Wahrheiten. Und die einfache Wahrheit, die das tragende Fundament einer solchen, aus christlichem Geist inspirierten geistigen Wende darstellt, besteht darin, daß wir außerhalb des Christentums nichts mehr haben. So schwach, so beschädigt, so versehrt das Christentum auch geworden sein mag, es gilt dennoch der Satz: Gottes

Macht ist in den Schwachen mächtig. Das Christentum ist das letzte, was uns mit uns selbst, mit unserer Herkunft, mit unserer Geschichte und damit mit der Menschheitskultur überhaupt verbindet. Wenn auch viele Intellektuelle mit Wollust die verbliebenen Reste des Christentums zerstören, so muß man an ihnen Nachsicht üben, denn sie wissen nicht, was sie tun. Wenn sie wüßten, was sie tun und wenn sie sich vorstellen könnten, wa mit ihnen morgen einmal passiert, wenn sie es geschafft haben sollten, das Christentum im Bewußtsein und im Ansehen der Menschen zu zerstören, es würde sie ein furchtbarer Schrecken ergreifen.

Und darum sollten wir folgende drei Aufgaben in ihrem Zusammenhang sehen: Die erste ist die Rekonstruktion der Deutschen als Nation. Die zweite ist die Reaktualisierung des geistig-kulturellen Erbes der Deutschen in Konfrontation mit der Krise der Moderne. Und die dritte Aufgabe besteht in der Vergegenwärtigung der Substanz des Christentums selber. Dies sind die drei entscheidenden Aufgaben, die wir als eine Aufgabe sehen und begreifen müssen.

Hier müssen wir zuallererst feststellen, daß der Zeitgeist tabula rasa gemacht und alle christlichen Inhalte wie auch das nationale Selbstbewußtsein destruiert hat. Aber wer oder was ist der Zeitgeist? Der Zeitgeist ist nicht zu fassen. Niemand hat ihn gesehen oder konnte ihn dingfest machen. Der Zeitgeist ist wie das Gas in einem Raum, das alles durchdringt. Der durch die Medien interpretierte, ventilierte und transformierte Zeitgeist hat nun das produziert, was der Erfinder des deutschen Terrorismus, nämlich Horst Mahler, als das Ergebnis des Wirkens der 68er Revolution genannt hat: „Sie haben die Hölle bereitet". Man muß sich einmal klarmachen, was es bedeutet, daß der Erfinder des deutschen Terrorismus heute zu dem Schluß kommt, daß diese 68er Revolution, wenn ihr auch einige Erfolge zugebilligt werden müßten, im Kern unserer Gesellschaft die Hölle bereitet hätte. Und diese Hölle sieht er darin, daß wir in einer Gesellschaft ohne Tradition und ohne Religion leben. Mit anderen Worten: Diese Gesellschaft ist eine gottlose Gesellschaft geworden. Horst Mahler fügt hinzu: Der Tod Gottes ist auch der Tod des Menschen. Dies ist die radikalste Formulierung, die ich von dieser Seite je vernommen habe. Eben diese These habe ich am Beginn der Kulturrevolution prognostiziert und ich werde dafür seither als der letze Reaktionär bekämpft.

Die Kirche Jesu Christi ist leider von diesem Kulturtod und von diesem Zeitgeist genauso blindlings erfaßt, verblendet und verführt worden, wie alle anderen atheistischen Zeitgenossen auch. Wenn man weiß, wie sehr sich die Kirche in unserem Jahrhundert in diverse Ideologien verstrickt und verrannt hat und wie wenig bußfertig sie sich gezeigt hat, wagt man kaum noch, das zu fordern, was dennoch not tut - eine christliche Apologie zu formulieren. Wir brauchen eine christliche Apologie und nicht immer nur die Thematisierung der Fehler, Irrtümer, ja sogar Verbrechen der christlichen Kirchen. Diese Irrtümer und Fehler gibt es in der christlichen Geschichte und wer mit christlichen Schwestern und Brüdern umgeht, weiß, daß er dort alles findet, nur nicht die besseren Menschen, für die sie sich oftmals halten. Luther hat nicht umsonst gesagt: „Wir bleiben allemal Sünder und Gott helfe mir". Aber wer sagt das schon, daß es so mit seinem geistlichen Stand vor Gott bestellt ist? Das aufsteigende Christentum hätte sich in der Spätantike nicht durchsetzen und zur Weltreligion werden können, wenn es nicht das gegeben hätte, was man eine christliche Apologie nennt, d.h. eine Verteidigung des Christentums vor dem Forum der Vernunft.

Rekonstruktion der Deutschen als Nation

Der Kern des Problems und der damit verbundenen Veränderung unserer politischen Frontlinien, besteht darin, daß die alten Fronten von konservativ und progressiv, links und rechts in einem gewissen Sinne zwar fortleben, daß sie aber angesichts der Europäisierung einen völlig neuen Inhalt bekommen. „Europa", so lautet die neue Herausforderung. In Zukunft wird es um die politische, aber auch kulturelle Alternative von liberalem Universalismus auf der einen Seite und national-religiöser und kultureller Identität der Nationen und Völker auf der anderen Seite gehen. Dies wird die eigentliche Schicksalsfrage des beginnenden neuen Jahrhunderts sein, und demgegenüber sinkt der alte Gegensatz von Sozialismus und traditionellem Konservativismus in die Geschichte zurück.

Wir müssen uns darüber im klaren sein, daß es in Europa nur ein Volk gibt, das – zumindest was die politische Klasse angeht – verzweifelt um die Überwindung der eigenen Identität und der mit dieser Identität verbundenen Tradition, zu der ja auch das Christentum gehört, kämpft. Und dieses Volk ist das deutsche Volk. Die Deutschen wollen offenbar in Zukunft nur noch europäische Konsumenten und Produzenten sein. In einer anderen Eigenschaft wird, wie es scheint, das neue

Europa die Menschen auch gar nicht in Anspruch nehmen. Es wird in Europa um Produktion und Konsum, um Handel und Wandel und letzten Endes um Fragen des Geldes und des Kapitals gehen. Karl Marx kann sich heute bestätigt fühlen. Es gibt bald keinen relevanten Lebens- und Sachverhalt mehr, der nicht seinen Preis hat und der darum in entsprechenden Geldwerten ausgedrückt werden kann.

Hinsichtlich dieser Herrschaft des ökonomischen Prinzips unterscheiden sich im übrigen die Sozialisten von den Liberalen überhaupt nicht. Marx hat - zweitens - erkannt, daß mit diesen Prozessen der Ökonomisierung die Herstellung einer planetarischen Weltordnung verbunden ist, die durch den Weltmarkt gesteuert wird. Der Weltmarkt erzeugt dann einen planetarischen Unifizierungsprozeß, indem alles, was nicht dem Handel und dem Kapital dient, d.h. alle Völker und Nationen, verschwinden wird. Das ist die Vision, die Marx im Grunde genommen mit den liberalen Endzeittheoretikern teilt.

Wir dürfen gleichwohl nicht die Zeichen übersehen, die darauf schließen lassen, daß die Völker und Kulturen ihrem Verschwinden in diesem homogenisierenden ökonomischen Weltprozeß nicht widerstandslos zusehen werden. Zwar mag der Widerstand in Deutschland aus den anfangs erwähnten Gründen am geringsten entwickelt sein, er mag partikular sein und einzelne mögen schnell ausgeschaltet sein, die sich dagegen wehren. Aber wenn wir das Ganze in den Blick nehmen, so können wir feststellen, daß sich weltweit die Kräfte des Widerstandes gegen das angedrohte Verschwinden der Völker im planetarischen Zivilisations- und ökonomischen Prozeß melden.

Hierher gehört auch die Wiederkehr der großen Religionen auf der Tagesordnung der Geschichte. Am deutlichsten wird dies sichtbar an der Entwicklung des Islam, der immer weiter ausgreift, und der in einem ehemals christlichen Land, das Deutschland ja einmal war, heute über 300 Moscheen errichtet hat, während immer mehr christliche Kirchen geschlossen oder in Discotheken verwandelt werden. Die Völker werden die Kraft zum Widerstand gegen ihr eigenes Verschwinden aber nicht aus dem ideologischen Nationalismus, der noch die Französische Revolution zur Voraussetzung hatte, sondern nur aus ihren Herkunftsreligionen beziehen. Wir werden - wie die Wissenschaftler das nennen - einen kulturalistisch bestimmten Nationalismus erleben, der ohne den Rückgriff auf die jeweiligen religiösen Traditionen und Substanzen überhaupt nicht vorstellbar ist.

In der Tat ist - wiederum mit der großen Ausnahme Deutschlands und einiger Länder Westeuropas - die Religion wieder zu einem eminent bedeutsamen Faktor in der Politik geworden. Davor können und dürfen wir die Augen nicht verschließen. Weil der Kulturkampf auch ein politischer Kampf ist, wird dies unvermeidlich dazu führen, daß auch die Fragen der Macht, ja sogar die Kategorien von Freund und Feind, wie Carl Schmitt sie gelehrt hat, eine unvermeidliche Rolle spielen werden. Man kann eben nicht, wie das hohe evangelische Würdenträger getan haben, Koran und Bibel austauschen und damit suggerieren, daß beides gleich wert und gleich richtig ist. In dem Augenblick, in dem der Ruf des Muezzin ertönt und in dem in der Nachbarschaft die Menschen in die Moscheen schreiten und die Muslime beginnen, ihre religiös bedingten Ansprüche und Rechte durchzusetzen, kommt kein Christ an der Frage vorbei, ob er weicht und in die Knie geht oder ob er sich entschließt, sich entgegenzustellen. Die Mark- und Knochenerweichung, die das Christentum im Rahmen des humanitären, pazifistischen und feministischen Diskurses erfahren hat, wird nach Lage der Dinge kaum zu einem solchen Widerstand befähigen.

Natürlich gibt es auch heute multikulturelle Gesellschaften und es hat sie immer gegeben. Aber die Geschichte lehrt, daß es dort eines Tages große Konflikte gibt und daß sich in einer etwaigen Auseinandersetzung die überzeugtesten Anhänger einer Religion oder Kultur gegenüber den anderen durchgesetzt haben. Jeder Versuch, eine multikulturelle Gesellschaft zu formieren, endet in der Hegemonie einer bestimmten Kultur. Wenn die Entwicklung in unserem Lande so weitergeht, wird das morgen die islamische Kultur und Religion sein und nicht die christliche. Vielleicht wäre es sogar besser, daß hier wieder ein gottesgläubiges und gottesfürchtiges Volk Einfluß auf die Dinge nimmt, als dieser bodenlose zynische Nihilismus, der im Zeichen der Zerstörung aller kulturellen Überlieferung und Substanzen steht. Auch das ist eine Wahrheit, die man einmal sagen muß.

Diese innerkulturellen Konfrontationen stellen eine ungeheure Herausforderung dar. Die Christen in Deutschland können hier nicht einfach ihre Urheberrechte einklagen, sondern sie sind gefordert, ihre eigene Glaubenskraft und Fähigkeit unter Beweis zu stellen und für sie Zeugnis abzulegen. Es gibt auf der anderen Seite keinen Muslim, der an seinem Recht zweifeln würde, zu missionieren. Jede von der Wahrheit überzeugte Religion ist missionsfähig und -willig. Keine Religion hat diese Berufung zur Mission so zentral in der Mitte ihres Glaubens angelegt wie das Christentum. Die Kraft des Christentums zeigt sich in ihrer Missionsfähigkeit. Ein Christentum, das nicht mehr missionsfähig ist, ist auch nicht mehr zeugnisfähig und hat damit freiwillig abgedankt. Es hat sich mit dem Status abgefunden, der ihm heute allenthalben zugebilligt wird, nämlich eine Privatreligion zu sein, in der jeder in seinem stillen Kämmerlein das Recht hat, zu glauben oder nicht zu glauben, was er will.

Ich halte diese Entwicklung für einen Irrweg: Zum Christentum gehört das öffentliche Zeugnis. Das Christentum kann gar nicht darauf verzichten, politisch zu sein, weil der christliche Auftrag ein öffentlicher Auftrag ist. Jeder die Öffentlichkeit betreffende Auftrag ist auch ein politischer Auftrag. Zwar ist das Reich Gottes kein Reich *von* dieser Welt, aber es ist ein Reich *in* dieser Welt. Es ist in dieser Welt, wie alle anderen Ordnungen und Institutionen auch in dieser Welt sind. Dies ist unentrinnbar, und die Christen machen sich selber etwas vor, wenn sie davor zurückweichen, diesem öffentlichen und politischen Auftrag Rechnung zu tragen. Die christliche Verkündigung ist zweifellos auch ein Politikum ersten Ranges. Als Paulus das Evangelium verkündete, verkündete er nicht weniger als eine politische Revolution, denn er stellte damit den Herrschaftsanspruch des heidnischen Kaisers in Frage und setzte diesem Herrschaftsanspruch den Herrschaftsanspruch eines anderen Herrn entgegen.

Würde man heute das Evangelium, die Aussagen des Neuen Testamentes und auch den Dekalog verkündigen, würde man ebenfalls viel Ärgernis erregen. Man würde sehr bald feststellen, daß sich aus diesem allversöhnenden, aber unverbindlichen Gerede darüber, daß wir alle Menschen sind und es alle gut meinen, ganz schnell konkrete Freund- und Feindschaftsverhältnisse herausstellten. Würde ein Pfarrer den Mut aufbringen, das zu verkünden, was zu den Themen, die die Öffentlichkeit gegenwärtig bewegen, im Neuen Testament steht, dann hörte es mit der Gemütlichkeit und der Gleichstellung der christlichen Kirchen mit dem Status eines beliebigen Taubenzüchtervereins mit einem Schlag auf. Es würde sich dann sehr schnell zeigen, ob unsere Gesellschaft dann noch so tolerant wäre, wie sie vorgibt zu sein, oder ob sie nicht vielmehr die Christen als die letzten konservativen Nachzügler der Weltgeschichte diskriminieren und das Fallbeil des Sektenverdachtes über sie schwingen würde. Der Sektenverdacht ginge dem Faschismusverdacht dann nur voraus. Die Anwälte des Zeitgeistes entscheiden heute darüber, was die Menschen in diesem Land denken und was sie glauben dürfen. Dieser neuen Art von Tyrannei haben wir uns im Namen des Liberalismus fast widerstands- und willenlos gefügt und angepaßt, weil man es als schrecklich empfindet, eines Tages als jemand entlarvt zu werden, der einer Sekte angehören soll. Das ist eine etwas weit vorausgreifende Prognose, aber wir müssen endlich von unseren Illusionen wegkommen und die Realität so sehen, wie sie ist.

Wenn wir uns auf diese Auseinandersetzung zwischen Universalismus und Partikularismus vorbereiten wollen, dann besteht also die wichtigste geistige Aufgabe darin, die geistige Rekonstruktion der Deutschen als Nation zu formulieren. Diese Aufgabe stellt sich in dieser Dringlichkeit in keiner anderen europäischen Nation. Es geht um die Transformierung, die Weiterentwicklung der traditionellen Form des Nationalismus, den wir heute unter rechtsextrem verrechnen, in eine zukunftsfähige, letzten Endes der Universalität der Konflikte entsprechenden Gestalt im Rahmen der Einheit Europas, die nicht durch das Geld herstellbar ist. Wir sprechen zwar manchmal vom „Europa der Vaterländer" (de Gaulle), aber die Einführung des Euro zielt doch viel eher auf die Errichtung eines europäischen Einheitsstaates hin. Ich prophezeie, daß dieser Versuch an den anderen europäischen Nationen scheitern wird. Vielleicht wären die Deutschen sogar zu einem solchen Einheitsstaat bereit, die anderen Nationen sind es jedenfalls nicht. Wenn sich für die anderen Völker die Frage der nationalen Selbstbehauptung stellt, dann werden sie nicht bereit sein, für eine wirtschaftliche Union Europas ihre nationale Identität zu opfern. Die europäischen Völker werden uns irgendwann zwingen, das zu sein, was wir sind, nämlich ein normaler Nationalstaat. Die Deutschen sind ein normaler Nationalstaat wie alle anderen europäischen Nationen auch. Und wenn die anderen Nationalstaaten und Nationen bleiben wollen, wird uns eines Tages nichts anderes übrig bleiben, als es auch zu sein.

Die Vereinigung Europas ist eben nicht zu vergleichen mit der Zusammenführung der deutschen Kleinstaaten zu einem vereinigten Deutschland im 19. Jahrhundert. Denn die Deutschen haben immer eine gemeinsame Sprache gehabt und sie haben durch die deutsche Klassik, nicht durch den deutschen Idealismus, auch eine gewisse Einheit der Kultur gehabt. Dies alles trifft für Europa nicht zu. Es gibt keine Einheitssprache und alle Völker haben ihre Unterschiede und trotz aller europäischen Verbindungen ihre eigene Kultur.

Das größte Defizit des heutigen politischen Europas ist das Demokratiedefizit. Man kann auch nicht einfach hoffen, daß dieses Problem durch die Stärkung des Europäischen Parlaments gelöst wird, denn ein demokratisches Parlament setzt ein Volk voraus. Es müßte ein europäisches Volk geben, das dieses Parlament wählt. Das aber kann es nur geben, wenn es auch eine gemeinsame europäische Kultur gibt und wenn - bei Anerkennung aller sonstigen Unterschiede - gewisse politische Grundüberzeugungen von allen Nationen in Europa geteilt würden. Alle diese Voraussetzungen für das Funktionieren der europäischenDemokratie fehlen und daher steht mit diesemMaastricht-Europa nicht nur die Nation, sondern di Demokratie auf dem Spiel. Da die Linken aufgrund ihres Antinationalismus bereit sein werden, im Zweifel auf die europäisch Demokratie zuverzichten, ist dem Modernen Konservativismus zu empfehlen, um so energischer auf die demokratischen Defizite in Europa hinzuweisen.

Wnn wir im übrigen der europäischen politischen Einheit eine Substanz geben wollen, dann müssen wir uns darüber hinaus wieder auf die gemeinsamen Wurzeln des Abendlandes besinnen. Das Abendland, so wissen wir es seit Oswald Spengler, soll angeblich schon untergegangen sein. In gewisser Hinsicht ist das auch richtg. So problematisch der Begriff „Abendland" sein mag, so steht er doch für das kulturell Gewachsene. „Abendland" ist - vereinfacht ausgedrückt - ein Kulturbegriff, bei dem antike, christliche und neuzeitliche Wurzeln zusammenwirken. Europa dagegen ist ein geographischer, bestenfalls politischer oder ökonomischer Begriff. Das ist der Unterschied. Wenn wir uns nicht an der Oberfläche halten wollen, sondern zu der Wurzel unserer Probleme durchdringen wollen, werden wir an einer geistigen Rekonstruktion sowohl Europas wie der Nation der Deutschen nicht vorbeikommen. Wen die Deutschen ihren Teil nicht leisten, werden sie auch politisch nicht handlungsfähig sein. Sie werden dann auch keinen konstruktiven Beitrag zur Vereinigung Europas leisten können, weil dieses zu schaffende Europa selbstbewußte Nationen voraussetzt. Unsere Verbündeten sind keineswegs entzückt über die nationale Pathologie der Deutschen, sondern sie reagieren mit Mißtrauen und zum Teil sogar mit Angst darauf. Denn wenn die geistige Fundierung der Nation ausbleibt, dann bleiben nur noch Konsumenten und Produzenten übrig, die beliebig von denMedien manipuliert und wie der Sand vom Wind bewegt werden können.

Wenn die Verbrechen, die von Deutschen und im Namen der Deutschen geschehen sind, in der Erinnerung gegenwärtig gehalten werden sollen und wenn der Menschheit nicht die Erfahrung verlorengehen soll, die die Deutschen in der Schreckensgeschichte des 20. Jahrhunderts gemacht haben, dann kann der Träger einer solchen kollektiven Erinnerung nur die Nation sein. Die Auflösung der Nation in die Gesellschaft oder gar in eine multikulturelle Gesellschaft würde auch das Schwinden der Erinnerung bedeuten. Die Geschichte würde erinnerungslos dem Vergessen anheimfallen, wenn es nicht über die Individuen hinaus eine kollektive Instanz gäbe, die die Geschichte erinnernd gegenwärtig hält. Die Nation ist heute in erster Linie eine Gemeinschaft gemeinsamer Erinnerung.

Die Kontinuität nicht nur der deutschen, sondern der europäischen Geschichte hängt an den nationalbewußten Völkern, die auch weiterhin diese kollektiven Erinnerungsgemeinschaften bilden müssen. Indem sich die Nation der gemeinsam getätigten oder erlittenen Geschichte erinnert, ist die Nation auch eine Schicksalsgemeinschaft. Es ist eine Illusion, wenn einige sich noch so liberal gerierende Zeitgenossen glauben, sie könnten dem gemeinsam geteilten nationalen Schicksal entrinnen oder sich dem entziehen. Für den Rest der Welt bleibt jeder Deutsche ein Deutscher. Wenn einer erklärt, er sei keiner, obwohl er einer ist, macht er sich selber zu einer lächerlichen, ja unheimlichen Figur. Denn ein Mensch, der vorgibt, etwas anderes zu sein, als er ist, erregt natürlich begründeten Verdacht gegen sich.

Die Nation ist eine Schicksalsgemeinschaft. Wenn wir die Deutschen als eine Schicksalsgemeinschaft verstehen, dann wird man sich auch an die wunderbare Definition der Nation erinnern, die ein großer Theologe der deutschen Klassik, nämlich der Weimarer Hofprediger Herder gefunden hat, der die Nationen „Schöpfungsgedanken Gottes" genannt hat. Das hat nichts mit Glorifizierung der Nation oder gar mit dem entarteten Nationalismus der Nationalsozialisten zu tun. Der Philosoph Fichte war vielmehr der Meinung, daß die Substanz der Nationwerdung der Deutschen in der Sittlichkeit liegen müsse. Er war der Überzeugung, daß die Quelle, aus der diese Sittlichkeit gespeist wird, nur das reformatorisch-johanneisch interpretierte Christentum sein kann. Einen größeren Gegensatz zu den Nationalsozialisten kann man sich gar nicht vorstellen.

Wir dürfen allerdings nicht glauben, daß die Nationen die Adressaten der christlichen Erlösung sind. Es gibt keine christliche Begründung für die Notwendigkeit partikularer Nationen, sondern nach dem Zeugnis des Evangeliums sollen alle Menschen gerettet werden. Da gibt es keinen Unterschied zwischen Juden und Griechen, Deutschen und Negern. Das Pathos des Paulus ist darauf gerichtet, daß alle gerettet werden sollen, daß niemand vom Heil ausgeschlossen wird. Paulus ist als Apostel gleichwohl zu den Völkern gesandt worden. Paulus wird mit Recht der Völkerapostel genannt. Paulus ist nicht ausgezogen, um einsame und individuelle Seelen zu retten, sondern er ist ausgezogen, um den Völkern das Evangelium zu predigen. Paulus wußte, daß das Überleben und das Weiterreichen der Botschaft nicht dem allein um sein Seelenheil bemühten einzelnen anvertraut werden kann, sondern daß dies nur selbstbewußte, sich als Schicksalsgemeinschaft begreifende Völker leisten können. Das Christentum setzt das Zeugnis des Christen voraus. Und dieses Zeugnis setzt voraus, daß es Völker gibt. Man kann keiner multikulturellen Gesellschaft das Evangelium predigen, denn da erreicht man nur den einzelnen, dessen Hinscheiden aber auch das Ende der Erinnerung und des Zeugnisses bedeuten.

Im Blick auf die Rekonstruktion der Deutschen als Nation müssen wir wieder begreifen, daß die Erinnerung an die deutsche Geschichte nicht auf die Zeit von 1933 - 45 beschränkt werden darf. Die Geschichte der Deutschen ist mindestens bis zu Bismarck die Geschichte eines Volkes gewesen, das sich unter Gottes Führungsmacht gestellt sah und von jedem Chauvinismus weit entfernt war. Ich erinnere an das Wort Bismarcks: „Die Deutschen fürchten nur Gott und sonst nichts auf der Welt". Heute fürchten die Deutschen nur noch um ihr Bankkonto und darum zittern sie in Zeiten der Wirtschaftskrise wie Espenlaub. Sie werden von Angst und Sorge vor jedem neuen Tag umgetrieben, ohne noch Halt und Ruhe in sich selbst zu finden. Es würde die Wiedergeburt dieses Volkes bedeuten, wenn man wenigstens noch mit halber Überzeugung sagen könnte, daß dieses Volk Gott fürchtet und sonst nichts. Bismarcks Bemerkung über die Gottesfürchtigkeit der Deutschen ist durchaus kein Sondervotum gewesen. Im Gegenteil, er reiht sich mit dieser Bemerkung in die letzte große Epoche der Weltphilosophie, nämlich den sogenannten deutschen Idealismus, ein. Hegel etwa hat das Verhältnis von Religion und Nation in seiner „Religionsphilosophie" auf die Formel gebracht: „Die Religion ist der Ort, an dem eine Volk die für es verbindliche Wahrheit anerkennt". Und Hegel hat dann in der Einleitung zur Logik hinzugefügt: „Ein Volk ohne Metaphysik ist einem Tempel zu vergleichen, aus dem das Heiligste entfernt ist".

Das Christentum und die Krise der Moderne

Damit sind wir zu einem weiteren Kern unserer gegenwärtigen Problematik vorgedrungen, nämlich der Entfernung dieses Heiligsten aus dem Tempel, der Absetzung Gottes als dem Herrn der Geschichte und der Liquidation der Religion als des Ortes, an dem unser Volk seine verbindliche Wahrheit definiert hat. Die Deutschen sind ein gottloses Volk geworden, ein Volk ohne Wahrheit und damit ein Volk, dem nichts mehr heilig ist. Alle Völker und Kulturen sind bisher durch die Verehrung dessen groß geworden, was ihnen das Heiligste war. Wir machen heute die furchtbare Erfahrung, was aus einem Volk wird, dem außer Geld und Sexualität nichts mehr heilig ist. Die zweite Aufgabe sehe ich darum in der geistigen Auseinandersetzung mit der Krise der nihilistischen Moderne.

Alle Parteien wollen das moderne Deutschland schaffen. Wolfgang Schäuble meinte sogar, die CDU wolle aus Deutschland das modernste Land in Europa machen. Auch Christen und selbst Pfarrer messen ihren Glauben an der Prämisse der Modernität. Niemand will in den Geruch kommen, zurückgeblieben zu sein.

Aber was heißt eigentlich modern? Diese Diskussion ist philosophisch und geistesgeschichtlich noch keineswegs entschieden. Die heute übliche unkritische Rede von der Moderntät, der wir alle beipflichten, impliziert freilich, daß die Diskussion, die in der Philosophie um den Begriff und die Krise der Moderne geführt worden ist, nicht zur Kenntnis genommen wurde.

Das Christentum wird immer noch als unmodern abgestempelt. Es sei aufgeklärten Menschen nicht mehr zumutbar. Indem aber jemand sagt, etwas sei modern oder unmodern, ist noch nichts gesagt. „Modern" war auch die Massentötung durch die Nationalsozialisten und „modern" war auch die Ausrottung von Millionen Kulaken durch Stalin in Rußland. Niemals zuvor hat es solche Formen der Massenvernichtung gegeben. Diese Massentötungen sind auch an die Voraussetzungen der Moderne gebunden. Modern kann also auch etwas Schlechtes bedeuten. In diesem Fall bedeutet dann die Rede von „modern" keine Empfehlung, sondern eine Warnung. Konservative müssen daher zur geistig-philosophischen Auseinandersetzung mit der „Moderne" befähigt werden. Denn die Schlachten der Politik werden immer zuerst auf dem Gebiet der geistigen Auseinandersetzung geschlagen.

Wir müssen uns daher noch einmal vergegenwärtigen, was in der größten Epoche der Philosophie, nämlich in der deutschen Philosophie von Kant bis Fichte und Hegel, an Einsatz und Kraft, ja des Kampfes um die Rettung des Christentums für die moderne Welt geleistet worden ist. Diese Philosophen wußten noch, daß das Christentum die letzte Substanz ist, die uns zur Verfügung steht. In dem geistigen Ringen dieser Philosophen ging es nicht allein um die Wiedergewinnung der Substanz des Christentums, sondern auch um eine Bewahrung des Christentums, also um der Bewahrung des Besten der modernen Welt selber willen. Die allenthalben geäußerte Behauptung, daß die moderne Welt der Fortschritt in eine Gesellschaft ohne Religion ist, ist - das zeigt der Blick auf den Deutschen Idealismus - völlig unhaltbar. Denn die Moderne ist im deutschen Idealismus selber an dem Kampf um die Wahrheit des Christentums beteiligt. Die große deutsche Philosophie ist ein einziger Interpretationskampf um die Wahrheit des Christentums gewesen. Und diese deutschen Philosophen sind keine Zurückgebliebenen auf dem Weg in die Moderne gewesen, sondern sie haben im Unterschied zu anderen Nationen, die die Philosophie der atheistischen Aufklärung antizipiert haben, einen dialektischen Begriff der Moderne entwickelt. Die deutschen Philosophen haben die Moderne nicht einfach nur vollzogen, sondern sie haben sie begriffen.

Meine These ist, daß dieser Begriff von der Moderne, der in unserer großen philosophischen Tradition erarbeitet worden ist, bis heute völlig unbekannt ist. Hegel hat das Ergebnis abschließend zusammengefaßt und auf den Begriff gebracht, indem er feststellte, daß die einzige humanitätsbildende und –tragende Substanz und damit auch die Substanz für diejenige Freiheit, die die Moderne den Menschen gewährt, alleine das Christentum ist. Die christliche Wahrheit ist die Substanz, von der diese Moderne zehrt und lebt und sie ist auch die Substanz derjenigen Freiheit, die die Moderne dem Menschen gebracht hat. Für den Fall, daß die moderne Welt sich von dieser ihrer Substanz lossagt, zerstört sich die Moderne selber. Dann tritt genau das ein, was wir heute beobachten können. Denn dann endet die Moderne nicht in einem endzeitähnlichen Paradies, sondern sie wird von ihren eigenen destruktiven Kräften übermächtigt. Die Moderne könnte zuletzt in eine geistig-kulturelle Regression führen, die sie hinter die Errungenschaften der europäischen Geschichte in das Bewußtsein der Naturreligionen und der magischen Kulte zurückfallen läßt. Der Schluß, den man aus einem richtig interpretierten Hegel ziehen kann, ist, daß mit der Vernichtung des Christentums diese moderne Welt sich mit allem, was sie auch an Bewahrungswürdigem erkämpft hat, selbst vernichtet. Dies ist die unentdeckte Lehre des Holocaust, die die Deutschen noch nicht gelernt haben.

Die Konservativen kämpfen als Christen demnach nicht gegen die Moderne, sondern es geht ihnen auch um das Schicksal der Moderne selber. Wir müssen erkennen, daß auch die sich vom Christentum lossagende moderne Gesellschaft, in der die Religion restlos privatisiert und die Kirche auf die Stufe eines Taubenzüchtervereins reduziert wird, mit allem, was ihr lieb und teuer ist, von den Sedimenten des traditionellen Christentums lebt: Die Anerkennung der Würde des Menschen, die Respektierung des Gesetzes der Sittlichkeit, der Sozialstaat, die Fernstenliebe, die Sorge um die Hungernden, Verfolgten und Leidenden in der Welt sind nur vom Christentum aus zu verstehen. Unser Staat, unser Sozialsystem, unsere Kultur leben immer noch aus den Resten des Christentums.

Den Politikern der ersten Stunde nach 1945 war dies noch voll bewußt. Die Gründung der christdemokratischen Partei CDU erfolgte damals aus dem Bewußtsein, daß die Erfahrung mit dem Nationalsozialismus eine politisch-christliche Antwort notwendig macht und daß die Christen beider Kirchen sich in dieser Situation zusammenfinden müssen, wenn es wieder zu einem sittlichen und materiellen Aufbau Deutschlands kommen sollte. Der materielle Aufbau ist vollbracht worden, aber der sittliche ist gescheitert. Die sich christlich nennende Partei war keine Kraft der sittlichen Erneuerung unseres Volkes, sondern sie ist früh auf die Seite des praktischen Materialismus übergewechselt und hat, wie es die Sozialdemokraten zuvor bereits getan haben, unter Politik vor allem die Befriedigung materieller Bedürfnisse verstanden. Das Motiv meiner Kritik an der CDU war nie ein anderes, als der CDU konstruktiv zu helfen. Und ich bin überzeugt, daß es der CDU helfen würde, wenn sie auf meine kritischen Analysen reagieren würde. Ich kritisiere die CDU, weil sie ihren Anspruch, eine christliche Partei zu sein, in den letzten 15 Jahren mehr und mehr verraten hat. Vielleicht hätte die CDU bei Umsetzung der geistig-moralischen Wende nicht 16 Jahre lang regiert. Es mag durchaus sein, daß sie dann nach vier oder acht Jahren in die Opposition hätte gehen müssen. Aber Christen sollten wissen, daß es manchmal Situationen gibt, in denen Niederlagen heilsamer sein können als falsche Siege. Und eine aus dem richtigen Grund erlittene Niederlage kann die Mutter der größten Siege sein.

Die geistige Auseinandersetzung der Christen mit der Moderne ist also auch eine Auseinandersetzung, die um der Erhaltung der besten Resultate der modernen Freiheit und der Aufklärung willen geführt werden muß. Mit dem Christentum stirbt auch der Gedanke der Freiheit und damit die Freiheit selber. Und mit dem Desinteresse an der Freiheit stirbt über kurz oder lang auch die Demokratie. Mit dem Freiheitsgedanken der Demokratie sind jedenfalls die Formen der Gesinnungskontrolle völlig unvereinbar, die bei uns Einkehr gefunden haben. Es dürfen heute bestimmte Dinge nur gesagt werden, wenn sie auf der Linie der gewünschten, meist linksliberalen Gesinnung liegen. Hegel hat in seiner „Phänomenologie des Geistes" die Konsequenzen hiervon klar vor Augen gesehen. Hegel schreibt, daß dort, wo die wahre Gesinnung herrschen soll, zuvörderst der Verdacht herrscht. Und er fährt im Blick auf die Herrschaft des Robespierre fort: „Dann ist das Leben des Einzelnen so viel wert, wie das Austrinken eines Glases Wassers, oder das Abschlagen eines Kohlhauptes". Dort wo die Gesinnung herrscht, dort herrscht der Verdacht und gegen den sich der Verdacht richtet, der ist schon gerichtet.

Das letzte, was uns mit dieser großen Tradition der europäischen Kultur- und Freiheitsgeschichte verbindet, ist immer noch das Christentum als einer Religion des Geistes und der Freiheit. Liberalismus und liberale Demokratie haben - wie wir noch zeigen werden - zu ihrer Grundlage und Voraussetzung das Christentum als der Religion der Freiheit und des Geistes. Es ist ein Zeugnis der Ignoranz, wenn die FDP-Liberalen in ihr Parteiprogramm schreiben, daß es die Sache jedes einzelnen sei, für sich zu entscheiden, welchen Werten und Normen, welcher Weltanschauung und Religion er folgen will. Die völlige Freistellung des einzelnen, Mohammedaner, Orthodoxer, Jude oder Anhänger einer New-Age-Religion zu sein, würde zur Selbstaufhebung der liberalen Demokratie führen. In der Auseinandersetzung mit der Scientology-Kirche werden uns die Konsequenzen eines solchen Ansatzes schemenhaft bewußt.

Aktualisierung der christlichen Substanz

Es kommt also - drittens - auf die Aktualisierung der christlichen Substanz und der christlichen Wahrheit an. Das Christentum ist keine Buchreligion, d.h. die Wörtlichkeit des Wortes, seine Bewahrung und Zitation verbürgen nicht die christliche Wahrheit. Ich betrachtete es immer als eine große Schwäche der Teile der Kirche, die man vielleicht fälschlich die Fundamentalisten nennt, daß sie meinen, die Wahrheit des Christentums am besten durch Bibelzitate verteidigen zu können. Dies ist ein Irrtum, der im übrigen nicht zu dem gewünschten Ziel führen wird. Das Christentum ist eine Religion des Geistes und nicht eine des Buchstabens. Das bedeutet nicht, daß der Buchstabe gleichgültig ist. Hölderlin war es, der gesagt hat: „Der Buchstabe muß stehen und das wichtigste ist, er muß gut gedeutet werden". Die Deutung des feststehenden Wortes ist das Entscheidende.

Das Christentum hat sich durch die Zeiten hindurch als eine wandlungsfähige Religion erwiesen, weil das Christentum aus einer ständigen Interpretation lebt. Das Christentum muß interpretiert werden, es muß aktualisiert werden. Wenn das feststehende Wort nicht gedeutet wird bis zu dem Punkt, an dem der Adressat erkennt: „tua res agitur" (Es geht um dich und um deine Sache), ist die Deutung nicht korrekt, ist das Werk nicht vollendet.

Das Problem besteht darin, daß die Bibel sich auf ein Geschehen bezieht, das sich vor 2000 Jahren ereignet hat. Hegel sagt: „Daß Christus für uns gestorben ist, ist so lange her, daß die Leute meinen, es sei darum schon nicht mehr wahr." Wenn das Offenbarungsgeschehen als aktuelle Wirklichkeit verstanden werden soll, dann kann dies ohne Deutung nicht gelingen. Eine aktuelle Präsenz und Verwirklichung der christlichen Wahrheit ist ohne Philosophie und - konkret - ohne Religionsphilosophie nicht möglich.

Nicht alle Philosophien haben freilich die gleiche Nähe zum Christentum. Es gibt Philosophien, die ganz ausscheiden, und welche, die zur Deutung des Offenbarungsgeschehens besser geeignet sind. Alle Formen des Empirismus, des Positivismus, des Materialismus scheiden philosophisch als ungeeignet aus. Sie haben zwar das Christentum gedeutet, aber nicht mit religionsphilosophischen Kategorien, sondern mit psychologischen und soziologischen. Das aber führte zum Verlust der Substanz des Christentums. Soziologisch gesehen ist das Christentum bloß ein Reflex der sozioökonomischen Verhältnisse, es ist also im besten Falle eine soziale Befreiungsreligion. Als solche wird das Christentum in der Tat auch heute noch anerkannt. Und psychologisch gedeutet, ist das Christentum eine Therapieform für innere seelische Nöte. Aber auch hier ist die Substanz wegdefiniert. Daß die Offenbarung an sich selbst wahr ist, und zwar abgesehen von dem Nutzen, den sie für wen auch immer hat, ist in der psychologischen Deutung des Christentums ausgeschlossen. Überhaupt ist in beiden Ansätzen die Wahrheitsdimension und Wahrheitsfrage aus der Aneignung des Christentums entfernt. Jeder benutzt es nach beliebigen, d.h. vor allem psychologisch-therapeutischen oder sozial-moralischen Zwecken.

Es ist dann nur eine Folge dieses Zustandes, daß jetzt eine führende Feministin erklären konnte, Christus brauchte für sie nicht zu sterben, sie hätte diesen Opfertod nicht nötig, denn er sei eine grausame und blutige Angelegenheit. Hier zeigt sich, daß nicht mehr verstanden wird, daß es in diesem Kreuzestod um das Zentrum und die Mitte des ganzen Christentums geht. Es ist wohl die schwere Aufgabe der Religionsphilosophie, zu erklären, was es mit diesem Tode am Kreuz auf sich hat. Noch schwieriger ist es allerdings, zu sagen, was es mit der Auferweckung auf sich hat. Mit beidem können die Gläubigen immer weniger anfangen, ja es gibt sogar viele Theologen, die damit nichts mehr anfangen können. Gerade hat sich noch ein Theologieprofessor in Göttingen vom Christentum losgesagt, weil er zu wissen glaubt, daß höchstens 10% des Neuen Testamentes authentisch sind und daß gerade dieses Kreuzesgeschehen völlig gleichgültig und bedeutungslos sei.

Die Gefährdung kommt also nicht von außen, sondern sie kommt mitten aus der Kirche und der Theologie heraus. In dieser Lage kann man nicht allein auf die Kirchenleitung und die Bischöfe vertrauen, sondern das ist die Stunde, in der jeder einzelne Gläubige gefordert ist. So wichtig der Glauben ist, aber zu diesem Glauben gehört auch das Denken. Das Christentum ist eine denkende Religion. Die christliche Wahrheit muß in jeder neuen Situation durch Deutung und Interpretation vermittelt und immer wieder neu angeeignet werden. Das Positive an dem Prozeß der Entchristlichung, den wir gegenwärtig erleben, liegt in der Chance, daß wir das Christentum vielleicht wie zum ersten Mal entdecken können. Wir können das Christentum entdecken, als hätte es das vorher nie gegeben. Das letzte geistige Abenteuer, das uns diese Welt in dieser Epoche der „Neuen Unübersichtlichkeit" (Habermas) noch erhalten hat, ist dieser Prozeß der Neuentdeckung und der Neuaneignung der christlichen Wahrheit.

25. Die Neue Unübersichtlichkeit und die Chancen eines Modernen Konservativismus

Es gehört zu den eindrucksvollen Erkenntnissen des Joschka Fischer in seinem Buch: „Die Linke nach dem Sozialismus"[14], daß der Zusammenbruch des real existierenden Sozialismus nicht nur alle Modelle des Sozialismus obsolet erscheinen läßt, sondern daß dadurch die Tradition progressiven Denkens insgesamt in ihren Grundannahmen und Fundamenten erschüttert worden sei. Das Scheitern des Sozialismus habe nicht nur Ruinen, verwirrte Seelen und eine zerstörte Ökologie hinterlassen, sondern habe auch die Linke in eine tiefe Glaubenskrise gestürzt. Der utopische Glaube der Linken könne nicht mehr auf der Basis der von ihr geteilten Prämissen der Aufklärung durch einen neuen Glauben ersetzt werden. Fischer bedauert daher die Schwäche der christlichen Kirchen, denen er nicht zutraut, den Konflikt der Moderne mit der Religion zu überwinden. Schwinden aber die utopischen Energien, dann bleibt nur die Orientierung an der Logik der Selbsterhaltung übrig. Letzten Endes glaubt Fischer also nicht, daß der Mensch ohne transzendental begründete Hoffnung überleben kann.

Damit ist die Vision der 68er Generation zu den Akten gelegt, und die Bundesrepublik fällt auf das Vakuum an Sinn und Orientierung zurück, das die Studentenrevolte mit dem bengalischen Leuchtfeuer emanzipatorischer Verheißungen von einer Gesellschaft des gestillten Triebes aufzuhellen schien. Nun sagt Joschka Fischer nichts anderes als das, was aufgeklärte Konservative schon vor 20 Jahren gesagt und geschrieben haben. Als ich etwa zu sagen wagte, daß nicht die politische Ökonomie, sondern die Religion das große Thema des nächsten Jahrhunderts sein werde, war die Befremdung allgemein und die CDU schickte sich zur selben Zeit an, sich von ihren christlichen Wurzeln zu trennen und auf dem Flugsand des libertären Zeitgeistes ihre Zukunft zu bauen.

Die selbstkritische progressive Intelligenz wird gleichwohl seit Jahren von einem politischen, ökonomischen und geistig-kulturellen Phänomen beunruhigt, das sie als geistig-kulturelle Hegemonie, als Vorherrschaft des Neokonservativismus identifiziert, von dem sie die westliche Welt in zunehmendem Maße erfaßt sieht und von dem sie vermutet, daß es von langanhaltender Dauer sein könnte. Um sich die Ausbreitung des Neokonservativismus als einer herrschenden intellektuellen Grundströmung zu erklären, führten sie Mitte der achtziger Jahre den Vormarsch des Neokonservativismus auf eine besonders wirksame und ingeniöse Ideologieplanung konservativer Parteien und intellektueller Kreise zurück.

„Die Neue Unübersichtlichkeit"[15] ist der Titel einer Sammlung von Kommentaren, Interviews, Referaten und Abhandlungen, die Jürgen Habermas chon vor über 10 Jahren veröffentlicht hat, um sich mit neuen Zeitströmungen und einer veränderten geistig-kulturellen Lage kritisch, zum Teil polemisch, in jedem Fall zeitdiagnostisch auseinanderzusetzen. Es interessiert in unserem Zusammenhang nur das Licht und die Perspektive, in der das Phänomen des Neokonservativismus bei Habermas erscheint. Habermas sah die Gefährdung des linksliberalen Projekts in der Heraufkunft eines sogenannten Neokonservativismus. Für Habermas handelt es sich beim Neokonservativismus politisch, ökonomisch, kulturell und philosophisch nicht um ein zufälliges, beiläufiges Phänomen, ds schnell wieder verschwinden wird. Es hat sich vielmehr wie eine herrschende Tiefdruckzone seit langem gebildet, ist sachlich wohl begründet, beherrscht Europa, den Atlantik und die Vereinigten Staaten und verspricht von lang andauernder Stabilität zu sein. Man durfte also gespannt sein, welch einen Reim sich ein Denken auf dieses Phänomen macht, das entschlossen ist, progressiv am Ziel einer über sich selbst aufgeklärten und mit sich selbst versöhnten Moderne festzuhalten.

Nun besteh - wie gesagt - im Ausgangspunkt eine überraschende Gemeinsamkeit zwischen neokonservativem und selbstkritisch-progressivem Denken von Habermas: Beide sehen in dem Erlöschen der utopischen Energien einen entscheidenden Grund für eine im geschichtlichen Kontext analogielose Krise der Moderne in der Gegenwart, die das von der Aufklärung initiierte Gesamtprojekt einer ebenso umfassenden wie selbstreflexiven Herrschaft der Rationalität über das Ganze des geschichtlichen Daseins des Menschen von der Möglichkeit des definitiven Scheiterns bedroht sieht. Die moderne Geschichte, die bisher von der Logik der Utopie bewegt wurde, wird von einem Zeitalter der Nachgeschichte abgelöst und setzt die Bewegung einer sich gegen die Vernunft überhaupt richtenden Irrationalität frei, die den Traum von einem besseren, humanen und aufgeklärten Leben jäh und schmerzlich zerstört.

Daß Habermas den Utopieschwund mit seinen Folgen, nämlich die Orientierungs- und Ratlosigkeit, - eine Wüste, wie er es nennt - auf das disteleologisch gewordene sozialstaatliche System, auf das sich abzeichnende Ende der Arbeit als einer universal Gesellschaft konstituierenden und integrierenden Kategorie zurückführt, ändert nichts am kritischen Befund der Moderne, da er sich ja selber den Entwurf einer neuen, illumimierenden Utopie nicht zutraut und seiner eigenen Verlegenheit, ja Ratlosigkeit, in sympathischer Weise geständig ist.

Die Übereinstimmung zwischen selbstkritisch progressivem und neokonservativem Denken reicht aber noch weiter: Beide bestimmen die Natur der die Moderne in ihren tiefsten Antrieben erschütternden Krise als eine Kulturkrise, d.h. als das Produkt eines an die Wurzeln der westlichen Zivilisation und ihrer Rationalität gehenden Selbstzweifels, als eine Verdüsterung, eine ins Apokalyptische umschlagende Grundstimmung, einer vom Sinnlosigkeitsverdacht gegen die Geschichte genährten Verzweiflung, die die Überlebenschancen unserer Kultur untergraben könnte oder dies schon tut. Man sollte daher meinen, daß angesichts dieser gemeinsamen Bedrohung und einer gemeinsam aus ihr gewachsenen Sorge um die Zukunft des Menschen überhaupt, ein produktives Gespräch zwischen kulturkritischen Neomarxisten und über die Aufklärung aufgeklärten Neokonservativen möglich sein könnte.

Ein anderer der Frankfurter Schule verbundener Autor, Helmut Dubiel, gestand daher in einer der Frage: „Was ist Neokonservativismus?"[16] gewidmeten Veröffentlichung auch ein, daß es in der Interpretation des kritischen Befundes erstaunliche und weitgehende Gemeinsamkeiten mit neokonservativen Denkern auch in der Bundesrepublik gebe und er erteilt diesen von ihm positiv beurteilten Autoren tapfer und großzügig den Ritterschlag der Dialogwürdigkeit.

Doch Habermas sieht das anders. Ihm liegt vielmehr daran, daß sich an den alten Frontverläufen im intellektuellen Bürgerkrieg nichts ändert, daß ihm, Habermas, selber die Rolle des avantgardistischen Protagonisten und des Promotors des intellektuellen und theoretischen Fortschritts erhalten bleibt, daß er die Plätze anweist und Kriterien und Maßstäbe festlegt, nach denen unterschieden werden kann zwischen den Guten und den Bösen, den Satisfaktionsfähigen und den Auszugrenzenden, zwischen Aufklären und Gegenaufklären, also doch wohl zwischen Fortschritt und Reaktion, zwischen Befreiung und Repression, zwischen Licht und wenn nicht Finsternis, so doch halb aufgeklärtem Zwielicht. Er geht daher nach einer doppelten argumentativen Strategie vor. Einmal trennt er zwischen uten Neokonservativen, die Achtung und Respekt und auch eine gewisse Anerkennung verdienen. Das sind die neokonservativen Intellektuellen in Amerika, die nicht immer Konservative waren, sondern es wurden, als sie als ursprünglich Liberale mit den Konsequenzen der libertären Dekadenz konfrontiert wurden, nach konservativen Halteseilen griffen, ohne aber im Prinzip mit den Traditionen des amerikanischen Liberalismus zu brechen. Ihr Zutrauen in die Beschwörung konservativer geistiger Krfte, wie Tradition, Autorität, Nation und Religion ist nach Habermas auf theoretische Irrtümer zurückzuführen, die er nachsichtig nachweist und großmütig zu verzeihen auch eine gewisse Neigung erkennen läßt. Auf jeden Fall handelt es sich bei amerikanischen Konservativen wie z.B. Daniel Bell, um Wissenschaftler, um Intellektuelle, die es verdienen, daß man sie ernst nimmt.

Anders steht es mit deutschen Neokonservativen. Sie zechen auf fremde Kreide. Aber was sie vorbringen, haben sie von ihren Lehrern übernommen, treten also aus der Rolle von epigonalen Schülern nicht heraus. Joachim Ritters verzweifelt historistisch aufgeklärte Beschwörung der Tradition aus Gründen kompensatorischer Entlastung von der geschichtslos bstrakten Moderne, Carl Schmitts rennung von Politik und Moral und Gehlens sekundäre Substantilität und sein anthropologischer Institutionalismus stellen das Argumentationsreservoir dar dessen sich nach Habermas ihre unoriginellen, aus zweiter Hand lebenden Schüler bedienen, um an der Front zur Verteidigung der geselschaftlichen Moderne semantische, denunziatorische und pamphletistische Hilfsdienste zu leisten, um das subversive Potential der kulturellen Moderne zu entschärfen.

Nach Habermas lautet die Maxime der deutschen Neokonservativen: Reflexionsstop und feste Werte. Sie nützten den Schwächeanfall aufgeklärter Vernunft aus, um die irritierten Kräfte auf den Rückweg der Gegenaufkärung zu wenden und die Geschichte hinter das 18. Jahrhundert zurückzuführen. Habermas sieht den Neokonservativismus in der Bundesrepublik bestimmt durch einen unaufhebbaren gefährlichen Selbstwiderspruch. Sie verteidigen die gesellschaftlichen politischen Errungenschaften der Moderne und sie negieren gleichzeitig ihre kulturellen Errungenschaften. Sie täuschen sich über die Ursache der gegenwärtigen Krise, indem sie glauben, die kulturrevolutionären Veränderungen seien für diese Krise verantwortlich und nicht das ökonomische und staatliche System selber, das sie kompensatorisch durch Rückgriff auf längst in der Realität aufgelöste Bestände, Substanzen und Werte retten und stärken wollen. Selbstverständlich ist ein solcher Versuch in der Sicht Habermas ebenso ohnmächtig wie vergeblich, obwohl er diesem Versuch gewisse politische Erfolgschancen zubilligt.

Selbst wenn man Habermas zugibt, daß der von ihm angesprochene Punkt - die selbstdestruktiven Folgen des Systems - in der neokonservativen Theorie unterbelichtet ist und wenn man aus naheliegenden Gründen darauf verzichtet, ihn nach der Originalität seines eigenen Denkens zu befragen, so ist doch die einzige hier wirklich interessierende Frage, was sich für die Überwindung der Krise der Moderne ergibt, wenn man ihren Grund nicht in dem Verfall der Kultur, sondern in der Zerstörung der Lebenswelt und gewachsener Lebensformen durch entfesseltes wirtschaftliches Wachstum und durch bürokratisch administrative, abstrakt und funktionell gewordene Rationalität sieht. Das Interesse an der Erhaltung und Bewahrung kultureller und symbolisch sinnvermittelnder sowie vermittelnder Lebensformen ist immerhin ein Grundmotiv konservativen Denkens und konservativer Politik seit dem 18.Jahrhundert.

In diesem Sinne ist Habermas selber ein Konservativer und es fragt sich daher, was die Polemik im Grunde genommen soll. Sein Vorschlag, die Produktionsgesellschaft durch eine Gesellschaft aufgeklärter Verständigungsverhältnisse rational mündig argumentierender Bürger zu überwinden, würde noch keines der realen und konkreten Probleme lösen, die Habermas ja präzise analysiert. Kommunikation ist genauso ein Fetisch und ein Zauberwort wie Tradition, in die die Konservativen, wie Habermas meint, so verliebt sind. An die alles lösende, heilende und versöhnende Kraft gewaltloser Kommunikationen nach dem Prinzip egalisierender Reziprozität muß man schon glauben, um sich den Anstrengungen zu unterziehen, wie es Habermas mit bewundernswerter magistraler Gelehrsamkeit und Intelligenz tut, die in der Sprache verborgene kommunikative Vernunft zutage zu fördern.

Habermas glaubt, daß das Erbe der geschichtlichen Religionen und ihr humaner Gehalt säkularisiert in einer an universalistischen Prinzipien orientierten Moral aufgehoben und angeeignet werden könne. Im übrigen müßten die Menschen trostlos mit der Kontingenz ihres individuellen Schicksals selber fertig werden. Wenn dies der Preis für eine noch zu vollendende Moderne sein sollte, dann wird die Moderne, angesichts der wachsenden Schrecken, die den Gang zu ihrer Vollendung begleiten, wohl nicht zu retten sein. In der unterschiedlichen Einschätzung der Bedeutung der geschichtlichen Religionen in der Krise der Moderne ist der Punkt präzise bestimmt, der progressives von einem über die Aufklärung aufgeklärten, sogenannten neokonservativen Denken trennt. Auch an den Fortschritt muß man heute glauben, weil man ihn nicht mehr mit bloßen Augen sehen kann.

Konservatives und progressives Denken sind wie Zwillinge aneinandergekettet. Wenn den Progressiven die Luft ausgeht, haben die Konservativen allen Grund, besorgt zu sein. In diesem Sinne sollte man Jürgen Habermas für seine flotten Verdikte über die bundesrepublikanische konservative Intelligenz dankbar sein. Vielleicht analysiert er nach den gleichen Prinzipien und mit gleichem Scharfsinn einmal den gegenwärtigen Zustand der linken Intelligenz. Habermas erweist den Neokonservativen aber eine allzu große Ehre, wenn er ihnen eine besonders ingeniöse und wirksame Form der Ideologieplanung unterstellt. Denn wenn man die Selbstdarstellung der sogenannten konservativen Politik der CDU/FDP-Regierung im Bonn der letzten 16 Jahre mit den Büchern von Peter Glotz und Joschka Fischer vergleicht, dann wird man wohl nicht im Zweifel sein können, wem in diesem suspekten, aber doch wohl unvermeidlichen Wettstreit die Palme gebührt.

Im Ausgangspunkt bestehen in der Tat zwischen neokonservativem und selbstkritischem progressivem Denken überraschende Gemeinsamkeiten: Beide sehen in dem Erlöschen der utopischen Energien einen entscheidenden Grund für eine analogielose Krise der Moderne, beide bestimmen die Natur, den Charakter dieser Krise als Kulturkrise, als das Produkt eines an die Wurzeln der westlichen Zivilisation und ihrer Rationalität gehenden Selbstzweifels, die die Überlebenschancen unserer Kultur untergraben könnte oder dies schon tut. Beide sind sich aber nicht einig in der Frage nach den Gründen und Ursachen.

Die Progressiven machen das politische, staatliche und ökonomische System verantwortlich und die Neokonservativen vermuten, daß der Verfall der Kultur, der grassierende Anarchismus und Nihilismus die Erosion bewirkt. Das aber, was man eine Lösung oder ein Rezept für die Überwindung der von beiden diagnostizierten Krise nennen könnte, haben bisher beide nicht. Die Krise entwickelt und entfaltet sich daher nach den Gesetzen eines naturwüchsig ablaufenden Prozesses, über den die Politik die Kontrolle längst verloren hat und die daher vorwiegend ihr Interesse darauf richtet, über die nächste Runde zu kommen. Von einer neokonservativen geistig-kulturellen Hegemonie in der Bundesrepublik konnte, gemessen an seriösen Kriterien und Maßstäben, keine Rede sein. Es ist allerdings natürlich und naheliegend, daß man in Situationen fundamentaler Orientierungslosigkeit auf Bewährtes und durch Erfahrung Bestätigtes zurückgreift.

Der Neokonservativismus war in den 16 Jahren nicht fähig, geistige Führung zu leisten. „Geistige Führung" ist ein Stichwort, das den Umbruch der 70er zu den 80er Jahren zum Ausdruck gebracht hat. Seitdem kursiert wieder die Rede vom Ende der Moderne, vom Ende der Neuzeit, vom Ende der Aufklärung, vom Ende des Glaubens an den Fortschritt. Es stimmt auch: Die utopischen Energien haben sich erschöpft, Unübersichtlichkeit bestimmt die Lage. Nicht Vernunft und Konsens beherrschen die Szenerie, sondern Pluralität, Heterogenität und Partikularität. Mit einem Wort: Die Identitäten lösen sich auf. Wenn man genauer hinsieht, handelt es sich um eine Glaubenskrise. Die inspirierende Erwartung, daß der wissenschaftlich-technische Fortschritt in das Paradies einer befriedigten und emanzipatorisch befreiten Menschheit führen werde, ist einer tiefen Skepsis, ja apokalyptischen Endzeitgefühlen gewichen. Das Scheitern aller progressiven Utopien hat ein Vakuum, Unsicherheit und Ratlosigkeit, eine Sinnkrise, wie man es nennt, hinterlassen. Mit dem Begriff der geistigen Führung ist nichts anderes gemeint, als die Notwendigkeit, dieses Vakuum zu überwinden.

Von der Wahrnehmung dieser Aufgabe hängt nicht weniger ab als die zukunfteröffnende und verantwortliche Gestaltung des Umbruchs der Industriegesellschaft. Die Krise hat drei Dimensionen: Die Anpassungskrise verlangt eine Antwort auf die Frage, welchen Maßstäben, Werten und Zielen denn die Wirtschaft, aber auch Wissenschaft und Technik dienen sollen. Die tiefste Dimension gegenwärtiger Krisenproblematik ist ja die Erschütterung des Vertrauens in das der modernen Wissenschaft immanente Prinzip der Rationalität.

Die Steuerungskrise hingegen kann nur überwunden werden, wenn die geistige Führung auch die Kraft hat, den Konsens für ein die gesellschaftlichen Energien mobilisierendes Konzept neuer sozialer Integration zu ermöglichen. Die Zielkrise stellt uns vor die letztlich nur durch geistige Führung zu lösende Aufgabe, die fatalen Prozesse eines Auseinanderfallens von sogenannter wissenschaftlich-technischer Zivilisation einerseits und geschichtlich, national und religiös bestimmter Kultur andererseits zu überwinden und durch eine vernünftige, vermittlungsfähige Symbiose abzulösen.

Wenn Habermas Mitte der 80er Jahre davon sprach, daß wir in ein neokonservatives Zeitalter eingetreten seien, dann ist daran richtig, daß die großen Themen des Konservativismus von der Geschichte wieder auf die Tagesordnung gesetzt worden sind. Nicht eschatologische Weltvollendung, sondern ihre Bewahrung ist die Forderung des Tages. Die Frage lautet konkret: Was muß verändert werden, damit bewahrt werden kann, was wert ist, bewahrt zu werden? Ehe wir die Welt verändern, kommt es darauf an, sie richtig zu interpretieren, d.h. wir sind zum Denken verurteilt.

Um diese Fragen zu beantworten, muß man sich erst einmal über den Charakter der Krise verstädigen. In der Deutung der Gegenwart spielt der Begriff der Krise eine zentrale, alle anderen möglichen Aspekte beherrschende Rolle. Aber welche Krise ist gemeint? Es ist die Rede von einer politischen, wirtschaftlichen, sozialen, kulturellen und nun auch noch von einer ökologischen Krise. Alle Dimensionen des gesellschaftlich-öffentlichen, ja privaten Lebens, also die Totalität des geschichtlichen Daseins der Menschheit am Ende unseres Jahrhunderts scheinen von Entwicklungen erfaßt zu sein, die der Steuerungsfähigkeit der Politik entgleiten und Lösungen scheinen zu versagen, die einst den Erfolg beim Aufbau der Demokratie ermöglicht haben. Es geht um das Ganze unserer wissenschaftlich-technischen Zivilisation, um die Totalität der Bedingungen und Verhältnisse des geschichtlich-gesellschaftlichen Daseins des Menschen in unserer Zeit also auch um mehr als eine Krise des bloß technisch-wissenschaftlich genannten Fortschritts.

Die Grundstimmung ist unübersehbar umgeschlagen, und dies ist nicht nur eine vorübergehende Schlechtwetterlage. Hoffnung und Euphorie sind Unsicherheit, Angst und Depression gewichen. Die tatsächlichen und erkennbar gewordenen Konsequenzen des Fortschritts beginnen sich zu wenden und richten sich destruktiv gegen die Gründe und Kräfte seiner eigenen Ermöglichung. Sie stellen die Voraussetzungen in Frage, die den Fortschritt bisher bestimmt haben. Jedes Ding geht schwanger mit seinem Gegenteil. Fortschritt produziert nicht länger nur Fortschritt, Emanzipation nicht nur Humanität, Wissenschaft produziert neue Mythen, abstrakte Rationalität neue Formen und Ausbrüche des Irrationalismus. Für viele unter uns verdichtet sich das Bild katastrophaler Entwicklungen und Tendenzen zu einer geradezu apokalyptischen Situation am Ende unseres Jahrhunderts.

Dafür gibt es Gründe. Die Wissenschaft hat dem Menschen die atomare Macht zur Vernichtung der Zivilisation in die Hand gegeben. Ein ungemindertes Tempo des wissenschaftlich-technischen Wandels bedroht die natürlichen Grundlagen und die Existenz der menschlichen Gattung.

Die industrielle und ökonomische Entwicklung führt zum Verfall sozialer Strukturen und Lebensformen. Die am Prinzip der Selbsterhaltung orientierten Steuerungsimperative gesellschaftlicher Organisation der Naturbeherrschung drängen in die Richtung einer Liquidation des Subjekts, um dessen Erhaltung es doch gehen soll. Die dramatischen Konsequenzen des Umschlagens des Fortschritts in sein Gegenteil, die Erfahrung, daß alle Verheißungen und Versprechungen, aus denen seine Dynamik einst gespeist wurde, sich als definitiv unerfüllbar herausstellen, greifen tief in die Verfassung und den Zustand unseres öffentlichen und privaten Lebens ein und verändern es nachhaltiger als es uns bewußt sein mag.

Die Entscheidungsmechanismen unserer repräsentativen, parlamentarischen Demokratie scheinen in einem Konflikt zu versagen, der aus Angst vor einem Zusammenbruch einer natürlichen und humanen Umwelt genährt wird. Die Wirtschaftspolitik traditionell-konventionellen Stils findet sich ratlos in einer Situation, in der bei steigender Zahl der Arbeitslosen öffentliche Investitionen verhindert werden, die den Prozeß der Zerstörung der Landschaft beschleunigen könnten. Das soziale System, das materielle Güter, Rechte und Ansprüche umverteilt, erzeugt nicht nur Sicherheit, sondern auch Unzufriedenheit, ja Aggression, weil die sozialen Lebensformen verfallen. Kulturelle Leere und Bürokratisierung erzeugen den Wunsch und das Bedürfnis nach einer neuen alternativen Kultur.

In der Einschätzung der Natur dieser die Gesellschaft betreffenden Krise aber sind sich die etablierten Kräfte unserer Gesellschaft keineswegs einig. Handelt es sich um eine Steuerungs- oder eine Zielkrise? Eine fundamentale, einst philosophisch genannte Besinnung ist notwendig. Und dies aus zwei Gründen:

1. Über Organisation und Richtung der gesellschaftlichen Entwicklung kann nicht durch Futurologie entschieden werden, weil die Entscheidung über die Zukunft des Ganzen grundsätzlich unsere Prognosemöglichkeiten übersteigt. Vor allem wissen wir nicht, welche Bedürfnisse und Ansprüche die Menschen morgen haben werden und was sie als Bedingung für ein sinnvolles Leben akzeptieren.

2. Die für die Beantwortung unserer Frage als maßgebend erachteten Idologien, vom Liberalismus bis zum Sozialismus, setzen den ungebrochenen Glauben an den Fortschritt voraus, der ja gerade beginnt, fraglich zu werden. Die Liberalen glauben an die Naturwüchsigkeit einer Selbststeuerung unseres Systems, während die Sozialisten die

Steuerungskapazität des Menschen überschätzen und für die Lösung der Probleme ein Wissen in Anspruch nehmen müssen, das kein Mensch heute haben kann. Die Verlegenheit, in der sich alle auf dem Boden der Aufklärung gewachsenen Ideologien befinden, ist ein Grund für die Wellen politischen Irrationalismus, die sich heute erneut ausbreiten.

Krise ist nicht nur ein soziologisch systemtheoretisch bestreitbares Phänomen, sondern ein historisch, also geschichtlich allein zu verstehendes Phänomen der Diskontinuität, das ohne eine Besinnung auf seine geschichtliche Genese nur blinden Aktionismus produzieren kann. In diesem Sinn müssen wir die Maxime der Feuerbachthesen von Marx umkehren: Es kommt darauf an, ehe wir die Welt verändern, sie zunächst zu interpretieren. Solange wir die neue Situation nicht begriffen haben, sollten wir die Welt vor jeder Veränderung mit totalem Anspruch und totaler Zielsetzung verschonen.

Die neue Konstellation wird auf der einen Seite bestimmt durch die hocharbeitsteilige, technisierte und funktional durchrationalisierte Industriegesellschaft, die ohne Leistung und wahrscheinlich auch ohne Wachstum nicht überleben kann und einem neuen Entwurf alternativen Lebens und alternativer Kultur auf der anderen Seite, wie er sich an den Kriterien der Befriedigung des Daseins, der Ganzheit des Lebens, der Unmittelbarkeit, der Nähe der Gemeinschaft, orientiert. Indem der Industriegesellschaft das Prinzip selbsterhaltungsdienlicher Rationalität zugesprochen wird, Vernunft aber inzwischen erfolgreich ideologiekritisch aufgelöst wurde, mehren sich die Kräfte des Widerstands aus der Irrationalität des Unmittelbaren und entwickeln ihre Handlungsmuster aus der einzigen, noch politisch unerprobten Tradition der Aufklärung, dem klassischen Anarchismus.

Die Herausforderung der Industriegesellschaft, zunächst ein an den Universitäten in soziologischen und philosophischen Seminaren gepflegtes Thema, ist aber keineswegs akademischer Natur. Mit der Leistungs- und Funktionsfähigkeit der Industriegesellschaft steht und fällt unser ganzes politisches System der parlamentarischen Demokratie, des bürokratischen Sozialstaates - ein Typus von Emanzipation, der eine prosperierende Wirtschaft als Selbstverständlichkeit voraussetzt, von ihr hängen die Anerkennungsfähigkeit der eingewöhnten rationalen Normen unserer politischen Kultur und vor allem die Programme und Ziele aller bisher vertretenen Parteien ab. In diesem neuen Konflikt zum Beispiel sitzen Unternehmer und Arbeitnehmer in einem Boote, ohne daß sie bisher aus dieser gemeinsamen Betroffenheit imstande gewesen wären, auch gemeinsame Konsequenzen zu ziehen. Die rotgrüne Regierung ist das konsequente Ergebnis der gesellschaftlichen Entwicklung der letzten 30 Jahre. Die Gesellschaft kokettiert einerseits mit dem Anarchismus der Grünen und Alternativen, andererseits optiert sie für einen weiteren Ausbau der lenkenden und verwaltenden Bürokratie.

In Wahrheit ist es so, daß nur noch konservative Antworten der schweigenden Mehrheit angeboten werden. Die Renaissance des Konservativismus seit dem Anfang der 80er Jahre ist ein weltweites und keineswegs auf Mitteleuropa begrenztes Phänomen. Es ist ein Zeichen und ein Ausdruck eines säkularen und epochalen Wandels. Was sich vor unseren Augen vollzieht, ist der Zusammenbruch des Glaubens an eine utopische Vollendbarkeit der Geschichte. Es gibt keine Utopie mehr, die man den Menschen noch erfolgreich verkaufen könnte. Die progressiven Intellektuellen müssen ernüchtert feststellen, daß sie nicht haben, was sie haben müßten, um ihr Programm eines Umbaus der Industriegesellschaft nach den Zielen des Sozialismus oder des Liberalismus glaubwürdig vertreten zu können. Wenn das so ist, dann hat das natürlich Konsequenzen für die tiefsten und innersten Antriebs- und Bewegungskräfte unserer jüngeren Geschichte.

Der Moderne ging es um eine Wendung aller menschlichen Dinge, an deren Ende die realisierte Utopie einer Welt stehen sollte, in der es dem Menschen gelingen werde, die Totalität der Bedingungen seiner natürlichen, seiner gesellschaftlich-sozialen und auch seiner individuellen Existenz unter eine rationale Kontrolle und Verfügung zu bringen. Die Moderne wollte einen Zustand verwirklichen, der es erlauben würde, alle Formen einer seine Verwirklichung einschränkenden Negativität aufzuheben und einen Zustand kollektiven Glücks zu verwirklichen. Die letzte und tiefste Intention dieses Unternehmens, Geschichte in einer endzeitlich gedachten Utopie aufzuheben, ist der Vorgang, den Proudhon im 19. Jahrhundert auf den Begriff brachte, als er von einer Defatalisierung des Schicksals sprach. In einem Prozeß, in dem es um eine Defatalisierung des Schicksals geht, ist der zu bekämpfende Feind die Kontingenz, die Zufälligkeit, das Ziel ist ein schicksalloser, nicht mehr der Zufälligkeit kontingenter Ereignisse unterworfener Zustand. Es ging um eine entfremdungslose Identität des Menschen mit sich selbst.

Man kann dem Zustand der Gegenwart im Verhältnis zur Utopie nicht gerecht werden, wenn man den vom Beginn der Neuzeit über die Aufklärung und das 19. Jahrhundert bis in unsere Gegenwart laufenden Prozeß nicht an den Folgen mißt, wie sie jetzt zutage treten. Wir müssen dann reden über Utopie im Blick auf die erkennbar gewordenen und eingetretenen Folgen, der in und durch ihre Verwirklichung gescheiterten Utopie.

Wenn man die entscheidenden Phasen idealtypisch vereinfacht darstellt, dann ging es zunächst, am Beginn der Neuzeit, um die Kontrolle und Beherrschung der äußeren Natur durch die exakten Wissenschaften, sodann am Beginn des 19. Jahrhunderts um die in den großen französischen Utopien entwickelte Vorstellung, man solle und könne in Analogie zur erkannten Natur auch die das soziale und gesellschaftliche Dasein des Menschen beherrschenden Gesetze ebenso erkennen und in Übereinstimmung mit ihnen die geschichtlichen Traditionen auflösen, die Gesellschaft umbauen und, angeleitet durch eine wissenschaftlich inspirierte Sozialtechnologie, neu zusammensetzen und neu einrichten. Die Sozialwissenschaften müssen dann herrschen. Die Sozialingenieure bilden dann eine Art neuer Priesterkaste, die anstelle der klerikalen Hierarchie das spirituelle Interpretations- und Herrschaftsmonopol ausübt.

Die dritte große Phase, die vielleicht gerade zu Ende geht, ist der Versuch, das gleiche zu tun mit der anthropologisch-kulturellen Natur des Menschen. Nach der wissenschaftlich-technischen und der sozialgesellschaftlichen Phase geht es nun um die anthropologische Revolution (Marcuse), um einen Umbau des Menschen, seiner Natur, aller ihn auch innerlich determinierenden Bedingungen in Übereinstimmung mit den von den modernen Wissenschaften über den Menschen produzierten Erkenntnissen. Es ist die Erfahrung des Scheiterns dieses Versuches, durch eine letzte utopische Anstrengung Aufklärung zu vollenden, den Menschen in Übereinstimmung mit den Erkenntnissen der Tiefenpsychologie, der Humanwissenschaften und natürlich der Sozialwissenschaften zu befreien, die die Gegenwart zutiefst bewegt. Denn das Scheitern dieser vorläufig letzten Anstrengung in der Verwirklichung von Utopie wift uns auf die Grundsituation vollbrachter Säkularität zurück: Das Vakuum an Sinn.

Von dem Ende einer Geschichte, die der Logik der Utopie folgen sollte, kann nur gesprochen werden, wenn die eingetretenen Konsequenzen verwirklichter Utopie sich gegen die Voraussetzung dieser Utopie wenden und sie aufheben. Damit wäre auch das beliebte Spiel der Intellektuellen, die Rolle der Progressiven und der Reaktionäre fein säuberlich zu verteilen, am Ende. Vom Ende einer der Logik der Utopie folgenden Geschichte, wäre also nur zu sprechen, wenn die praktischen

Konsequenzen erreichter und verwirklichter Utopie die Voraussetzungen aufheben, unter denen der utopische Entwurf stand.

Es ist nun die Frage, ob nicht am Ende des Jahrhunderts zum ersten Mal in einer die Menschen ergreifenden Weise dieser Tatbestand zum Bewußtsein kommt. Woran liegt es denn, daß der utopische Schwung fehlt, daß apokalyptische Zeitinterpretationen sich häufen? Woran liegt es, daß bis in die Tageszeitungen hinein nicht mehr von Hoffnung, sondern von der Angst als dem alles bestimmenden Grundgefühl der Epoche die Rede ist? Woran liegt es denn, daß nicht mehr über die Art der Zukunft diskutiert wird, die wir haben wollen, sondern nun die Frage gestellt wird, ob wir überhaupt noch eine Zukunft haben? Die Jugend hat den keineswegs völlig abwegigen und illusionären Eindruck, sie habe keine Zukunft mehr - und das nicht nur im Blick auf die ungesicherten Rentenzahlungen nach dem Jahre 2020. Natürlich wird das Ende einer Geschichte, die der Logik der Utopie folgt, am deutlichsten in der Ökologiekrise. Wenn die Natur nicht mehr mitmacht, wenn sie gegen die Zumutung zu rebellieren beginnt, als beliebig disponibles Material für weitere utopische Entwürfe zur Verfügung zu stehen, ist es im Prinzip mit der Utopie ausbildenden und sie begleitenden Moderne vorbei.

Die Wiederkehr konservativer Strömungen, Stimmungen, Einstellungen, Themen, Motive und Programme ist nur als Konsequenz des vorläufigen Endes der Utopie zu verstehen, ohne daß es gelungen wäre, wie Marcuse noch geglaubt hat, das technisch-wissenschaftliche Potential in den Dienst der Befriedung des menschlichen Daseins zu stellen. Tatsächlich kämpfen heute nur noch unterschiedliche Varianten des Konservativismus um die Zustimmung der Bevölkerung. Dem Konservativismus der traditionellen Sozialdemokraten geht es um eine Erhaltung der Industriegesellschaft und des Sozialstaates, dem Konservativismus der sich anarchistisch auslegenden Grünen geht es um eine Wiederherstellung einer Lebensganzheit, die man früher jenseits der Industriegesellschaft erträumt hatte.

Ist der Konflikt Industriegesellschaft oder Lebensganzheit das Thema, stehen wir vor der Notwendigkeit einer langfristigen Umsteuerung unseres Systems. Dann muß der Konservativismus eine Philosophie der Versöhnung sein. Eine von geschichtlicher Erfahrung genährte Vernunft der Vermittlung ist dann gefragt. Beide Kontrahenten, die Industriegesellschaft und der Wille zu einer ganzheitlichen Kultur, haben ein partielles aber unbestreitbares Recht. Die Industriegesellschaft steht für die Notwendigkeit, den Imperativen rationaler Selbsterhaltung zu gehorchen, und die alternative Kultur steht für das unverzichtbare Bedürfnis nach einem sinnvollen, gemeinsamen, guten Leben. Die Industriegesellschaft muß sich ihren eigenen ethischen, kulturellen Bedingungen und Voraussetzungen gegenüber öffnen, und die alternative Kultur muß der Utopie einer Welt entsagen, in der angeblich keine Sachzwänge mehr gibt. Die Entfremdung ist eben auch eine Bedingung der Freiheit.

Die Gefahr liegt in einem formal entleerten oder halbierten Konservativismus. Die Rechnung eines kulturellen Anarchismus auf der einen Seite und eines sich auf die Bewahrung der Natur beschränkten Konservativismus auf der anderen Seite geht nämlich nicht auf. Der eines Gegenhaltes und eines konservativen Korrektivs entbehrende Fortschritt hebt sich selbst auf und zeitigt Resultate, die, gemessen am Maßstab bereits in der Geschichte erreichten Fortschritts, als reaktionär bezeichnet werden müssen. Vielleicht haben die Philosophen des deutschen Idealismus darum die Dialektik entwickelt, weil die Deutschen im Unterschied zu den glücklicheren Völkern der westlichen Demokratien erst im Element des philosophischen Gedankens die Urteilskraft erwerben mußten und weil ihnen die Geschichte die Erfahrung eines kulturellen und sittlichen, eines gemeinsamen religiösen und nationalen Lebens vorenthalten hat.

Als konservativ gilt heute fälschlicherweise derjenige, der nur die Technologie, die Marktwirtschaft verteidigt. Dies ist nur ein Symptom, das dafür spricht, daß die Identitäten von links und rechts sich auflösen und die alten Zuordnungen politisch und ideologisch so nicht mehr stimmen. Nein, wenn der Fortschritt selber die Gestalt einer Bedrohung angenommen hat, dann gibt es nur noch anarchistische oder kulturkonservative Lösungen. Was gestern als konservativ galt oder als solches gescholten wurde, wird morgen von Progressiven in Anspruch genommen, und was gestern als links oder als liberal vertreten wurde, wird heute bereits als konservativ entlarvt. Selbst Dahrendorf meint, daß die Eröffnung von neuen Optionen durch Ligaturen, also Bindungen, ergänzt werden muß.

Die Konservativen oder die, die man für solche hält, sind auf die neue Konstellation bisher nur schlecht vorbereitet. Politische Konsequenzen, die mit einem Überleben in Freiheit vereinbar wären, werden aber dann erst eine Chance haben können, wenn die Konservativen begreifen, daß es nicht darum geht, Vergangenes wiederherzustellen oder den gegenwärtigen Status um jeden Preis zu erhalten, sondern einer als katastrophal empfundenen Zukunft den Entwurf einer lebenswerten ent-

gegenzusetzen. Hier sind die Konservativen noch nicht sehr weit gedie-
hen. Es hat ihnen aber auch noch keiner zugehört.

27. Die immanenten Schranken des Liberalismus[17]

Die Kernfrage ist, ob der Liberalismus in der Lage ist, mit einer wirklichen geschichtlichen Krise fertig zu werden. Der Begriff „geschichtliche Krise" bedeutet hier, daß alle die Gesellschaft integrierenden Kräfte, aus welchen Gründen auch immer, sich auflösen oder gar zerstört werden. Wenn diese Situation eintritt, ist der Liberalismus keine geeignete Methode und keine geeignete Therapie mehr. Mit welchen immanenten Schranken hat es die liberale Philosophie zu tun, wenn wir behaupten, der Liberalismus sei nicht fähig, mit einer geschichtlichen Krise fertig zu werden?

1. Das Machtproblem

Nun, der Liberalismus hat ein prekäres Verhältnis, zum Teil ein Nichtverhältnis, zur Macht. Im Verhältnis zur Macht geht der Liberalismus von der These aus, daß erst dann das Ziel der Geschichte erreicht sein wird, wenn es gelungen ist, die Macht überhaupt zu eliminieren und alle Machtprobleme in reine Rechtsprobleme zu konvertieren. Von daher gehört zum Liberalismus genauso eine utopische Fortschrittskonstruktion vom künftigen Verlauf der Geschichte wie zum Marxismus auch. Das Ziel der Welt, in der sich der Liberalismus erfüllen würde, ist eine Welt ohne Machtprobleme, in der auf dem Boden des ökonomischen Austausches alle mit allen zur Förderung wechselseitiger wirtschaftlicher Prosperität zusammenwirken und alle Restprobleme durch die Permanenz der Diskussion beseitigt werden. Diese Zukunftsvorstellung des Liberalismus ist auf die progressive Eliminierung der Macht gerichtet. Offenbar können aber liberale Verhältnisse in einer Gesellschaft nur dann zustandekommen, wenn es eine Macht gibt, die sie einrichtet und die Einhaltung der liberalen Spielregeln überwacht. Ohne eine die Liberalität garantierende Macht kann es keinen Liberalismus geben.

2. Das Problem der Homogenität

Die zweite immanente Schranke des Liberalismus betrifft das Problem des Konsenses oder, wie es heute etwas ideologisch überspitzt formuliert wird, das Problem der sogenannten „relativen Homogenität". Die doch weitgehend verunglückte Geschichte deutscher Politik mit ihren schier unlösbaren Problemen seit dem Dreißigjährigen Krieg hat bewirkt, daß sich das Homogenitätsproblem schließlich antithetisch zum Liberalismus herausgebildet hat.

Was der erfolgreiche Liberalismus herbeiführt, erleben wir jetzt am Ende der Nachkriegsepoche in Deutschland. Wenn der Liberalismus in dieser Ausschließlichkeit in einer Gesellschaft herrscht, wie das in den letzten fünfundzwanzig Jahren der Fall war, dann hat dies revolutionäre Folgen. Es ist genau jene Revolution, die er zum Teil unbewußt, zum Teil aber auch ganz bewußt herbeiführt, die Nietzsche als „atomare Revolution" bezeichnet hat. Die Gesellschaft löst sich so in ihre Bestandteile auf, daß zum Schluß nur noch der absolut gesetzte Individualismus übrig bleibt. Die Folge ist, daß der Staat auch als Staat aufhört, handlungsfähig zu sein, und die Politiker entsetzt die zum großen Teil von ihnen selbst herbeigeführte „Entsolidarisierung der Gesellschaft" beklagen. Das Homogenitätsproblem wird nicht durch den Liberalismus überwunden, sondern es wird vom Liberalismus selber erst produziert.

Die Wiederkehr des Nationalismus nach dem Zusammenbruch des Sozialismus und die Bildung einer neuen Rechten in Europa und Deutschland entspringt diesem Bedürfnis nach relativer Homogenität, die eben für den Bestand einer modernen Gesellschaft genauso essentiell bleibt wie das Bedürfnis nach Liberalität.

Sowohl aus diesen prinzipiellen Gründen wie auch aus Gründen der historischen Erfahrung muß man - bei voller Anerkennung dessen, was von der lieralen Tradition unverzichtbar ist - zu dem Schluß kommen, daß der absolut gesetzte Liberalismus nicht überlebensfähig ist. Das ist der entscheidende Grund dafür, warum die Euphorie für den westlichen Liberalismus in Rußland in dieser dramatischen Schnelligkeit in eine neue Form des Nationalismus umgeschlagen ist. Dieser Nationalismus birgt natürlich dann sein Gefahrenpotential in sich, wenn nicht die Einsicht kommt, daß eine blühende, gesunde und starke Nation auch auf die liberalen Prinzipien und Elemente angewiesen ist.

3. Das ungeschichtliche Modelldenken

Der Liberalismus, der sich von dem Vertragsmodell des neuzeitlichen Naturrechts leiten läßt, ist eine ebenso abstrakte geschichtslose Philosophie wie der Sozialismus, der in seinem Endzustand die Welt und die Gesellschaft geschichtslos machen wollte.

Der Liberalismus kann viel, aber er kann nicht alles. Das Denken Friedrich von Hayeks und anderer macht deutlich, daß der Liberalismus sich selbst zur Kritik, allerdings positiv im Sinne einer ständigen produktiven Auslese von Ideen, bekennt. Dabei entgeht den liberalen Theoretikern in der Regel die destruktive Komponente dieses dynamischen Prozesses, der auch nicht ständig neu erzeugbare Ressourcen zerstört. Der Liberalismus ist daher aus den ihn konstituierenden Gründen der Selbstproblematisierung und der Erhebung der Kritik zu einer Art Lebensprinzip der Gesellschaft auf Kräfte angewiesen, die eine gewisse Korrektivfunktion übernehmen.

Als Theorie und politische Kraft war der Liberalismus historisch immer mit dem Pathos der Kritik am Absolutismus und am feudalistischen Staat verbunden, so daß die ihn korrigierenden Kräfte immer zumindest als Gegner vorausgesetzt waren. Daraus ergibt sich die These, daß nur ein gesellschaftliches und kulturelles System, in dem Liberales und Konservatives in einem ausbalancierten Verhältnis zueinanderstehen, eine Gesellschaft bestands- und überlebensfähig macht.

Joachim Ritter sagt, daß der Liberalismus von Voraussetzungen lebt, die er weder selbst geschaffen hat noch deren Bestand er garantieren kann. Am Beispiel der Bundesrepublik Deutschland kann man studieren, wie eine liberale Demokratie in einer Vorbildlichkeit hervorgebracht wurde, für die es in der Welt kaum noch eine Parallele gibt, wie aber gleichzeitig alle ihre großen Leistungen und Erfolge entscheidend den konservativen Elementen und Traditionen zu verdanken waren, die es in ihr noch gab. Wir können aber an der Bundesrepublik wie in einer Art Labor auch erleben, wie sich ein Land selbst zerstört, wenn das Liberale, das dann nicht mehr liberal ist, sondern pseudoliberal oder libertär aus sich selbst heraus wächst, sich als absolut setzt.

Der Liberalismus ist im Westen, vor allem aber in Deutschland, an eine Grenze gekommen. Heute bedarf es einer gesunden, vernünftigen und ausgewogenen Mischung sowohl liberaler als auch konservativer Prinzipien und Elemente. Der Liberalismus, der sich im Westen gegenüber dem Feudalismus durchgesetzt hat, hat alle seine Siege gegen den durch Tradition, Mentalität und naturwüchsige Ordnung bestimmten Konservativismus errungen. Der Liberalismus hat sich im Kampf gegen den Konservativismus durchgesetzt. Das hat sich, seitdem die soziale Revolution als Gefahr am Horizont auftauchte, erst aus dem Interesse der Macht- und Besitzstandssicherung vorübergehend geändert. Die letzte Zielsetzung des Liberalismus ist ja genauso auf die Aufhebung aller konservativen Bestände gerichtet, wie das auch nach dem Selbstverständnis des Marxismus der Fall war. Es gibt hier nicht nur von den Ursprüngen, sondern auch von der Zielsetzung her im Verhältnis von Liberalismus und Marxismus zum Konservativismus keinen Unterschied. Sowohl der Marxismus als auch der Liberalismus knüpften die Hoffnung auf das Erreichen ihrer Endziele an die Eliminierung und Beseitigung aller bewahrenden Elemente und aller durch Traditionen verbürgten Autoritäten.

Heute ist der Liberalismus - durch den gewaltigen Schub, den er durch den Ausgang des Zweiten Weltkrieges in Deutschland erhalten hat - allein als der unangefochtene Sieger auf dem Schlachtfeld übrig geblieben. Nach dem Untergang des Sozialismus hat er sich das weltgeschichtliche Bewußtsein zusprechen lassen oder selbst zugesprochen. Seitdem glauben wir, daß es in aller geschichtlichen Zukunft keine Alternative zum Liberalismus mehr gibt.

Ich empfinde es angesichts dieser Zielsetzung geradezu als ein Wunder, daß sich der Konservativismus aus dem Zusammenbruch des Kommunismus wieder auf der Bühne der Geschichte zurückgemeldet hat. Diese siebzig Jahre haben es offenbar nicht vermocht, ihre eigenen ideologischen Zielsetzungen zu erreichen, denn sie haben nichts endgültig eliminiert, sondern nur unterdrückt und verdrängt.

Die Entfaltung jener Freiheitsrechte, die die Menschheit dem Liberalismus zu verdanken hat, ist nur denkbar, wenn es zu einem klaren Bewußtsein dieser Renaissance konservativer Traditionen und Elemente kommt. Der Liberalismus ist - wenn er überhaupt eine Zukunft haben soll - auf die Notwendigkeit eines substantiellen und aufgeklärten Konservativismus angewiesen.

Die entscheidende Frage ist, ob der sich neu formierende Konservativismus auch die Unverzichtbarkeit liberaler Traditionen anerkennt. Im Westen muß man zwischen der Lage in Deutschland und der Lage in fast allen übrigen westlichen Demokratien wie den USA, Großbritannien, Frankreich unterscheiden. Für diese Demokratien hat es nie einen Konflikt oder Widerspruch zwischen dem demokratischen Selbstverständnis dieser Völker und ihrem Selbstverständnis als Nation gegeben. Die westlichen Demokratien haben, wie liberal sie sich auch immer verstanden haben, ihren Fortschritt an Liberalität und Demokratie aus den konservativen Beständen und Reserven zustande gebracht. Frankreich, das sich wie kein anderes Land in diesen zweihundert Jahren geradezu als Missionsland der universalen Idee der Demokratie und der Menschenrechte verstanden hat, ist dasselbe Land, in dem sich mehr als in jedem anderen europäischen Land konservative Strukturen, Institutionen und Traditionen unvermindert gehalten haben. Wir werden es noch erleben, daß das konservative Frankreich stärker sein wird als das in die universalen Ideen einer die Menschheit umspannenden Menschheitsrepublik verliebte Frankreich. England braucht man in diesem Zusammenhang überhaupt nicht zu erwähnen. Wenn dort die Feste des königlichen Hauses von der ganzen englischen Nation mitgefeiert werden, dann sieht man, daß dort sogar noch Elemente des Konservativismus aus den feudalen Zeiten Englands erhalten sind.

In Deutschland ist dies alles grundlegend anders, denn es hat diese Kontinuität konservativer und liberaler Traditionen nicht gegeben. In Deutschland kam es nicht zu der glücklichen Synthese von Nation und Demokratie, sondern hier hat sich nach 1945, vor allem aber nach 1968 der Liberalismus ohne Einschränkung und auf Kosten aller konservativen Ideen durchgesetzt. Die Grenze, an die der Liberalismus auch bei uns gestoßen ist, ist die, daß die Bundesrepublik als Ergebnis des Triumphes dabei ist, die gleiche Krise heraufzubeschwören, wie sie schon einmal in der Weimarer Republik zum Untergang der Demokratie geführt hat. Wir erleben in diesem Lande neue Ausbrüche barbarischer jugendlicher Gewalt. Man streut sich Sand in die Augen, wenn man sie faschistisch nennt. Diese Formen vor allem jugendlicher Gewalt haben objektiv mit Faschismus gar nichts zu tun, sondern die Deklarierung „faschistisch" dient nur dem fadenscheinigen Zweck, zu verbergen, daß diese Gewalt hausgemacht ist. Es sind von dieser sich dramatisch modernisierenden und liberalisierenden Bundesrepublik selbst produzierte Ausbrüche der Gewalt und nicht etwa Relikte zurückgebliebener Altfaschisten von gestern.

In Deutschland ist der Liberalismus in fast exemplarischer Weise an den Grenzen seiner Möglichkeiten angelangt. Man kann die Grenzen, an die der Liberalismus in Deutschland gestoßen ist, ebenso definieren. Wir können das an den drei eben genannten, ungelösten Problemen des Liberalismus verdeutlichen:

1. Der Liberalismus hat bei uns sein klassisches Programm, Macht in Recht zu konvertieren, bis zu dem Punkt vorangetrieben, daß es nun keine Macht mehr gibt, die in der Lage ist, das Recht und die Rechtsordnung noch aufrechtzuerhalten und die Gesetze durchzusetzen.

Deutschland steht heute ja nicht zufällig am Anfang einer Welle von Drogensucht, organisierter Kriminalität und zunehmender jugendlicher Gewaltbereitschaft. Dieser Entwicklung stellt sich kein Staat mehr entgegen, der über die Macht verfügen könnte, gegenüber den partikularen Gruppen in der Gesellschaft das uneingeschränkte Monopol auf Gewalt durchzusetzen. Es gehört ja zu den kuriosen Dingen der gegenwärtigen Diskussion in Deutschland, daß die Linken, die gestern noch vom fanatischen Willen zur Vernichtung jedes Machtelements im Staat beseelt waren, heute nach dem Staat rufen. Sie beklagen sich darüber, daß die Polizei nicht effizient genug vorgehe und daß die Gerichtsurteile, die über rechte Gewalttäter gesprochen werden, zu milde seien. Es ist heute die libertäre Linke in der Bundesrepublik, die verzweifelt nach dem Staat und der Durchsetzung des Rechts ruft und feststellen muß, daß sie selber dessen Schwäche geschaffen hat.

2. Die zweite große Aporie des Liberalismus, von der wir sprachen, betrifft das Homogenitätsproblem. Es ist in Deutschland geradezu zum Unterscheidungskriterium zwischen liberalen und nicht mehr liberalen Gedanken geworden, die heute aber nicht mehr konservativ, sondern faschistisch oder präfaschistisch genannt werden. Der Liberalismus wird geradezu als die Gegenkraft zur Homogenität bezeichnet, die die Homogenität durch die Kategorie der Heterogenität ersetzen will. Es darf demnach in der Gesellschaft nur Heterogenität geben, und jede Form und Weise von Homogenität gilt als reaktionär, atavistisch und präfaschistisch. Unsere Intelligenz, seien es Liberale oder Neomarxisten, vereinigt sich im Kampf gegen jede Form von Homogenität in Deutschland. „Volk" darf darum keine verwendbare Kategorie in der politischen Sprache der Deutschen sein.

Paradoxerweise beklagen sie gleichzeitig, daß sich in dieser von ihnen herbeigeführten und glorifizierten heterogenen Gesellschaft alle Bande des Zusammenhaltes und der Integration zerreißen, und daß auch der sozialdemokratische Appell an Solidarität keine Adressaten mehr findet. Der Verlust der Homogenität führt nicht nur zum Ende der politischen Macht des Staates, sondern auch zum Ende der politischen Handlungsfähigkeit überhaupt. Er bedeutet für die Politik einen Zustand, in dem alle politischen Kategorien durch Kategorien des finanziellen Transfers und der finanziellen Verteilung ersetzt werden. Es gibt bei uns keine Politik, die sich um irgend etwas anderes drehen könnte als um finanzielle Transferleistungen. In der heterogenen Gesellschaft will jeder den größtmöglichen Anteil haben, und er ist meist nicht bereit, etwas von dem, was er hat, herauszugeben. Das ist ein Zustand, den diejenigen, die ihn jetzt beklagen, selber so gewollt und herbeigeführt haben.

Die in dieser Entwicklung liegenden Konsequenzen hätten sich unvermindert beschleunigt, wenn damit nicht das Problem der multikulturellen Gesellschaft aufgetaucht wäre. Durch die Existenz von 7,3 Millionen Ausländern in Deutschland und auf Grund des unverminderten Zuwachses der Asylantenströme entdecken die Deutschen ihre Homogenität wieder. Die Deutschen entdecken wieder, daß sie in einer eigenen kulturell geprägten Lebensform stehen - mit einem historischen Hintergrund. Alle, die das Ausländerproblem in Deutschland weiterhin nach der libertären Maxime behandeln und nach den bisherigen Mechanismen lösen wollen, müssen sich darauf gefaßt machen, daß sie im Begriffe sind, bürgerkriegsähnlichen Zuständen den Weg zu ebnen. Man denke nur an den Konflikt zwischen Kurden und Türken, vor dem die deutsche Politik im Falle des Verzichts auf die Auslieferung des Kurdenführers Öcalan bereits kapituliert hat.

Das Ziel heißt keinesfalls, für eine völkische und rassisch-biologistische Homogenität zu plädieren, das wäre in der Tat faschistisch. Es gibt aber, sowohl als Faktum wie auch als selbstverständliches Recht jedes Menschen, Formen kultureller Gemeinsamkeit des geschichtlich geprägten Seins. Wer Anteil an diesen kulturellen Lebensformen und an diesen geschichtlichen Erinnerungen hat, erscheint natürlich gegenüber all denen als homogen, die ihrerseits mit anderen kulturellen Lebensformen und mit anderen geschichtlichen Traditionen ausgestattet und begabt sind.

3. Das Problem der Geschichtslosigkeit: Die Wiederkehr des großen Themas der nationalen Identität stellt sich, was die kollektive Überlebensfähigkeit angeht, für die Deutschen als sehr dringlich dar. Die große Lehre, die man aus dem Marsch in die Geschichtslosigkeit ziehen muß, ist die, daß dies ein Marsch in die Dekadenz ist und damit den Verlust der Geschichtsfähigkeit bedeutet. Die politische und wissenschaftliche Elite der Bundesrepublik hat sich - in ihrem liberalen Modelldenken daran gewöhnt, den eigenen Staat nur noch unter rein ökonomischen und funktional-sozialen Aspekten zu verstehen. Dies bedeutet aber einen Verlust an politischem Realitätssinn. Wenn die Deutschen nicht wieder beginnen, sich selbst und ihre Rolle geschichtlich zu begreifen, wird Europa in Deutschland nicht den Partner finden, den es mit Recht erwartet.

Der Unterschied im Verhältnis zwischenLiberalismus und Konservativismus in anderen Ländern und in Deutschland ist der, daß der Begriff des Konservativismus dort offenbar kein problematisierter Begriff ist. Er wird so eng mit dem Selbsterhaltungsinstinkt des Vokes verbunden, daß er eigentlich keiner besonderen theoretischen, geschweige denn ideologischen Rechtfertigung bedarf. Diese Selbstverständlichkeit im Umgang mit dem Begriff und auch mit der Notwendigkeit eines zu erneuernden Konservativismus gibt es in Deutschland nicht.

Erst die konkreten Probleme weisen neuerdings den Weg zurück zu einem Konservativismus. Vor allem das Problem der Kriminalität, das Ausländerproblem und die Europa-Dikussion machen deutlich, daß sich die Erscheinungen dieser drei politischen Phänomene in Deutschland mit den überkommenen, sozialliberalen Kategorien gar nicht mehr fassen lassen. Sie lösen gegenwärtig in Deutschland einen Prozeß des Umdenkens, der Umorientierung und auch der Wiederbelebung des Konservativismus aus. Wenn diese dreiFragen weiterhin ihre formierende Rolle im Prozeß des deutschen Umdenkens spielen sollten, wird daraus ein anderes Deutschland hervorgehen als das seit vierzig Jahren bekannte Land.

Wenn man das Problem der Kriminalität nimmt, so ist ja bekannt, daß in Deutschland jährlich rund 7 Millionen kriminelle Delikte begangen werden. Dieses Problem wird jetzt durch das Ausgreifen des internationalen organisierten Verbrechens nach Deutschland verschärft, so daß sich in Teilen von Staat und Wirtschaft bereits Verhältnisse andeuten, wie sie für die Übernahme der staatlichen Macht in Süditalien durch die Mafia kennzeichnend sind. Diese allgemeine Tendenz zur Zunahme der gesellschaftlichen und der individuellen Kriminalität einerseits und der Expansion des international organisierten Verbrechens andererseits führt zu einer neuen Situation, die den Staat der Bundesrepublik vor Aufgaben und vor Notwendigkeiten stellen wird, die er nur bewältigen kann, wenn er fähig ist, mit dem pseudoliberalen, permissiven Selbstverständnis zu brechen, das ihm eine libertäre Kulturintelligenz in den letzten dreißig Jahren oktroyiert hat. Man sieht es ja am Verlauf der Diskussion, daß jetzt selbst von der SPD zur Bekämpfung des organisierten Verbrechens staatliche Maßnahmen in Betracht gezogen werden, die in der SPD gestern noch als Rückfall in autoritär-faschistische Stadien der deutschen Geschichte bekämpft worden sind. Natürlich wird diese Herausforderung zunehmen, und ich prognostiziere, daß sich der Staat das permissiv-libertäre Selbstverständnis, das auf einen sukzessiven Abbau der staatlichen Autorität und der polizeilichen Effizienz gerichtet ist, nicht mehr leisten kann.

In bezug auf das Ausländerproblem, von dem wir ja bereits gesprochen haben, muß man zwei Dinge feststellen: Es gibt heute in der ganzen Welt kein Land, das von einer so umfangreichen Zuwanderung heimgesucht wird wie Deutschland. Auf Kosten Deutschlands bleiben die anderen europäischen Länder von diesem Problem relativ oder ganz verschont. Welches Interesse sollten eigentlich die übrigen europäischen Länder haben, Deutschland die Lasten abzunehmen, die durch diese Einwanderungsbewegungen entstehen?

Die Verfasser des Grundgesetzes haben eine einzigartige Asylregelung in Deutschland geschaffen, weil sie darin einen Akt der Wiedergutmachung und der Vergangenheitsbewältigung sahen. Sie haben das getan, weil sie sich daran erinnerten, daß während des Dritten Reiches und des Zweiten Weltkrieges ungezählte Deutsche - wahrscheinlich waren es von 1933 bis 1945 rund 800.000 Deutsche, die vom Nationalsozialismus verfolgt wurden - in den Ländern dieser Welt, nicht nur in den westlichen, Aufnahme fanden. Wir müssen uns daran erinnern, daß damals viele eine gastfreundliche Aufnahme in der Türkei erfuhren. Die Türkei hat sich durch ein besonderes Maß an Gastfreundschaft und Aufnahmewilligkeit gegenüber den Deutschen ausgezeichnet. Die Verfasser des Grundgesetzes empfanden es deshalb als einen Akt der Abwendung vom nazistischen Geist, als Wiedergutmachung und als Ausdruck des Willens zu einer inneren Wiedergeburt der Deutschen, diese großzügige Asylregelung zu schaffen.

Die Situation, mit der wir es heute zu tun haben, ist aber so, daß sie mit der damals angenommenen nicht mehr das mindeste zu tun hat. Womit wir es heute zu tun haben, sind die durch die verfehlte westliche Entwicklungspolitik zusammengebrochenen ökonomischen und politischen Strukturen in der Dritten Welt. Dieser Zusammenbruch läßt nun die Massen der Dritten Welt in die westlichen Metropolen und in erster Linie nach Deutschland strömen. In dieser Entwicklung, die ein säkulares Problem darstellen wird, stehen wir erst an den Anfängen. Dies ist ein Problem, das die Fundamente nicht nur unseres Wohlstandes, sondern der gesamten sozialen, kulturellen und politischen Ordnung der Bundesrepublik in den Grundfesten erschüttern und zerstören kann.

Was ich an der Diskussion dieses Problems in und auch über Deutschland bedauere, ist, daß seine Dimension überhaupt nicht gesehen oder doch in einer geradezu fahrlässigen Weise unterschätzt wird. Wir können hier in Deutschland von führenden Politikern die These hören, die Einreise von Asylbewerbern nach Deutschland sei deren demokratisches Grundrecht. Jeder Mensch habe das Recht, in Deutschland als Asylbewerber aufgenommen zu werden. Wenn man aus dieser Formulierung und den weiteren Vorteilen, die jedem Asylbewerber und sonstigem Ausländer in Deutschland offenstehen, die Folgerungen zieht, kommt man zu der nicht selten vertretenen Behauptung, daß jeder Mensch in der Welt aufgrund der subjektiven Einschätzung seiner Lage und Befindlichkeit das Recht hat, voll integrierter Bürger der Bundesrepublik Deutschland zu werden. Diese in Deutschland gerade unter Intellektuellen verbreitete und in vielen Medien vorherrschende Auffassung gibt Zeugnis von einer Mentalität, von der ich annehme, daß sie in jedem anderen Land und Volk der Welt undenkbar wäre.

Hier wird klar, was die Vergangenheitsbewältigung im Begriffe ist aus Deutschland zu machen. Paradox formuliert, kann die Konsequenz ihrer Beibehaltung dazu führen, daß Verhältnisse geschaffen werden, in denen zum ersten Mal nach 1945 wieder faschistische Ideen, Kräfte und Strömungen eine Chance bekommen werden. Wir werden uns also die Frage, wie der nazistische Ungeist überwunden werden kann, anders als bisher stellen müssen. Denn durch die abstrakte und apodiktische Entgegensetzung der Liberalität und der universalistischen Prinzipien der politischen Philosophie des Liberalismus scheint das nicht nur nicht möglich zu sein, sondern der Schluß liegt nahe, daß dadurch eher das Gegenteil des Gewollten gefördert wird.

Zwei Dinge sind zum Problem der Zuwanderung zu sagen:

a. Kein Volk ist genötigt, jenseits seiner Möglichkeiten anderen Völkern und Menschen zu helfen. Große Teile der deutschen Politik stellen dieses Problem immer noch in demagogischer Weise als ein moralisches Problem und nicht auch als ein Problem der begrenzten Kapazitäten dar, die einem Lande zur Verfügung stehen.

b. Wenn in vielen Regionen der Welt der Wunsch, Aufnahme in Deutschland zu finden, verbreitet ist, sollte man primär solche Teile und Regionen der Welt berücksichtigen, die in einem kulturellen Zusammenhang mit den Deutschen und ihrer Kultur stehen. Erst wenn dieser Bereich abgedeckt ist, kann man sich darüber unterhalten, ob man noch weitere Vertreter einer Zivilisation und Kultur aufzunehmen bereit ist, die den Deutschen absolut fremd sind. Die Erfahrung lehrt, daß ein solch erzwungenes Zusammenleben noch nie zu einer gedeihlichen Gemeinschaft, sondern immer zu schärfsten Störungen des öffentlichen und sozialen Friedens geführt hat. Das ist keine Eigenart der Deutschen, sondern das kann man auf der ganzen Welt feststellen. Man muß sich vorstellen, was aus den Hilfsaktionen, die nicht nur die Einwanderer jetzt von den Deutschen erwarten, werden wird, wenn die Belastungen hier zu groß werden und die Fähigkeit der Deutschen, Hilfe zu leisten, materiell untergraben und zerstört werden sollte. Aus Vernunftgründen darf also die Belastung durch die Einwanderung nicht so groß werden, daß die Hilfsfähigkeit des Gastlandes erschöpft wird.

Hierher gehört auch das Problem des Maastricht-Europa: Zur bisherigen Diskussion um die politische Einheit Europas möchte ich nur zwei Dinge sagen.

1. Es muß das ganze Europa sein. Wenn es auch nicht mit einem Schlag verwirklicht werden kann, muß die Zielintention aller Bemühungen um ein politisch handlungsfähiges Europa doch sein, daß die bisher auf Westeuropa beschränkten Einigungsbemühungen keine neue Spaltung innerhalb Europas herbeiführen. Wir dürfen den traditionellen Ost-Konflikt nicht af einem anderen Niveau, wenn auch vielleicht unabsichtlich, wieder neu beleben. In welcher Form und unter welchen Bedingungen auch immer, es muß zum elbstbewußtsein aller Europäer gehören, daß ein Europa ohne Rußland nicht Europa sein wird. Die russische Kultur und das russische Volk müssen ein integraler Bestandteil Europas werden, wenn dies vielleicht auch im Augenblick noch nicht in einen konkreten politischen, operativ-strategischen Plan umsetzbar ist. Alle wirtschaftlichen Hilfen an Rußland werden auf die Dauer gar nichts nütze, wenn nicht auch die Russn begreifen, daß dies alles nur Phasen der Integration Rußlands nach Europa sind.

2. Ein Europa, das die nationalen Identitäten auflösen wollte, wäre kein Europa. Die Maastrichter Konzeption, die ja vor allem auch die Konzeption von Helmut Kohl ist, geht davon aus, daß der Nationalstaat Deutschland sich in Europa aufhebt und liquidiert. Dies ist wiederum eine der deutschen Kuriositäten, denn derartige Vrstellungen gibt es wder in England noch in Frankreich, Italien oder Spanien. Die Frage welches Schicksal die Nationalstaaten in dem zu vereinigenden Europa haben werden, ist bisher unbeantwortet. Dies ist meiner Ansicht nach die Kernfrage der esamten europäischen Zukunft. Es ist völlig klar, daß es kein wirklich handlungsfähiges vereinigtes Europa geben kann, wenn wir bei dem traditionellen Verständnis der Nationalstaaten bleiben. Es ist ebenso klar, daß die einzelnen Nationalstaaten derneuen Lage in der Welt ökonomisch und morgen auch militärisch nicht gewachsen sein

werden. Der Verzicht auf die Herstellung eines einheitlichen Europas wäre in der Tat der Verzicht Europas, ine geschichtlich-politische Rolle in der Welt zu spielen. Insofern ist die Schöpfung Europas die wichtigste politische Aufgabe, die uns dieses Jahrhundert überhaupt hinterlassen hat. Wir hätten in der Tat die Lehren des 20. Jahrhunderts nicht verstanden, wenn wir dies nicht begriffen hätten und daraus nicht die nötige Konsequenz zögen.

Wenn gerade die Selbstbehauptung Europas morgen von uns die erheblichsten Opfer verlangen sollte - wir können uns heute noch nicht annähernd vorstellen, welche Opfer dieses Europa um der Zukunft seiner Kinder willen verlangen wird -, dies aber ein Europa ohne nationale Identitäten wäre, wäre es aber auch nicht mehr verteidigungswert und hätte auch nicht die moralische Legitimation und Kraft, von seinen Bürgern diese Opfer zu verlangen. Es stellt sich die Frage der richtigen Inbeziehungsetzung einer supranaionalen europäischen Einheit und den nationalen Identitäten. Die Zukunft dr nationalen Identitäten ist völlig offen.

27. Das Verhältnis des Konservativismus zur Moderne

Man kann den Eindruck gewinnen, daß der Liberalismus immer eine normale Lage mit weitgehend funktionierenden Institutionen voraussetzt. Wenn die elementare Versorgung der Bevölkerung in Frage gestellt ist, wenn die Institutionen versagen und die öffentliche Sicherheit zusammenbricht, ist das eine Situation, die den Liberalismus - wie das ja auch die Erfahrung im 20. Jahrhundert zeigt - ratlos werden läßt. Wenn wir von der Notwendigkeit eines modernen Konservativismus sprechen, wird dabei vermutlich alles davon abhängen, wie man die Prinzipien des Liberalen und des Konservativen in ein der neuen geschichtlichen Lage angemessenes Verhältnis setzt. Wenn man sich noch einmal die Situation der ersten Hälfte des 20. Jahrhunderts vor Augen führt, so bestanden ja die Gefahren in dem völligen Ausfall einer liberalen Tradition und einem fehlenden Verständnis für das große liberale Erbe der Französischen Revolution.

Der Ausfall des Liberalen war eine dem nationalen Konservativismus immanente Selbstgefährdung. Heute stellt sich das Problem dagegen umgekehrt. Die gegenwärtige Selbstgefährdung Deutschlands scheint mir damit zu tun zu haben, daß bei der exzessiven Entfaltung des Liberalen, bis zum Libertären hin, das gesunde, korrigierende und dagegenhaltende Element des Konservativen fehlt. Während in der konservativ-revolutionären Tradition Deutschlands vor 1933 das liberale Element fehlte, wurde in Deutschland nach 1945 sukzessive das konservative Gegengewicht ausgelöscht. Wir werden darüber nachdenken müssen, wie in dieser Lage das liberale Element in ein gesundes Verhältnis zu dem neu erwachten konservativen Denken gesetzt werden kann. Zuvor müssen wir allerdings noch die Frage klären, wie sich der Liberalismus und der Konservativismus angesichts der Krise der Moderne insgesamt zueinander verhalten. Es muß das Verhältnis des Konservativismus zur Moderne grundsätzlich geklärt werden, damit wir den gegenwärtigen Umbruch richtig einordnen können. Wenn man sich die Frage nach dem Verhältnis von Moderne und Konservativismus im ganzen stellt, äußern sowohl die Vertreter der emanzipatorisch-progressiven Perspektive und Heilsideologie der Moderne als auch im Gegenzug die Konservativen, die man heute die Altkonservativen nennt, die Überzeugung, daß sich Moderne und Konservativismus prinzipiell ausschließen.

Das fundierende Vorurteil für die ganze Auseinandersetzung hat Martin Greiffenhagen in seinem Buch über das „Dilemma des deutschen Konservativismus"[18] noch einmal mit einem für die Bundesrepublik klassisch gewordenen Geltungsanspruch formuliert: Auf dem Boden der Aufklärung, auf dem die ganze Moderne steht, sei jeder Konservativismus unmöglich geworden. Greiffenhagens Kernthese, die allgemein auch von der politischen Öffentlichkeit und den politischen Wissenschaften akzeptiert wurde, lautet, daß sich der Konservativismus seit der Aufklärung grundsätzlich in einer Position der Defensive befindet und dazu verurteilt ist, sich als restaurativ, als retardierend oder sogar als reaktionär zu verstehen. Es ist ihm eben nicht möglich, es zu einer eigenständigen theoretischen Gestalt zu bringen, denn er muß sich wegen dieser Verteidigungssituation gegenüber der Aufklärung der Mittel der Aufklärung bedienen und hat damit bereits den „Feind" bei sich einziehen lassen. Der Konservativismus gilt, wenn nach Greiffenhagen Aufklärung als rational gilt, als prinzipiell irrational. Greiffenhagen setzt die Aufklärung mit dem Sieg des Rationalismus gleich. Moderne Welt ist rationale Welt.

Hier knüpft er ganz sicher auch an die These von Max Weber an, der ja den Fortschrittsprozeß im ganzen als einen progressiven Prozeß der Rationalisierung verstanden hat. Alles das, worauf sich der Konservativismus beruft, gilt dann als im Prinzip durch die Moderne überholt, eigentlich nur noch als ein zu überwindendes Hindernis. Er gilt als nicht mehr rechtfertigungsfähig, als irrational und damit letzten Endes als reaktionär. Wenn man darüber hinaus den rationalen Fortschrittsprozeß als einen Prozeß im Interesse der Menschheit und der Verwirklichung der wahren Interessen der Menschheit ansieht, steht der Konservativismus immer in der Gefahr, auch politisch als ein zu überwindender Feind verstanden zu werden, eben als eine Kraft, die den richtig verstandenen Interessen der Menschheit entgegensteht.

Zu dieser These muß man zwei grundsätzliche Dinge sagen: Diese Sicht ist ja nicht für die Moderne im ganzen typisch, aber für die Kräfte, die sich in der Moderne als die Fortschrittspartei begriffen haben. Die engagierten Vertreter des Fortschritts haben in der Tat unter Progressivität den Progreß in der Rationalisierung aller natürlichen, geschichtlichen und gesellschaftlichen Verhältnisse verstanden und damit ihre eigene Position mit der Position der Moderne überhaupt gleichgesetzt. Ich finde, daß diese Gleichsetzung von modern mit Aufklärung, Aufklärung mit rational, rational mit progressiv und progressiv mit modern bei einer genaueren Betrachtung des geschichtlichen Tatbestandes der Moderne im ganzen nicht aufrechtzuerhalten ist. Diese Sicht ist deshalb am Ende unseres Jahrhunderts im Zuge der Phänomee, die wir unter dem Begriff der „Krise der Moderne" diskutieren, im Begriff, sich auch im allgemeinen Bewußtsein aufzulösen.

Meine Gegenthese zu dieser linken Position geht davon aus, daß die Moderne insgesamt immer durch den Prozeß bestimmt war, in dem sich sowohl progressive als auch konservative Positionen aneinander wechselseitig - also dialektisch - abarbeiteten. Der reale geschichtliche Fortschritt in der Moderne ist nicht die Verwirklichung der Pläne, die die progressive Partei vom Fortschritt gehabt hat, sondern er ist in der Realität immer das Produkt eines Prozesses, an dem wechselseitig sowohl konservative wie progressive Positionen beteiligt waren. Das Konservative ist in diesem Sinne nie eine durch die Moderne erledigte Sache gewesen, sondern wir müssen eher genau im Gegenzug zu dieser progressiven Meinung sagen, daß die Moderne selber das, was wir als konservativ empfinden und denken, überhaupt erst geschichtlich ermöglicht und auf die Tagesordnung gesetzt hat.

Eine einseitige Gleichsetzung von modern mit rational würde dem durchaus komplexen und zu verschiedenen Zeiten und unter verschiedenen Bedingungen außerordentlich variablen und unterschiedlich zu bewertenden Verhältnis von konservativ und progressiv in gar keiner Weise gerecht werden. Das Konservative war in der Moderne immer präsent, und zwar in allen Erscheinungsformen, in allen Weltregionen und Weltkulturen, die vom Prozeß der Moderne erfaßt wurden. Die Progressiven wären gar nicht in der Lage gewesen, das, was sie als progressiv ausgaben, zu beschreiben, wenn sie es nicht antithetisch in einem korrelativen Verhältnis zu dem bestimmt hätten, was sie jeweils für konservativ hielten.

Die Postmoderne läßt erahnen, daß mit dem Konservativismus auch der Rationalismus des Progressismus obsolet würde. Ebenso wäre es unter den Bedingungen des Prozesses der Modernisierung unmöglich gewesen zu formulieren, was konservativ ist, wenn sich nicht die jeweiligen konservativen Positionen als Antithese zu dem, was als Gefährdung durch die progressive Entwicklung empfunden wird, verstanden hätten. Die Definierbarkeit des Begriffs des Konservativen setzt das Progressive genauso voraus, wie umgekehrt das Progressive zur Fähigkeit, sich als progressiv zu definieren und darzustellen, das Konservative voraussetzt.

Die geschichtliche Wirklichkeit der Moderne kann jedenfalls nach den einseitigen funktionalistischen und strukturalistischen Theorien und der Subsumption der Geschichte unter der Evolution überhaupt nicht verstanden werden. Daß sich tatsächlich das Verhältnis von progressiv und konservativ so darstellt, dafür gibt es ja gerade in der Gegenwart sehr eindringliche Belege. Ein in der Bundesrepublik nicht ganz unbekannter Soziologe hat vor einem der letzten Soziologentage die Frage gestellt, was denn eigentlich die soziologischen Theorien der Moderne und des Modernisierungsprozesses zur Erklärung der Wirklichkeit, wie sie sich heute darstellt, beizutragen hätten. Er kommt zu dem Ergebnis, sie könnten nichts beitragen. Er macht das totale Versagen dieser Art von modernistischer Theorieproduktion verständlich, indem er sagt, daß sie die Bedeutung der sozio-kulturellen Lebensformen und Identitäten, also auch schlicht von Geschichte und Nation, zum Verständnis der Moderne völlig unterschlagen hätte. Die progressiven Theoretiker haben es seiner Meinung nach nicht gesehen, weil sie es gar nicht sehen wollten. Sie werden jetzt von einer Wirklichkeit überrascht, in der sie eigentlich ihren Bankrott eingestehen müßten.

Ebensowenig, wie die Konservativen eine immer mit sich selbst identische Theorieposition vertreten haben, trifft dies für die Progressiven zu. Wenn Greiffenhagen die These aufstellt, daß der Konservativismus als eine Reaktionsform auf die Rationalität nicht theoriefähig sein kann, so muß man auf der anderen Seite feststellen, daß es die progressive Theorie ja auch nie gegeben hat. Auch progressive Theorien haben sich je nach dem geschichtlichen Wandel ganz verschieden definiert und ausgelegt. Wenn man sich die progressive, auch die marxistische Theorieentwicklung im 20. Jahrhundert von Lukács bis Adorno ansieht, so kommt man zu dem Ergebnis, daß die progressiven Theorien mit steigender philosophischer Reflexionshöhe auch zunehmend auf konservative Theoriebestände und konservative Traditionen zurückgegriffen haben. Sie haben elementare Motive und Impulse konservativen Denkens gerade für sich selbst als konstituierend aufgenommen.

Wenn wir eines der großartigsten Werke progressistischer Theorie im 20. Jahrhundert, nämlich „Geschichte und Klassenbewußtsein" von Lukács, betrachten, stellen wir fest, daß sein Kernanliegen im Grunde genommen nicht der Sieg des Proletariats an sich und um seiner selbst willen war. Die beiden theorieformierenden Elemente sind bei Lukacs zum einen die Rettung der Kultur und zum anderen der Fortgang der Geschichte, also so, wie es auch Marx selbst schon formuliert hat, die Verhinderung eines drohenden Rückfalls der Menschheit in die Barbarei. Selbst bei Marx könnte man, wenn man nur vorurteilslos genug wäre, feststellen, daß in seine Kapitalismuskritik ganz zentrale konservative Anliegen Eingang gefunden haben und daß hier gar nicht dieses antithetische Ausschließlichkeitsverhältnis vorliegt, wie es beispielsweise Greiffenhagen darstellt.

Das Konservative in der Moderne ist nicht ein atavistisch Zurückgebliebenes, geschichtlich Vergangenes, sondern die Moderne hat mit der Logik der progressiven Emanzipation den Modernen Konservativismus, wie wir ihn verstehen wollen, als notwendige Instanz der Kontrolle auf die geschichtliche Tagesordnung gesetzt. Konservativismus in diesem spezifischen Sinne ist selber ein Produkt der Moderne. Wenn man das nicht sieht und nicht begreift, versteht man nicht nur die Gegenwart nicht, sondern auch die ganze Moderne selbst nicht. Man hat dann einen einseitigen, abstrakten, ideologisch verkürzten Begriff von der Moderne, der ihrer tatsächlichen geschichtlichen Wirklichkeit und Komplexität in keiner Weise standhält.

Diese reduzierte Auffassung von Modernität wird in der Bundesrepublik besonders peinlich spürbar, weil bei uns einfach nicht wahrgenommen wird, daß der Wille zur Bewahrung ethnisch-kultureller Lebensformen, regionaler und nationaler Partikularitäten keine Reaktion ist, sondern selber ein Produkt der Moderne. Allein den Gedanken der Nation hätte es ohne die Französische Revolution gar nicht geben können. Die Einheit von Demokratie und Nation war den geistigen Vätern der Französischen Revolution wie Rousseau eine Selbstverständlichkeit. Der Begriff der Homogenität, der heute von Politologen, die an einer Bundeswehrhochschule tätig sind, als ein faschistischer Begriff verdächtigt und stigmatisiert wird, nur weil Carl Schmitt in seinem Kontext davon gesprochen hat, ist beispielsweise für Rousseau die selbstverständliche kulturelle und geistige Bedingung, unter deren Voraussetzung allein eine Demokratie denkbar, möglich und funktionsfähig ist.

Seit Jahren wird die Diskussion um den Konservativismus durch eine ganz neue Erfahrung in einen völlig neuen Horizont gerückt. Die ganz neue Erfahrung am Ende unseres Jahrhunderts ist alles das, was mit dem Begriff der Ökologiekrise verbunden ist. Wir müssen begreifen, daß die Ökologiekrise uns zwingen wird, diese Debatte über das Verhältnis von konservativ und progressiv völlig neu zu führen, und zwar aufgrund ganz neuer Bedingungen und Voraussetzungen. Es besteht kein Zweifel daran, daß die Ökologiekrise tendenziell weltweit zu einer Renaissance konservativen Empfindens und Denkens geführt hat. Die Überzeugung bestimmter Theoretiker, daß die Geschichte sich nun endgültig für die Sicht der progressiven Position entschieden hätte, wird als ein reines Vorurteil erkennbar und ist durch die tatsächlichen Entwicklungen längst überholt.

Die Ökologiekrise bedeutet, daß Konservativsein, in einem gewiß noch neu zu formulierenden Sinne, zu einer schlichten Bedingung des Überlebens der Völker, der Menschheit und der gesamten Zivilisation geworden ist. Eine sich rein progressiv organisierende und verstehende Moderne wäre nichts anderes als ein Amoklauf. Sie würde nicht Fortschritt, sondern ihren eigenen Untergang produzieren. Das Konservative setzt sich von nun an gegenüber allen noch so verständlichen und berechtigten, vielleicht in einzelnen Fällen auch notwendigen und überzeugenden Fortschrittsprogrammen durch. Dieser Fortschritt wird sich an der Priorität des konservativen Imperativs messen lassen müssen, und dieser Grundimperativ lautet: Bewahrung und Erhaltung der Welt.

Sicher bedeutet dieser konservative Bewahrungs- und Erhaltungsimperativ nicht das Ende der Geschichte, auch nicht das Ende jeder denkbaren Veränderung. Es ist falsch, unter Progressiven alle Veränderungswilligen und unter Konservativen alle die zu verstehen, die sich einer solchen Veränderung widersetzen und alles möglichst unverändert bewahren wollen. Konservativ bedeutete in der Moderne aber in der Regel gar nicht das Vermeiden von Veränderung, sondern ihre entideologisierte, pragmatische, sachkompetente Verwirklichung.

Ab jetzt kehrt sich diese Logik um. Die Bewahrung und Erhaltung steht im Vordergrund. Jede Veränderung muß sich am Imperativ der Bewahrung messen lassen, und sie muß sich durch den Willen zur Erhaltung begrenzen lassen. Die Frage wird genau umgekehrt gestellt: Was können wir uns angesichts der notwendigen Erhaltung, als einem der Überlebensimperative der Menschheit, noch an Veränderung leisten? Dies ist eine völlige Umkehr der seit der Französischen Revolution für das Verhältnis von konservativ und progressiv typischen Konstellationen. Vor dem Hintergrund der Ökologiekrise, wonach Fortschritt endgültige Zerstörung bedeuten kann, gewinnen die konservativen Traditionen völlig neue Bedeutung.

Die Ökologiekrise darf uns aber nicht vergessen lassen, daß wir der zweihundertjährigen Geschichte der Industriegesellschaft auch viele entscheidende Fortschritte zu verdanken haben. Alle echten Fortschritte sowohl in der politischen Demokratie wie in der sozialen Sicherheit wie auch in der Freisetzung kultureller Kreativität, waren nicht zuletzt durch den Fortschritt der Industriegesellschaft bedingt. Ohne sie wäre ein so hohes zivilisatorisches Niveau für eine so große, in der Geschichte einmalige Zahl von Menschen undenkbar gewesen. Es gibt durchaus eine Dialektik zwischen dem sogenannten materiellen und dem ideellen Fortschritt. Was soll die politische Demokratie in der Realität für eine Errungenschaft sein, wenn die Menschen nicht genug zu essen haben und wenn sie nicht über hinreichend soziale Sicherheit verfügen, um sich wirklich aktiv an der Demokratie und damit an der politischen Kultur beteiligen zu können?

Die Moderne hatte so lange eine Chance, wie die beiden Positionen, Liberalismus und Konservativismus, wirklich noch miteinander kommunizierten. Das eigentliche Unglück in der Moderne begann immer dann, wenn das Gespräch einseitig abgebrochen oder verweigert wurde. Für den Prozeß der Moderne ist es ganz wichtig, daß der Dialog zwischen Liberalismus und Konservativismus tatsächlich stattfindet. Ein solcher Dialog zwischen Liberalismus und Konservativismus kann nur stattfinden, wenn die öffentlichen Verständigungsverhältnisse den Prinzipien der Liberalität gehorchen. Hier ist Liberalität in der gesellschaftlichen Verfassung selber eine Bedingung dafür, daß das, was von den Vorstellungen der Konservativen auf der einen und der Progressiven auf der anderen Seite realisierbar ist, auch eine Chance hat, realisiert zu werden. Das ist ein Punkt, der in Deutschland seit 30 Jahren nicht mehr verstanden wird.

Wenn wir hier mittlerweile einen Zustand erreicht haben, an dem sich die bürgerkriegsähnlichen Verhältnisse zwischen links und rechts in den gleichen Formen abzuzeichnen beginnen, wie sie für den Untergang von Weimar typisch waren - der Präsident des Amtes für Verfassungsschutz hat einmal diese Assoziationen hergestellt-, dann ist das wesentlich auch darauf zurückzuführen, daß die Progressiven 30 Jahre Jahre lang einen ideologischen Vernichtungskrieg gegen alle konservativen Positionen geführt haben. Umgekehrt ist jetzt zu befürchten, daß die Konservativen irgendwann nicht mehr bereit sein werden, sich in vernünftiger Weise mit denjenigen Linken auseinanderzusetzen, die vielleicht noch etwas zu sagen haben. Die Art, wie sich das politische Establishment seit dem Aufkommen von konservativen und national-konservativen Gruppierungen verhält, erscheint mir ein Nachweis dafür, daß man in Deutschland bis heute nicht von einer politischen Kultur sprechen kann. Alle diese eben genannten Gruppierungen bekämpfen sich mit einem Denunziations- und Stigmatisierungsvokabular.

Ohne ein konservatives Korrektiv läuft der Liberalismus seit langem Gefahr, in ideologischer Selbstverblendung zu erstarren. Die ideologische Selbstauslegung einer Gesellschaft und ihre geschichtliche Wirklichkeit sind aber manchmal zwei ganz verschiedene Dinge. Dies kann man noch einmal an den drei Begriffen „Staat - Autorität - Hierarchie" erläutern, die zweifelsohne von Konservativen besonders geschätzte Werte sind. Man muß festhalten, daß diese Strukturelemente nur unter Inkaufnahme der Auflösung einer Gesellschaft ignoriert und negiert werden können. Es ist ja nicht einmal entscheidend, ob man den Begriff „Staat" verwendet oder nicht, aber in jedem politisch organisierten Kollektiv muß die Frage der letztinstanzlichen Entscheidung gestellt werden. Ein Liberalismus, der die Notwendigkeit einer für die Gesamtgesellschaft verbindlichen Entscheidungsinstanz ignoriert, ist eben nicht mehr fähig, eine Gesellschaft zusammenzuhalten. Die Autorität gibt es überall dort, wo es auf Dauer zum Zusammenschluß von Menschen kommt. Selbst in einer Verbrecherorganisation müssen die Autoritätsverhältnisse klar sein, wenn sie erfolgreich handeln will, und auch die anarchistische Studentenbewegung, die angetreten war, die Autoritäten der bürgerlichen Gesellschaft zu vernichten, hatte ihre eigenen Autoritäten. Die anarchistische Jugendrevolte in Deutschland war sogar autoritätshöriger als die Gesellschaft, die sie von den Autoritäten befreien wollte.

Es ist ein schöner Gedanke von Jürgen Habermas, auch diese Autoritäten oder informellen hierarchischen Strukturen durch den herrschaftslosen Diskurs überwinden zu wollen. Dazu muß man sagen, daß der herrschaftsfreie Diskurs, den Habermas der Gesellschaft zur Demokratisierung und Vollendung der liberalen und sozialistischen Gesellschaft zu führen empfiehlt, ein Diskurs ist, den er bislang vermutlich nur mit sich selbst geführt hat. Ich kenne in den letzten Jahrzehnten keinen einzigen öffentlichen Diskurs, der nach den Regeln verlaufen wäre, die Habermas als normativ für einen herrschaftsfreien Diskurs gesetzt hat. Es wäre ja hochinteressant zu erfahren, warum denn eigentlich dieser herrschaftsfreie Diskurs kaum jemals stattfindet. Wenn er irgendwo in der Gesellschaft höchstens annähernd stattgefunden hat oder noch stattfindet, dann an der Universität, also in den philosophischen Seminaren.

In der abendländischen Gesellschaft hat es Institutionen gegeben, die nach dem Modell des herrschaftsfreien Diskurses verfaßt waren. Dazu gehören die Universitäten, die nicht zuletzt deshalb eine Quelle der ungeheueren Dynamik und Fruchtbarkeit Europas gewesen sind. An diesem Modell haben sich aber in der Geschichte des Christentums auch immer häretische Sekten - vor allem in den Kirchen der Reformation - orientiert. Auch die Kirche war der Ort eines herrschaftsfreien Diskurses. Es wird in der modernen Kant-Interpretation ständig unterschlagen, daß Kant in seiner Religionsphilosophie - in der Schrift über die „Religion innerhalb der Grenzen der bloßen Vernunft" (nicht der Grenzen der reinen Vernunft!) - die Kirche als den Ort in der Gesellschaft bestimmt hat, in dem nach ethischen Tugendgesetzen gelebt wird und wo man nach diesen Gesetzen miteinander umgeht. Diese ethischen Tugendgesetze bedeuten auch eine herrschaftsfreie Form des Umgangs.

Auch die Familie hätte nach der Idee der bürgerlichen Gesellschaft ein Ort des herrschaftsfreien Umgangs sein müssen. Die Herrschaftsfreiheit des Dialogs und des Umgangs gehört also durchaus zu unserer abendländischen Kultur und Zivilisation. Nur hat es bisher keinen Beweis dafür gegeben, daß man einen Staat, auch einen demokratischen Staat, nach den Regelungen und Prinzipien des herrschaftsfreien Diskurses führen und steuern könnte. Ich fürchte, daß wir noch lange darauf warten müssen, bis es einen solchen Bewährungsfall für die politische Philosophie von Jürgen Habermas gibt.

Wenn man alle konservativen Elemente negiert oder ignoriert, hat man Verhältnisse wie wir heute in der Bundesrepublik. Dann gibt es weder eine soziale, kulturelle, politische noch eine durch den Staat repräsentierte Einheit. Was aus einer Gesellschaft wird, die postmodern den Gedanken der Einheit negiert, kann man an der gegenwärtigen und - mehr noch - an der künftigen Lage in Deutschland erkennen.

28. Vom naturwüchsigen zum Modernen Konservativismus

Der Konservativismus ist zweifellos ein geschichtlich universelles Phänomen, so universell, daß er sich bis zur Französischen Revolution in einer Art von Naturwüchsigkeit als eine große kontinuitätsbildende Konstante durchgesetzt hat. Es gehörte zu den Grundlagen und Überzeugungen aller Kulturen und Gesellschaften, substantiell konservativ zu sein. Es gab aber immer auch Oppositionsbewegungen, abweichlerische und häretische Bewegungen, und es gab vor allem in der Geistesgeschichte eine große Tradition der fundamentalen Infragestellung des naturwüchsigen Konservativismus. Im Grunde genommen ist aber mit diesem Konservativismus nur in der abendländisch-europäischen Geschichte gebrochen worden, denn zweifellos ist der Aufbruch der Philosophie bei den Griechen - um es nur an diesem Beispiel zu demonstrieren - auch das Ende der unangefochtenen Selbstverständlichkeit des Konservativismus gewesen.

Im Prinzip sind durch die politische Philosophie von Sokrates, Platon und Aristoteles alle Fragen des politischen Philosophierens aufgeworfen worden, die an Aktualität bis zum heutigen Tag nichts verloren haben. Das ändert nichts daran, daß trotz der qualitativen Veränderung des politischen Denkens in der europäisch-abendländischen Kultur, noch radikal verstärkt durch die Reformation im 16. Jahrhundert, die naturwüchsigen Formen des Konservativismus im Prinzip bis zur Französischen Revolution vorherrschend blieben.

Der Konservativismus hat sich aber - zweitens - unter den Bedingungen der Französischen Revolution fundamental gewandelt; er ist ein qualitativ anderer geworden. Seitdem befindet er sich, unbeschadet der Kontinuität mit seiner früheren Geschichte, in einer ganz neuen Konstellation. Das für diese neue Konstellation spezifische Element ist, daß der Konservativismus aufhört, ein Gegenstand der Normalität und der Selbstverständlichkeit zu sein, und daß er sich selber gegenüber einer jetzt progressiven gesellschaftlichen, geschichtlichen und geistigen Gesamtentwicklung verteidigen muß. In dieser Hinsicht hat Greiffenhagen zweifellos recht. Seitdem steht der Konservativismus auch unter einem gewissen Theoriezwang. Er muß sich rechtfertigen. Deshalb haben wir es heute mit einer epochenspezifischen modernen Ausprägung des Konservativismus zu tun, die vor allem auch als intellektuelle Bewegung auftreten muß.

Drittens scheint es mir einleuchtend zu sein, daß ein gewisser Konservativismus sozusagen zur Grundausstattung des Menschen gehört. Es ist eine triviale Beobachtung, daß in dem Augenblick, in dem ein Mensch, der beispielsweise für Familie und Eigentum, vielleicht auch für eine größere Sippe Verantwortung übernehmen muß, zwangsläufig bis zu einem gewissen Grade konservativ wird. Das wiederum hat aber nichts mit den ideologischen Frontbildungen zu tun, sondern auch ein arrivierter Revolutionär oder Kulturrevolutionär wird in einer sich weiter revolutionierenden Gesellschaft konservativ. Wir haben das in der jüngsten Geschichte der Bundesrepublik erlebt. Hier berühren wir den wichtigen Punkt, daß sich alle noch so hoch und weit gesteckten revolutionären Ziele immer an der Hartnäckigkeit und Schwerkraft der elementaren Notwendigkeiten der Bewältigung des alltäglichen Lebens gebrochen haben.

Man kann das auch emphatisch so formulieren, daß alle Revolutionen eigentlich an sich selbst gescheitert sind. Nicht wenige wurden deshalb auch verraten, wenn sie sich einmal in der Form einer neuen Macht etabliert hatten. Jede Revolution hat in diesem Sinne ihre eigenen Kinder gefressen. Auch eine siegreiche Revolution muß, um die Errungenschaften zu behaupten und zu verteidigen, konservativ werden.

Dieser auf den ersten Blick paradox wirkende Umstand hat etwas mit dem tief in der menschlichen Natur verankerten Konservativismus zu tun. Ein Familienvater kann eben nicht mehr so revolutionär sein, wie Lenin sich gerne die revolutionären Berufskader und Hitler sich die Aufbruchskolonnen seiner eigenen Bewegung vorgestellt hat. Darum ist auch die Erhaltung der Familie ein so grundkonservatives Anliegen. Nur der, der für eine Familie zu sorgen hat, hat ein Interesse an der Erhaltung der Welt. Wer keine Familie und kein Eigentum hat, wer so proletarisiert ist, wie Marx das für das frühe Industrieproletariat im 19. Jahrhundert teilweise richtig festgestellt hat, hat kein mit seiner Natur und Lage verbundenes Interesse an der Erhaltung nicht nur bestimmter Zustände in der Welt, nein, er hat überhaupt kein Interesse an der Erhaltung der Welt als solcher. Dies schafft im Gegenschlag zum naturwüchsigen Konservativismus fast einen durch die moderne Lage bedingten Nihilismus. Nicht nur in diesem Sinn sind die Revolutionen des 20. Jahrhunderts, sowohl die nationalsozialistische wie auch die stalinistische Revolution, nihilistische Revolutionen gewesen. Rauschning hat aufgrund seiner Gespräche mit Hitler von einer Revolution des Nihilismus gesprochen.

Es verbinden sich gegenwärtig in gewisser Weise alle drei Komponenten: ein naturwüchsig-universaler Konservativismus, ein epochenspezifischer, auf die Herausforderungen der Moderne reagierender Konservativismus und ein in der menschlichen Natur begründeter Konservativismus. Wenn wir die gegenwärtige Lage in der Bundesrepublik ansehen, erleben wir, daß die alte Bundesrepublik seit der Wiedervereinigung ihre Physiognomie so radikal verändert hat, daß man von einem Rechtsruck sprechen muß.

Was Deutschland braucht, ist eine neue politische Philosophie oder ein neues politisches Denken, in dem unter Aufnahme der ganzen historischen Erfahrung und der konkreten Bedingungen, die jetzt nach der „konservativen Revolution" auch weiterhin gegeben sind, neu definiert wird, was liberal und was konservativ ist und in welchem Verhältnis beide Elemente gedacht werden müssen.

Wir stellen für Deutschland fest, daß angesichts der voranschreitenden Krise unserer liberalen Gesellschaft und Institutionen ein vernünftiger Konservativismus fehlt. Nicht wenige Probleme und krisenhafte Erscheinungen in Deutschland haben mit dem Ausfall eines selbstbewußten, über sich selbst aufgeklärten und modernitätsfähigen Konservativismus zu tun. Je mehr die Krise einer liberalen Demokratie in Deutschland fortschreitet und je weniger die Politiker in der Lage sind, die damit verbundenen Probleme zu lösen, scheint sich in der Tat in Deutschland ideologisch-politisch die alternative Position anzudeuten. Man spricht heute bereits von einem sich beschleunigenden Rechtsruck in Deutschland. Die etablierten Parteien passen sich diesem Rechtsruck an, sie nehmen Positionen ein, die sie gestern selbst noch als konservativ verurteilt haben.

Was sich in diesem neuen Feld der Bewegungen nach rechts zusammenfindet, ist außerordentlich heterogen. Man kann nicht von einer identifizierbaren ideologischen Grundlage sprechen, sondern die unterschiedlichsten Strömungen münden jetzt in diese Bewegung nach rechts ein. Das reicht von den sich um ihre soziale Existenz ängstigenden, starken Gruppen der Arbeitnehmerschaft bis zu dem sich durch die Zuwanderung als bedroht empfindenden Mittelstand. Dazu gibt es die authentischen Nationalkonservativen und viele Christkonservative, die in den C-Parteien ihre Heimat verloren haben. Natürlich gibt es auch noch die extremistischen Gruppen, die sich schon seit Jahren als rechte Parteien verstanden haben. Vor allem aus der ehemaligen DDR strömen Elemente der nationalsozialistischen Vergangenheit ein, die wirklich rassistisch, extrem völkisch und ohne Zweifel sogar antisemitisch akzentuiert sind. Alles zusammen gerinnt zu der Kraft, die diesen sich auch politisch auswirkenden Ruck nach rechts vorantreibt. Diese Entwicklung erscheint dann als unausweichlich, wenn die Politik, die in erster Linie für diesen Rechtsruck verantwortlich ist, nicht geändert wird. Wenn es keinen modernen, über sich selbst aufgeklärten Konservativismus in einer solchen Krise liberaler Politik und liberalen Verhaltens in der Gesellschaft gibt, könnte sich das Schicksal des 20. Jahrhunderts wiederholen.

Unser Land befindet sich in einer Unausgeglichenheit und einem anomalen Verhältnis zu sich selbst. Diese Anomalie ist zwar nicht allein darauf zurückzuführen, aber sie hängt aufs engste mit der Beobachtung zusammen, daß das Konservative de facto nicht mehr in der politischen Kultur und Öffentlichkeit existent ist. Was sind die politischen Gründe und die spezifisch deutschen Gründe, die zu diesem Verschwinden des Konservativismus in Deutschland geführt haben? Auf welche Ursachen ist dieser Ausfall eines modernen und aufgeklärten Konservativismus zurückzuführen?

Die naheliegenden Ursachen sind zunächst zwei große geschichtliche Ereignisse: Da ist zum ersten die Affinität des Weimarer Konservativismus zum Nationalsozialismus und zum zweiten die Last, die dem deutschen Konservativismus aus der Kulturrevolution der 60er und 70er Jahre in der Bundesrepublik erwachsen ist.

1. Die Rolle der Konservativen in der Weimarer Republik und ihre Nähe zu Ideen, Überzeugungen und einer politischen Philosophie, deren sich später dann der Nationalsozialismus bemächtigt hat: Es ist eine inzwischen auch an den deutschen Universitäten und Schulen fast kanonische Lehre geworden, daß der Konservativismus der Weimarer Republik, besonders jener der „konservativen Revolution", in einer inneren Affinität undNähe zum Nationalsozialismus gestanden habe, also als eine Art Proto- oder Präfaschismus zu begreifen sei. Damit gehörte folgerichtig die Überwindung des Konservativismus zum Programm der Bewältigung der nazistischen Vergangenheit Deutschlands. Nicht nur der für die Weimarer Republik spezifische Konservativismus, sondern der Konservativismus überhaupt sollte überwunden werden, weil man natürlich nicht leugnen kann, daß der Weimarer Konservativismus mit bestimmten konservativen Traditionen Deutschlands im 19.Jahrhundert - wenn auch in einer komplexen und im einzelnen schwer zu klärenden

Weise - im Zusammenhang gestanden hat. Solange Deutschland nicht, wie F.J. Strauß es genannt hat, aus dem Schatten der nationalsozialistischen Vergangenheit heraustritt, solange wird es auch kein normales Verhältnis zu konservativen Überzeugungen entwickeln können, auch dann nicht, wenn diese Überzeugungen weder genealogisch noch in der Sache das Geringste mit den Konservativen der Weimarer Republik oder des 19. Jahrhunderts zu tun haben sollten.

2. Das zweite Ereignis ist die neomarxistische Kulturrevolution, die wir in der Bundesrepublik seit den sechziger Jahren erlebt haben. Diese von der Frankfurter Schule ausgehende kulturrevolutionäre Bewegung hat nicht nur die historischen, für die deutsche Geschichte charakteristischen Manifestationen des Konservativismus bekämpft, sondern all das, was manche als den elementaren Konservativismus bezeichnen und von dem sie der Meinung sind, daß er eine unverzichtbare Grundlage der menschlichen Zivilisation überhaupt ist. Es wurden also sämtliche Kräfte der Integration bekämpft, ohne die aber eine organisierte Anzahl von Menschen überhaupt nicht in einer zivilisierten Weise zusammenleben könnte. Es wird häufig übersehen, daß die neomarxistische Kulturrevolution - bei aller Terminologie der Kapitalismuskritik, der Systemkritik und der sozialistisch-emanzipatorischen Revolutionsrhetorik - immer den als transpolitisch empfundenen, elementaren Konservativismus als ihren primären Feind ansah und bis heute ansieht. Sie haben nicht bloß die Familie in ihrer bürgerlichen Ausprägung, sondern die Familie schlechthin bekämpft.

Dem intellektuellen und politischen Antifaschismus in Deutschland, den es aber in bestimmten Ausprägungen auch in der ehemaligen DDR gab, ist es gelungen, den Konservativismus unter der Rubrik „Faschismus" zu subsumieren. Der Kampf gegen den Faschismus war praktisch identisch mit dem Kampf gegen den Konservativismus, was immer darunter im einzelnen verstanden wurde.

Wie kam es zu dieser Gleichsetzung von Faschismus und Konservativismus in Deutschland? Gestern war das vielleicht eine akademische Frage, aber heute ist es eine Frage von politisch vitaler Bedeutung. Zunächst muß man sagen, daß es keine naturwüchsig vorgegebene Nähe oder gar Identität zwischen Konservativismus und der faschistischen oder nationalsozialistischen Rechten gibt. Es ist vielmehr eine Frage der jeweiligen historischen Konstellationen gewesen, weshalb Konservative, die ursprünglich nichts mit Faschismus und Nationalsozialismus im Sinn hatten, die man sogar als genauso scharfe Gegner des Faschismus und Nationalsozialismus hätte empfinden können, aus einer tiefen Enttäuschung so weit nach rechts getrieben wurden, daß sie in ihren Positionen faktisch von faschistischen und nazistischen nicht mehr zu unterscheiden waren. „Rechts" ist eine radikalisierte und ins Extreme getriebene Gestalt des Konservativismus.

Dieser Konservativismus treibt sich nicht selbst in diese Extremität, sondern er wird als Folge ganz bestimmter Konstellationen dorthin gedrängt. Wenn ich es richtig sehe, so sind es drei Elemente, die das Verhalten der Konservativen in Weimar bestimmt haben:

1. Durch einen Prozeß der wirtschaftlichen und sozialen Verelendung wurden die Massen in die Verzweiflung getrieben.
2. Die Deutschen waren ein im nationalen Selbstbewußtsein tief versehrtes Volk. Die Deutschen hatten damals die Niederlage des Ersten Weltkrieges innerlich nicht angenommen und mußten einen enormen Geltungsverlust hinnehmen.
3. Mit dem Einbruch der modernen Elemente kommt die mit der westlichen Zivilisation verbundene Zerstörung der Umgangsformen und öffentlichen Erscheinungsweisen der Kultur. Damit verknüpfte sich die als bedrohlich empfundene Gefahr, daß durch die Modernisierung nach westlich-kapitalistischem Muster die eigene Identität zerstört werden könnte. Die gesellschaftliche Modernisierung wird als Bedrohung und Zerfall wahrgenommen.

Nur vor diesem Hintergrund und aus dieser Lage heraus hat sich dann eine Konstellation ergeben, in der viele Konservative zum Nationalsozialismus übergelaufen sind, vor allem nachdem sich dieser als die einzige politisch ernstzunehmende Macht hatte durchsetzen können. Nur deshalb haben so viele, sicher sich täuschend und irrend, die Versprechungen Hitlers als einzige Möglichkeit zur Erfüllung von authentisch konservativen Sehnsüchten des Volkes empfunden. Man kommt an dem Schluß nicht vorbei, daß auch der Konservativismus in der Weimarer Republik, der durch den verlorenen Krieg noch gestärkt worden war, mit seinen Kräften die Wässer vorangetrieben hat, mit denen später die Mühle des Nationalsozialismus betrieben wurde.

Wir sind wohl noch nicht an dem Punkt angelangt, an dem wir aus dieser historischen Rolle, die der Konservativismus gespielt hat, für die Zukunft lernen können. Dabei ist diese Radikalisierung des Konservativismus ein Lehrstück, das immer dann aktuell werden könnte, wenn der Liberalismus seine Funktionsfähigkeit und seinen liberalen Charakter verliert, indem er sein Prinzip absolut setzt und ins Extreme treibt. Der Liberalismus produziert dann selbst die Krise, die er mit seinen Überzeugungen und mit seinen geistig-politischen Möglichkeiten nicht mehr bewältigen kann. Nichtsdestotrotz: Ich sehe in dieser vielfältigen Verstrickung des Konservativismus in der Weimarer Situation die eigentliche Wurzel für die Tragödie, die der konservative Gedanke in Deutschland, vor allem in den letzten 30 Jahren, erfahren mußte.

Das Erbe der Kulturrevolution von 1968 hat dann den Begriff des Faschismus ziemlich wahllos gegen alle Formen des Konservativismus gebraucht. Alles, was nach einem zeitgeistinduzierten Verständnis nicht als liberal gilt oder sich so bezeichnet, wird sofort unter Faschismusverdacht gestellt. Was nicht liberal ist, gilt im Kern als faschistisch. Das hängt mit der Einengung auch des politischen Weltbildes zusammen. Bei einem bestimmten Stand der Moderne gibt es danach in der Essenz eigentlich nur die Differenzierung zwischen liberal und totalitär, was dann, je nach pragmatischem und propagandistischem Gebrauch der Begriffe, auch als faschistisch gilt.

Diese Einengung auch des politischen Denkens kann sich, wie wir aus der Geschichte des 20. Jahrhunderts wissen, höchst gefährlich auswirken. Es hat katastrophale Folgen, auch für die Freiheitlichkeit der Diskussion in einer Gesellschaft, wenn es nur liberal-linkes oder liberal-radikales Denken gibt und auf der anderen Seite alles davon Abweichende in den Einheitstopf des Faschismus geworfen wird. Die Folge wird natürlich sein, daß, wenn sich diese Gewohnheit einmal durchsetzt, der wirkliche Faschismus nicht mehr bekämpft, sondern geradezu zum Blühen gebracht wird.

Eine in diesem Sinne totale Herrschaft des Liberalismus verfällt der Neigung, auch totalitäre Züge zu entwickeln, weil sie keine Form des Andersdenkens mehr zuzulassen bereit ist - weil sie nicht mehr gewillt ist, zwischen konservativ, rechtsradikal und rechtsextremistisch überhaupt noch zu differenzieren. Was bedeutet es für die Demokratie, wenn sie in einer Situation, in der sich konservative Positionen zu artikulieren beginnen, die alle mit dem bisher offiziell gültigen ideologischen Selbstverständnis der Republik nicht übereinstimmen, versucht, sie mit einer solchen diskriminierenden Sprachregelung auszugrenzen? Wenn diejenigen, die sich anders artikulieren, nicht mehr nur zu ignorierende Minderheiten sind, sondern eine Entwicklung darauf hindeutet, daß es der Wille des Volkes werden könnte, dann geraten wir in eine Krise nicht nur des liberalen Denkens, sondern der Demokratie überhaupt. Die libertär verstandene Demokratie neigt immer mehr dazu, Überzeugungen und Gesinnungen zu bestrafen. Indem sie das täte, würde sie selber faschistisch, würde also genötigt sein, sich selber der Methoden und Mittel des Faschismus zu bedienen. Wenn ihr der direkte Kampf und die Unterdrückung der Gesinnungen, die sie mißbilligt, zu riskant erscheint, wird sie sich dem Gedanken der Volkserziehung wieder nähern. Sie muß dann das Volk, das nicht die Standards liberalen und universalen Denkens erreicht hat, mit allen geeigneten Institutionen einer Art Umerziehungsprozeß unterwerfen. Für die liberal-demokratisch-universalistisch denkende und empfindende politische Klasse wird dann das Volk zu einer Art unmündigem Erziehungsobjekt. Es besteht gar kein Zweifel daran, daß auch solche Maßnahmen fatal an Gebräuche und Verhaltensweisen erinnern, die für totalitäre Systeme kennzeichnend waren.

Diese Desavouierung alles Konservativen durch die Kulturrevolutionäre war und ist nicht gerechtfertigt. Denn der Konservativismus nach 1945 hat an diese konservativ-revolutionäre Tradition nicht mehr angeknüpft. Welche Rolle hat der Konservativismus nach 1945 in der alten Bundesrepublik Deutschland gespielt?

Man kann sagen, daß das Denken der Führungsschichten und der Gebildeten in Deutschland im Kern durch die konservativen Gedanken eines Hans Freyer und eines sich ganz auf die Probleme der Industriegesellschaft hin neu definierenden Arnold Gehlen bestimmt wurde. Die großen Starredner unmittelbar nach dem Krieg waren Freyer und Gehlen. Sie vertraten die weitgehend für die konservativen Vordenker der Zeit repräsentative Position. Für beide war in dieser Nachkriegsphase der Bundesrepublik Deutschland typisch, daß sie die alten klassischen, geschichtlich begründeten Themen des Konservativismus, auch die Positionen, die sie in den zwanziger Jahren selbst vertreten hatten, hinter sich ließen. Sie traktierten weder das Entfremdungsproblem noch das Problem des Staates, und sie bezogen sich auch nicht mehr auf die Kräfte der Geschichte, der Nation oder gar der Religion. Diese Themen, die das Gesamtrepertoire des Konservativismus seit der Französischen Revolution darstellten, spielten im Denken von Freyer und Gehlen nach dem Kriege keine Rolle mehr.

Das ist gerade im Hinblick auf die gegenwärtige Lage von erheblicher Bedeutung. Das neue Thema dieses Typus von alten Konservativen war die Industriegesellschaft. Das für ihre Thesen Kennzeichnende war, daß sie sich rückhaltlos auf den Boden der Industriegesellschaft stellten, daß sie die Stabilisierung der Industriegesellschaft als das wichtigste geschichtliche Problem empfanden, und daß sie alle technokratisch dachten. Eine Ausnahme machten nur Carl Schmitt und Ernst Forsthoff, ein Schüler Carl Schmitts, der noch weiterhin voll tiefer Sorge und Skepsis die dahinschmelzende Rolle des Staates unter den Bedingungen der Industriegesellschaft reflektierte. Es ging den anderen eigentlich nur um eine philosophische Begründung für die technokratische Mentalität, die für das Management einer modernen Industriegesellschaft typisch war.

Sowohl Arnold Gehlen wie auch Hans Freyer haben damit die These vom „Posthistoire" (Gehlen) akzeptiert. Sie waren der Meinung, daß die Geschichte zu Ende sei, daß wir uns in einer Nach-Geschichte befänden, daß nunmehr die Erfüllung der Überlebensimperative des Menschen so an eine funktionierende, leistungsfähige Industriegesellschaft gebunden sei, daß das einzige noch zu lösende Problem die Versorgung der Massen in der modernen Demokratie und tendenziell der Hunger der Massen in der Welt sei. Alle über die bloße Daseinsfristung und Daseinssicherung hinausgehenden Aspirationen des Menschen waren nach diesem elementaren materiellen Verständnis geschichtlich aufgelöst und erledigt. Was Nietzsche noch mit einem gewissen Grauen prognostiziert hatte, die Existenz des „letzten Menschen", der ja auch noch für Max Weber eine abschreckende Zukunftsgestalt darstellte, war für die Konservativen der Nachkriegszeit Wirklichkeit. Sie waren Realisten und gingen von der konkurrenzlosen Vorherrschaft dieses Typus aus.

Der entscheidende Wendepunkt in der präpolitischen geistig-philosophischen Entwicklung des Konservativismus, soweit sie für die Politik relevant ist, kam in der Bundesrepublik mit der sogenannten Studentenrevolte um 1968. In das von den Konservativen preisgegebene Feld der traditionellen geschichtlichen Fragen flossen infolge der studentischen Rezeption die Theorien der Frankfurter Schule und damit im weitesten Sinne die Theorien des Neomarxismus ein. Man darf nicht vergessen, daß die letzten Motive dieses Neomarxismus in der Entfremdungsproblematik und in einem verborgenen Rückgriff auf die konservative Zivilisationskritik der Jahrhundertwende lagen. Dieser vornehmlich auf die Kritik der bestehenden Verhältnisse gerichtete Theorienkomplex in der Verknüpfung mit der liberal-emanzipatorischen Grundtendenz entwickelte sich, wie wir gezeigt haben, in der Bundesrepublik zu einer Art Hegemonialposition, so daß die erstmalige

Regierungsübernahme durch die SPD im Jahre 1969 nur die natürliche Konsequenz dieser hegemonialen Position neomarxistischen Denkens war.

Dann ereignete sich in der Entwicklung der Bundesrepublik eine Zäsur, die - wie die rotgrüne Regierungsübernahme 1998 zeigt - bis heute nicht wirklich begriffen wurde. Diese Zäsur implizierte das Scheitern der sozial-liberalen Koalition. Man muß sich daran erinnern, daß ihr Ende de facto auch die Verabschiedung von den weiterreichenden Utopien einer sich total befreienden Gesellschaft bedeutete und daß in diesem Scheitern schon das Eingeständnis in die Nichtrealisierbarkeit dieser emanzipatorischen Hoffnungen eingeschlossen war.

Schon die Regierungsübernahme durch Helmut Schmidt bedeutete faktisch den Abschied von der Zeit der Reformeuphorie. Aber er war, da ihm seine Partei zunehmend entglitt, schließlich nicht mehr in der Lage, einen wirklichen Neuanfang durchzusetzen, so daß er die neomarxistisch inspirierten Reformen auf das Maß des unter den jeweiligen Bedingungen zu Verwirklichenden reduzieren mußte. Die Periode ab 1968 blieb immer, auch über Helmut Schmidt hinaus, durch das Phänomen der Kulturrevolution gekennzeichnet, die in ihren letzten Intentionen auf die Zerstörung der Restbestände konservativen Denkens und konservativer Mentalität gerichtet war. Unter konservativ begriffen die Vertreter der Kulturrevolution eine zeitlang alles, was sie als die Anpassung der Deutschen an die Moderne, das heißt an die westlich-amerikanische Wertegemeinschaft verstanden. Sie begannen nach der sogenannten „Umerziehung" durch die Siegermächte mit einer zweiten, radikaleren Veränderung der Deutschen und ihres sogenannten Wesens oder Charakters. Dieser gewaltige, auch erfolgreiche Versuch war mit all den ins Anarchische drängenden Entstabilisierungsprozessen verbunden, die inzwischen reichen Anschauungsunterricht in der Gesellschaft liefern.

Die mit der Kulturrevolution verbundene Herausforderung war gleichbedeutend mit einer ersten Wiederkehr konservativen Denkens in der Bundesrepublik. Die wenigen „neokonservativ" genannten Philosophen und Intellektuellen wie Odo Marquard, Hermann Lübbe und Hans Blumenberg haben aber im Grunde genommen nicht auf die alten Bestände des konservativen Erbes zurückgegriffen, sondern die Position eines klassischen Liberalismus gegen dessen eigene libertäre Auflösung vertreten. Damit trat eine große Verwirrung der Begriffe ein, die man nur dadurch erklären kann, daß die Bundesrepublik inzwischen so ins Libertäre abgeglitten war, daß die Verteidigung klassischer liberaler

Positionen inzwischen als konservativ empfunden und mit dem Beiwort „neokonservativ" belegt wurde. Die thematische Wiederkehr des Konservativismus war ein durch das Scheitern der neomarxistisch inspirierten Kulturrevolution provoziertes Phänomen, aber der Inhalt war in keiner Hinsicht konservativ, sondern liberal.

An diesem Bewußtseinszustand hat sich in Deutschland für das herrschende Meinungsklima seit 1975 nichts geändert. Die Bundesrepublik ist heute sowohl liberal als auch libertär und alle wirklichen Zusammenhänge mit dem geschichtlich-konservativen Denken sind aufgelöst worden. Von dieser Auflösung der Kontinuität konservativen Denkens her ist es zu verstehen, daß sich nunmehr nach der Wiedervereinigung und den mit ihr verbundenen Krisenphänomenen eine neue Bewegung formiert, die zwar konservative Anliegen vertritt, sich aber leider nicht als konservativ, sondern als rechts versteht.

Dieser kurze Überblick sollte dem Ziele dienen, auf den entscheidenden Punkt aufmerksam zu machen, daß heute in Deutschland das, was wir in unseren gemeinsamen Gesprächen als „konservativ" zu verstehen versucht haben, in einem vernünftigen politischen Sinne nicht vorhanden ist. Es hat sich politisch ein konservatives Vakuum gebildet. Es besteht bisher noch der Mangel an einer konservativen Theorie, die der geschichtlichen Gegenwart in vollem Umfang gerecht würde. Die Ereignisse, die seit dem Zusammenbruch des Sozialismus die geistige Entwicklung bestimmen, waren geschichtlich nur bedingt vorhersehbar, und sie stellen in der Geschichte der Moderne wirklich etwas qualitativ Neues dar. Sie sind nämlich durch die Wiederkehr des alten konservativen Erbes bestimmt, das sich in der Thematisierung der Geschichte, der Nation und der Religion ausdrückt. Gleichzeitig hat die Liberalisierung der Bundesrepublik, verknüpft mit der im tiefsten Kern materialistisch-anarchistischen Kulturrevolution, die geistigen Kräfte der Kontinuität mit der eigenen Geschichte in Deutschland so zerstört, daß nun an deren Stelle ein grassierender Nihilismus getreten ist.

Wenn wir beispielsweise den tieferen Ursachen der Gewaltausbrüche bei Jugendlichen nachgehen, dann ist natürlich deren Faschismus eine rein äußerliche Form, und es ist ein heller Wahnwitz, daraus zu schließen, daß in Deutschland nun der Nazismus wiederkehre. Davon kann überhaupt keine Rede sein, sondern es ist ein Ausdruck der inneren Desorientierung, des Leidens einer Jugend an einer kalten Ellbogengesellschaft, die in ihrer totalen geistigen und moralischen Leere keinerlei geistige und sittliche Kraft mehr zu vermitteln vermag. Die Langeweile, die diese Jugendlichen heimsucht, schafft sich entweder durch das Zurückfallen in Apathie auf der einen Seite oder durch gewalttätige Exzesse auf der anderen Seite Ausdruck. Diese Phänomene sind die unmittelbarc Folge einer totalen Zerstörung aller geistigen Kräfte und Zusammenhänge, die man sich in Deutschland angewöhnt hat als konservativ, deshalb als präfaschistisch und deshalb als verantwortlich für den Mord an sechs Millionen Juden zu bezeichnen. Von diesen schwerwiegenden nationalen Komplexen, durch die ein Volk der geistigen Kräfte beraubt wird, mit denen es sich aus einer solchen Krisenlage befreien könnte, ist Deutschland befallen.

Langsam aber sicher kommen wir heute wieder in die Situation, den Konservativismus als mögliche Antwort auf die geschichtlichen Herausforderungen begreifen zu lernen. Der wahre Fortschritt in der Geschichte, heißt es seit der Aufklärung, sei der moralische Fortschritt. Das ist der ehrwürdige Glaube einer Aufklärung, die noch an die unbegrenzte Vervollkommnnungsfähigkeit des Menschen geglaubt hat. Dieser Glaube der Aufklärung an die unendliche Vervollkommnnungsfähigkeit des Menschen findet jedoch immer weniger eine Basis in unserer gesellschaftlichen, politischen Wirklichkeit.

In der Rede von der Krise der modernen Kultur wird der Kern der Sorgen berührt, von denen die Konservativen angesichts eines durch die Industriegesellschaft getragenen Fortschritts immer erfüllt waren. Auch Nietzsche hatte an dieser Sorge noch Anteil, daß der Fortschritt der Industriegesellschaft die an die Geschichte gebundenen Formen der Sittlichkeit aufzehren werde. Der industrielle Fortschritt hat nicht nur die Naturgrundlagen der menschlichen Existenz bedroht, sondern er hat auch kulturell immer auf fremde Kosten gezecht. Er hat die Geschichte auf der einen Seite verneint, aber auf der anderen Seite hat er auch von den ethischen und sittlichen Grundlagen und Substanzen gelebt, die sich in dieser Geschichte herangebildet und ausgeformt haben. Die Industriegesellschaft ist nicht nur ein großer Verzehrer der Natur, sondern auch dieser gewachsenen Formen der Sittlichkeit.

Die einzigen Quellen, aus denen die Völker und die Kulturen ihre Sittlichkeit geschöpft haben, sind die Religionen gewesen. Das gilt nicht nur für die Geschichte des Westens, sondern für alle großen Denkkulturen. Hier nähern wir uns dem Punkt, an dem wir bei voller Anerkennung der durch die industriegesellschaftliche Entwicklung erreichten Fortschritte den Horizont der Aufklärung transzendieren müssen. Die Aufklärer des 19. Jahrhunderts waren in einem zentralen Punkt naiv, indem sie nicht erkannten, daß das, was sie an die Stelle der von ihnen bekämpften Religionen zu setzen im Begriffe waren, ihre eigene Ideologie, eine Quasi-Religion war. Die Aufklärung war die Religion der Moderne und sie ist es auch heute noch zum großen Teil.

Die schärfste Herausforderung der Aufklärung an ihrem möglichen Ende heute besteht darin, daß sie sich nicht mehr als eine Kraft der Bildung von Sittlichkeit darzustellen vermag. Was die Aufklärung in dieser Hinsicht vermitteln konnte, ist mit dem Zusammenbruch des Sozialismus erschöpft. Auch die Menschen, die sich der Verwirklichung der Ziele des Sozialismus widmeten, waren Gläubige, und ihr Glaube war der durch die Aufklärung bedingte Glaube. Es wird eine der großen Fragen an jede zukünftige, dann konservativ genannte Philosophie sein, ob sie bei aller Anerkennung der großen Resultate der Aufklärung die Kraft haben wird, sie geistig zu transzendieren, ob sie sich in ein selber aufgeklärtes Verhältnis zur Religion setzen kann. Denn ohne Religion gibt es keine Sittlichkeit. Dostojewski hat die Formel: „Ohne Religion keine Sittlichkeit" zum Zentrum seines ganzen Lebenswerkes gemacht. Ich glaube, daß Dostojewski diese Bedeutung hat, weil er genau den Punkt erkannt hat, an dem wir in unserem Gespräch angelangt sind: Nämlich daß es ohne Religion keine Sittlichkeit gibt. Die großen geschichtlichen Herkunftsreligionen stellen die Quellen dar, aus denen allein auch eine erneuerte Sittlichkeit gedacht werden kann.

An der Frage der Religion wird sich alles entscheiden, so wie auch jeder um seine eigene Erneuerung bemühte Konservativismus in die verhängnisvollen Bahnen zurückfallen würde, wenn er nicht begreift, daß Nationalismus, Nazismus und Faschismus des 20. Jahrhunderts ihren geistigen Boden im Nihilismus der spätbürgerlichen Gesellschaft gehabt haben. Der Moderne Konservativismus wird erst dann eine wirkliche Chance haben, wenn wir erkennen, daß die Ursachen aller dieser Formen der modernen Barbarei in einer zuerst atheistischen, dann nihilistischen Aufklärung liegen, in der ausdrücklich und programmatisch gewollten Zerstörung aller geschichtlich gebundenen Formen der Sittlichkeit.

Anmerkungen

1 Günter Rohrmoser: Revolution - unser Schicksal? Stuttgart 1974, S. 43ff

2 siehe das 22. Kapitel in diesem Buch über die Krise der Sozialen Marktwirtschaft

3 Günter Rohrmoser: Das Debakel. Wo bleibt die geistige Wende?, Krefeld
1984

4 Günter Rohrmoser: Das Elend der kritischen Theorie, 1970; wiederab-
gedruckt in Günter Rohrmoser: Die Krise der politischen Kultur, Mainz
1983, S. 9-88

5 Alexis de Tocqueville: Über die Demokratie in Amerika, Stuttgart 1985
Ausführlich dazu siehe Günter Rohrmoser: Emanzipation oder Freiheit.
Das christliche Erbe der Neuzeit, 1970, Neuflage Berlin 1995

7 Ausführlich dazu siehe Günter Rohrmoser: Religion und Politik in der Krise
der Moderne, Graz-Wien-Köln, 1989

8 Näheres im folgenden 16. Kapitel: Das Debakel - Haben konservative Christen noch eine Chance?

9 Siehe dazu auch das 21. Kapitel über: Verfassungsidee und Verfassungswirklichkeit. Wertewandel und die Folgen

10 Martin Walser: Händedruck mit Gespenstern, in: Stichworte zur „Geistigen Situation der Zeit", Bd.1. Nation und Republik, Hrsg. v. Jürgen
Habermas, Frankfurt 1979, S. 39-50

11 Siehe den Streit um Martin Walsers Rede zur Verleihung des Friedenspreises des Deutschen Buchhandels im Oktober 1998

12 Georg W.F. Hegel: Philosophie der Geschichte, Frankfurt 1970, Einleitung

13 Bodo Hombach: Aufbruch. Die Politik der Neuen Mitte, Düsseldorf 1998

14 Joschka Fischer: Die Linke nach dem Sozialismus, Hamburg 1992

15 Jürgen Habermas: Die neue Unübersichtlichkeit, Frankfurt 1986

16 Helmut Dubiel: Was ist Neokonservativismus? Frankfurt 1985

17 Die letzten Kapitel sind eine Zusammenfassung der wichtigsten Thesen
meines - zusammen mit Anatolij Frenkin verfaßten - Buches: Neues konservatives Denken als Überlebensimperativ. Ein deutsch-russischer Dialog, Frankfurt 1996.

18 Martin Greiffenhagen: Das Dilemma des Konservativismus in Deutschland, Frankfurt 1

Sachregister

351

352